China's
Public Finance
Reforms, Challenges, and Options

# 中国公共财政

## 改革、挑战与对策

林双林 著

北京大学出版社
PEKING UNIVERSITY PRESS

图书在版编目（CIP）数据

中国公共财政：改革、挑战与对策 / 林双林著. --北京：北京大学出版社，2025.6. --ISBN 978-7-301-35745-3

Ⅰ.F812.2

中国国家版本馆 CIP 数据核字第 20246T7K51 号

| | |
|---|---|
| 书　　　名 | 中国公共财政：改革、挑战与对策 |
| | ZHONGGUO GONGGONG CAIZHENG：GAIGE、TIAOZHAN YU DUICE |
| 著作责任者 | 林双林 著 |
| 策划编辑 | 张　燕 |
| 责任编辑 | 闫静雅 |
| 标准书号 | ISBN 978-7-301-35745-3 |
| 出版发行 | 北京大学出版社 |
| 地　　　址 | 北京市海淀区成府路 205 号　100871 |
| 网　　　址 | http://www.pup.cn |
| 微信公众号 | 北京大学经管书苑（pupembook） |
| 电子邮箱 | 编辑部：em@pup.cn　总编室：zpup@pup.cn |
| 电　　　话 | 邮购部 010-62752015　发行部 010-62750672　编辑部 010-62752926 |
| 印刷者 | 北京宏伟双华印刷有限公司 |
| 经销者 | 新华书店 |
| | 720 毫米×1020 毫米　16 开本　24.25 印张　509 千字 |
| | 2025 年 6 月第 1 版　2025 年 6 月第 1 次印刷 |
| 定　　　价 | 78.00 元 |

未经许可，不得以任何方式复制或抄袭本书之部分或全部内容。
版权所有，侵权必究
举报电话：010-62752024　电子邮箱：fd@pup.cn
图书如有印装质量问题，请与出版部联系，电话：010-62756370

# 序 言
FOREWORD

写一本关于中国公共财政的书，是我多年的梦想。目前，很少有系统地分析中国公共财政的文献，这方面的空白急需填补。然而，我很快就意识到这项任务的艰巨性。公共财政涉及的内容相当广泛，涉及的问题非常复杂。中国的公共财政仍处于改革过程中，新的问题不断涌现，税收制度和财政政策不断变化；一些重要数据难以获取，现有数据常常被修改。经常在完成新一章的初稿时，之前的章节已需要更新和修改。所有这些都使写作变得更加困难和耗时。但兴趣和坚持往往会使看似不可能的事情变为可能。

生长在中国的人大都对政府的行为很关注。自从记事起，我们就感受到政府的影响力。政府组织农民在集体土地上一起劳动，在集体食堂一起吃饭；让农民交公粮、交购粮，青黄不接时卖给农民返销粮；发粮票、布票、棉票、购货本；建立农村合作医疗制度，普及七年制教育；等等。

1977年，我考入北京大学经济系政治经济学专业，正逢拨乱反正和改革开放开始的年代，见识逐渐增加，眼界大大开阔。那时，经济系主任是陈岱孙先生，他曾在哈佛大学攻读财政学。老校长马寅初先生也是研究财政的，曾著有关于中国财政的书。北大当时以经济史为"特菜"，由哈佛大学博士陈振汉先生领衔，李德彬和蒋建平老师主讲，内容很多是财政史。厉以宁老师给我们讲述凯恩斯主义的政府干预政策。潜移默化地，我对财政产生了兴趣。我本科毕业论文的题目是"美国历史上的关税保护"，当然写得很肤浅了。

毕业时我考上教育部的出国预备研究生，1982年被公派到美国西北大学读外国经济史专业。那时，主流观点认为，西方经济学是庸俗经济学，不学也罢，北大也只开了一门"当代资产阶级经济理论批判"课，由厉以宁、范家骧等老师讲；但主流观点也认为，外国经济史要学，别人的发展经验和教训还是可以借鉴的。在西北大学我遇到了恩师乔纳森·休斯（Jonathan Hughes）教授，他是经济史领域的权威，所著的《美国经济史》再版多次，还被翻译成中文。我在他的课上得了A，这对我很重要。

1984年，我硕士毕业时，国家决定让申请到奖学金的公派学生继续攻读博士学位。当时已经4月底，博士生的录取工作已基本结束。休斯教授打了许多电话，才帮我联系好他曾任教十年的普渡大学，并驾车三个多小时，把我带到那里介绍给经济系老师。普渡大学曾培养了第一个登上月球的人尼尔·阿姆斯特朗（Neil Armstrong），还有我国的著名科学家邓稼先。我的博士论文是关于开放型经济中的政府财政赤字。毕业之后，我在美国内布拉斯加大学奥马哈分校教过本科生和研究生的公共财政课，得过最佳教师奖，发表过许多关于公共财政的理论性文章。

1994年夏天，在董文俊老师的安排下，我回到北京大学经济学院，讲授宏观经济学，把厉以宁老师当年教给我们的凯恩斯主义理论用数学公式展示给学生，同时介绍了新的理论。恩师陈振汉先生设家宴款待我，勉励我多做研究。1996年夏天，我来到新成立的北京大学中国经济研究中心（CCER）做访问学者。那时条件很艰苦，我和林毅夫学长共用一台电脑。我记得我在CCER做过一次介绍新的内生经济增长理论的讲座，其中包括税收、政府支出和财政赤字对经济增长的影响。

1998年，我担任中国留美经济学会理事，帮助组织学会与中国社会科学院合办的"中国社会保障改革国际研讨会"。哈佛大学教授、公共财政领域的权威、美国国家经济研究局（NBER）主席马丁·费尔德斯坦（Martin Feldstein）在会上做主旨演讲，对中国社会保障制度改革提出建议，主张把个人账户做大。会议期间，我与他不仅讨论了学术问题，也谈了个人未来的发展。他强烈支持我回中国，多做有关中国财政的研究，说这样做边际贡献率高。顺便提一句，现任NBER主席、麻省理工学院的詹姆斯·波特巴（James Poterba）教授，也是公共财政专家，可见财政的重要性。

1999年，我赴新加坡国立大学东亚研究所（简称东亚所）做访问研究员，正式开始对中国财政的深入研究，后来又经常访问东亚所。在那里，我研究了中国地方政府的乱收费、中国财政收入的起伏及原因、中国政府债务等问题，也去新加坡政府部门讲过自己的研究成果。东亚所前所长王赓武先生是学者的楷模，每次谈话都让我受益匪浅。东亚所前研究所长黄朝翰教授更让我终生难忘。他曾是李光耀总理的智囊，对现实经济了解深入，给了我极大的鼓励、支持和帮助，还建议我写书，说亚洲学者看重著书立说。

2004年，我作为中国留美经济学会会长，组织学会和中国社会科学院合办的"民营经济与中国发展国际研讨会"。会上做主题演讲的，除诺贝尔经济学奖得主芝加哥大学罗伯特·卢卡斯（Robert Lucas）教授、著名经济学家北京大学厉以宁教授、中国人民银行周小川行长和哥伦比亚大学杰弗里·萨克斯（Jeffrey

Sachs) 教授外,最优税制理论奠基人、诺贝尔经济学奖得主、剑桥大学詹姆斯·莫里斯 (James Mirrlees) 教授也在会上就市场失灵和政府的作用做了主题演讲。他对我帮助很多,曾语重心长地告诫我,先好好做研究,再提政策建议。会前,时任国务院总理温家宝在中南海紫光阁会见了与会的主要嘉宾,还讨论过财政问题。

2005年,我回到北京大学经济学院,任财政学系主任,给首届硕士研究生开设"高级公共经济学"课程,并帮助财政学系建立了博士点。2006年,在刘伟院长、厉以宁教授和莫里斯教授的支持下,北京大学中国公共财政研究中心成立。借助这个平台,我与日本的本间正明先生以及美国的劳伦斯·科特利科夫 (Laurence Kotlikoff)、艾伦·奥尔巴赫 (Alan Auerbach) 和阿诺德·哈伯格 (Arnold Harberger) 等著名公共财政专家就中国财政改革进行过深入交流。另外,我主持了财政部、国务院国有资产监督管理委员会、工业和信息化部、世界银行、联合国有关国有资产、政府投资、基础设施建设、税制改革、社会保障改革、医疗保障改革等的研究项目,奔赴许多地区做调查研究,得到大量第一手资料。这些工作大大增进了我对中国财政的感性认识。作为国务院深化医药卫生体制改革领导小组专家咨询委员会成员,我为"十三五"医改方案做了大量基础性研究。2013年我加入北京大学国家发展研究院,新开"中国财政前沿问题"课程,深受学生欢迎,往往在300人的限额外,还有个长长的候补名单。目前,我在北京大学汇丰商学院开设"公共财政"课程,网上选课一开始,马上就爆满了,可见学生对财政问题兴趣之大。

呈现在读者面前的这本书是我多年来从事中国公共财政研究,开展本科生和研究生教学,在中国各地实地考察,与财政部、世界银行和联合国等机构合作探索的结果。本书系统地分析了中国政府收入和支出体系、主要税种(如增值税、消费税、所得税、关税等)、基础设施建设、养老保障和医疗保障体系、地方政府债务,以及中央和地方财政关系等。财政是一个庞大的体系,这些年来,陈岱孙先生"厚基础,宽口径"的教诲一直鼓舞着我在财政的多个方面做研究。的确,财政各方面都是关联的,要提出好的政策建议就要对财政的各个方面都有研究。本书的特点在于:观点鲜明,不含含糊糊、模棱两可;言之有据,凡是数据必有可靠出处;深入浅出,尽力把深奥的道理用通俗易懂的方式展示给读者,不拘泥于"学术语言",这也是我写文章和教学一贯的风格。

本书在写作过程中得到了许多人的帮助。除上面提到的学者外,我还要衷心感谢很多给了我支持、鼓励和帮助的同学、同事和朋友,包括杨滨、海闻、吕旺实、Louis Pol、吴至圣、冀建中、王宗昱、朱天、李力行、倪金兰、丁颖、霄红、赵洗尘、赵亚赟、白婷、王璐雪等。我十分感谢北京大学的学生们,他们课间和课后的不断追问，迫使我对很多问题不断地深思。特别要感谢所有北京大学的助研同学，他们为本书的资料更新做了很多工作。衷心感谢北京大学出版社的张燕编辑和闫静雅编辑，她们为本书的出版付出了巨大的心血。很多对我帮助很大的人在此没有提到，只能面谢或铭记在心了。本书英文版由剑桥大学出版社于2022年出版，中文版做了大量修改和更新，感谢剑桥大学出版社的支持。

财政是国家治理的重要组成部分。像不少国家一样，中国公共财政也面临许多挑战。本书以现代公共财政理论以及中国财政改革的经验为基础，以中国财政的大量统计数据为依据，探讨中国公共财政面临的各种问题。希望本书可以帮助学者、学生和政策制定者了解中国公共财政的现状、存在的问题以及改革方向。

林双林

2025年4月25日

# 目 录
## CONTENTS

**第 1 章　中国财政概览** ································· 1

  1.1　中国传统的财政思想 ································· 2
  1.2　中央计划经济下的财政体系 ························· 5
  1.3　市场导向下的公共财政体系改革 ··················· 7
  1.4　公共财政与社会主义 ································· 10
  1.5　中国公共财政面临的问题 ··························· 14
  1.6　本书概要 ················································ 15

**第 2 章　财政收入的起伏** ································· 18

  2.1　引言 ······················································ 18
  2.2　建立市场经济体制下的税收体系 ··················· 19
  2.3　一般公共预算收入的波动 ··························· 25
  2.4　其他政府预算收入 ···································· 32
  2.5　政府收入的规模和特征 ······························ 43
  2.6　影响未来政府收入的因素 ··························· 49
  2.7　总结 ······················································ 52

**第 3 章　增值税、消费税及其他商品税** ················ 54

  3.1　引言 ······················································ 54
  3.2　增值税和消费税 ······································· 56
  3.3　其他商品税 ············································· 64
  3.4　消费型税收制度评估 ································· 70
  3.5　总结 ······················································ 76

## 第 4 章 个人所得税改革 ··· 78

- 4.1 引言 ··· 78
- 4.2 中国现代所得税制的发展 ··· 80
- 4.3 高边际税率与低税收收入的谜团 ··· 90
- 4.4 中国的最优个人所得税 ··· 94
- 4.5 个人所得税制度存在的问题及改革前景 ··· 98
- 4.6 总结 ··· 100

## 第 5 章 企业所得税 ··· 102

- 5.1 引言 ··· 102
- 5.2 中国企业所得税制度的演变 ··· 103
- 5.3 企业所得税收入 ··· 109
- 5.4 企业所得税的来源 ··· 115
- 5.5 企业所得税制度的改革方向 ··· 129
- 5.6 总结 ··· 131

## 第 6 章 政府支出的规模与结构 ··· 133

- 6.1 引言 ··· 133
- 6.2 中国政府支出的规模 ··· 134
- 6.3 政府支出的构成 ··· 145
- 6.4 问题与改革前景 ··· 157
- 6.5 总结 ··· 159

## 第 7 章 基础设施的发展与融资方式 ··· 161

- 7.1 引言 ··· 161
- 7.2 中国的基础设施发展 ··· 162
- 7.3 中国的基础设施融资 ··· 168
- 7.4 关键基础设施的资金来源 ··· 174
- 7.5 中国在"一带一路"下的基础设施投资 ··· 181
- 7.6 中国基础设施建设成功的原因、当前的挑战和经验教训 ··· 185
- 7.7 总结 ··· 188

## 第 8 章　社会保障制度改革 ································· **191**

8.1　引言 ······················································· 191
8.2　中国的养老金体系改革 ································ 192
8.3　中国目前的养老保障体系 ····························· 196
8.4　中国现行社会养老保障体系存在的问题 ·········· 206
8.5　中国养老保障制度改革的出路 ······················ 214
8.6　总结 ······················································· 218

## 第 9 章　医疗体制改革 ·············································· **220**

9.1　引言 ······················································· 220
9.2　农村医疗保险制度 ····································· 222
9.3　城镇医疗保险制度 ····································· 225
9.4　医疗卫生服务的提供 ·································· 229
9.5　医疗体系存在的问题 ·································· 235
9.6　改革医疗体系 ··········································· 247
9.7　总结 ······················································· 252

## 第 10 章　地方政府债务 ············································· **255**

10.1　引言 ····················································· 255
10.2　地方政府债务的累积 ································ 256
10.3　地方政府债务快速积累的原因 ··················· 270
10.4　地方政府债务的短期影响及潜在问题 ·········· 273
10.5　走向可持续的地方政府财政 ······················ 284
10.6　总结 ····················································· 287

## 第 11 章　中央与地方的财政关系 ································ **289**

11.1　引言 ····················································· 289
11.2　预算制度以及中央和地方政府的财政收支 ···· 291
11.3　中央和地方间的财政不平衡与区域间财政不平衡 ··· 297
11.4　中央对地方的转移支付 ····························· 304
11.5　地方政府的预算外收入 ····························· 314
11.6　建立平衡的中央和地方财政关系　316

| 11.7 | 总结 | 320 |

## 第 12 章 以财政改革促进公平和可持续增长 ····· 323

| 12.1 | 引言 | 323 |
| 12.2 | 中国促进增长的财政政策 | 325 |
| 12.3 | 储蓄、投资和经济增长 | 330 |
| 12.4 | 中国公共财政面临的挑战 | 334 |
| 12.5 | 促进可持续增长的财政改革 | 338 |
| 12.6 | 总结 | 342 |

**参考文献** ····· **344**

# 表目录

| | | |
|---|---|---|
| 表 2.1 | 1994—2023 年税收收入及其构成 | 26 |
| 表 2.2 | 1952—2010 年预算外收入 | 33 |
| 表 2.3 | 2022 年政府性基金收入构成 | 37 |
| 表 2.4 | 2008—2023 年国有土地出让金收入与政府性基金收入 | 39 |
| 表 2.5 | 2013—2023 年国有资本经营收入 | 41 |
| 表 2.6 | 1990—2023 年社会保险基金收入 | 42 |
| 表 2.7 | 1990—2022 年部分国家财政收入占 GDP 的比重 | 45 |
| 表 2.8 | 2020 年部分国家税收和其他政府收入的 GDP 占比 | 47 |
| 表 3.1 | 2019 年部分增值税征收率和税率 | 57 |
| 表 3.2 | 2018—2024 年消费税税率 | 61 |
| 表 3.3 | 汽车和其他车辆的关税税率 | 65 |
| 表 3.4 | 环境税 | 67 |
| 表 3.5 | 应税资源的税率 | 69 |
| 表 3.6 | 1994—2023 年增值税和消费税及附加税收入占总税收的比重 | 71 |
| 表 4.1 | 1994 年个人所得税税率 | 81 |
| 表 4.2 | 1994 年个体工商户的生产、经营所得和企事业单位的承包经营、承租经营所得的税率 | 82 |
| 表 4.3 | 2011 年个人所得税税率 | 82 |
| 表 4.4 | 2011 年个体工商户的生产、经营所得和企事业单位的承包经营、承租经营所得的税率 | 83 |
| 表 4.5 | 2018 年个人所得税税率 | 84 |
| 表 4.6 | 2018 年个体工商户的生产、经营所得和企事业单位的承包经营、承租经营所得的税率 | 85 |
| 表 4.7 | 1994 年、2011 年和 2018 年的边际税率和平均税率（按 2011 年不变价格计算） | 86 |
| 表 4.8 | 中国个人所得税收入 | 91 |
| 表 4.9 | 中国最优个人所得税税率 | 96 |

| 表 5.1 | 1994—2023 年中国企业所得税的规模 | 109 |
| --- | --- | --- |
| 表 5.2 | OECD 国家企业所得税占总税收的比重 | 111 |
| 表 5.3 | OECD 国家企业所得税的最高边际税率 | 114 |
| 表 5.4 | 各地区企业所得税所占比重 | 117 |
| 表 5.5 | 2000—2018 年按所有权分类的企业所得税占比 | 120 |
| 表 5.6 | 1990—2017 年按所有权划分的各类企业的固定资产投资比重 | 121 |
| 表 5.7 | 1997—2023 年 FDI 来源地 | 125 |
| 表 5.8 | 2001—2018 年不同产业和部分行业的企业所得税 | 128 |
| 表 6.1 | 1978—2023 年政府总支出及其构成 | 138 |
| 表 6.2 | 部分国家政府财政总支出占 GDP 的比重 | 143 |
| 表 6.3 | 中国按功能划分的一般公共预算支出（占总支出的百分比） | 146 |
| 表 6.4 | 1978—2023 年政府人员数量及占比 | 149 |
| 表 6.5 | 1982—2010 年预算外支出构成 | 150 |
| 表 6.6 | 2016—2023 年国有资本经营决算支出 | 153 |
| 表 6.7 | 2020 年部分国家按职能划分的政府支出（占总支出的百分比） | 155 |
| 表 7.1 | 1980—2023 年主要基础设施基本统计数据 | 164 |
| 表 7.2 | 2012—2018 年国家开发银行未偿还贷款：按行业划分 | 172 |
| 表 7.3 | 2003—2023 年部分行业固定资产投资 | 175 |
| 表 7.4 | 2003—2023 年电信固定资产投资资金（占总投资的比重） | 178 |
| 表 7.5 | 丝路基金的资本构成 | 183 |
| 表 8.1 | 1990—2023 年城镇职工参加养老保险人数 | 198 |
| 表 8.2 | 1990—2023 年城镇职工基本养老保险基金收入、支出和累计结余 | 200 |
| 表 8.3 | 2023 年各地区城镇职工基本养老保险参保人数以及基本养老保险基金收入、支出和累计结余 | 201 |
| 表 8.4 | 2022 年第一季度 31 个地区最低生活保障标准 | 205 |
| 表 8.5 | 1997—2015 年养老保障个人账户缺口 | 207 |
| 表 8.6 | 1997—2015 年各省份社会保障债务占 GDP 比重 | 208 |
| 表 9.1 | 新型农村合作医疗制度建设 | 225 |
| 表 9.2 | 城镇职工基本医疗保险支付规则 | 227 |
| 表 9.3 | 2022 年全国公立医院和民营医院数量 | 230 |
| 表 9.4 | 2010—2023 年地方政府对公立医院的补贴 | 233 |
| 表 9.5 | 2019 年和 2023 年住院费用报销标准 | 236 |
| 表 9.6 | 1978—2023 年政府、社会及个人的医疗支出 | 237 |

| | | |
|---|---|---|
| 表 9.7 | 药品支出 | 241 |
| 表 9.8 | 按城市、农村划分的卫生技术人员 | 242 |
| 表 9.9 | 中央政府向地方政府的医疗转移支付 | 244 |
| 表 9.10 | 1978—2023 年城乡医疗卫生支出 | 245 |
| 表 9.11 | 1995—2023 年医疗卫生收支总额及累计资金 | 248 |
| 表 9.12 | 2023 年各地区医疗卫生收支及累计资金 | 249 |
| 表 10.1 | 1996—2023 年中国地方政府债务 | 258 |
| 表 10.2 | 截至 2013 年 6 月底各级地方政府债务 | 261 |
| 表 10.3 | 截至 2013 年 6 月底地方政府债务的债权人 | 263 |
| 表 10.4 | 截至 2013 年 6 月底地方政府债务来源 | 264 |
| 表 10.5 | 各地区地方政府债务占 GDP 的比重 | 265 |
| 表 10.6 | 2012—2022 年各地区地方政府债务占地方政府财政收入的比重 | 268 |
| 表 10.7 | 1978—2023 年中央政府债务 | 277 |
| 表 10.8 | 1997—2022 年中央和地方国有企业的资产情况 | 280 |
| 表 10.9 | 各地区国有企业国有资产占 GDP 的比重 | 282 |
| 表 10.10 | 截至 2013 年 6 月底地方政府债务资金使用情况 | 283 |
| 表 11.1 | 中央和地方政府一般公共预算收入和支出 | 298 |
| 表 11.2 | 2007 年和 2023 年地方政府在教育、医疗卫生、社会保障和就业方面的人均财政支出 | 303 |
| 表 11.3 | 1995—2023 年中央对地方的人均转移支付额（以实际价格计） | 306 |
| 表 11.4 | 1995—2023 年中央对地方的税收返还和转移支付 | 308 |
| 表 11.5 | 中央对地方的一般性转移支付 | 310 |
| 表 11.6 | 中央与地方之间增值税与营业税的分配 | 317 |
| 表 12.1 | 1996—2023 年中央和地方政府财政赤字与 GDP 的比率 | 328 |
| 表 12.2 | 2022 年部分国家的基尼系数 | 335 |

# 图目录

| | | |
|---|---|---|
| 图 2.1 | 1994—2023 年总税收中主要税种的比重 | 24 |
| 图 2.2 | 1978—2023 年实际一般公共预算收入及其增长率 | 27 |
| 图 2.3 | 1978—2023 年一般公共预算收入占 GDP 的比重 | 28 |
| 图 2.4 | 1978—2023 年各项政府收入占 GDP 的比重 | 43 |
| 图 3.1 | 1994—2023 年关税、车辆购置税和资源税收入占总税收的份额 | 70 |
| 图 3.2 | 1994—2023 年消费型税收占总税收收入的比重 | 73 |
| 图 4.1 | 1994 年、2011 年和 2018 年个人所得税边际税率（以 2011 年不变价格计算） | 88 |
| 图 4.2 | 1994 年、2011 年和 2018 年个人所得税平均税率（以 2011 年不变价格计算） | 88 |
| 图 4.3 | 1994 年、2011 年和 2018 年经营所得的边际税率（以 2011 年不变价格计算） | 89 |
| 图 4.4 | 1994 年、2011 年和 2018 年经营所得的平均税率（以 2011 年不变价格计算） | 89 |
| 图 4.5 | 中国的劳动技能分布 | 95 |
| 图 4.6 | 中国最优个人所得税税率 | 96 |
| 图 6.1 | 1978—2023 年一般公共预算支出与增长率 | 135 |
| 图 6.2 | 1952—2023 年一般公共预算支出占 GDP 的比重 | 136 |
| 图 6.3 | 1978—2023 年政府支出总额及其组成部分占 GDP 的比重 | 142 |
| 图 6.4 | 1950—2006 年按功能划分的一般公共预算支出各部分占比 | 145 |
| 图 6.5 | 2023 年各项政府支出占一般公共预算支出的比重（%） | 147 |
| 图 7.1 | 1981—2023 年城市天然气覆盖率 | 166 |
| 图 7.2 | 1981—2023 年自来水覆盖率和污水处理率 | 167 |
| 图 7.3 | 1981—2023 年每万人公厕数量 | 168 |
| 图 7.4 | 2019 年国家开发银行未偿还贷款余额：按行业划分 | 172 |
| 图 7.5 | 2003—2023 年航空运输固定资产投资（占资金总额的百分比） | 176 |
| 图 7.6 | 2003—2023 年铁路运输固定资产投资（占资金总额的百分比） | 176 |

图 7.7　2003—2023 年公路运输固定资产投资（占资金总额的百分比）…… 177
图 7.8　2003—2012 年城市公共交通固定资产投资
　　　　（占资金总额的百分比） …………………………………………… 178
图 7.9　2003—2023 年电力、热力的生产和供应业固定资产投资
　　　　（占资金总额的百分比） …………………………………………… 180
图 7.10　2003—2023 年天然气生产与供应业固定资产投资
　　　　（占资金总额的百分比） …………………………………………… 180
图 7.11　2003—2023 年自来水的生产与供应业固定资产投资
　　　　（占资金总额的百分比） …………………………………………… 181
图 8.1　1950—2100 年部分国家 65 岁及以上人口占比 ……………………… 211
图 10.1　1996—2023 年地方政府债务占 GDP 的比重 ……………………… 260
图 10.2　2014 年和 2022 年各地区显性政府债务占 GDP 的比重 ………… 267
图 10.3　2010—2023 年全国地方政府城投债规模及占 GDP 的比重 ……… 270
图 11.1　1992—2023 年中央政府主要税种占其税收总额的比重 ………… 295
图 11.2　1991—2023 年地方政府主要税种占其税收总额的比重 ………… 295
图 11.3　2007—2023 年中央政府主要一般公共预算支出占总支出的
　　　　比重 ……………………………………………………………………… 296
图 11.4　2007—2023 年地方政府主要一般公共预算支出占总支出的
　　　　比重 ……………………………………………………………………… 297
图 11.5　1978—2023 年中央本级财政盈余和地方本级财政赤字 ………… 301
图 11.6　2023 年各地区人均财政收支 ………………………………………… 302
图 11.7　1994—2023 年中央对地方的转移支付占中央财政总支出
　　　　以及占地方财政总收入的比重 ……………………………………… 305
图 12.1　1952—2023 年政府一般公共预算赤字与 GDP 的比率 …………… 328
图 12.2　投资、消费和净出口占 GDP 的比重 ……………………………… 331
图 12.3　按商品零售价格指数调整的人均 GDP 以及官方的 GDP 增长率 …… 332
图 12.4　1981—2022 年的中国基尼系数 ……………………………………… 334

# 第1章

# 中国财政概览

中国是世界上的人口大国之一，具有悠久的历史。中国幅员辽阔，国土面积居于世界前三位。近代中国经历了开放与闭关的多次反复。1978年改革开放以来，中国经济飞速发展，目前人均收入已进入中上等国家的行列，2023年人均国内生产总值（GDP）已经超过1.26万美元。国家财力雄厚，财政收入已占到国内生产总值的30%以上。预计不久的将来，中国将成为世界上最大的经济体。另外，中国是一百多个国家和地区的最大贸易伙伴，无疑在世界经济中举足轻重。

公共财政在中国经济和社会中扮演着重要的角色。公共财政的主要职能包括政府筹集资源，提供公共物品和服务，纠正外部性并提高经济效率，促进经济的可持续增长，保持经济平稳，重新分配收入，使所有人都能分享经济发展的成果等。在中国，公共财政也被用来维持政治上的连续性和稳定性。中华人民共和国成立以来，国家财政收入和支出的规模虽然有起伏，但总体呈现增长趋势。

改革开放四十多年来，中国的财政制度已经发生了深刻的变化。一套行之有效的以消费型税收为主的税收制度已经建立，财政收入达到相当大的规模。政府将财政收入的很大一部分用于经济建设。自1997年亚洲金融危机以来，中央政府采取了扩张性的财政政策，发行债务。改革开放后，地方政府实际上拥有很大的权力，曾经通过预算外收入、收取高额土地出让金，以及向银行借款来筹集资金，从事基础设施建设。总体来看，中国的财政体制有利于投资和经济增长。此外，政府通过国有企业和国有控股企业大量参与投资和生产，收取大量税收，实施发展战略和产业政策，调控投资规模和方向，影响国民经济发展。

因此，了解中国的公共财政对于了解中国的经济至关重要。政府如何干预经济？政府的规模有多大？财政收入从何而来？政府将收入用于何处？中国的基础设施建设如何融资？中国的社会保障和医疗保险系统如何管理？中央政府与地方政府之间是什么关系？地方政府债务问题有多严重？中国如何通过财政政策影响世界经济？中国财政体制面临哪些挑战？应如何改革？这些问题是学术界的热点，也吸引了全世界投资者和决策者的关注。本书旨在讨论并解答这些问题。

本章将首先介绍中国传统财政思想，讨论中央计划经济体制下的公共财政，分析市场经济体制改革，探索中国公共财政面临的挑战，并阐明本书的贡献。

## 1.1　中国传统的财政思想

如何征税、向谁征税，历来是富有争议的话题，很多学者提出了不同的见解。亚当·斯密在《国富论》（1776）中提出了四项税收准则：税收平等，即纳税人必须按各自的能力为政府的支出做出贡献；税收确定，即每个人的税收（纳税时间、方式、数量）必须是确定且透明的，而不是任意多变的；税收便利，即税款应便于缴纳；征税成本最小，即征税时要尽量节省相关费用。当然，斯密在《国富论》里也谈到了要对奢侈品征税，以及税收应该是累进的，即高收入者适用的税率应该高。在现代，税收制度扮演了更多的角色，如稳定经济以及刺激经济增长。中国的财政体制在很大程度上受到传统财政思想、现代财政理论、先进国家的经验及自身历史和经济发展状况的影响。其中，传统财政思想无论是在过去还是现在，都对中国财政产生了重要而深远的影响。

### 1.1.1　轻徭薄赋

轻徭薄赋的思想萌芽于春秋战国时期，距今已经有两千多年的历史。儒家思想一直是中国文化中的重要组成部分，孔子在《论语》中明确表达了低税的想法。《论语·颜渊篇》记载了鲁哀公与孔子弟子有若的一次著名的对话。

> 哀公问于有若曰："年饥，用不足，如之何？"有若对曰："盍彻乎？"曰："二，吾犹不足，如之何其彻也？"对曰："百姓足，君孰与不足？百姓不足，君孰与足？"

翻译成白话是这样的。鲁哀公问有若："粮食收成不好，政府收入不足，我该怎么办？"有若回答说："那你为什么不实施征收粮食收成10%的税法呢？"鲁哀公说："现在已经按20%的税率征税了，却还不够用。"有若回答说："百姓富了，君王您能不富吗？如果百姓贫穷，您怎么可能富有呢？"

在这个对话中，孔子的弟子实际上建议鲁哀公提高人民的收入，扩大税基，轻徭薄赋，藏富于民。

《礼记·檀弓下》中记载了另一个大家熟悉的故事。有一天，孔子路过泰山时，看到一位妇女在哭泣，让子路上前询问她为什么哭。妇女回答说，她的儿子最近被虎咬死了，她的丈夫和公公以前也因虎而死。孔子很困惑，问她为什么选择住在如此危险的地方，妇女回答说，安全的地区赋税沉重，而这个地方，征税的官员也不愿意来，所以没有苛刻的政令和重赋。听完这话，孔子十分悲伤，感叹道："苛政猛于虎也！"由此可见，孔子是反对横征暴敛的。

孟子也提倡轻徭薄赋。例如，他建议政府应取消除农业税以外的其他所有税种，并提出应将农业税税率保持在10%。[①] 他特别反对市场税、人头税和房产税，反对苛捐杂税，指责战国时的统治者像强盗一样征收重税。

秦统一中国后，没有采纳孔孟的轻徭薄赋主张，继续实行法家战时的高赋税、多徭役国策，筑长城，建国道，修兵马俑，等等。据记载，当时各种赋税加起来高达农民收成的三分之二！男子十七岁开始服徭役，直到六十岁。[②] 残酷的统治导致秦朝很快灭亡。

轻徭薄赋历来是儒家的税收观，两千多年来，这一思想始终在中国财政领域占据主导地位。几乎所有古代学者都反对高税收，普遍认为10%是最公平的税率。[③] 当然，也有学者认为10%的税率太高了。例如，南宋思想家叶适认为，以前的王朝征收十分之一的税，是为了给民众提供更好的服务。但南宋政府做不到这些，所以税率应该是二十分之一或三十分之一。其实，早在汉文帝时，政府就将农业税定为三十分之一。[④] 后世的历史学家也把许多王朝的灭亡都归因于沉重的税负。

## 1.1.2 隐性税收

在现代，良好的税收制度一定是透明的。但是，中国历史上有很多隐性税收。政府通常不直接向国民征税，而是通过控制并高价销售一些必需品来获得收入，例如盐和铁。盐是生活必需品，铁是生产必需品，需求非常刚性，通过垄断销售，政府可以大量获益。这个想法是由齐国宰相管仲首先提出的。他提出，与其通过征税减少人民的财富，激起人民反抗，政府不如直接垄断销售盐、铁、农林产品和矿石以获得收入。这其实是隐性税收。

---

① 参见《孟子·滕文公上》。原文是："夏后氏五十而贡，殷人七十而助，周人百亩而彻，其实皆什一也。彻者，彻也；助者，藉也。"夏、商、周都是抽取十分之一税率的地租。
② 参见班固的《汉书·食货志》。
③ 参见《春秋公羊传》。
④ 参见叶适的《习学记言序目》。

管仲甚至还详细说明了他的计划。他建议让人民以枯木为燃料烧开海水制成盐，由政府收集并垄断盐的运输和销售。另外，他建议让公众炼铁并向政府上交，由政府销售。政府从中获得三成的收入，私营生产商获得剩余的七成。管仲还建议政府通过买卖来干预粮食交易，使价格维持在一个稳定的水平，并从中获利。总而言之，隐性税收的目的是减少人民的反抗，维护统治者的统治地位。

隐性税收对中国的税收制度产生了深远的影响。每个朝代都垄断了一些必需品的生产或销售以谋取财政收入，有些朝代甚至垄断了茶叶和食用油的销售。中华人民共和国成立后，政府几乎将所有工业企业都收归国有，通过制定价格，销售产品，获得了财政收入。同时，政府在农村通过粮食统购统销政策获得财政收入，这其实也是隐性的税收。1978年经济改革后，政府开始允许民营企业发展，但仍对制造业、能源、电信、房地产和金融等行业保持主导权。许多垄断的国有企业曾经定价很高，为政府贡献了财政收入。现在，中国大部分税收都是向生产者征收，但一部分税收负担通过产品价格最终转移给了消费者。另外，在最近的几十年中，地方政府垄断了土地供给，提高了土地价格，并最终通过高房价将土地成本转移给购房者。这些都是隐性税收的体现。

### 1.1.3　平衡政府预算

历史上几乎所有的思想家都主张平衡政府预算，即根据政府收入来确定政府支出。根据汉代政治家戴圣在《礼记》中的说法，政府每年的支出应该等于过去30年政府每年的平均财政收入。如果是这样，即使遭遇旱涝灾害，人民也不会挨饿，皇帝也可以每顿食肉，纵情声乐。如果国库储备只能支出九年，那么国库储备将不足；如果国库储备只能支出六年，那么这个国家就有危险；如果国库储备支撑的支出少于三年，那么国家会灭亡。显然，戴圣强烈要求政府保持足够的国库储备。

汉代政治家桓宽在其著名的《盐铁论》一书中提出，财政支出应以财政收入为基础，同时应有盈余。唐代政治家苏廷主张政府应该计算收入，然后决定花多少钱。明代著名政治改革家张居正认为，皇帝应该根据收入来决定支出，同时努力储蓄。[①]

平衡预算、略有节余的预算思想影响了各个朝代的财政行为。事实上，中国政府在1894年之前长期保持财政盈余。甲午战争后，中国政府开始出现财政赤字，积累了巨额债务。20世纪上半叶，中国经历了多年战争，特别是抗日战争

---

① 参见《张居正奏疏集》。

和解放战争，政府财政出现巨额赤字，债务猛增。

中华人民共和国建立后，政府沿袭了传统的预算思想，即预算平衡、略有节余。这种预算思想一直延续到20世纪90年代初。1994年通过的《中华人民共和国预算法》（以下简称《预算法》）要求中央政府应尽力在长期内平衡预算；地方政府应年度平衡预算，不得发行债券。2014年修正的《预算法》允许地方政府从2015年起发行有限的债务，用于偿还隐性债务以及公共基础设施建设。

中国古代还有其他重要的财税思想，例如，重农抑商、公平征税，等等。在《商君书》里，商鞅就认为，"重关市之赋，则农恶商，商有疑惰之心。农恶商，商疑惰，则草必垦矣"。就是说，加重关口、集市上的税收，那么农民就会厌恶经商，商人也怀疑经商，甚至不愿经商。农民讨厌经商，商人怀疑自己所从事的工作，不愿意经商，那么荒地就一定能得到开垦了。另外，商鞅建议，根据商人家的人口数量向他们摊派徭役，让他们家中砍柴的、驾车的、供人役使的、做僮仆的人都一定要到官府登记注册，并且按名册服徭役，那么农民的负担就会轻，商人的负担就会重，来来往往送礼的人就不会在各地通行。《商君书》还提倡，"贵酒肉之价，重其租，令十倍其朴，然则商贾少，农不能喜酣奭，大臣不为荒饱"。意思是，抬高酒肉等奢侈品的价钱，加重这些东西的赋税，让租税的数量高达它本钱的十倍，如果这样的话，卖酒肉等东西的商人就会减少，农民也就不能纵情饮酒作乐，大臣也就不会吃喝享乐、荒废政事。中国自古就提倡公平税负。在《商君书》里，商鞅就建议根据粮食的产量来计算田赋，这样国家的田赋制度就会统一，而百姓承担的赋税才会公平。

## 1.2 中央计划经济下的财政体系

1949年，中华人民共和国成立。政府接管了国民政府的大型金融机构，如中央银行、中国银行、交通银行、中国农民银行等；没收了国民政府拥有的大型公司，如钢铁公司、石油公司、纺织公司，然后将这些企业转变为国有企业。然而，政府仍允许其他私营企业同时存在。在农村，政府实施了土地改革，从地主手中没收土地，并将土地平均分配给农民。之后八年间，中国经济迅速复苏。与此同时，政府制定了新的税法，政府收入迅速增长。

同一时期，苏联在中央计划经济体制下快速实现了工业化，中国政府决定效仿苏联模式。到1956年年底，中国完成了生产资料的社会主义改造，将所有大中型私营企业变成了国有企业，而小规模的私营企业则变成了集体所有制企业。1958年，政府建立了人民公社。一个人民公社大约由十个生产大队组成，每个生产大队大约由五个生产小队（小村庄）组成。每个生产小队是一个生产单位，集体拥有土地，共同工作并共享劳动成果。

从1961年开始，中国经济进入了五年的全面建设社会主义时期。每个农民都分到一小块自留土地，他们可以在上面种任何农作物。工厂工人也能根据绩效获得奖金。调整和改革激发了劳动者的生产积极性，经济迅速复苏，中国进入了经济繁荣时期。但是，1966年，"文化大革命"开始，农民的自留地被收回，工厂也取消了绩效奖金。此后十年间，经济发展受到极大影响。

当时的中国政府分为五级：中央政府、省（自治区、直辖市）政府、市（地级市）政府、县（包括县级市）政府和乡镇政府（人民公社）。

从1958年到1978年，中国一直奉行严格的中央计划经济政策，遵循传统的公共财政理念，例如平衡预算和隐性税收，但税收收入较低。财政预算方面，政府采取统收统支。在这种体制下，地方政府和国有企业将其所有收入上缴给中央政府，然后中央政府将这些收入分配给各级地方政府、中央政府机构和国有企业。

政府财政收入主要由国有企业上缴利润组成。1978年，50%以上的财政收入来自国有企业的利润。农民须向政府上交部分粮食，叫作"公粮"，作为农业税；此外，政府还以远低于市场价格的价格向农民收购部分农作物，叫作"购粮"，其实是隐性的农业税。由于工人工资较低，个人所得税从1980年才开始征收。1978年，政府财政总收入占GDP的约40%。除预算收入外，中国政府还有预算外收入，这些收入主要由地方政府和国有企业收取。1978年，预算外收入占GDP的约10%（见第2章图2.4）。

政府支出包括预算内支出和预算外支出。预算内支出由各级政府的财政部门提出，并由各级人民代表大会批准。政府将大量支出用于建设道路、桥梁、港口、水利等基础设施。例如，在1959年，政府在经济建设上的支出占一般公共预算支出的71.7%（见第6章图6.4）。

20世纪50年代初，国家为国有企业和集体企业的工人、政府行政单位和事业单位（例如公立大学和国有医院）的员工建立了社会养老保障体系。社会养老保障体系由政府管理，并由一般公共预算收入提供资金。在"文化大革命"期间，由于经济瘫痪，社会养老保障体系遭遇了严重的支付危机。每个国有企业都必须自筹资金向退休人员支付社会保障福利，实施企业养老保障。农民则没有社会养老保障，完全依靠家庭养老。

政府还为公务员和国有企业员工建立了医疗保险制度。20世纪50年代初，国家为国有企业和集体企业的员工提供劳动保险，并为公务员提供公费医疗。公费医疗的资金来自一般公共预算收入，劳动保险从每个企业收取资金以支付其员工的医疗费用。为了控制国有企业的医疗保险，每个企业的医疗保险是有上限的，不能超过企业总收入的一定比例。每个大型国有企业都有自己的医院或诊所、学校、幼儿园等，就像一个小型社会。

1965年6月26日，针对城乡医疗资源分配极度不平等的状况，政府决定把医疗卫生工作的重点放到农村去。很快，全国农村建立了合作医疗体系。每个生产大队都建立了一个合作医疗站，该站由农民本人和生产小队或生产大队提供资金。选定农民经过基本的医学培训，担任"赤脚医生"，并为农民提供最基本的医疗服务。如果农民身患严重疾病，必须去乡级以上医院，则要自己承担所有费用。另外，政府为农民提供了免费的免疫接种。通过免疫接种，农村卫生条件得到改善，疾病媒介（如传播疟疾的蚊子）得到控制，有效减少了传染病的传播。

从1958年开始，中国建立起了城乡二元体制，农村户口向城镇户口的转变变得非常困难。母亲为农业户口的，新生儿就登记为农业户口；母亲为城镇户口的，新生儿就登记为城镇户口。农村居民可以通过高考升入大学或是参军并晋升至一定级别的军官来成为城市居民。在很长一段时间内，这种户籍制度是城乡居民难以逾越的障碍。几十年来，城市居民有政府提供的工作机会、有保障的食物和社会保险，而农民没有，其生活条件比城市居民艰难得多。

中华人民共和国成立后的前几十年，政府一直奉行平衡预算的理念，基本原则是预算平衡、略有节余。在1949—1957年，政府通过国内外借贷来弥补预算赤字。中国与苏联签署了《中苏友好同盟互助条约》，中国政府从苏联借款建设了一些重要项目。20世纪50年代末，由于中苏关系恶化，中国政府终止了从苏联的借款，并在1965年还清所有外债。1968年年底，中国成了既无内债也无外债的国家。从1959年到1980年，虽然许多年份有财政赤字，但中国政府没有发行任何国内债务，而是发行货币来填补预算赤字。

在中央计划经济体制下，地方政府是中央政府的分支机构。它们能获得财政收入，但必须严格按照中央政府的指令来使用。1978年，中央财政收入占全国总财政收入的比率为15.5%，地方财政收入占比为84.5%，但这并不意味着中国实行了财政分权（见第11章表11.1）。在现代公共财政理论中，地方政府收入和支出占全国总财政收入或总财政支出的比率常常被用来衡量财政分权的程度，这一衡量标准却不适用于中国，因为中国地方政府支出的自主权有限。因此，1978年前，中国的财政体制一直是高度集权的。

## 1.3 市场导向下的公共财政体系改革

计划经济体制有两个无法解决的问题。第一，由于没有坚持按劳分配，劳动者缺乏工作的动力。第二，制订好的计划并落实是非常困难的。为了解决这些问题，国家在20世纪70年代后期允许国有企业向工人发放奖金，并在80年代进行了"利改税"改革，激励国有企业追求利润，减少国有企业对政府的财政依赖，并促进市场竞争。其他改革包括给予地方政府一些财政上的自主权等。

但是，早期的改革导致了财政收入在GDP中的比重下降，而给予地方政府更多财政自主权则导致了中央政府财政收入在总财政收入中的比重下降。1993年，财政收入占GDP的比重仅为12%，中央财政收入占财政收入的比重仅为22%。[①] 中央政府决定改变这一局面。

1994年，中国实行"分税制"改革，将税收分为中央税、地方税、共享税三大类，在省、市、县设立了国家税务局和地方税务局。税收种类从37种减少到23种。增值税的征收扩展到商品的生产、批发、零售和进口环节，并对服务业征收营业税；对所有企业征收企业所得税；对特殊产品征收消费税；对个人月收入征收累进个人所得税。

税收法律、法规由全国人民代表大会及其常务委员会、国务院、财政部、国家税务总局、国务院关税税则委员会以及海关总署制定。目前，中国只有部分的税收是根据全国人民代表大会通过的法律征收的，大部分税收是根据国务院制定的暂行条例和规则征收的。具体的税收细则规定由财政部、国家税务总局、国务院关税税则委员会以及海关总署制定。

除了预算收入，中国政府还有预算外收入。由于缺少资金，中央政府鼓励地方政府和政府机构通过经营业务、收费的方法筹措预算外收入。20世纪90年代初预算外收入甚至高于预算收入。随着收费范围越来越广，收费额度越来越高，民众最终难以承受，怨声很大。21世纪初，中央政府开始实行财政改革，取消了一些收费，另一部分实行"费改税"。这样，预算外收入不断下降，直到2011年被完全取消。在过去二十年里，除了预算收入和预算外收入，地方政府也通过出售土地和向银行借款的方式来筹措资金，收入增长很快。

在预算支出方面，改革的重点是财政支出的方向。2007年前，政府预算支出分为经济建设、社会建设、文化教育发展、国防建设和政府行政管理五大类。多年来，政府在经济建设上的支出一直在下降。1978年，政府在经济建设方面的支出占一般公共预算支出的比重为64.1%，2006年下降到26.6%；1978年，政府在社会、文化、教育等方面的支出占一般公共预算支出的比重为13.1%，2006年上升到26.8%；但政府行政管理支出占一般公共预算支出的比重从1978年的4.7%上升到2006年的18.7%（见第6章图6.4）。从2007年开始，国家不

---

① 数据来源：财政部（1994）。

再采用这种分类。然而，国际货币基金组织（IMF）继续采用类似的分类，其资料显示，2020年，中国政府经济事务方面的支出占总支出的比重为28.56%（见第6章表6.7）。当然，经济事务支出的口径比经济建设支出的口径大。

中国的养老保障体系也发生了巨大变化。当国有企业被迫参与市场竞争时，一些国有企业便出现亏损，无法继续向退休人员发放退休金。于是，政府开始改革社会保障制度，先是把国有企业的社会保障账户集中起来，这样盈利企业可以帮扶亏损企业。1986年，政府又要求将社会保障从企业向社会转移。于是，地方政府开始设立社会养老保障基金，要求每个劳动者和用人单位出资。1995年，国务院决定建立城镇职工个人养老金账户和社会统筹账户。从2006年开始，个人向其个人账户缴纳工资的8%，用人单位向社会统筹账户缴纳工资的20%。2019年，缴费率下调，用人单位向社会统筹账户缴纳工资的16%。社会统筹账户和个人账户都由省级、市级或县级的地方政府管理。2009年，政府建立了农村社会保障制度，对60岁以上的农民每月少量补贴，并要求年轻农民每月向个人账户上缴少量资金。农村社会保障体系由地方政府管理，农村社会保障支出由中央和地方政府使用一般公共预算收入提供资金补助。

中国还改革了城市医疗体系。1995年，濒临崩溃的劳动健康保险制度被新的区域医疗保险系统，即后来的城镇职工基本医疗保险制度取代。在这种新制度下，每个城市向所有职工提供医疗保险。2009年，政府呼吁深化医疗体制改革。用人单位将职工薪资的4.2%交至社会统筹账户，将1.8%交到职工个人账户，职工本人则向个人账户缴纳工资的2%。

随着农村人民公社的取消，医疗合作社制度在20世纪80年代初崩溃。此后许多年里，中国没有农村医疗保险。2003年，中国农村开始实行新型农村合作医疗制度，叫作"新农合"，农民、地方政府和中央政府各负担约三分之一。农民以家庭为单位自愿参与新农合。若农民确实无力支付，则由当地民政局按当地标准支付。几乎所有的农民都加入了这个体系。2010年，中国建立了城镇居民健康保险，这是一个涵盖了所有城镇非劳动人口的健康保险体系，叫作"城居保"。2016年，政府将"城居保"和"新农合"合并，成为城乡居民基本医疗保险制度。

改革以来，地方政府也获得了更多的财政自主权。中央政府将经济决策权部分下放给地方政府。2000年左右，随着预算外收入的减少，中央政府还允许地方政府出售土地以获得收入，并通过政府的城投公司向银行借款。因此，许多年里，地方政府在财政收入和支出上享有很大的自由度。

20世纪90年代初，中央政府设定了一个目标，将财政收入在GDP中的比率提高到20%，并将中央财政收入在财政收入中的比率提高到60%。1994年税制改革后，尽管政府财政收入在GDP中所占的比率已超过20%，但中央财政收入在财政收入中的比率仍为 45% 左右。

中央政府从未对中央财政支出占财政支出的比例进行规定，现在这个比例只有不到 15%。预算改革也取得了进展。2014 年，修正后的《中华人民共和国预算法》通过，明确规定了中国的政府预算包括四个部分：一般公共预算、国有资本经营预算、政府性基金预算和社会保险基金预算。

## 1.4　公共财政与社会主义

社会主义的一个显著特点就是利用集体的或社会的力量扶助贫弱，让这个社会上的人们都过上体面的生活。扶助贫弱的思想是符合人性的。人性是双重的，利己和恻隐，或者说，人性一面是利己，另一面是怜悯他人，即利他。人们有恻隐之心，即同情心。恻隐之心首先予以子女、父母、兄弟姐妹、朋友、同胞、人类，最后到动物。恻隐之心，是社会主义思想的源泉。

我国古代伟大的思想家孟子对恻隐之心的论述相当透彻："人皆有不忍人之心。先王有不忍人之心，斯有不忍人之政矣。以不忍人之心，行不忍人之政，治天下可运之掌上。所以谓人皆有不忍人之心者，今人乍见孺子将入于井，皆有怵惕恻隐之心。非所以内交于孺子之父母也，非所以要誉于乡党朋友也，非恶其声而然也。由是观之，无恻隐之心，非人也；无羞恶之心，非人也；无辞让之心，非人也；无是非之心，非人也。恻隐之心，仁之端也；羞恶之心，义之端也；辞让之心，礼之端也；是非之心，智之端也。"（《孟子·公孙丑章句上》，第六节）

斯密的《道德情操论》也是从论述人的同情心开始的。同情产生良知，良知产生一般道德原则。许多经济学模型都假定个人是纯粹利己的。我们应该明白，这是为了分析简便而做的假设，在现实生活中，我们决不能完全按照模型的假设去做。

### 1.4.1　中国"天下为公"的大同思想

据西汉戴圣的《礼运大同篇》记载："昔者仲尼与于蜡宾，事毕，出游于观之上，喟然而叹。仲尼之叹，盖叹鲁也。言偃在侧，曰：'君子何叹？'孔子曰：'大道之行也，与三代之英，丘未之逮也，而有志焉。大道之行也，天下为公。选贤举能，讲信修睦，故人不独亲其亲，不独子其子，使老有所终，壮有所用，幼有所长，鳏寡孤独废疾者皆有所养，男有分，女有归。货恶其弃于地也，不必藏于己；力恶其不出于身也，不必为己。是故谋闭而不兴，盗窃乱贼而不作，故外户而不闭,是谓大同。'"

在人们苦苦追求社会改造的近代中国,大同思想的火花被重新点燃。康有为《大同书》提出"人人相亲,人人平等,天下为公,是谓大同"。设想未来的大同社会是一种以公有制为基础、没有剥削的社会;国界消灭,全世界统一于一个"公政府"之下,没有战争;社会上没有贵贱等级;男女完全平等,家庭已消灭,不存在父权、夫权压迫,等等。

孙中山也推崇孔子"天下大同"的思想。1924年,孙中山在《三民主义》中提出:"真正的三民主义,就是孔子所希望之大同世界。"孙中山的大同理想主要内容是:土地国有,大企业国营,但生产资料私有制仍然存在,资本家和劳工两个阶级继续存在;生产力高度发展,人们生活普遍改善;国家举办教育、文化、医疗保健等公共福利事业,供公民享用。孙中山的革命口号就是"大道之行也,天下为公"。

## 1.4.2 欧洲的空想社会主义思想

欧洲近代的思想家强调依靠社会的力量来帮助贫弱。所以,把他们叫作社会主义思想家也恰如其分。

1516年英国人托马斯·莫尔出版《乌托邦》,虚构了乌托邦社会,那里财产公有,人民平等,实行按需分配的制度,人们穿统一服装,在公共餐厅就餐,官吏由民主选举产生。

在德国人安德里亚1619年出版的《基督城》里,没有金钱,人们从事专业化劳动,没有私人住宅,每个家庭住在分配的房屋里,为避免产生争执和混乱,人们从公共仓库领取食物,各家自理每日三餐,对青少年儿童实行免费教育。国家由德高望重的三个人治理。

在意大利人康帕内拉1623年出版的《太阳城》里,没有私有财产,人人参加劳动,生活日用品按需分配,不让人获取超过应得的东西,也不会不给必需的东西。人们每天工作四小时,其余时间读书娱乐。没有富人,也没有穷人,没有暴力,没有罪恶,人们过着和平安详的生活。太阳城实行公共食堂制,住房共有,实行公共婚姻制,按一定的规则生产后代。值得一提的是,这里按需分配里的"需"不是自己认定的,而是别人认定的,当然与自己要求的相等。

18世纪的社会主义思想家,如梅叶、马布利、巴贝夫等,就深受启蒙运动思想家的影响,他们的著作中充满了理性、平等、公平、正义、和谐等主张。启蒙运动是17—18世纪的思想文化运动。启蒙运动削弱了君主制和天主教的权威。启蒙运动包括了诸如自由、进步、宽容、友爱、宪政和政教分离等理想。

19世纪初期,社会主义思想家以圣西门、傅立叶和欧文为代表。如前所述,16—17世纪的思想家已经提出了各尽所能、按需分配的原则。1824年,欧文在美国印第安纳州买下1 214公顷土地,开始新和谐移民区实验,但实验以失败告终。

### 1.4.3 马克思的共产主义理论

1848年,马克思、恩格斯出版《共产党宣言》,主张通过阶级斗争、暴力革命和无产阶级专政,实现共产主义,建立公有制,实行按需分配的制度。马克思在《资本论》中为工人阶级共产主义革命提供了理论依据。他提出劳动价值论,认为只有工人的劳动创造价值,资本和土地不创造价值,资本家在剥削工人的剩余价值,工人阶级应该起来推翻资本主义制度。另外,资本主义也存在内在矛盾,即企业生产的有计划和整个社会的无计划性会造成生产过剩的危机。马克思从历史唯物主义出发,认为经济基础决定上层建筑,经济上的严重问题必然导致政治上的革命。所以,资本主义必须也必然灭亡。1871年3月18日法国爆发工人阶级革命,成立巴黎公社,民主选举领导,废除高薪,实行劳工保护。1871年5月28日巴黎公社失败。

### 1.4.4 伯恩斯坦的民主社会主义

1899年,伯恩斯坦在《社会主义的前提和社会民主党的任务》中首次提出民主社会主义,反对消灭私有制,主张改革税制,国家通过提供良好的福利保障以及进行财富再分配,实现经济平等。他指出马克思对于资本主义即将灭亡的预测并没有被证实,并且资本的所有权变得更加分散。社会没有两极分化,中产阶级在壮大。他还指出了马克思的劳动价值理论的一些缺陷。伯恩斯坦相信,资本主义制度有自我调整的能力,社会主义可以通过资本主义实现,而不是通过资本主义的灭亡而实现。也就是说,工人会利用资本主义社会创造出的选举机制,逐渐争取到越来越多的权利,因此他们痛苦的根源就会消失,同样,暴力革命的基础也会消失。伯恩斯坦被斥责为修正主义者。有人把今日的瑞典、挪威等北欧国家看作民主社会主义的典范。

### 1.4.5 发达经济体中的社会主义成分

尽管对社会主义的构想不同、对其实现方式的认识不同,真正的社会主义者都是出于同情心,出于正义感,想利用社会的力量或者政府的力量来扶助贫弱,缩小贫富差别，使贫者弱者过上体面的生活。前面讲过，人有恻隐之心，会主动扶贫。经济学家已从理论上证明，由于存在依赖思想，即认为自己不扶贫别人也会扶贫，单纯依靠个人扶贫，力度是不够的，达不到社会最优的程度，而这样对穷人和富人都不利。政府出面扶贫可以让所有人的福利提高，因此，是完全必要的。

社会主义思潮的兴起和人类文明的进步也大大改变了发达国家的经济制度。当今世界，没有一个国家是纯粹的市场经济国家。就连美国也自称为混合经济，是市场经济加上国家的收入再分配。当然，各国再分配的力度不同，有的大一些，如一些北欧国家，政府财政收入占GDP的比重已接近60%！这些国家的贫富差别也很小。再如政府规模较小的美国，实行累进的个人所得税，富人多交税，穷人少交或不交；实行从幼儿园到高中的十三年完全免费教育，补助午餐，免费校车接送学生；政府利用养老医疗体制实行再分配，对穷人提供医疗保险，设立面向穷人的免费公立医院，等等。这些不都是社会主义的成分吗？利用人们的利己心，让人们追求个人利益，提高生产效率，使产量最大；利用人们的恻隐之心，通过财政再分配收入，让大家共同富裕。世界上，有的国家社会主义成分多，收入差别较小；有的国家社会主义成分少，收入差别就较大。

## 1.4.6 当代中国的社会主义思想

从1956年到1978年，中国曾经学习苏联，尝试过中央计划经济，实行生产资料公有制以及生产和生活资料的计划分配。计划经济体制的不当和僵硬，以及否定按劳分配原则，挫伤了劳动者的生产积极性，影响了经济发展的速度。

1978年3月28日，邓小平同国务院政治研究室负责人谈话时指出，我们一定要坚持按劳分配的社会主义原则。按劳分配就是按劳动的数量和质量进行分配。精神鼓励是必要的，但物质鼓励也不能缺少。[1]

1992年，中国共产党第十四次全国代表大会确定了建立社会主义市场经济体制的目标。1992年邓小平在南方谈话中指出：社会主义的本质，是解放生产力，发展生产力，消灭剥削，消除两极分化，最终达到共同富裕。[2] 消灭剥削，就是各种生产要素各得其所，不要多拿多占。消除两极分化，最终达到共同富裕，就是要缩小贫富差距，让大家都过上体面的物质生活。然而，邓小平讲的消除两极分化、共同富裕并不意味着平均主义，而是将贫富差距控制在一定范围内。

---

[1] 《中国共产党大事记·1978年》，中国共产党新闻网，http://cpc.people.com.cn/GB/64162/64164/4416109.html，访问日期：2024年3月21日。

[2] 《在武昌、深圳、珠海、上海等地的谈话要点》（1992年1月18日—2月20日），人民网，http://cpc.people.com.cn/n/2013/0819/c69710-22616549.html，访问日期：2024年3月21日。

2013年11月，中共十八届三中全会正式提出，使市场在资源配置中起决定性作用和更好发挥政府作用。也就是说，经过几十年的努力思索和实践，社会主义市场经济思想已逐步形成。市场经济就是要使市场在资源配置中起决定性作用，按劳分配，按要素对生产的贡献分配；政府纠正市场失灵，使经济活动的主体收益最大，使全社会生产效率最高。社会主义就是要利用社会的力量、发挥政府作用，尽可能缩小贫富差别，实现共同富裕。可见，既要搞市场经济，也要通过公共财政，搞好收入的再分配。这里需要强调的是，中国追求的是共同富裕，要富裕就得发展经济，就得调动劳动、投资和科技创新的积极性。中国正在完善社会主义市场经济制度，这与当今世界各国发展的大趋势一致。

## 1.5 中国公共财政面临的问题

中国经济现在面临着各种挑战，例如经济增长放缓、人口老龄化、贫富差距大、环境恶化以及资源枯竭，公共财政是解决这些问题的关键。然而，尽管经过了多年的改革，中国的公共财政仍然存在许多问题，例如税制不能有效调节收入分配，政府公共消费品不足，医疗保险制度薄弱，一些地区的社会养老保障债务不断增加，中央与地方政府之间的财政失衡，以及地方政府的高负债等。此外，政府的投资效率低下，对生产的干预过多，不利于充分发挥市场的作用。因此，中国必须继续改革公共财政体系，以实现经济可持续发展，兼顾公平和效率。

中国需要对税制进行改革。当前中国的税种主要是消费类税种，包括增值税、消费税、城市维护建设税和教育费附加。2019年，增值税、消费税和城市维护建设税加起来约占税收总额的50.46%，消费型的税种累进程度低，而累进程度高的个人所得税仅占约6.57%，企业所得税占比达到23.61%。2021年，增值税、消费税和城市维护建设税加起来占税收总额的47.83%，而个人所得税仅占8.10%，企业所得税占比达到24.34%（见第2章表2.1）。高税率曾经使中国名列《福布斯》税收痛苦指数榜首。自1994年税制改革以来，由于高税率和庞大的税基，中国的税收收入一直以惊人的速度增长。同时，偷税漏税和税收征管中的腐败现象在中国也很普遍。

在支出方面，一个问题是，政府在经济事务上花了很多钱，而在公共消费品上却支付不足。根据IMF的数据，2010年中国在经济事务上的一般公共预算支出占政府总支出的比重为32.1%，2020年为28.6%（见第6章表6.3），高于可获得数据的大多数国家。相反，中国政府医疗支出（即卫生支出）的比重在2010年为4.5%（见第6章表6.3），在2020年为8.43%，而美国2020年为

22.03%，法国 2020 年为 14.58%，德国 2020 年为 16.76%，日本 2020 年为 18.44%。此外，中国政府社会保障方面的支出比重在 2010 年为 19.7%（见第 6 章表 6.3），2020 年为 25.76%，而 2020 年法国为 44.23%，德国为 42.96%，日本为 38.04%，波兰为 37.31%（见第 6 章表 6.7）。

另一个问题是一些地区的社会保障债务很高。中国的社会保障由地方政府管理。城镇职工的社会保障制度包括个人账户以及社会统筹账户，社会统筹账户缴费率很高；但是，社会统筹账户仍然有赤字，个人账户中的资金被挪用于社会统筹账户付款，从而使个人账户有很大的亏空。因此，该体系是不可持续的。近年来，政府向农村老年人提供了一些养老金，但额度远远不够。此外，中国还面临严重的人口老龄化问题。若没有改革，未来年轻人为老年人提供的社会保障就不充足。

在医疗保险领域，"看病难、看病贵"的问题仍然十分严重。中国目前高质量的医疗资源，尤其是高水平的医生，依然不足，这导致看病难。医疗保险水平低，个人付费比重高，这导致看病贵。门诊服务费由政府规定，费用非常低，医生的薪资水平低。一些医院只好依靠向病人高价出售药品来获得更高的收入。医患关系紧张的情况时有发生。

中国地方一级的财政收支失衡非常严重。1994 年的中国税制改革将财政收入从地方政府转移到了中央政府，并将支出责任从中央政府转移到了地方政府。自税制改革以来，每个省政府本级财政每年都有赤字，但中央政府本级财政每年都有盈余。结果，地方政府严重依赖中央政府的转移支付。每个地方政府都期待上级政府划拨资金。转移支付包括一般性转移支付和专项转移支付。公平性与腐败的滋生成为政府间转移支付中值得深思的问题。

地方政府债务一直在增加，这引起了人们对中国财政可持续性的极大关注。地方政府债务主要来自其城投公司或融资平台的借款。在一些地区，政府显性债务和融资平台借款加起来超过 GDP 的 100%。除地方政府债务外，中央政府部门和机构中还积累了一些债务。地方政府一度过分倡导公私合营（PPP）项目，并为民营企业的银行贷款提供了担保，从而导致了一部分政府隐性债务。地方政府债务大部分不在政府预算范围内。政府预算的透明度也有待提高。

## 1.6　本书概要

本书对中国的公共财政进行全面而深入的分析。它涵盖政府预算收入、预算外收入、政府支出、预算赤字、中央和地方政府债务、增值税、个人和企业所得税、基础设施投资、社会保障、医疗保险、中央与地方政府之间的财政关系、财政政策与公平和可持续增长等重要议题。本书研究中国近几十年来的公共财政改革，分析这些改革的原因和后果，探讨中国公共财政面临的挑战，研究公共财政体系内的问题，并提出经过深思熟虑的政策建议。本书的特点是对相关内容的覆盖面广，观点新颖而谨慎，提供可靠的最新数据，对具有重大意义和公众关切的问题和政策进行深入探讨。简而言之，本书旨在填补有关中国公共财政文献的空白，力图满足获取中国公共财政最新信息的需求。

第 2 章分析过去四十多年中国政府收入的起伏情况。这一章估计中国政府收入的规模，其中包括一般公共预算收入、政府性基金收入、社会保险基金收入、国有资本经营收入以及预算外收入；讨论中国的税制改革，分析一般公共预算收入和其他政府收入变化的原因，比较中国与其他国家的政府收入规模；研究现行税收制度中存在的问题，并讨论未来税制改革的方向。

第 3 章分析中国的增值税、消费税及其他商品税。中国政府现在严重依赖消费类增值税和消费税（针对酒类产品、香烟和汽车等特定商品的特殊税种）。另外两种税项，即城市维护建设税以及教育费附加，也与增值税具有相同的税基。这些基于消费的税收占中国税收总额的一半以上。这一章还讨论其他商品和服务税，例如关税、车辆购置税、资源税和环境税，并评估消费型税收制度的优缺点。

第 4 章分析个人所得税。这一章研究个人所得税制度的演变，并比较近几十年来边际税率和平均税率的变化；解开个人所得税看似边际税率很高，但在总税收中所占比例很小的谜团；讨论中国的最优个人所得税税率，并对个人所得税制度存在的问题进行分析，为进一步的个人所得税改革提供建议。

第 5 章研究企业所得税。中国企业所得税收入占总税收的比重在增长，这与世界范围内降低企业所得税的趋势不符。与个人所得税不同，企业所得税在中国税收总额中所占比例很大。这一章将全面分析这种异常现象的原因，研究来自不同行业、各种企业（例如国有企业、民营企业和外资企业）的企业所得税，并比较各省的企业所得税。章末提供政策建议，例如降低企业所得税以刺激投资和经济增长。

第 6 章分析中国政府支出的规模和结构。我们估算中国政府支出的规模，其中包括一般公共预算支出、政府性基金支出、社会保险基金支出、国有资本经营收入支出、地方政府预算外由债务支撑的支出，以及政府预算外支出。中国政府将其收入的很大一部分用于经济建设，而在教育、医疗和社会福利上的支出却不足。另外，地方政府承担政府总支出的大部分。这一章讨论当前政府支出体系的问题，并讨论未来的改革方向。

第 7 章讨论中国的基础设施发展状况和融资方式。融资方式包括土地出让收入、银行贷款、基础设施发展基金、国内外债务、税收和收费等。这一章展示用于基础设施（包括交通、电信、能源和卫生设施）的资金构成；分析中国基础设施快速发展的原因以及基础设施发展存在的问题，评估中国的"一带一路"，并讨论对相关国家的益处和潜在风险。

第8章涉及社会保障。这一章讨论针对不同群体（如城镇职工、行政和事业单位职工、农村居民和城市非工作居民）的社会保障体系的演变；指出社会保障体系中存在的问题，例如城乡老年人的社会保障收入的不平等、分散的社会保障管理体系、个人账户的低回报率以及社会统筹账户中债务的增加，等等；探讨人口老龄化等挑战，并讨论不同的改革方案，例如减少社会保障债务、推迟城镇工人的退休年龄、增加退休农民的养老金、增大年轻农民的个人账户规模、建立全国性的社会保障体系等。

第9章探讨医疗改革。这一章首先研究不同的政府医疗保险制度（新型农村合作医疗制度、城镇职工基本医疗保险、城镇居民医疗保险等）；其次分析医疗服务的供给体系，特别是公立医院；再次分析医疗服务和医疗保险制度存在的问题，包括医疗保险制度不完善、政府对公立医院的补贴过多、政府对医疗服务的过度干预、合格医生的短缺、城乡医疗保险差距以及医疗保险制度的不可持续性；最后提出有关医疗改革的政策建议。

第10章讨论地方政府债务这一引人关注的问题。这一章首先探讨地方政府债务的来源，并阐明长期以来中国的地方政府债务是在政府预算之外的；然后估计不同时期中国地方政府债务的规模，仔细研究债务快速积累的原因，并评估地方政府高债务的短期影响和潜在问题；接下来估算每个地区的政府债务规模，并且展示各地区之间政府债务的巨大差异；最后讨论中国为遏制地方政府债务而采取的措施，并提出减少地方政府债务的政策建议。

第11章分析中央政府与地方政府之间的财政关系。这一章首先考察中国的财政预算体系和中央—地方税收共享体系、地方财政收支之间的财政失衡以及从中央政府向地方政府的大规模财政转移支付；然后讨论地方政府通过预算外收入的征收、土地出让和地方政府的银行借贷获取的大量收入；接下来讨论区域财政差异；最后提出有关改善中央与地方财政关系的政策建议，包括增加地方政府财政收入、将一些支出责任从地方政府转移到中央政府、给予地方政府更多的财政自主权，等等。

第12章分析刺激中国经济增长的财政因素，包括有利于增长的税收体系、有利于增长的政府支出结构、扩张性的财政政策，以及地方政府很大的自主权；接下来讨论中国经济增长的前景，探讨中国面临的挑战，例如贫富差距、环境恶化、资源枯竭、经济增长放缓和人口老龄化等；然后研究如何通过财政改革来实现可持续的经济增长，包括加强环境和资源税法执行力度、减少政府债务、刺激私人投资以及增加政府在教育、医疗保健和福利方面的支出。

# 第 2 章
# 财政收入的起伏

## 2.1 引　　言

在像中国这样的政府积极干预的经济体制中，代表财政能力的财政收入至关重要。本章探讨中国的税制改革，分析一般公共预算收入以及其他政府收入变化的原因，估算政府总收入的规模，包括一般公共预算收入、政府性基金收入、社会保险基金收入、国有资本经营收入，考察政府收入体系的特征，并探究影响未来财政收入的因素。

全国人民代表大会于 2014 年通过并于 2015 年实施了《全国人民代表大会常务委员会关于修改〈中华人民共和国预算法〉的决定》。根据《预算法》，中国政府预算收入包括四个主要部分：一般公共预算收入、政府性基金预算收入、国有资本经营预算收入和社会保险基金预算收入。其中一般公共预算收入包括税收和非税收入，政府性基金预算收入包括国有土地使用权出让金收入（城市土地和政府征用的农田的使用权的出售收入）和其他收费等收入，社会保险基金预算收入包括养老保险、医疗保险和其他社会保险缴费，国有资本经营预算收入包括国有企业上缴利润、企业股利股息收入和产权转让收入。

中国政府预算由不同级别的政府单位单独管理。目前，政府单位分为五级：中央政府、省政府（包括自治区和直辖市）、市（或地级市）政府、县（或县级市）政府和乡镇政府。各级政府都有自己的收支预算。国家预算由中央政府预算和地方政府预算组成。为了降低预算管理成本并防止腐败，一些乡镇政府的预算由县级政府管理。中国预算年度与日历年度相对应，始于 1 月 1 日，终于 12 月 31 日。

1978 年改革开放之后，中国政府收入相对规模大幅缩减。在中央计划经济体制之下，政府从国有企业获得巨额财政收入。1978 年，一般公共预算收入占 GDP 的 30.8%。但是，20 世纪 80 年代进行的一系列税制改革使得政府收入占 GDP 的比重急剧下降。到 1993 年，政府一般公共预算收入仅占 GDP 的 12%。[①] 经济学家对中国政府收入不足的问题表示担忧。巴尔和沃利克（Bahl and Wallich，1992）认为，中国各地较低的公共服务水平和基础设施差距或成为中国未来发展的严重隐患。斯蒂格利茨（Stiglitz，1998）认为，与其他国家相比，中国政府的收入在 GDP 中所占的份额太小，不足以支持中国实现其雄心勃勃的发展计划。布里恩（Brean，1998）也认为中国的经济发展和社会稳定需要更多的政府收入，并警告称，过低的政府收入将严重削弱政府提供基本公共品和服务的能力，进而威胁到中国宏观经济的稳定，不利于中国经济的转型。

中国在 1994 年实行了大规模税制改革，之后一般公共预算收入、政府性基金收入和社会保险基金收入逐渐增加。加总一般公共预算收入、政府性基金收入、社会保险基金收入和国有资本经营收入，中国政府总收入占 GDP 的比重于 2018 年达到 37.9%，2023 年为 32.32%，高于同等发展水平的许多发展中国家，甚至高于美国。[①] 然而，目前关于中国政府收入的相关研究依然较少。

中国税制发生了哪些变化？中国财政收入占 GDP 比重起伏的原因是什么？目前中国财政收入究竟有多少？中国财政收入体系有哪些特点？未来中国财政收入将如何变化？这些问题是本章讨论的重点。本章第 2 节讨论中国的主要税制改革，第 3 节分析政府一般公共预算收入变动的原因，第 4 节考察其他政府预算收入，第 5 节讨论政府总收入的规模和各类收入的构成，第 6 节探究影响未来政府收入的因素，第 7 节进行总结。

## 2.2 建立市场经济体制下的税收体系

在中央计划经济体制下，政府控制着资源的生产和分配，财政体制高度集中，国家财政收支全部由中央把控，即"统收统支"。国有企业提供了绝大部分的产品和服务，并将其利润全部上缴给国家。国有企业上缴的利润是政府财政收入的主要来源（1978 年税收收入仅占政府总财政收入的 46%）。企业之间不存在竞争，因为政府为几乎所有产品设定价格。政府还通过征收农业税和压价购买农产品向农民征税。1978 年，一般公共预算收入占 GDP 的比重为 30.8%，预算外

---

[①] 数据来源：国家统计局（2024）。

收入占 GDP 的比重为 9.5%。① 因此财政收入总额占 GDP 的比重达到 40.3%。

1978 年，中国开始进行以市场为导向的经济改革，其实质是通过放权让利来提高生产效率。税制改革是经济改革的重要组成部分，其目的是为国有企业提供生产激励，切断国有企业对政府财政的依赖，平衡企业间的税负，并且为政府筹集足够的收入。中国的税制改革经历了以下几个阶段。

## 2.2.1 废除中央计划下的财政收入体系

税制改革试点始于 1979 年。当时，政府允许国有企业保留部分利润，以扩大生产、向工人发放奖金和补助。1983 年，政府决定通过"利改税"进一步深化财政改革，国有企业只需要纳税，不再需要上缴利润。1984 年这一改革完成后，政府总收入中的税收份额从 1978 年的 46% 提高到当年的 58%，此后一直稳步上升。② 为了增加政府财政收入，继 20 世纪 80 年代初农村实行家庭联产承包责任制，1986 年 12 月，政府又引入了财政包干制。在包干制下，政府与国有企业签订合同，在规定的利润水平上缴纳调节税，企业用税后利润进行生产性投资所增加的利润，按 40% 的税率缴纳所得税③。如果国有企业未达到规定的利润水平，则必须使用自有资金缴纳规定税款；如果超过规定的利润水平，额外的利润按照较低的税率缴纳税款。规定的利润水平通常建立在稍微拔高的往年利润基础上。财政包干制为国有企业追求利润提供了强有力的激励。但是，由于合同中规定的利润水平没有以足够高的速度增长，财政包干制并没有解决政府收入短缺的问题。1989 年，政府开始了"利税分流"的新税制改革。这项改革要求国有企业在缴纳企业所得税后，仍然需将部分利润上缴给政府。

然而，所有这些税制改革都未能增加政府预算总收入占 GDP 的比重，1993 年该比重降至 12%。此外，自 1978 年以来，中央政府收入在总政府收入中的份额大幅下降，1993 年降至 22%。④ 因此，中央政府决心扭转这一趋势。

## 2.2.2 1994 年税制改革

1994 年，中国进行了最重要的税制改革，从那以后，一个被称为"分税制"

---

① 数据来源：国家统计局（2011）。
② 数据来源：国家统计局（2019）。
③ 其中不包括产品税、增值税、营业税、资源税或其他税种。
④ 数据来源：财政部（1994）。

的新税收体系建立起来了，①中国税收体系发生了许多显著的变化。国有企业的企业所得税最高税率从55%降至33%，其他企业的税率也统一为33%（中外合资企业仍享受优惠税率）。国家开始向所有制造业企业征收增值税，并对特定商品征收消费税。税收按收入主体被分为三类，即中央税、地方税，以及中央和地方共享税。此外，还建立了国家税务局和地方税务局，确立了中央对地方的税收返还制度和转移支付制度。

中央税包括：①关税（进出口税）、进口商品增值税和进口商品消费税；②消费税；③中央企业的企业所得税；④国内外银行及其他金融机构的所得税；⑤铁路运营单位、各银行总行及保险总公司的营业税、所得税、利润和城市维护建设税；⑥中央企业上缴的利润。1993年后，外贸企业出口退税全部由中央财政负担。

地方税包括：①营业税（不包括铁路运营单位、各银行总行、各保险总公司集中缴纳的部分）；②地方企业的所得税（不包括地方银行、外资银行及其他金融机构的所得税）；③地方国有企业上缴利润、个人所得税、城镇土地使用税、固定资产投资方向调节税；④城市维护建设税（不包括中央收取的部分）；⑤商业房产和私人租赁房屋的房产税；⑥车船使用牌照税；⑦车船使用税；⑧印花税；⑨土地增值税；⑩屠宰税；⑪农业税和畜牧业税（包括农业特产税）；⑫耕地占用税；⑬契税；⑭遗产税和赠予税；⑮国有土地有偿使用收入。

中央和地方共享税包括：①增值税（中央政府占比75%，地方政府占比25%）；②自然资源税（只有海洋石油资源税属于中央政府，其余属于地方政府；③证券交易印花税（中央政府所占的比例最初为50%）。

原则上，中央税务机构征收中央税和共享税，而地方税务机构征收地方税。中央政府将其增值税的一部分退还给地方政府，并向欠发达地区和少数民族自治区以财政转移的形式提供额外补助。

1994年的税制改革使得国内税收结构发生了显著变化。增值税成为最重要的税种，增值税面向全行业、全生产过程征收，并由中央和地方分成。消费税仅仅加征于特定商品，例如烟草、酒水饮料和奢侈品。进口商品需要同时征收增值税和消费税，而出口企业则可以按不同税率享受增值税和消费税退还。中国将出口退税计为负的税收收入，而非财政支出。出于控制贸易盈余增长、刺激出口和经济增长等目的，政府会不时调整出口退税税率。

1994年的税制改革后，营业税成为地方主要税种，主要面向无形资产转让、不动产出售、基本服务业（包括运输、通信、金融、房地产和娱乐业）征收，

---

① 参见：《国务院关于实行分税制财政管理体制的决定》（国发〔1993〕85号），1993年12月15日。

对教育和医疗机构免征营业税。根据1993年的税制规定，营业税税率从3%到20%不等。

尽管1994年的税制改革使增值税的税收收入大大增加，并引入了消费税，但并没有立即提高政府财政收入占GDP的比重。事实上，1994年财政收入占GDP的比重较1993年还有所下降。原因包括：税种减少；营业税收入下降；大中型企业的企业所得税税率从55%降至33%，企业所得税收入下降。据国家统计局（2022）的数据，从1993年到1994年营业税从966.09亿元下降到670.02元。1993年至1994年，从国有企业和集体企业征收的企业所得税都有所下降。税收收入1993年为4 255.3亿元，1994年为5 126.88亿元。一般公共预算收入1993年为4 348.95亿元，1994年为5 218.1亿元。剔除通货膨胀因素，1994年的实际财政收入的增长率为负数，远远低于GDP的增长率。然而，1994年的税制改革为未来的税收增长奠定了基础。

### 2.2.3 后续的税制改革

1994年后，税制改革仍在继续。2001年，中央政府决定增加税收总额中中央政府税收收入的占比。证券交易的印花税分配逐渐向中央政府倾斜，中央的份额从最初的50%到2002年的97%再到2016年1月1日起的100%。[①] 其他所有印花税（如契税）仍然属于地方政府。从2002年1月1日起，之前完全属于地方政府税收的个人所得税和企业所得税都由中央和地方政府五五分成。[②] 2004年，中央政府的所得税（个人所得税和企业所得税）分成比例增加到60%，地方政府的比例下降到40%。[③]

所得税改革仍在继续。2005年，政府决定从2006年起废除农业税（包括粮食生产、畜牧业的税收）以减轻农民的税收负担。1958年通过的《中华人民共和国农业税条例》规定政府向所有农业生产征税，税基以1958年产出作为标准。为了鼓励农业生产，税基自此以后再未变动，即使在农业产出连年高升的时期也是如此。各省的税率略有不同，平均税率为15.5%。由于农业生产率和产量的大

---

[①] 参见：《国务院关于调整证券交易印花税中央与地方分享比例的通知》（国发明电〔2015〕3号），2015年12月31日。

[②] 参见：《国务院关于印发所得税收入分享改革方案的通知》（国发〔2001〕37号），2001年12月31日。

[③] 参见：《国务院关于明确中央与地方所得税收入分享比例的通知》（国发〔2003〕26号），2003年11月13日。

幅提高，有效税率越来越低。在 2005 年，农业税收入很少，仅占税收总额的 0.21%。[①] 需要注意的是，烟草税等特殊农产品税、契税和土地增值税并未被废除，这些项目仍然被列在农业税名目下。

2007 年，政府决定统一企业所得税。多年来，内资企业的企业所得税税率为 33%（30% 归中央政府，3% 归地方政府），而外资企业所得税则可低至 15%。不平等的税负引起了企业界和经济学家的批评。从 2008 年 1 月 1 日起，政府将内外资企业的税率合并为 25%。然而，某些企业仍然享受税收优惠，如高新技术企业的企业所得税税率为 15%。[②] 自 2008 年起，政府对储蓄存款的利息收入暂停征税。[③]

与此同时，政府对增值税税制也进行了改革。与大多数欧洲国家不同，中国以往并没有将投资排除在增值税税基之外，这使得中国的增值税有效税率在国际上处于较高水平。从 2009 年 1 月 1 日开始，投资不再计入国内增值税税基。[④] 同时，中国还推行营改增，即以增值税代替营业税。长期以来，营业税主要由地方政府征收，来源于运输、娱乐、餐饮、电信和金融服务等服务业；而增值税来自制造业。2016 年 5 月 1 日，营改增完成，在全国范围内增值税正式取代营业税。

2018 年 8 月，政府修订了个人所得税法，实行个税专项附加扣除，包括每年 6 万元的一次性扣除、不超过应纳税所得额 30% 的捐款扣除、社会保险费扣除、12 000 元的子女教育（从幼儿园到博士教育）扣除、继续教育扣除、大病医疗费用扣除、12 000 元的首套住房房贷利息扣除，以及房屋租金扣除。[⑤]

## 2.2.4 税收及其构成

1994 年税制改革为政府税收收入的增加奠定了基础并且彻底改变了中国的税收制度。自那时起，中国政府税收收入迅速增长。政府一般公共预算收入中税收占比由 1978 年的 45.86% 上升至 1995 年的 96.73%，此后略有下降，2000 年为 93.93%，2005 年为 90.93%，2010 年为 88.1%，2023 年为 83.55%。税收占 GDP 的比重由 1978 年的 14.12% 下降至 1995 年的 9.84%，然后总体持续上升，2000 年为 12.55%，2005 年为 15.36%，2010 年为 17.73%，2023 年为 14.37%。

---

① 数据来源：国家统计局（2006）。
② 参见：《中华人民共和国企业所得税法》（2007 年 3 月 16 日第十届全国人民代表大会第五次会议通过）。
③ 参见：《关于储蓄存款利息所得有关个人所得税政策的通知》（财税〔2008〕132 号），2008 年 10 月 9 日。
④ 国务院（2008a）。
⑤ 参见：《中华人民共和国个人所得税法》（1980 年 9 月 10 日通过，2018 年 8 月 31 日第七次修正）。

中国的税收结构也发生了重大变化。1985年，企业所得税是中国的主要税收来源，其次是营业税和增值税。增值税占税收总额的比重从1985年的7.24%上升到1994年的45.02%，然后在2023年下降到38.28%。营业税的比重从1985年的10.34%上升到1994年的13.07%，再到2015年的15.46%。由于营改增，营业税的比重2016年下降到8.82%；之后改为增值税。企业所得税占总税收的比重从1985年的34.11%急剧下降到1994年的13.82%，再持续上升到2022年的26.22%，2023年为22.69%。1994年引入的消费税占总税收的比重在1994年为9.51%，在2010年为8.29%，在2023年为8.9%。个人所得税占税收总额的比重在1999年为3.87%，2018年上升到8.87%，后因2018年的个人所得税税制改革，2021年下降至8.1%，2022年上升到8.96%，2023年为8.16%。2005年，净进口增值税和消费税（进口增值税和消费税减去出口增值税和消费税退税）占到总税收的0.57%，在2019年则下降至-0.44%，2023年为1.31%。图2.1显示了1994年至2023年主要税种收入占总税收收入的比重。显然，中国的税收制度是一种由消费型税收（包括增值税、消费税、城市维护建设税和教育费附加）主导的税收制度。

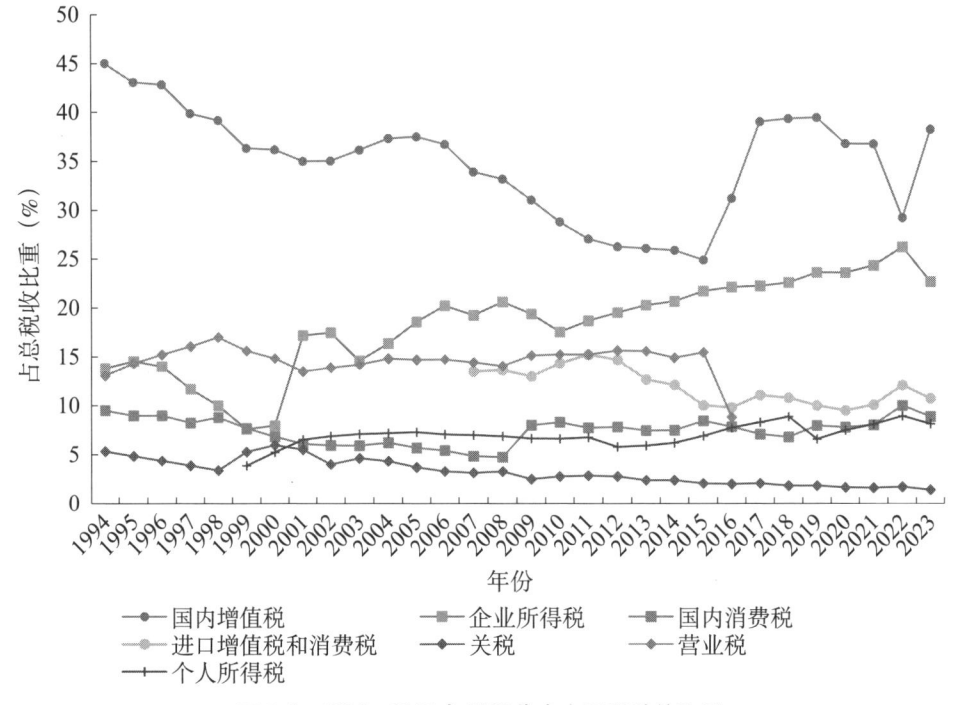

**图2.1 1994—2023年总税收中主要税种的比重**

数据来源：国家统计局（2024）。

注：以下如无特殊说明，图表中的数据均来自国家统计局，《中国统计年鉴》（1978—2024）。

除增值税外，我国还征收许多其他税，例如城市维护建设税、城镇土地使用税、印花税、农业税、耕地占用税、货物税、车辆购置税，等等。表2.1显示了1994年至2023年中国的总体税收构成。随着时间推移，一些税收如农业税减少了，一些税收如固定资产投资方向调节税取消了，但其他税收仍然稳步上升，如城市维护建设税、土地增值税、契税、车辆购置税。2023年，城市维护建设税在总税收中的比重为2.88%，契税为3.26%，土地增值税为2.92%，车辆购置税为1.48%，房产税为2.21%。2019年出口增值税和消费税退税数额巨大，占了总税收的10.45%。然而，个人财产税、个人房产税和赠与税还没有列入征收行列。

## 2.3 一般公共预算收入的波动

一般公共预算收入包括税收收入和非税收入。改革开放后，中国政府的一般公共预算收入经历了大幅波动。本节将分析一般公共预算收入在GDP中所占份额的变化，并探究其变化的原因。

### 2.3.1 一般公共预算收入的规模

自1978年以来，以现价计的一般公共预算收入总额持续增加，从1978年的1 132亿元增加到1990年的2 937亿元，2000年为1.34万亿元，2010年为8.31万亿元，2023年为21.68万亿元。[1] 去除物价变动因素后，实际一般公共预算收入在20世纪80年代经历了巨大波动。图2.2显示了基于1978年不变价格的实际一般公共预算收入及其增长率。1978年实际一般公共预算收入为1 132.3亿元，之后逐年下降到1981年的1 069.1亿元，又逐渐增加到1986年的1 576.9亿元，然后连续下降至1988年的1 487.5亿元。自1989年以来，实际一般公共预算收入稳步增长，1990年达到1 613.9亿元，2000年达到3 735.6亿元，2015年达到24 684.3亿元，2023年达到29 820.6亿元。

政府一般公共预算收入从1978年到1994年总体增长缓慢，但从1994年后增长速度显著加快。在2008年全球金融危机之后，实际一般公共预算收入增长放缓。按1978年不变价格衡量的实际增长率在2007年为22.89%，2008年为10.86%，2009年为11.96%，2010年为13.48%，2011年为15.66%，2012年

---

[1] 数据来源：国家统计局（2024）。

表 2.1 1994—2023 年税收收入及其构成

(单位：%)

| 税种 | 1994 | 1999 | 2000 | 2005 | 2010 | 2015 | 2019 | 2020 | 2021 | 2022 | 2023 |
|---|---|---|---|---|---|---|---|---|---|---|---|
| 总税收（亿元） | 5 126.90 | 10 682.60 | 12 581.50 | 28 778.50 | 73 210.80 | 124 922.20 | 158 000.50 | 154 312.30 | 172 735.67 | 166 620.10 | 181 136.30 |
| 增值税 | 45.02 | 36.34 | 36.19 | 37.50 | 28.81 | 24.90 | 39.46 | 36.80 | 36.77 | 29.24 | 38.28 |
| 消费税 | 9.51 | 7.68 | 6.82 | 5.68 | 8.29 | 8.44 | 7.95 | 7.79 | 8.04 | 10.02 | 8.90 |
| 进口增值税和消费税 | 8.78 | 5.87 | 8.35 | 14.64 | 14.33 | 10.03 | 10.01 | 9.42 | 10.03 | 12.00 | 10.76 |
| 出口增值税和消费税退税 | | | | 14.07 | 10.01 | 10.30 | 10.45 | 8.83 | 10.51 | 9.76 | 9.45 |
| 营业税 | 13.07 | 15.62 | 14.85 | 14.71 | 15.24 | 15.46 | | | | | |
| 企业所得税 | 13.82 | 7.60 | 7.95 | 18.57 | 17.54 | 21.72 | 23.61 | 23.61 | 24.34 | 26.22 | 22.69 |
| 个人所得税 | | 3.87 | 5.24 | 7.28 | 6.61 | 6.90 | 6.57 | 7.50 | 8.10 | 8.96 | 8.16 |
| 资源税 | 0.89 | 0.59 | 0.51 | 0.49 | 0.57 | 0.83 | 1.15 | 1.14 | 1.32 | 2.03 | 1.70 |
| 城市维护建设税 | 3.41 | 2.93 | 2.77 | 2.76 | 2.58 | 3.11 | 3.05 | 2.99 | 3.02 | 3.05 | 2.88 |
| 房产税 | | 1.72 | 1.66 | 1.51 | 1.22 | 1.64 | 1.89 | 1.84 | 1.90 | 2.15 | 2.21 |
| 印花税 | | 0.63 | 0.79 | 0.23 | 1.42 | 2.75 | 1.56 | 2.00 | 2.36 | 2.63 | 2.09 |
| 城镇土地使用税 | 0.63 | 0.55 | 0.51 | 0.48 | 1.37 | 1.71 | 1.39 | 1.33 | 1.23 | 1.34 | 1.22 |
| 土地增值税 | | 0.06 | | 0.49 | 1.75 | 3.07 | 4.09 | 4.19 | 3.99 | 3.81 | 2.92 |
| 车船税和船舶吨税 | | 0.20 | | 0.14 | 0.33 | 0.49 | 0.56 | 0.61 | 0.62 | 0.68 | 0.65 |
| 货物税 | | 0.31 | | 0.05 | 0.04 | 0.04 | 0.03 | | | | |
| 车辆购置税 | | | | 2.03 | 2.45 | 2.24 | 2.21 | 2.29 | 2.04 | 1.44 | 1.48 |
| 关税 | 5.32 | 5.26 | 5.96 | 3.70 | 2.77 | 2.05 | 1.83 | 1.66 | 1.62 | 1.72 | 1.43 |
| 耕地占用税 | 0.71 | 0.31 | 0.28 | 0.49 | 1.21 | 1.68 | 0.88 | 0.81 | 0.62 | 0.75 | 0.62 |
| 契税 | 0.23 | 0.90 | 1.04 | 2.55 | 3.37 | 3.12 | 3.93 | 4.58 | 4.30 | 3.48 | 3.26 |
| 烟草税 | | | | | 0.11 | 0.11 | 0.07 | 0.07 | 0.07 | 0.08 | 0.08 |
| 其他税收 | 16.17 | 21.30 | 23.78 | 0.77 | 0 | 0.01 | 0.28 | 0.14 | 0.16 | 0.03 | 0.13 |

数据来源：国家统计局，《中国统计年鉴》（1995，2001，2006，2011，2016，2022，2023，2024）。

注：环境保护税于 2018 年开始征收，本表显示的 2019 年及之后年份的"其他税收"项包含环境保护税。

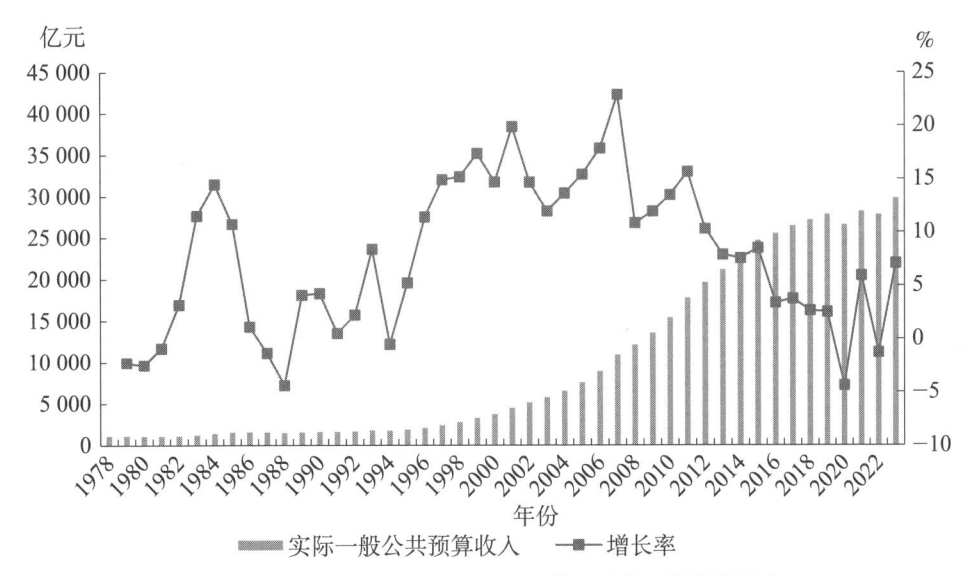

图 2.2 1978—2023 年实际一般公共预算收入及其增长率

数据来源：国家统计局（2024）。

为 10.30%，2013 年为 7.87%，2014 年为 7.53%，2015 年为 8.48%，2018 年为 2.65%，而 2019 年仅为 2.51%。显然，由于经济下行和政府减税，2019 年一般公共预算收入的增速大大降低。在税收方面，按 1978 年不变价格计算，2019 年的总税收收入下降了 0.26%：企业所得税收入增加 4.26%，增值税收入增加 1.59%，消费税收入增加 16.68%；由于 2019 年实行修订后的个人所得税法，个人所得税收入下降了 26.06%。2020 年新冠疫情暴发，实际一般公共预算收入下降了 4.40%，这是几十年内罕见的。随着经济的恢复，2021 年实际一般公共预算收入上升 5.91%，2022 年下降 1.26%，2023 年上升 7.08%。

中国官方公布的政府收入增长率是基于现价计算的，因此 2007 年一般公共预算收入的官方增长率为 32.4%，2008 年为 19.5%，2010 年为 21.3%，2015 年为 5.8%，2019 年为 3.8%，2020 年为 -3.9%，2021 年为 10.7%，2022 年为 0.6%，2023 年为 6.5%。[①] 在 20 世纪 80 年代和 90 年代，由于通货膨胀，政府收入的官方增长率往往远高于实际增长率。例如，1988 年的一般公共预算收入增长率基于当年现价计算为 7.2%，但根据 1978 年不变价格计算是 -4.39%。

一般公共预算收入在 1994 年税制改革后增长加快。从 1978 年到 1994 年，一般公共预算收入的年均增长率仅为 2.47%，而 GDP 的年均增长率为 9.06%。从 1994 年到 2019 年，一般公共预算收入的年均增长率为 12.71%，而 GDP 的年

---

① 数据来源：国家统计局（2022，2024）。

均增长率为 10.37%。① 因此，一般公共预算收入在 GDP 中的占比在 1978—1995 年下降，在 1996—2015 年稳步增长。但是，近年来，由于一般公共预算收入的增长率低于 GDP 增长率，一般公共预算收入在 GDP 中的占比有所下降。

图 2.3 显示了政府一般公共预算收入占 GDP 的比重。1978 年，一般公共预算收入占 GDP 的 30.78%，1985 年降至 22.03%，1995 年降至 10.18%。2005 年一般公共预算收入占 GDP 的 16.9%，在 2015 年这一比重达到 22.2%，2022 年下降至 16.83%，2023 年为 17.20%。

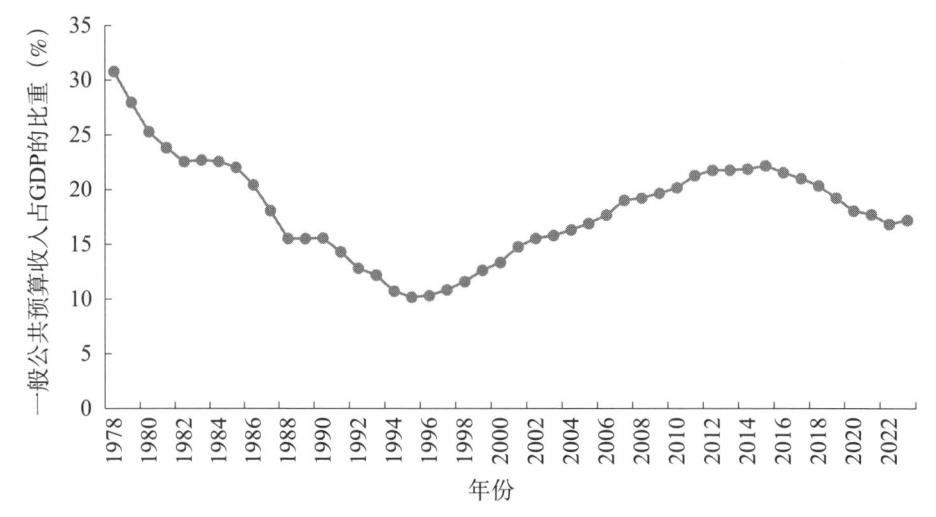

**图 2.3　1978—2023 年一般公共预算收入占 GDP 的比重**

数据来源：国家统计局（2024）。

中国政府对亏损企业的补贴被视为负收入而不是支出（实际上缩小了政府收入的规模）。20 世纪 80 年代和 90 年代初，政府对亏损国有企业的补贴力度很大。2000 年后，随着亏损国有企业的私有化和现有国有企业的社会保障负担的转移，政府对国有企业的补贴大幅下降。1985 年对亏损国有企业的补贴为 507 亿元，占政府一般公共预算收入的 25%；1990 年对亏损国有企业的补贴为 578.9 亿元，占政府一般公共预算收入的 19.7%；2006 年对亏损国有企业的补贴为 180.2 亿元，仅占政府一般公共预算收入的 0.5%。② 如果把政府对亏损企业的补贴都看作财政支出而非负收入，那么政府收支数额在一些年份将大幅上升。

---

① 实际一般公共预算收入和 GDP 的计算是基于 1978 年不变的 GDP 平减指数。一段时间内的平均增长率用如下公式计算：平均增速 = ln（期末值/期初值）/时间段长度。数据来自各年份的《中国统计年鉴》。
② 数据来源：国家统计局（2007）。

## 2.3.2　一般公共预算收入占 GDP 比重下降的原因

从 1978 年到 1995 年，一般公共预算收入占 GDP 的比重显著下降，在一些年份中，甚至实际一般公共预算收入水平也有所下降。一般公共预算收入占 GDP 比重变化的原因是什么？税收收入既取决于税率和税基大小，也取决于税收征管力度。导致 1978 年至 1995 年一般公共预算收入占 GDP 比重下降的因素包括企业所得税税率降低、税基减少和逃税现象。[1] 当然，1978 年到 1995 年 GDP 的快速增加也是导致一般公共预算收入占 GDP 比重下降的原因之一。

首先，企业所得税税率下降。经济改革前，国有企业将所有利润上缴给政府，这意味着企业所得税税率为 100%。改革开放后，国家开始对国有企业所得征税，大中型国有企业的税率为 55%，中小型国有企业实行 10% 到 55% 的累进税率。企业所得税税率的下降妨碍了财政收入的增长。1978 年国有企业利润上缴占政府收入的 50.5%，1985 年锐减为 2.2%，1993 年仅为 1.1%。与此同时，对进口商品征收的税率也在下降。关税由 1985 年的 205 亿元下降至 1990 年的 159 亿元。[2] 与进口税收下降相反，中国进口额由 1978 年的 108.9 亿美元增长至 1985 年的 422.5 亿美元，1990 年为 533.5 亿美元，1993 年为 1 039.6 亿美元。[3]

另外，企业所得税的税基也在缩小。由于面临着民营企业的竞争，国有企业的利润显著下降，相当一部分国有企业出现严重亏损。20 世纪 80 年代和 90 年代早期，国有企业不被允许破产，因此国有企业亏损越多，政府兜底就越多。国有企业亏损补贴在 1985 年为 386.7 亿元，1990 年为 267.5 亿元，1993 年为 150.6 亿元。[4] 国有企业利润下降侵蚀了税基。对于盈利能力较强的国有企业，应税利润设定过低。如前所述，1986 年引入了财政包干制，国有企业签订合同，在一定的利润水平上缴纳所得税和调节税。然而，合同不仅没有为应税利润设置足够高的增长率，而且未对某些利润征税。因此，企业所得税占 GDP 的比重从 1985 年的 6.61% 下降到 1993 年的 1.65%。集体企业的盈利能力在 20 世纪 90 年代早期也发生下降，导致集体企业的企业所得税占 GDP 的比重从 1985 年的 1.11% 下降到 1993 年的 0.27%。[5]

另一个税基过小的例子是农业税。1958 年制定的农业税税率在不同省份之间

---

[1] Lin（2000a）。
[2] 数据来源：国家统计局（1991）。
[3] 数据来源：国家统计局（1999）。
[4] 数据来源：国家统计局（1999）。
[5] 根据国家统计局（1999）的数据计算。

有所不同，平均值约为 15.5%。税基取决于单位面积耕地的年均农产品数量。尽管四十多年来（尤其是人民公社解体后），农业生产率大幅提高，但按照单位土地（亩）的平均产量来衡量的税基从未改变。因此，农业税的实际税率低于 2.5%。[①]

逃税是发展中国家经济发展中最棘手的问题之一，这在经济转型时期的中国尤其普遍。在 20 世纪 80 年代到 90 年代初期，中国征税机制并不完善，税收征管力度较弱。据估计，那时 30% 的国有企业、60% 的合资企业、80% 的民营企业和 100% 的个体街头小贩都存在逃税的行为（於鼎丞，1997）。许多企业有一真一假两个账户（刘心一，1998），假账户专门用于逃税。个人收入的一部分是非工资收入（现金奖励、补贴和实物补助）。实物补助在法律上是一种应税交易，但它没有反映在中国的个人收入统计中。[②] 如前所述，从 1978 年到 1995 年中国的一般公共预算收入和 GDP 相比增长缓慢，这导致一般公共预算收入占 GDP 的比例不断下降。

### 2.3.3 1994 年税制改革后政府收入增长的原因

1995 年一般公共预算收入水平的上升与同期经济的快速增长密切相关。产出增长导致税收增长，如增值税、营业税、企业所得税和个人所得税等。从 1978 年到 1994 年，以 1978 年不变价格计算的实际 GDP 的平均增长率为 9.06%，而 1994 年至 2019 年的平均增长率为 10.38%。[③] 经济增长无疑是税收总额增加的主要原因。正如图 2.2 所示，伴随着 1995 年以来的经济腾飞，政府收入经历了高速增长。然而，如果政府收入增长速度和经济增长速度一样，二者的比例不会增加。

在许多年份里，中国的个人所得税的边际税率没有发生改变，如 1994—2005 年、2005—2007 年、2007—2011 年、2011—2018 年。在累进税制下，如果税收标准扣除和边际税率长久不发生改变，收入增长会把人们推向更高的收入档次，人们会被课以更高的边际税率，这会导致税收增长速度快于 GDP 增长，税收收入占 GDP 的比重也随之上升。然而，中国的个人所得税仅仅占税收体系的很小一部分。例如，2015 年，个人所得税只占总税收的 6.9%，占 GDP 的 1.26%，这两个数字在 2023 年分别为 8.16% 和 1.17%。[④] 中国绝大部分的税种（包括增

---

[①] 财政部（2001）。
[②] 逃税的比例很高可能有几个原因：（1）中国社会尚未形成税收的法律概念，纳税人没有纳税的习惯；（2）一些地方官员在未经中央政府批准的情况下随意减免税收；（3）税收管理缺乏效率，在某些情况下，税收征管人员接受贿赂；（4）对偷税漏税的处罚较轻（Li，1991）。
[③] 数据来源：国家统计局（2019）。
[④] 数据来源：国家统计局（2024）。

值税、营业税、企业所得税等）都不是累进税。因此，经济增长可能是一般公共预算收入增长的其中一个原因，但不是一般公共预算收入占 GDP 比重上升的主要原因。一般公共预算收入占 GDP 比重上升的原因主要有以下几点。

税基扩大是政府收入占 GDP 比重上升的主要原因。首先，增值税税基被大幅拓宽。1984 年，国务院宣布开始征收增值税。但是，增值税仅适用于少数产品的生产过程，且具有多种税率。从 1994 年开始，增值税开始普遍应用于生产、批发、零售和进出口货物。大多数产品的增值税税率为 17%，某些产品（如农产品）的增值税税率为 13%，小规模纳税人的税率为 3%。出口企业作为出口奖励获得增值税退税，退税率从 9% 到 17% 不等。例如，电子产品的退税率为 17%。[1] 为征收方便，我国设计了全国统一的增值税收据。通常使用发票抵税的方法，即每个企业按总销售额纳税，但供应商可以用已经支付的税款作为抵免。在这种情况下，增值税是自我监管的，避税难度较大。因此，增值税成为政府的重要税收来源。税制改革后，增值税占 GDP 的比重从 1991 年的 1.85% 急剧上升至 1994 年的 4.75%，2000 年为 4.54%，2015 年为 4.53%，2023 年为 5.50%。[2]

引入新税种是一般公共预算收入占 GDP 比重增长的第二个原因。1994 年，我国开始对特定消费品征收消费税，这是继增值税后再一次增设的税种。最初消费税主要针对 11 种产品进行征收，包括烟草、酒、化妆品、烟花、护肤护发品、珠宝、汽油、柴油、轮胎、摩托车和汽车。2006 年 3 月 20 日，政府决定调整消费税，把高尔夫球装备、豪华手表、游艇、一次性筷子和实木地板等商品纳入征收范围。消费税按照从价法和从量法计算，主要是在生产和进口阶段收缴。从价消费税税率最初为 3% 至 45%。2008 年起，小汽车的消费税税率被降到 3% 以下，大型汽车的税率却大幅上升。例如，对于汽缸容量超过 4 升的汽车，税率从 20% 提高到 40%。2009 年 5 月 1 日，政府提高了卷烟的消费税税率。消费税是税收的重要组成部分。图 2.1 显示，1994 年国内消费税占总税收的比重为 9.51%，2015 年下降到 8.44%，2020 年为 7.79%，2022 年回升至 10.02%，2023 年为 8.90%。除消费税外，政府也引入了其他税种，包括土地增值税和证券交易所的印花税。与此同时，政府还增加了城镇土地使用税。

加强税收征管力度是一般公共预算收入增加的第三个重要原因。1994 年起，政府启动了"金税工程"，目的是防止逃税，减少腐败，提高征税效率。政府为此建立了由纳税人和税务人员记录的计算机数据库。在该项目第一阶段（1994—1995），只有 50 个城市参与，而这意味着政府只能核查 50 个城市的增值税发票，

---

[1] 其他国家，如采用增值税的欧洲国家，也对出口商品进行税收返还。
[2] 数据来源：国家统计局（2024）。

在这些城市之外，核查发票仍然非常困难。1998年开始的第二阶段囊括了所有省份，建立起了连接着国家税务总局和各省、市、县税务局的计算机网络。之后，各地的地方税务局也纷纷加入该网络。税收网络化不仅确保了信息共享，还促进了综合管理软件的广泛应用，完善了纳税人数据库。一些科技也被广泛应用于零售、服务、娱乐、餐饮和运输等行业，以杜绝偷税漏税现象。此外，许多地方政府开展"有奖发票"活动，从而激励消费者向卖家索要发票。·旦开具发票，企业就很难逃税了。第三阶段的"金税工程"始于2005年，政府建立了更加全面的信息和管理系统。第四阶段从2021年开始，旨在建立更强大的现代化税收征管系统，实现税费全数据、全业务、全流程的"云化"打通，为智能办税、智慧监管提供条件，实现"以票控税"向"以数治税"的转变。

自2015年以来，一般公共预算收入在GDP中所占的比重有所下降，主要是因为最近的税收改革，包括降低个人所得税基数和降低增值税税率。如本章前面所述，修订后的个人所得税法将月收入的免税标准从3 500元提高到5 000元，并实行了许多扣除。结果，根据官方统计数据，2019年个人所得税收入下降了25.1%。近年来，增值税税率也大幅降低。2018年，政府将制造业的增值税税率从17%降低到16%，将交通、建筑、电信和其他一些行业的增值税税率从11%降低到10%。2019年，制造业的增值税税率再次被降低到13%，减税是一般公共预算收入在GDP中所占份额下降的主要原因。

## 2.4　其他政府预算收入

除一般公共预算收入外，中国政府还有预算外收入、非预算收入、政府性基金收入、国有资本经营收入以及社会保险基金收入。

### 2.4.1　预算外收入和非预算收入

在2011年以前，预算外收入一直是中国政府收入的重要组成部分。预算外收入主要以非税收入为主，尤其是地方政府、政府机构和国有企业的各种收费。收费分为两大类：行政性收费和事业性收费。行政性收费主要由政府分支机构收取，如中央政府部门和地方政府机构。事业性收费则由公立学校、公共卫生机构和公共基础设施维护单位等事业单位收取。20世纪80年代末和90年代，收费在中国是非常普遍的现象。表2.2显示了1952—2010年预算外收入的构成和规模，以及预算外收入占一般公共预算收入的比重和占GDP的比重。预算外收入占一

表 2.2　1952—2010 年预算外收入

| 年份 | 合计（亿元） | 行政事业单位（亿元） | 地方政府（亿元） | 国有企业和主管部门收入（亿元） | 乡镇自筹、统筹资金（亿元） | 政府性基金收入（亿元） | 其他收入（亿元） | 占 GDP 比重（%） | 占一般公共预算收入比重（%） |
|---|---|---|---|---|---|---|---|---|---|
| 1952 | 13.6 | | 12.5 | 1.1 | | | | 2.01 | 7.83 |
| 1955 | 17.0 | 3.7 | 3.3 | 10.1 | | | | 1.87 | 6.83 |
| 1960 | 117.8 | 23.1 | 23.4 | 71.3 | | | | 8.08 | 20.58 |
| 1965 | 75.6 | 18.7 | 9.5 | 47.4 | | | | 4.40 | 15.96 |
| 1970 | 100.9 | 28.0 | 13.5 | 59.5 | | | | 4.48 | 15.23 |
| 1975 | 251.5 | 42.3 | 27.9 | 181.3 | | | | 8.39 | 30.83 |
| 1978 | 347.1 | 63.4 | 31.1 | 252.6 | | | | 9.52 | 30.66 |
| 1979 | 452.9 | 68.7 | 39.9 | 344.3 | | | | 11.15 | 39.50 |
| 1980 | 557.4 | 74.4 | 40.9 | 442.1 | | | | 12.26 | 48.06 |
| 1981 | 601.1 | 84.9 | 41.3 | 474.9 | | | | 12.29 | 51.12 |
| 1982 | 802.7 | 101.2 | 45.3 | 656.3 | | | | 15.08 | 66.22 |
| 1983 | 967.7 | 113.9 | 49.8 | 804.0 | | | | 16.23 | 70.79 |
| 1984 | 1 188.5 | 142.5 | 55.2 | 990.7 | | | | 16.49 | 72.34 |
| 1985 | 1 530.0 | 233.2 | 44.1 | 1 252.7 | | | | 16.97 | 76.32 |
| 1986 | 1 737.3 | 294.2 | 43.2 | 1 399.9 | | | | 16.91 | 81.87 |
| 1987 | 2 028.8 | 358.4 | 44.6 | 1 625.8 | | | | 16.82 | 92.24 |
| 1988 | 2 360.8 | 438.9 | 48.9 | 1 872.9 | | | | 15.69 | 100.15 |
| 1989 | 2 658.8 | 500.7 | 54.4 | 2 103.8 | | | | 15.65 | 99.77 |
| 1990 | 2 708.6 | 577.0 | 60.6 | 2 071.1 | | | | 14.51 | 92.22 |
| 1991 | 3 243.3 | 697.0 | 68.8 | 2 477.5 | | | | 14.89 | 102.98 |

33

(续表)

| 年份 | 合计（亿元） | 行政事业单位（亿元） | 地方政府（亿元） | 国有企业和主管部门收入（亿元） | 乡镇自筹、统筹资金（亿元） | 政府性基金收入（亿元） | 其他收入（亿元） | 占GDP比重（%） | 占一般公共预算收入比重（%） |
|---|---|---|---|---|---|---|---|---|---|
| 1992 | 3 854.9 | 885.5 | 90.9 | 2 878.6 | | | | 14.32 | 110.67 |
| 1993 | 1 432.5 | 1 317.8 | 114.7 | | | | | 4.05 | 32.94 |
| 1994 | 1 862.5 | 1 722.5 | 140.0 | | | | | 3.86 | 35.69 |
| 1995 | 2 406.5 | 2 234.9 | 171.7 | | | | | 3.96 | 38.55 |
| 1996 | 3 893.3 | 3 395.8 | 224.7 | | 272.9 | | | 5.47 | 52.56 |
| 1997 | 2 826.0 | 2 414.3 | 115.9 | | 295.8 | | | 3.58 | 32.67 |
| 1998 | 3 082.3 | 1 981.9 | | 54.7 | 337.3 | 478.4 | 230.0 | 3.65 | 31.21 |
| 1999 | 3 385.2 | 2 354.3 | | 50.1 | 358.9 | 396.5 | 225.4 | 3.77 | 29.58 |
| 2000 | 3 826.4 | 2 654.5 | | 59.2 | 403.3 | 383.5 | 325.8 | 3.86 | 28.57 |
| 2001 | 4 300.0 | 3 090.0 | | 60.0 | 410.0 | 380.0 | 360.0 | 3.92 | 26.24 |
| 2002 | 4 479.0 | 3 238.0 | | 72.0 | 272.0 | 376.0 | 521.0 | 2.72 | 23.69 |
| 2003 | 4 566.8 | 3 335.7 | | 52.3 | 293.1 | 287.1 | 598.5 | 2.36 | 21.03 |
| 2004 | 4 699.2 | 3 208.4 | | 64.1 | 213.1 | 351.3 | 862.3 | 2.94 | 17.80 |
| 2005 | 5 544.2 | 3 858.2 | | 47.8 | 192.9 | 359.3 | 1 085.9 | 3.00 | 17.52 |
| 2006 | 6 407.9 | 4 216.8 | | 44.9 | 221.3 | 376.5 | 1 548.4 | 2.96 | 16.53 |
| 2007 | 6 820.3 | 4 681.1 | | 40.2 | 180.3 | | 1 918.9 | 2.57 | 13.29 |
| 2008 | 6 617.3 | 4 835.8 | | 47.1 | 220.7 | | 1 513.6 | 2.11 | 10.79 |
| 2009 | 6 414.7 | 4 598.1 | | 84.1 | 220.6 | | 1 511.9 | 1.88 | 9.36 |
| 2010 | 5 794.4 | 3 691.8 | | 58.1 | 257.2 | | 1787.3 | 1.44 | 6.97 |

数据来源：财政部（2000，2005，2007，2008，2009，2012）。

注：1993年调整了预算外收入和支出的范围，排除了国有企业的预算外收入。2010年之后，取消了预算外收入。

34

般公共预算收入的比重在1952年为7.83%，1960年为20.58%，1978年为30.66%，到1985年激增至76.32%，1992年达到110.67%。1993年政府对预算外收入进行调整之后，国有企业的预算外收入（国有企业和主管部门收入）被剔除。因此，1993年预算外收入占一般公共预算收入的比重急剧下降到32.94%。然而，预算外收入再次抬头，1996年达到一般公共预算收入的52.56%。后来中央政府推行"费改税"，预算外收入占一般公共预算收入的比重才逐步下降，2010年降至约6.97%，2011年预算外收入被取消。

许多国家都存在各类收费。与中央政府或省（州）政府相比，地方政府更多地依赖各类收费作为收入来源。但对大多数国家而言，收费都只占政府收入的很小一部分。在2000年，美国政府的费用、服务收费、非工业和附带销售费用、罚款罚没收入总共只占联邦政府财政收入的1%，占州政府总财政收入的8.5%，占地方政府总财政收入的19%。在墨西哥，各种收费收入总共占中央政府财政收入的1%，占州政府总收入的7.4%，占地方政府总收入的11.2%；在泰国，政府收费收入则占中央政府收入的1.3%和地方政府收入的2.5%；在俄罗斯，政府收费收入占中央政府收入的0.4%和地方政府收入的0.5%。[①] 显而易见，中国的政府收费收入一度远高于所有这些国家。

收费增加的主要原因是政府支出的增长大大快于一般公共预算收入的增长。[②] 首先是政府行政支出快速增长。有人认为，在中央计划体制下，需要更多的公务员来制定和实施政府计划，而在市场经济下需要的公务员会少。然而，中国的情况并非如此。自1978年经济改革开始以来，公务员数量急剧增加。机关工作人员人数从1978年的467万增加到2000年的1 104万，增长了136.4%；与此同时，人口从9.63亿增加到12.67亿，仅仅增长了31.6%。[③] 政府财政面临支付政府雇员工资和奖金的巨大压力。行政管理支出在政府财政总支出中的份额从1978年的4.71%增加到2006年的18.73%。预算外支出总额中的行政和事业支出的占比从1982年的6%增加到1995年的32%，1997年为48%，2006年为71%！[④]

其次是一般公共预算收入增长率较低。如前所述，一般公共预算收入占GDP的比重从1978年的30.78%，下降到1980年的25.28%、1992年的12.81%，以及1995年的10.18%。当时，地方政府的财政状况比中央政府还要糟糕。经济改革后，中央政府将许多提供公共物品和服务的责任转移给地方政府。而在2015

---

[①] 数据来源：IMF（2002）。
[②] Lin（2005）。
[③] 数据来源：国家统计局（2002）。
[④] 数据来源：国家统计局（2007）。

年之前地方政府无权发行债务，也无权制定税法。地方政府所能做的，就是向中央政府请求拨款。即使是富裕省份也需要依靠大量来自中央政府的转移支付来平衡财政收支。区、县、镇政府则只能向更高一级的政府请求转移支付。因此，预算层级越往下，财政困难越发严重，许多地方政府甚至不得不拖欠员工的工资，增加收入已经迫在眉睫。

最后是中央政府的自筹自用政策。面临有限的收入和不断增加的支出，中央政府无法为地方政府、中央政府部门和事业单位提供足够的财政转移支付。因此，中央最终赋予地方自筹收入的权力。20世纪80年代末，中央政府呼吁地方政府和各级政府的事业单位自筹资金，主动拓展服务，增加收入。1989年，历经4年的财政赤字后，财政部对支出进行划分，一部分由中央政府筹措，一部分由中央和地方共同承担，还有一些由地方自行承担。自筹自用政策给地方政府、中央政府部门和事业单位收入提供了强有力的激励。许多地方政府和事业单位开始创建自己的企业，甚至人民解放军也有自己的企业（酒店、餐馆等）。然而，由于缺乏有效管理和来自民营企业的激烈竞争，这些政府企业很快被驱逐出市场。最终，地方政府终于发现了创收的比较优势，即利用垄断地位向企业和公众收取服务费用。在20世纪90年代，地方政府有巨额的收费进项。

面对公众对过度收费的不满，政府在20世纪90年代末启动了"费改税"改革，旨在降低收费并减少预算外收入的规模。进入21世纪后，虽然预算外收入的绝对值增加，但预算外收入与一般公共预算收入的比重以及预算外收入占GDP的比重均在下降。预算外收入占GDP的比重1995年为3.96%，2000年为3.86%，2005年为3.00%，2010年为1.44%。

除预算外收入外，政府还存在非预算收入。这部分收入通常被称为"小金库"，是地方政府获得的但没有向上级政府报告的收入，因此是非法的。而且没有统计非预算收入的官方数据。根据高培勇（2004）的估计，1990年非预算收入规模为1 051亿元，1995年为5 366亿元，2000年为8 354亿元。若真如此，非预算收入占2000年一般公共预算收入的32.7%，这显然不是一个小数目。

### 2.4.2 政府性基金收入

随着预算外收入的消除，政府性基金收入成为政府总收入的一个独立部分。政府性基金包括中央政府基金、地方政府基金以及中央和地方政府共享基金。中央政府基金包括：民航发展基金、铁路建设基金、三峡水库基金等。地方政府基金包括：国有土地使用权出让金（在一定期限内，如40～70年）、地方教育附加、城市公用事业附加、污水处理费和城市基础设施配套费等。中央和地方政府共享基金包括：国家重大水利工程建设基金、港口建设费、彩票发行和销售机构业务费、森林植被恢复费和文化发展费等。

表 2.3 显示了 2022 年政府性基金收入的决算情况。中央政府性基金收入中，民航发展基金收入 154.19 亿元，铁路建设基金收入 604.31 亿元，中央特别国债经营基金财务收入 632.47 亿元，中央水库移民扶持基金收入 345.71 亿元，可再生能源电价附加收入 1 083.72 亿元。地方政府性基金收入中，国有土地使用权出让金收入 65 326.00 亿元，国有土地收益基金收入 1 426.65 亿元，车辆通行费收入 792.34 亿元。2022 年，地方政府性基金本级收入 73 772.38 亿元，占全国政府性基金收入的 94.71%。如果把中央政府性基金转移支付的 786.69 亿元包括在内，地方政府性基金收入将达到 74 559.07 亿元，占政府性基金收入总额的 95.72%。①

表 2.3　2022 年政府性基金收入构成　　　　　　　　　　（单位：亿元）

| 政府性基金 | 决算数 | 政府性基金 | 决算数 |
| --- | --- | --- | --- |
| 一、农网还贷资金收入*# | 262.61 | 十二、彩票公益金收入*# | 1 087.87 |
| 二、铁路建设基金收入* | 604.31 | 十三、城市基础设施配套费收入# | 1 823.17 |
| 三、民航发展基金收入* | 154.19 | 十四、地方水库移民扶持基金收入# | 65.87 |
| 四、海南省高等级公路车辆通行附加费收入# | 24.32 | 十五、国家重大水利工程建设基金收入*# | 165.43 |
| 五、旅游发展基金收入* | 0.49 | 十六、车辆通行费收入# | 792.34 |
| 六、国家电影事业发展专项资金收入*# | 14.29 | 十七、核电站乏燃料处理处置基金收入* | 56.54 |
| 七、国有土地使用权出让金收入# | 65 326.00 | 十八、可再生能源电价附加收入* | 1 083.72 |
| 八、国有土地收益基金收入# | 1 426.65 | 十九、船舶油污损害赔偿基金收入* | 1.70 |
| 九、农业土地开发资金收入# | 99.23 | 二十、废弃电器电子产品处理基金收入* | 27.65 |
| 十、中央水库移民扶持基金收入* | 345.71 | 廿一、彩票发行和销售机构业务费收入*# | 170.68 |
| 十一、中央特别国债经营基金财务收入* | 632.47 | 廿二、污水处理费收入# | 716.04 |

① 财政部（2023）。

（单位：亿元）（续表）

| 政府性基金 | 决算数 | 政府性基金 | 决算数 |
| --- | --- | --- | --- |
| 廿三、抗疫特别国债财务基金收入* | 272.35 | 全国政府性基金收入 | 77 896.37 |
| 廿四、其他政府性基金收入*# | 1 336.45 | 地方政府专项债务收入 | 36 500.00 |
| 廿五、专项债务对应项目专项收入# | 1 406.29 | | |

数据来源：财政部（2023）。

注：*中央政府基金；#地方政府基金；*#由中央和地方政府分享。大多数基金都从企业收取。

表2.4则显示了2008—2023年的国有土地出让金收入和政府性基金收入情况。政府性基金的规模非常庞大。政府性基金收入占一般公共预算收入的比重在2010年为44.27%，2015年为27.80%，2020年为51.11%，2023年为32.61%；占GDP的比重在2010年为8.91%，2015年为6.14%，2020年为9.22%，2023年为5.61%。

最主要的单项资金来源是地方政府国有土地出让金，占政府性基金总额的比重在2010年为76.66%，2015年为76.87%，2020年为87.88%，2023年为80.10%；国有土地出让金占GDP的比重在2010年为6.83%，2015年为4.72%，2020年为8.10%，2023年为4.49%。在中国，土地是集体所有的。城市土地由各级政府所有，农村土地由自然村或建制村农民集体所有。[①]

所有市级和县级政府都严重依赖土地出让金来为城市基础设施投资提供资金。市县政府以非常高的价格向房地产开发商出售土地40~70年的使用权，房地产开发商再建造公寓或房屋，以高价出售给公众。除出售国有土地外，地方政府还通过征用自然村和建制村（一般由几个自然村组成）的农地来扩大城市面积。他们往往以低价从自然村和建制村购买土地，并以高价将其出售给房地产开发商以获取收入。通常来讲，普通村民没有出售土地的权利。自然村庄和建制村在地方政府的压力下做出了出让土地的决定，这一过程时常涉及贿赂地方官员、村领导索要回扣等腐败行为。

随着政府拥有的城市土地变得稀缺，许多地方政府将办公楼搬迁到新购买的农地上。这样一来，政府可以高价出售位于城市中心的原办公楼所在的土地。此外，围绕着新的政府办公楼，可以建立起新的城市中心，这会进一步提高可供政府继续销售的政府所在地周边土地的价值。当然，这样的操作也存在问题。首先，由于行政办公室搬离城市中心，人们将不便于享受政府提供的公共服务。其次，城市人口规模不足以完全利用大片城市地区，这导致部分城市在郊区新建的

---

① 通常情况下，一个300人的自然村有大约300亩农地。五个自然村组成一个建制村，建制村也有自己的土地，十个建制村则组成一个镇。

表 2.4　2008—2023 年国有土地出让金收入与政府性基金收入

| 年份 | 政府性基金收入（亿元） | 国有土地出让金收入（亿元） | GDP（亿元） | 一般公共预算收入（亿元） | 政府性基金收入/GDP（%） | 政府性基金收入/一般公共预算收入（%） | 国有土地出让金收入/政府性基金收入（%） | 国有土地出让金收入/GDP（%） |
|---|---|---|---|---|---|---|---|---|
| 2008 | 15 636.4 |  | 319 244.6 | 61 330.4 | 4.89 | 25.50 |  |  |
| 2009 | 18 335.0 |  | 348 517.7 | 68 518.3 | 5.25 | 26.76 |  |  |
| 2010 | 36 785.0 | 28 198.0 | 412 119.3 | 83 101.5 | 8.91 | 44.27 | 76.66 | 6.83 |
| 2011 | 41 363.1 | 31 140.0 | 487 940.2 | 103 874.4 | 8.45 | 39.82 | 75.29 | 6.36 |
| 2012 | 37 534.9 | 26 692.0 | 538 580.0 | 117 253.5 | 6.95 | 32.01 | 71.11 | 4.94 |
| 2013 | 52 268.8 | 39 142.0 | 592 963.2 | 129 209.6 | 8.78 | 40.45 | 74.75 | 6.56 |
| 2014 | 54 113.7 | 40 480.0 | 641 280.6 | 140 370.0 | 8.40 | 38.55 | 74.63 | 6.27 |
| 2015 | 42 338.1 | 30 784.0 | 685 992.9 | 152 269.2 | 6.14 | 27.80 | 76.87 | 4.72 |
| 2016 | 46 643.3 | 35 640.0 | 740 060.8 | 159 605.0 | 6.26 | 29.22 | 80.35 | 5.03 |
| 2017 | 61 480.0 | 49 997.0 | 820 750.0 | 172 592.8 | 7.49 | 35.62 | 81.32 | 6.09 |
| 2018 | 75 479.0 | 62 911.0 | 900 310.0 | 183 352.0 | 8.38 | 41.16 | 83.35 | 6.99 |
| 2019 | 84 517.7 | 70 679.3 | 990 865.1 | 190 390.1 | 8.53 | 44.39 | 83.63 | 7.13 |
| 2020 | 93 491.3 | 82 159.0 | 1 013 567.0 | 182 913.9 | 9.22 | 51.11 | 87.88 | 8.10 |
| 2021 | 98 024.2 | 84 977.9 | 1 143 669.7 | 202 554.6 | 8.57 | 48.39 | 86.67 | 7.43 |
| 2022 | 77 896.4 | 65 326.0 | 1 210 207.2 | 203 649.3 | 6.44 | 38.25 | 83.86 | 5.40 |
| 2023 | 70 706.9 | 56 633.7 | 1 260 582.1 | 216 795.4 | 5.61 | 32.61 | 80.10 | 4.49 |

数据来源：财政部（2011—2019）；国家统计局（2020，2021，2022，2023，2024）。

注：2010 年，国家开始公布地方政府性基金收支预算。

政府办公大楼闲置。

## 2.4.3 国有资本经营收入

自 2007 年以来，政府要求中央国有企业将其部分资本经营收入上缴给中央政府，包括利润、股息、财产转让收入和企业清算收入等国有资本经营收入。[①] 根据全国人民代表大会常务委员会 2014 年通过的新预算法，国有资本经营收入是政府预算的四个部分之一，国有企业上缴政府的部分利润是国有资本经营收入的一部分。政府将国有企业划分为不同的组别，并设定不同的利润上缴率。国有企业的分类和上缴利润的比率随着时间的推移而发生变化。[②] 2016 年，中央国有企业被分为五组，上缴率如下：烟草企业为 25%；石油、石化、煤炭、能源、电力等企业为 20%；钢铁、贸易、运输、建筑等企业为 15%；军事装备、文化娱乐等企业为 10%；中国粮食储备公司和中国棉花储备公司等战略企业为零。2014 年，政府决定到 2020 年将国有资本经营利润上缴率提高至 30%。[③]

表 2.5 展示了 2013 年到 2023 年的国有资本经营收入。到目前为止，国有资本经营收入相当低。国有资本经营收入占 GDP 比重在 2015 年仅为 0.37%，2019 年为 0.4%，2020 年为 0.47%，2023 年为 0.53%。[④] 在国有资本经营收入中，利润收入占主导地位，2013 年占 75%，2014 年占 85%，2015 年占 80%，2016 年占 75%，2017 年占 69%，2018 年占 74%，2020 年占 64%，2023 年为 66%。国有资本经营收入低的原因是国有资本的低收益和低利润上缴率。

## 2.4.4 社会保险基金收入

社会保险基金收入包括基本养老保险、失业保险、基本医疗保险、工伤保险和生育保险的收入。表 2.6 显示了社会保险基金账户的收入。社会保险基金收入增长迅速，从 1990 年的 186.0 亿元增加到 1995 年的 1 006.0 亿元，2000 年为 2 644.9 亿元，2010 年为 19 276.1 亿元，2015 年为 46 012.1 亿元，2020 年为 75 512.5 亿元，2023 年为 113 214.9 亿元。社会保险基金收入占 GDP 的比重在 2000 年为 2.64%，2005 年为 3.72%，2010 年为 4.68%，2015 年为 6.71%，2020 年为 7.45%，2023 年为 8.98%（见图 2.4）。基本养老保险和基本医疗保险

---

[①] 财政部、国务院国有资产监督管理委员会（2007）。
[②] 财政部（2016a，2016b）。
[③] 财政部（2014a）。
[④] 数据来源：国家统计局（2024）。

表 2.5 2013—2023 年国有资本经营收入

(单位：亿元)

| | 2013 | 2014 | 2015 | 2016 | 2017 | 2018 | 2019 | 2020 | 2021 | 2022 | 2023 |
|---|---|---|---|---|---|---|---|---|---|---|---|
| 利润收入 | 1 288.08 | 1 700.15 | 2 033.89 | 1 961.62 | 1 823.78 | 2 138.49 | 2 614.81 | 3 039.58 | 3 075.25 | 3 716.31 | 4 460.11 |
| 股利、股息收入 | 123.67 | 117.02 | 269.17 | 205.87 | 286.66 | 344.38 | 543.61 | 646.39 | 827.57 | 1 014.66 | 448.25 |
| 产权转让收入 | 141.83 | 94.86 | 136.90 | 224.72 | 236.41 | 259.65 | 495.50 | 688.32 | 486.71 | 456.58 | 877.79 |
| 清算收入 | 6.11 | 3.23 | 3.03 | 6.76 | 8.72 | 11.66 | 54.53 | 32.29 | 10.25 | 10.89 | 9.81 |
| 其他国有资本经营收入 | 153.67 | 92.33 | 107.99 | 209.98 | 225.33 | 151.61 | 263.37 | 367.97 | 770.65 | 497.54 | 945.88 |
| 总计 | 1 713.36 | 2 007.59 | 2 550.98 | 2 608.95 | 2 580.90 | 2 905.79 | 3 971.82 | 4 774.55 | 5 170.43 | 5 695.98 | 6 741.84 |

数据来源：国家统计局，《中国统计年鉴》(2014—2024)。

注：2016 年国有企业的经营支出统计口径改变。

是中国最大的两个社会保险项目。2023 年，基本养老保险收入占社会保险总收入的 67.74%，基本医疗保险收入占 29.59%，失业保险收入占 1.60%，工伤保险收入占 1.07%。2019 年以后没有生育保险收入，因为自 2019 年起该保险基金并入了基本医疗保险。

表 2.6　1990—2023 年社会保险基金收入　　　　　　　（单位：亿元）

| 年份 | 合计 | 基本养老保险 | 失业保险 | 基本医疗保险 | 工伤保险 | 生育保险 |
| --- | --- | --- | --- | --- | --- | --- |
| 1990 | 186.0 | 178.8 | 7.2 | | | |
| 1995 | 1 006.0 | 950.1 | 35.3 | 9.7 | 8.1 | 2.9 |
| 2000 | 2 644.9 | 2 278.5 | 160.4 | 170.0 | 24.8 | 11.2 |
| 2005 | 6 975.2 | 5 093.3 | 340.3 | 1 405.3 | 92.5 | 43.8 |
| 2006 | 8 643.2 | 6 309.8 | 402.4 | 1 747.1 | 121.8 | 62.1 |
| 2007 | 10 812.3 | 7 834.2 | 471.7 | 2 257.2 | 165.6 | 83.6 |
| 2008 | 13 696.1 | 9 740.2 | 585.1 | 3 040.4 | 216.7 | 113.7 |
| 2009 | 16 115.6 | 11 490.8 | 580.4 | 3 671.9 | 240.1 | 132.4 |
| 2010 | 19 276.1 | 13 872.9 | 649.8 | 4 308.9 | 284.9 | 159.6 |
| 2011 | 25 153.3 | 18 004.8 | 923.1 | 5 539.2 | 466.4 | 219.8 |
| 2012 | 30 738.8 | 21 830.2 | 1 138.9 | 6 938.7 | 526.7 | 304.2 |
| 2013 | 35 252.9 | 24 732.6 | 1 288.9 | 8 248.3 | 614.8 | 368.4 |
| 2014 | 39 827.7 | 27 619.9 | 1 379.8 | 9 687.2 | 694.8 | 446.1 |
| 2015 | 46 012.1 | 32 195.5 | 1 367.8 | 11 192.9 | 754.2 | 501.7 |
| 2016 | 53 562.7 | 37 990.8 | 1 228.9 | 13 084.3 | 736.9 | 521.9 |
| 2017 | 67 154.5 | 46 613.8 | 1 112.6 | 17 931.3 | 853.8 | 643.0 |
| 2018 | 79 254.8 | 55 005.3 | 1 171.1 | 21 384.4 | 913.0 | 781.0 |
| 2019 | 83 550.4 | 57 025.9 | 1 284.2 | 24 420.9 | 819.4 | |
| 2020 | 75 512.5 | 49 228.6 | 951.5 | 24 846.1 | 486.3 | |
| 2021 | 96 936.8 | 65 793.3 | 1 459.6 | 28 732.0 | 951.9 | |
| 2022 | 102 504.8 | 68 933.2 | 1 596.1 | 30 922.2 | 1 053.3 | |
| 2023 | 113 214.9 | 76 691.2 | 1 807.3 | 33 504.9 | 1 211.6 | |

数据来源：国家统计局（2023，2024）。

注：由于四舍五入合计与分项加总不完全相等。

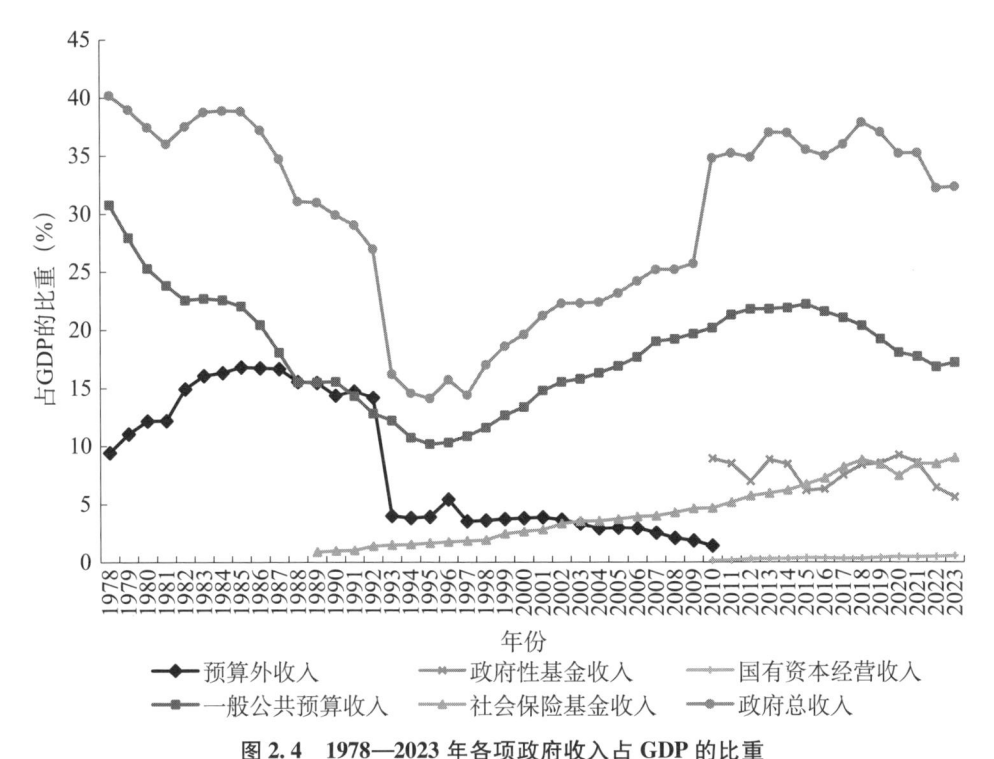

图 2.4　1978—2023 年各项政府收入占 GDP 的比重

数据来源：财政部（2011—2013）；国家统计局（1979—2024）。

## 2.5　政府收入的规模和特征

### 2.5.1　政府总收入的规模

政府收入的规模通常以政府收入占 GDP 的比重来衡量。图 2.4 显示了 1978 年至 2023 年一般公共预算收入、预算外收入、社会保险基金收入、政府性基金收入、国有资本经营收入和政府总收入占 GDP 的比重。可以看出，政府总收入占 GDP 的比重以及一般公共预算收入占 GDP 的比重从 1978 年到 1995 年急剧下降，然而自 1995 年以来一直在稳步增长。预算外收入占 GDP 的比重以及一般公共预算收入的比重在 20 世纪 80 年代很高，从 90 年代初开始下降。此外，尽管社会保险基金收入在 GDP 中的比重很低，却在增加，国有资本经营收入占 GDP 的比重非常低。2023 年，一般公共预算收入占 GDP 的比重为 17.20%，政府性基金收入占 GDP 的比重为 5.61%，社会保险基金收入占 GDP 的比重为 8.98%，国有资本经营收入占 GDP 的比重为 0.53%。将这些收入加总得到 2023 年政府总收入占 GDP 的比重为 32.3%。

表 2.7 显示了 1990—2022 年部分国家财政收入占 GDP 的比重。可以看出，工业发达的国家的政府财政收入占 GDP 的比重平均较高，其中挪威、瑞典和芬兰的比重最高。2022 年，爱尔兰政府财政收入占 GDP 的比重为 22.8%，美国为 32.5%，瑞士为 32.5%，日本为 37.2%，澳大利亚为 35.7%，英国为 38.8%。大部分亚洲国家政府财政收入占 GDP 的比重比较低。例如，2022 年泰国财政收入占 GDP 的比重为 20.1%，越南为 19.0%，印度尼西亚为 15.2%，马来西亚为 19.5%，印度为 19.4%，菲律宾为 20.4%，斯里兰卡为 8.3%。中国政府的收入包括政府性基金收入，但这部分收入并没有包含在表 2.7 的数据中，因此实际收入规模大于许多亚洲国家，也大于美国和英国。

前些年，中国被列为平均税负较高的国家。根据 2008 年"福布斯税负痛苦指数"，中国税收负担在世界上排名第五，仅次于法国、荷兰、比利时和瑞典。根据 2009 年"福布斯税负痛苦指数"，中国在世界上排名第二，仅落后于法国。税负痛苦指数最近没有发布。

20 世纪 90 年代，经济学家们曾经对中国政府财政收入不足，无法开展大规模基础设施建设深感担忧，然而最近三十多年来，中国的财政收入状况已经发生了巨大变化。

## 2.5.2　政府收入的特征

为了讨论中国政府收入的特征，我们先看一下其他国家的情况。表 2.8 显示了 2020 年部分国家的各种税收（所得税、利润税、资本利得税、财产税、商品和服务税）以及非税收入（社会保险基金、赠款等）在 GDP 中的比重。

与其他国家相比，中国政府收入具有以下特征。第一，中国征收的个人所得税占 GDP 的比重远低于发达国家和部分发展中国家。发达国家更多地依赖于个人所得税和资本利得税。从表 2.8 中可以算出，2020 年美国的收入、利润和资本利得税占总税收的 60.45%，新西兰的该占比为 58.76%。值得注意的是，个人所得税在发达国家和发展中国家都发挥着重要作用。从表 2.8 中可以算出，2020 年，美国的个人所得税占税收总额的 53.95%，德国的该占比为 41.82%，英国为 35.95%，法国为 31.39%，匈牙利为 21.24%，波兰为 24.03%，俄罗斯为 19.00%。然而，在中国，个人所得税仅占 2020 年总税收收入的 6.95%，占当年 GDP 的 1.13%。可见，中国的个人所得税收入占 GDP 的比重不仅远低于发达国家，而且还低于许多经济发展水平相同的发展中国家（如俄罗斯）。

表 2.7 1990—2022 年部分国家财政收入占 GDP 的比重

(单位：%)

| 国家 | 1990 | 2000 | 2010 | 2021 | 2022 | 国家 | 1990 | 2000 | 2010 | 2021 | 2022 |
| --- | --- | --- | --- | --- | --- | --- | --- | --- | --- | --- | --- |
| 爱尔兰 | 40.0 | 35.9 | 35.5 | 22.8 | 22.8 | 泰国 | 18.0 | 17.6 | 20.9 | 20.2 | 20.1 |
| 奥地利 | 49.0 | 50.1 | 48.1 | 50.3 | 49.6 | 中国 | 17.5 | 13.4 | 24.7 | 26.6 | 25.9 |
| 澳大利亚 | 32.9 | 34.9 | 32.5 | 35.6 | 35.7 | 越南 | 17.1 | 16.2 | 21.5 | 18.7 | 19.0 |
| 比利时 | 45.5 | 49.0 | 48.8 | 49.9 | 49.7 | 印度尼西亚 | 17.4 | 13.4 | 15.6 | 13.6 | 15.2 |
| 冰岛 | 39.4 | 46.3 | 42.1 | 41.4 | 43.5 | 印度 | 17.3 | 17.4 | 18.8 | 19.9 | 19.4 |
| 英国 | 39.3 | 40.4 | 40.3 | 38.0 | 38.8 | 菲律宾 | 19.0 | 17.5 | 16.1 | 21.0 | 20.4 |
| 德国 | 42.8 | 46.2 | 43.6 | 47.3 | 47.0 | 柬埔寨 | 10.9 | 10.2 | 17.1 | 21.6 | 23.9 |
| 法国 | 47.1 | 50.2 | 49.5 | 52.6 | 53.5 | 斯里兰卡 |  | 14.0 | 12.6 | 8.3 | 8.3 |
| 芬兰 | 53.2 | 54.8 | 51.4 | 53.0 | 52.2 | 阿根廷 | 35.8 | 21.8 | 32.0 | 33.5 | 33.4 |
| 荷兰 | 49.6 | 46.1 | 46.2 | 43.7 | 43.3 | 克罗地亚 |  | 45.8 | 42.0 | 46.2 | 45.5 |
| 加拿大 | 43.0 | 44.1 | 38.3 | 41.5 | 40.6 | 罗马尼亚 |  | 31.0 | 31.2 | 30.5 | 31.0 |
| 意大利 | 41.4 | 45.0 | 45.8 | 48.3 | 48.8 | 委内瑞拉 |  | 32.7 | 26.4 | 5.9 | 6.0 |
| 美国 | 32.9 | 35.4 | 28.8 | 31.4 | 32.5 | 乌克兰 |  | 32.3 | 43.4 | 36.5 | 50.3 |
| 挪威 | 55.5 | 57.7 | 56.5 | 57.5 | 63.9 | 匈牙利 |  | 44.3 | 44.4 | 41.2 | 41.6 |
| 瑞典 | 37.6 | 56.2 | 50.3 | 48.1 | 48.1 | 斯洛文尼亚 |  | 43.9 | 44.6 | 44.9 | 43.9 |
| 瑞士 | 30.2 | 35.2 | 34.8 | 34.2 | 32.5 | 波兰 |  | 39.0 | 38.8 | 42.3 | 39.8 |
| 葡萄牙 | 32.4 | 38.2 | 41.6 | 44.9 | 44.4 | 保加利亚 |  | 36.5 | 30.8 | 35.8 | 37.4 |
| 日本 | 31.3 | 28.7 | 28.7 | 36.6 | 37.2 | 阿尔及利亚 | 28.9 | 38.3 | 37.2 | 29.9 | 34.2 |
| 西班牙 | 29.4 | 38.2 | 36.3 | 43.2 | 42.4 | 肯尼亚 | 13.9 | 14.5 | 17.9 | 16.8 | 17.2 |
| 希腊 | 24.9 | 42.4 | 41.6 | 50.0 | 50.2 | 南非 | 24.9 | 21.3 | 23.8 | 27.1 | 27.7 |

(续表)

(单位：%)

| 国家 | 1990 | 2000 | 2010 | 2021 | 2022 | 国家 | 1990 | 2000 | 2010 | 2021 | 2022 |
|---|---|---|---|---|---|---|---|---|---|---|---|
| 新西兰 | 46.8 | 38.5 | 37.5 | 38.6 | 39.1 | 埃塞俄比亚 | 14.0 | 16.7 | 17.2 | 11.0 | 8.5 |
| 以色列 | 37.1 | 47.4 | 40.5 | 36.5 | 37.2 | 安哥拉 | | 42.9 | 42.8 | 23.3 | 23.2 |
| 阿联酋 | | 32.4 | 31.6 | 30.4 | 32.8 | 摩洛哥 | 21.3 | 20.8 | 24.8 | 25.3 | 27.0 |
| 阿曼 | 41.3 | 43.4 | 35.5 | 33.0 | 37.1 | 哥伦比亚 | 8.7 | 23.6 | 27.0 | 27.2 | 27.9 |
| 阿塞拜疆 | | 18.4 | 45.8 | 36.4 | 32.2 | 厄瓜多尔 | | 22.9 | 33.3 | 36.2 | 39.4 |
| 巴基斯坦 | 18.0 | 10.6 | 12.9 | 12.4 | 12.1 | 巴西 | 12.4 | 31.2 | 39.1 | 40.9 | 43.3 |
| 卡塔尔 | | 34.4 | 39.1 | 33.7 | 37.8 | 秘鲁 | 14.0 | 19.6 | 21.1 | 21.0 | 22.1 |
| 科威特 | 60.3 | 68.2 | 70.7 | 54.4 | 60.9 | 墨西哥 | 21.6 | 16.7 | 22.7 | 23.0 | 24.2 |
| 沙特阿拉伯 | | 36.3 | 37.4 | 29.6 | 30.7 | 乌拉圭 | 22.1 | 23.8 | 27.0 | 27.3 | 27.2 |
| 土耳其 | 10.4 | 31.1 | 32.5 | 27.2 | 26.4 | 智利 | | 22.2 | 23.1 | 26.0 | 28.1 |
| 伊朗 | 17.9 | 22.9 | 15.3 | 8.0 | 8.2 | | | | | | |
| 马来西亚 | 30.7 | 19.6 | 22.3 | 18.6 | 19.5 | | | | | | |

数据来源：国际货币基金组织（IMF, 2024a）。

注：中国的数据中没有包括政府性基金收入和国有资本运营收入。

表 2.8　2020 年部分国家税收和其他政府收入的 GDP 占比　　（单位：%）

| 国家 | 收入、利润和资本利得税 总计 | 个人支付 | 公司和其他企业主体支付 | 财产税 | 商品和服务税 | 总计 | 社会保险基金收入 | 总收入 |
|---|---|---|---|---|---|---|---|---|
| 奥地利 | 11.86 | 9.43 | 2.12 | 0.23 | 11.76 | 26.36 | 16.07 | 48.77 |
| 澳大利亚 | 16.69 | 11.74 | 4.84 | 1.71 | 7.37 | 28.04 | 0 | 34.80 |
| 比利时 | 15.45 | 11.86 | 3.31 | 2.14 | 12.22 | 29.82 | 16.16 | 50.00 |
| 巴西 | 7.07 | 3.05 | 2.69 | 1.63 | 13.42 | 23.05 | 10.73 | 38.76 |
| 保加利亚 | 5.75 | 3.55 | 2.18 | 0.57 | 14.99 | 21.50 | 9.28 | 38.24 |
| 加拿大 | 17.34 | 0 | 0 | 0 | 0 | 29.70 | 4.82 | 41.71 |
| 智利 | 8.08 | 0 | 0 | 0.94 | 10.74 | 17.92 | 1.55 | 22.05 |
| 中国 | 4.68 | 1.13 | 3.55 | 1.32 | 9.76 | 16.27 | 4.80 | 24.54 |
| 丹麦 | 29.51 | 26.88 | 2.62 | 2.28 | 13.83 | 46.62 | 0.83 | 53.25 |
| 埃及（2015） | 5.31 | 1.56 | 3.75 | 0.14 | 5.75 | 12.52 |  | 22.03 |
| 芬兰 | 14.79 | 12.65 | 2.11 | 1.17 | 14.44 | 30.39 | 11.67 | 50.94 |
| 法国 | 12.38 | 9.61 | 2.75 | 3.96 | 12.23 | 30.61 | 16.70 | 51.87 |
| 德国 | 12.24 | 9.71 | 2.21 | 0.69 | 9.54 | 23.22 | 18.05 | 45.93 |
| 希腊 | 7.91 | 6.30 | 1.21 | 2.65 | 14.91 | 25.66 | 15.34 | 48.68 |
| 匈牙利 | 6.63 | 5.33 | 1.30 | 0.50 | 16.91 | 25.09 | 11.30 | 43.35 |
| 爱尔兰 | 9.82 | 6.58 | 3.23 | 0.46 | 6.04 | 16.71 | 4.01 | 22.42 |
| 以色列 | 10.27 | 6.56 | 2.77 | 1.79 | 11.19 | 24.60 | 5.84 | 34.53 |
| 意大利 | 14.69 | 12.62 | 2.06 | 1.46 | 11.35 | 29.03 | 13.84 | 46.96 |
| 日本 | 10.02 | 5.35 | 4.67 | 2.41 | 7.19 | 19.95 | 13.69 | 36.75 |
| 哈萨克斯坦 | 4.95 | 1.31 | 3.64 | 0.44 | 4.52 | 12.37 | 1.17 | 17.34 |
| 肯尼亚 | 6.82 | 3.80 | 3.02 | 0 | 6.40 | 14.86 | 0.01 | 17.64 |
| 荷兰 | 12.14 | 9.05 | 3.09 | 1.16 | 11.12 | 25.64 | 14.10 | 43.09 |
| 新西兰 | 18.51 | 12.58 | 5.94 | 2.01 | 10.05 | 31.50 | 0.70 | 37.60 |
| 挪威 | 13.86 | 11.40 | 2.40 | 0.92 | 12.63 | 27.60 | 11.36 | 54.43 |
| 秘鲁 | 5.31 | 1.85 | 3.47 | 0.28 | 6.31 | 13.30 | 2.22 | 18.45 |
| 波兰 | 7.57 | 5.29 | 2.28 | 1.15 | 12.90 | 22.01 | 14.46 | 41.58 |
| 俄罗斯 | 7.99 | 3.72 | 3.76 | 0.49 | 9.34 | 19.58 | 7.79 | 38.95 |

47

(单位：%)（续表）

| 国家 | 税收 收入、利润和资本利得税 总计 | 税收 收入、利润和资本利得税 个人支付 | 税收 收入、利润和资本利得税 公司和其他企业主体支付 | 财产税 | 商品和服务税 | 总计 | 社会保险基金收入 | 总收入 |
|---|---|---|---|---|---|---|---|---|
| 卢旺达 | 6.59 | 5.16 | 1.43 | 0.11 | 7.22 | 15.12 | 2.19 | 27.19 |
| 新加坡 | 7.03 | 2.73 | 4.31 | 0.67 | 3.79 | 13.09 |  | 18.59 |
| 南非 | 13.01 | 8.85 | 4.16 | 1.47 | 9.60 | 25.14 | 0.38 | 34.29 |
| 西班牙 | 10.79 | 8.82 | 1.97 | 1.79 | 10.27 | 22.86 | 14.46 | 40.72 |
| 瑞典 | 17.82 | 14.83 | 3.00 | 0.69 | 12.51 | 39.90 | 3.40 | 48.66 |
| 瑞士 | 12.73 | 8.84 | 3.03 | 1.95 | 5.60 | 20.62 | 7.04 | 33.53 |
| 泰国 | 5.81 | 1.89 | 3.92 | 0.04 | 9.18 | 15.68 | 0.96 | 20.66 |
| 土耳其 | 5.54 | 3.22 | 2.32 | 0.25 | 11.24 | 18.00 | 7.03 | 31.41 |
| 乌干达 | 4.07 | 2.11 | 1.92 | 0.01 | 5.77 | 11.10 |  | 13.65 |
| 英国 | 11.71 | 9.35 | 2.36 | 3.05 | 10.96 | 26.01 | 6.79 | 36.35 |
| 美国 | 11.71 | 10.45 | 1.26 | 3.12 | 4.15 | 19.37 | 6.97 | 30.67 |

数据来源：IMF（2021）。

第二，中国的政府财政收入更多地依赖于对商品和服务征税。与发达国家相比，发展中国家更多地依赖商品和服务税。例如，根据表2.8可以算出，2020年，保加利亚的商品和服务税占总税收的比重为69.72%，智利为59.93%，秘鲁为47.44%，俄罗斯为47.70%。然而，2020年日本的这一比重仅为36.04%，英国为42.14%，瑞士为27.16%，新加坡28.95%，美国为21.42%，美国是所有发达国家中最低的。而中国的商品和服务税在总税收中的占比达到了59.99%，高于大多数发展中国家和所有发达国家。

第三，中国没有个人财产税。财产税是对自有房屋、车辆、船只等财产征收的税，所有发达国家和许多发展中国家不仅征收财产税，而且财产税收入占比很大。例如，根据表2.8可以计算出，2020年美国的财产税收入占美国税收总额的16.11%，法国、英国和日本的这一比重分别为12.94%、11.73%和12.08%。总体而言，发达国家的财产税收入高于发展中国家。中国只对企业的房产和个人所有的租赁房产征财产税。因此，财产税收入非常少。许多国家还征收中国不征收的其他税种，包括：遗产税（对死亡时的财产转让征收）、赠与税（对个人在世期间进行转让的财产征收）和资本利得税（对个人或公司出售的投资品的增加值征收)。

第四，中国的社会保险基金收入少于发达国家，但多于许多发展中国家。例如，2020年奥地利的社会保险基金收入占GDP的比重为16.07%，比利时为16.16%，荷兰为14.10%，英国为6.79%，美国为6.97%。在澳大利亚和新西兰，社会保险基金收入来源于一般税收，因此政府社会保险基金收入微不足道。大多数发展中国家的政府收入中社会保险基金收入占比相对较小。例如，2020年俄罗斯的社会保险基金收入占GDP的比重为7.79%，秘鲁为2.22%，智利为1.55%，泰国为0.96%。2020年中国的社会保险基金收入占GDP的比重为4.80%。根据世界银行的统计（World Bank，2021a），社会保险基金收入包括雇员、雇主和个体经营者的社会保障缴费、其他来源无法确定的缴费以及对政府运营的社会保险项目的实际或推算的缴费。

最后也是最重要的一点，与其他国家相比，中国政府拥有大量的政府性基金收入。如前所述，政府性基金收入的主要组成部分是土地出让金。中国政府拥有城市土地，可以征用农村土地，因为土地是每个村庄集体拥有的。地方政府以低价购买农田，并以极高的价格将其出售给开发商以赚取利润。在土地私有化的国家，政府不可能从土地出售中获得如此大规模的收入。2010年中国的政府性基金收入占GDP的8.91%，2020占9.22%，2021年占8.57%，2023年占5.61%（见表2.4）。表2.8中没有统计其他国家的政府性基金收入。此外，中国政府还从国有资本经营中获得收入，尽管现在规模很小。

## 2.6 影响未来政府收入的因素

中国未来的政府财政收入取决于即将进行的税制改革（影响一般公共预算收入）、养老保障和医疗保险改革（影响社会保险基金收入），以及政府性基金收入和国有资本经营收入的变化。

### 2.6.1 税收收入的变化

在未来，中国会对现有税收种类进行一些削减或者建立新的税种。首先，政府可能减少企业所得税。与其他经济体相比，中国的企业所得税较高，标准企业所得税税率为25%，高新技术企业为15%。2023年美国联邦企业所得税的最高边际税率为26.3%，英国企业所得税的最高边际税率为21%（见第5章表5.3）。企业所得扣除一些成本后得到应税企业所得。中国的企业所得扣除并不算多，所以应税企业所得很大，这样政府就从企业所得中征收了大量的所得税。中国企业所得税占税收总额的比重 2018 年为 22.59%，2019 年为 23.61%，2020 年为 23.61%，2021 年为 24.34%，2023 年为 22.69%（见第 5 章表 5.1）。2023 年加拿大企业所得税收入占税收总收入的 12.6%，德国的这一比重为 6.2%，芬兰为 7.0%，西班牙为 7.2%，法国为 6.3%，英国为 8.8%，美国为 6.5%（见第 5 章表 5.2）。与这些发达国家相比，中国从企业收入中征收的税收过多，应当通过增加扣除和降低税率的方式减少企业所得税。第 5 章将详细讨论企业所得税。

其次，个人所得税将增加。虽然个人所得税的最高边际税率很高，但个人所得税收入在总税收中的份额很小。如前所述，2020 年个人所得税仅占税收总收入的 6.95%，应税收入远远低于总收入，只有少数人需要缴纳所得税。由于企业给员工的部分薪酬是以实物或现金形式发放，对这一部分个人所得征税没有可查询的法律记录。因此，逃税仍然是一个严重的问题。此外，正如第 4 章将讨论的，中国现在的个人所得在国民收入中的比重很小，预计将来会增加。因此，预计中国将完善会计制度并扩大税基，以从个人所得中获取更多税收。

最后，建立新的税种，如财产税、遗产税和赠与税。从表 2.8 中可以看出，几乎所有国家都征收财产税并且占总税收的份额相当高。美国 20 世纪 20 年代早期，财产税收入占政府总收入的 45%（Wallis，2000）。随着个人所得税收入的增加，财产税收入已经有所下降。然而，2020 年美国财产税仍占税收总额的 16.11%。许多国家都征收遗产税和赠与税。在中国引入财产税、遗产税和赠与税可以增加政府收入。

总体来看，个人所得税的增加和新税种的设立，特别是个人财产税的开征，会增加一般公共预算收入的规模，而企业所得税的减少会减少其规模。由于税收的上述变化可能具有抵消作用，未来中国税制的改革不太可能改变一般公共预算收入的总体规模。

## 2.6.2 社会保险基金收入的增长

在未来，中国的社会保险基金收入和医疗保险费将会增加，以建立完善的养老社会保障体系和医疗保险体系。目前，农村地区尚未建立健全的社会保障体系，农村地区的医疗保险体系也尚不健全。2023 年中国的社会保险基金收入占 GDP 的 8.98%，其中养老保险基金占社会保险基金的 67.74%，工伤保险占 1.07%，医疗保险占 29.59%，失业保险占 1.60%。

第一，随着人口老龄化，政府养老和医疗支出的压力在增大，必须为社会保险筹集更多资金。从 1997 年开始，城镇职工的养老保险缴费率已经达到工资的

20%，高于其他许多国家。事实上，政府在当前经济增长放缓的情况下已将缴费率下调至16%。城镇职工的养老保险账户存在巨额赤字和债务。政府必须筹集更多资金来减少债务。

第二，增加农村居民的养老保障。目前，农村老年人的社会保障福利较少，并且由政府一般公共预算收入提供资金。农村居民只为养老个人账户缴纳少量资金，远远不够为老年生活提供保障。因此缴费率的提高是不可避免的。

第三，增加医疗保险。目前中国的医疗保险不够健全，报销率较低，因此人们面临因患病而陷入贫困的风险。提高保险水平可以缓解这个问题。农村地区的医疗保险覆盖率低于城市地区，患者的自费比例也高得多。医疗保险缴费的增加是必需的。养老保障和医疗保险改革将在第8章和第9章详细讨论。

## 2.6.3 政府性基金收入的减少

如前所述，土地出让金是政府性基金收入的主要来源。正如表2.4所示，国有土地出让金2013年为39 142.0亿元，2015年为30 784.0亿元，2018年为62 911.0亿元；2013年国有土地出让金收入占GDP的比例为6.56%，2015年为4.72%，2023年为4.49%。但是，随着政府可售土地的减少，通过土地出让来获取收入将变得更加困难。近年来，土地出让金虽仍在增加，但预计未来将大幅下降。土地出让金的下降会减少政府性基金收入，从而减少政府总收入。

## 2.6.4 国有资本经营收入的增加

从2020年开始，中央企业的利润上缴率从25%提高到30%，并且可能会继续增加。一些地区也将地方国有企业的利润上缴率提高到了30%。然而，随着垄断行业的开放以及民营企业和外资企业的竞争加剧，国有企业的利润可能会下降。目前，国有企业垄断的行业包括军事、电信、铁路、烟草、电力和石油。政府主导的行业包括新闻媒体、银行、保险和金融投资等。除此之外，还存在许多地方自然垄断企业，如地方的自来水和天然气公司。利润上缴率的提高有利于国有资本经营收入的增加，而国有企业利润总额的下降会使得国有资本经营收入降低。预计利润上缴率提高的影响将大于盈利能力下降的影响，因此未来国有资本经营收入会小幅增长。

总体而言，个人所得税收入的增加和个人财产税的开征可能会抵消企业所得税收入的减少，一般公共预算收入规模基本不变。提高农村居民社会保障缴费率和医疗保险费，会增加社会保险基金收入。土地出让金的下降会减少政府性基金收入和政府总收入。国有资本利润上缴率的提高会增加国有资本经营收入,而国有企业总利润的降低会减少国有资本经营收入。因此,各种因素对政府总收入规模的总体影响取决于哪种因素占主导地位。预计未来中国税收收入、一般公共预算收入、总财政收入相对于 GDP 的比重应该会保持稳定。当然,政府可以通过调整税收制度来改变总财政收入规模。

## 2.7 总　　结

本章首先讨论了中国的税制改革,分析了一般公共预算收入上升和下降的原因,以及预算外收入、政府性基金、社会保险基金收入和国有资本经营收入的变化;接着考察了政府收入的规模和财政收入体系的主要特征;最后讨论了未来可能影响政府财政收入的因素。

中国主要的税制改革经历了漫长的过程,其中包括:1979 年降低利润上缴率,允许国有企业保留部分利润;1983 年到 1984 年实施利改税;1986 年引入国有企业缴纳所得税和调节税的包干制;1989 年的利税分流,即恢复利润上缴制度,要求国有企业在缴纳企业所得税后向政府上缴部分利润;1994 年建立税收分成制度,将税收划分为中央税、地方税以及中央和地方共享税;2006 年取消农业税;2008 年合并内资企业和外资企业的企业所得税;2009 年将投资从增值税税基中剔除;2016 年以增值税代替营业税;2018 年实施个人所得税专项附加扣除。

早期的税制改革为国有企业盈利提供了很大的动力,却导致了一般公共预算收入的大幅下降和预算外收入的大幅增加。1994 年的税制改革为中国现代税制奠定了基础;增值税、营业税、消费税和企业所得税成为政府财政收入的主要来源,政府收入随后快速增长。税率的提高、税基的扩大和税收征管力度的加强,使一般公共预算收入占 GDP 的比重从 1995 年的 10.18% 上升到 2010 年的 20.12%,2018 年达到 20.37%,超过了 1994 年政府设立的 20% 的目标。随着一般公共预算收入的增加,预算外收入减少并最终被取消。与此同时,主要来自土地出让金的政府性基金急剧增加。

包括社会保险基金收入、一般公共预算收入、政府性基金收入和国有资本经营收入在内,中国政府财政收入占 GDP 的比重很高。2023 年政府性基金收入占 GDP 的比重达到 5.61%,社会保险基金收入占 8.98%,国有资本经营收入占 0.53%。因此,2023 年中国政府总收入的 GDP 占比达到了 32.3%,低于许多欧洲工业化国家,但高于许多亚洲国家和大多数发展中国家(如新加坡、马来西亚和泰国)。

与其他国家相比,中国的政府财政收入体系具有一些特征。第一,来自个人所得的税收收入少。第二,政府严重依赖增值税和消费税。第三,没有开征个人财产税。第四,社会保险税水平低于发达国家,但高于许多发展中国家。第五,主要通过土地出让筹集大量政府性基金收入,而其他国家则并非如此。

未来,预计中国将征收更多的个人所得税,并引入个人财产税、遗产税和赠与税,减少企业所得税。一些税制改革倾向于增加政府收入,而另外一些则倾向于减少政府收入,但基本不会改变总税收收入相对于 GDP 的比重。随着土地出让金下降,政府性基金收入将减少。随着城市化的推进,将有越来越多的人加入社会养老保险和医疗保险制度;另外,社会保险体系的完善要求提高缴费率;这些因素会导致社会保险基金收入的增加。政府提高国有企业的利润上缴率会增加国有资本经营收入,但由于国有企业的利润可能会因民营企业和外资企业的竞争而有所下降,国有资本经营收入可能不会急剧增加。因此,未来中国政府财政总收入相对于 GDP 的比重可能保持在现有水平上。

# 第 3 章
# 增值税、消费税及其他商品税

## 3.1 引　言

为获得财政收入，中国建立了一套有效的税收制度。与许多发展中国家一样，中国的税收在很大程度上依赖于商品和服务税。增值税是其中最重要的税种，向所有商品和服务征收，其收入远超其他单一税种的收入。消费税也是中国征收的主要税，它是向部分特殊消费品在增值税的基础上另行征收的一种税。中国还有其他商品税。理解消费型税收是理解现行中国税制的关键。

1954 年，法国率先引入增值税，到 2020 年，该税种已被超过 170 个国家（包括欧盟的所有成员国）采用。增值税即对生产的增值额（销售金额与材料采购等成本之间的差额）征税。根据计算税基时对投资和折旧的处理方式的不同，增值税分为三种基本类型：生产型增值税、收入型增值税和消费型增值税。生产型增值税的特征是在征收时，税基（增加值）中不允许扣除投资和折旧，即税基等于 GDP。所以，生产型增值税相当于对消费品和投资品均征收销售税。收入型增值税的特征是在征收时，税基中扣除了资本折旧，等于国内生产净值。收入型增值税近似于对国民收入征税。消费型增值税的特征是在征收时，税基中允许减去投资。所以，消费型增值税相当于对消费品征收销售税（Musgrave and Musgrave，1989）。

大多数已建立了增值税制的国家采用的都是消费型增值税。增值税的税率在世界范围内有很大的差异，较高的如匈牙利，其增值税税率为 27%，挪威为 25%，芬兰为 24%，意大利为 22%，法国和英国为 20%，德国为 19%，俄罗斯为 18%（USCIB，2020）。通常情况下，特定的商品和服务可享受降税或免税。

在许多国家，增值税收入占政府财政收入的很大比重。2021年商品和服务税（包括增值税）占总税收的比重在美国为16.6%，英国为30.6%，法国为27.1%，德国为26.6%，希腊为39.2%，匈牙利为47.2%，智利为53.1%（OECD，2023）。

中国政府于1984年引进了增值税制度，并在1994年进行了重大改革。2009年之前，中国的增值税属于生产型，之后转为消费型，即从税基里扣除了投资。增值税在过去的许多年中都是中国第一大税种，营业税是中国的第二大税种。2016年，中国用增值税取代了营业税，增值税收入进一步增加。1994年中国开始征收消费税，它类似于美国对烟、酒、汽油等特殊产品征收的销售税。此外，还有几项与增值税和消费税相关的附加税，包括城市维护建设税以及教育费附加。其他一些税种也是针对商品征收的，如关税、资源税和环境税。通过一系列的税制改革，中国建立起了以消费型税收为主导的税收制度。

许多文献都对消费型税收的优点和不足进行了讨论。一般而言，由于税基中扣除了投资，人们普遍认为消费型税收相比于其他税更有利于投资和经济增长（Fullerton，Shoven and Whalley，1983；Seidman，1984，1989；Hall and Rabushka，1996）。而增值税作为最重要的消费型税收则具有更多优势。第一，增值税可以实现自我监督，避免逃税现象的产生（Tait，1972；Burgess and Stern，1993；Agha and Haughton，1996）；第二，由于增值税通常是从生产者而不是消费者那里征收的，所以增值税的征收成本较低，并且社会大众的"税痛感"不强；第三，增值税的税基大且稳定，只要有增值额就有税收，有利于保证充足的税收收入。但是，增值税也有缺点。首先，由于穷人富人买同样的商品，缴纳同样的税，相对于收入，穷人的税率就高于富人，所以，增值税是累退的。其次，由于税收收入充裕，政府也有动机去加大不必要的开支，造成浪费。在美国，经济学家早就建议政府引入增值税（Smith，1970；Metcalf，1996；Ebrill et al.，2002），但出于对税收累退性的担忧，最终该建议未被采纳（Surrey，1970；Musgrave，1972）。

在中国，关于增值税的研究主要集中在增值税改革和增值税出口退税对经济的影响上。Lin（2008）在一个世代交叠模型中研究了中国从增值税税基里扣除投资的税制改革对资本积累和福利产生的影响。Li and Whalley（2012）提供的模拟结果表明，通过将当前进口增值税的目的地原则转变为原产地原则，中国可以达到减少贸易顺差与提高整个世界福利水平的效果。Chandra and Long（2013）则利用公司层面的数据展示了中国的增值税退税对出口绩效的影响。而中国其他的消费型税收尚没有受到太多关注。

本章对中国以消费为基础的税种，包括增值税、消费税及其他商品和服务税，进行全面分析。主要探讨的问题包括中国的消费型税收制度是如何发展的，中国有哪些主要的消费型税种，中国消费型税收的规模有多大，以消费税为主导的税收体系的优点和缺点，以及如何解决消费型税收固有的问题。第 3.2 节讨论增值税和消费税，以及增值税和消费税的两种附加税，即教育费附加和城市维护建设税。第 3.3 节讨论对其他商品征税，包括关税、资源税、车辆购置税和环境税。第 3.4 节对消费型税收的总规模进行测算，探讨消费型税制的利弊，并提出解决消费型税制存在的问题的建议。第 3.5 节进行总结。

## 3.2 增值税和消费税

很长一段时间内，中国企业面对的最主要的税收为流转税。在流转税下，销售产品（包括中间品和资本品）的总收入都被课税。流转税在包括苏联在内的许多社会主义国家被广泛使用。1984 年中国引进增值税，并在 1994 年大幅扩大增值税的征收范围，使增值税成为规模最大的税种。2016 年，政府实行营改增，用增值税取代了营业税，使增值税在税收收入中更为重要。此外，中国在 1994 年还引入了对特定商品的消费税，这也是一项在税收收入中举足轻重的税种。中国在增值税、营业税和消费税收入的基础上，还收取城市维护建设税和教育费附加。这些税的收入加起来超过总税收的 50%，因此中国的税收制度是以消费型税收为主导的。

### 3.2.1 增值税改革

1979 年，中国开始在机械、农业机械和设备行业进行增值税试点，这些行业中多重征税的问题十分严重。1983 年，该试点扩展到五个行业，包括机械、农业机械和设备、缝纫机、电风扇和自行车行业。1984 年，国务院正式宣布自 1984 年 10 月 1 日起征收增值税（国务院，1984）。此后，增值税成为中国的一个独立税种。

1993 年国务院大幅扩大增值税的征收范围（国务院，1993b）。根据新的税收法规，在中国境内销售货物或者提供加工、修理修配劳务以及进口货物的单位和个人，为增值税的纳税人。征收增值税通常使用凭增值税专用发票抵扣税款的方法，即对每个企业的总销售额征税，但企业可以将向供应商购买原料时已经支付的税款作为对此税收的抵免。为避免逃税现象的产生，企业需使用增值税专用发票。

根据当时的规定，大多数产品的增值税税率为 17%。农产品和一些日用品（如食用谷物和食用植物油）的税率为 13%，该税率也适用于自来水和生活性能源，包括暖气、冷气、热水、煤气、石油液化气、天然气、沼气、居民用煤炭制品；还适用于图书、报纸、杂志，以及农业投入，包括饲料、化肥、农药、农机和农膜。而小规模纳税人的税率则定为 3%。该税率主要针对以下纳税人：从事货物生产或者提供应税劳务的纳税人;以从事货物生产或者提供应税劳务为主,并兼营货物批发或者零售,但增值税应税销售价值不到100万元的纳税人;从事批发、商品零售,但增值税应税销售额在180万元以下的纳税人。

以下项目免征增值税:农业生产者销售的自产农业产品;避孕药品和用具;古旧图书;直接用于科学研究、科学试验和教学的进口仪器、设备;外国政府、国际组织无偿援助的进口物资和设备;来料加工、来件装配和补偿贸易所需进口的设备;由残疾人的组织直接进口供残疾人专用的物品;销售的自己使用过的商品。除此之外,其他增值税的免税、减税项目由国务院另行规定。

从2009年1月1日起,全国范围内实行增值税转型,对增值税纳税人新购进设备所含的进项税款实行抵扣,即从增值税税基中扣除设备投资。

2017年5月3日,财政部和国家税务总局联合宣布,从7月1日起,增值税税率减少为3档,17%、11%和6%(财政部、国家税务总局,2017)。农产品、天然气、食用油、书籍、报纸、电子出版物等的税率从13%降低到11%。这项税制改革主要是为了减少对某些产品的征税并简化税收制度。从2018年5月1日起,制造业等行业的增值税税率从17%下调至16%,交通运输、建筑、基础电信服务等行业及农产品等货物的增值税税率从11%下调至10%。[①] 鉴于经济增速的下降,中国政府继续降低增值税税率。从2019年4月1日起,制造业的最高税率从16%下调至13%,交通、建筑、电信等行业的最高税率从10%下调至9%。[②] 新税率如表3.1所示。

表3.1 2019年部分增值税征收率和税率

| | 简易计税 | 征收率 |
| --- | --- | --- |
| 小规模纳税人以及允许适用简易计税方式计税的一般纳税人 | 小规模纳税人销售货物或者加工、修理修配劳务,销售应税服务、无形资产;一般纳税人发生按规定适用或者可以选择适用简易计税方法计税的特定应税行为,但适用5%征收率的除外 | 3% |
| | 销售不动产;符合条件的经营租赁不动产(土地使用权);转让营改增前取得的土地使用权;房地产开发企业销售、出租自行开发的房地产老项目;符合条件的不动产融资租赁;选择差额纳税的劳务派遣、安全保护服务;一般纳税人提供人力资源外包服务 | 5% |
| | 个人出租住房,按照5%的征收率减按1.5%计算应纳税额 | 5%减按1.5% |
| | 纳税人销售旧货;小规模纳税人以及符合规定情形的一般纳税人销售自己使用过的固定资产,可依3%征收率减按2%征收增值税 | 3%减按2% |

---

① 财政部、国家税务总局(2018)。
② 财政部、国家税务总局和海关总署(2019)。

（续表）

| 　 | 增值税项目 | 税率 |
|---|---|---|
| 一般纳税人 | 销售或进口货物（另有列举的货物除外）；销售劳务 | 13% |
| 　 | 销售或进口：<br>1. 粮食等农产品、食用植物油、食用盐；<br>2. 自来水、暖气、冷气、热水、煤气、石油液化气、天然气、二甲醚、沼气、居民用煤炭制品；<br>3. 图书、报纸、杂志、音像制品、电子出版物；<br>4. 饲料、化肥、农药、农机、农膜；<br>5. 国务院规定的其他货物 | 9% |
| 　 | 出口货物、服务、无形资产 | 0% |

资料来源：国家税务总局（2019b）。

注：简易计税方法，指按应税销售额计算增值税的方法；征收率，指在简易计税方法下所采用的增值税征收比率。

出口商品免征增值税。出口企业以增值税退税作为出口奖励，退税率从前为 0 到 17% 不等，现在为 0 到 13% 不等。[①] 应征收 13% 增值税的出口货物，出口退税率为 13%、10%、9%、6%、0；应征收 9% 增值税的出口货物，出口退税率为 9%、6%、0。

而进口货物则应缴纳增值税。进口环节的增值税等于税率乘以计税价格。计税价格等于完税价格、关税和消费税的总和。完税价格是海关规定的对进出口货物计征关税时使用的价格，也可称为应课关税的价格。

### 3.2.2 营改增

营业税是对在中国境内提供应税劳务、转让无形资产或销售不动产的单位和个人，就其所取得的营业额征收的一种税。简单来说，就是对服务业征的税。

营业税在中国有着悠久的历史。营业税的征收最早可追溯到周朝。在汉武帝时期，对店主、商人和手工业者的商品征收营业税，称为"缗钱"。在唐朝，政府征收类似营业税的"牙税"，对作为中间代理人的个人征收。到清朝，牙税已成为地方政府的重要收入。

清朝的另一项营业税，即厘金，创建于 1853 年。当时为了筹集平叛军费，江苏省扬州一带的米商被追缴纳厘金。厘金存在严重的多重征税问题。例如，在建筑行业，房屋在建成之前可能会被多次征收厘金。1931 年 1 月 1 日，国民政府引入了营业税取代厘金。

---

① 财政部、国家税务总局和海关总署（2019）。

由于仅在产品或服务完成时才征收营业税，营业税避免了多重征税的问题。例如，房屋在出售之前不必支付营业税。1941年，政府将牙税纳入营业税。

中华人民共和国成立后，营业税被保留下来。1993年中国进行了营业税改革。根据1993年国务院通过的《中华人民共和国营业税暂行条例》，从事提供服务、转让无形资产或出售不动产的单位和个人应当缴纳营业税，税率从3%到20%不等。对于大多数服务行业，营业税税率为5%。交通运输业、建筑业、邮电通信业和文化体育业的税率为3%，金融保险业、无形资产转让和不动产销售的税率为5%，娱乐业的税率为5%~20%。而托儿所、幼儿园、养老院、残疾人福利机构提供的育养服务、残疾人员个人提供的劳务、医疗服务、教育服务、农业服务和文化服务等免缴营业税。

营业税既有优点也有缺点。其优点是税率低、税基大、征税成本低、能产生大量的收入。只要可以计算商品或服务的交易总额，就可以通过乘以税率来计算出应纳税额。甚至还有更简单的计算方法，即大致估计营业额后再乘以税率，或根据规定的固定金额直接征税。这些做法十分简单方便。在20世纪50年代增值税出现之前，营业税在欧洲国家就已经发展了很长时间。

但营业税仍有缺点。一是重复征税依然存在。只要有交易，就会被征税。交易越多，重复征税就越多。举一个简单的例子，假设甲以100万元向乙出售房屋，其中已包含各种税费。在征收营业税时税款不会被扣除，营业税为5万元（占100万元的5%）。如果乙以110万元的价格将房子卖给丙，则已经缴纳的营业税5万元也不予扣除，新征收的营业税为5.5万元（占110万的5%）。如果这种交易重复多次，营业税就会被反复收取。最终，经过多次周转，营业税可能会超过房子本身的价值。

二是，在营业税制度下，逃税现象难以避免。例如，向餐馆出售蔬菜和肉类的销售者经常低报他们的销售额以逃避营业税。但是，在增值税制度下，餐馆需要供应商提供发票以便抵扣税款，因此避免了蔬菜和肉类等原材料供应商逃税。

三是，在营业税制度下，为了减少重复征税，一些企业会与中间产品供应商垂直合并来降低交易成本。例如，企业可能拥有自己的律师（由于营业税的存在，如果购买律师事务所律师的服务，企业花费会更高）。但企业这种做法不利于专业化的发展，而专业化可以提高劳动生产率。

最终，中央政府决定用增值税代替营业税。通过从税基中扣除在生产初期支付的增值税，产业部门的专业化得以进一步增强。例如，增值税鼓励企业将研发、设计、营销和其他内部服务与主营业务分离，经营活动因此变得更加集中和专业。

2016年5月1日，增值税在全国所有服务行业中广泛实行。标准税率定为

6%，对交通运输服务、邮政服务、基础通信服务、建筑服务、不动产租赁服务、不动产销售、土地使用权转让等征收的税率为11%，有形动产租赁的税率为17%。对从事政府规定的跨境服务的公司或个人征收的税率为0。针对小规模纳税人和一般纳税人采用简易计税方法按3%征收。[①]

那么，营改增如何影响企业税负呢？企业缴纳的税额取决于税率和税基，即产品或服务的应税价值。一方面，改革后税基变小。因为增值税只对增加值征税，而不是像营业税那样对总销售额征税，总销售额大于增值额。另一方面，税率从5%提高到6%、11%甚至17%。对一些企业来说，在税制改革初期，税负会减少，但往后税负可能会增加。原因在于，在初期，企业会购置更多的设备，因为这些投资可以从增值税税基中扣除，所以即使面临着更高的税率，其税收负担仍然有所下降。然而，在之后的生产过程中不会有太多的投资可以扣除，企业缴纳的增值税还可能会随着税率的提高而增加。此外，对于投入人力资本较多的行业，如广播电视业和研发行业，就只有少量投资可以从税基中扣除，税改后其税负可能会增加。

营改增也给地方政府带来了税收下降的问题。之前征收的营业税属于地方税，2015年，营业税收入达到了地方政府一般公共预算收入的近15%。然而，随着营业税被增值税取代，地方政府失去了最大的收入来源。因此，中央和地方之间的增值税分配就变得至关重要。目前，地方政府与中央政府平分增值税收入，即中央和地方政府各得50%的增值税收入。而在营改增前的2015年，地方政府增值税和营业税收入占增值税和营业税收入总额的58%，中央政府仅占42%。因此，税制改革后，地方政府增值税和营业税在总收入中的比重明显下降。第11章将详细论述中央与地方的财政关系。

2019年，政府大幅降低了增值税以刺激经济，以前缴纳营业税的交通运输业、邮电通信业、建筑业、广播影视业和销售不动产的增值税税率降至9%。有形资产和动产的租赁及金融服务的增值税税率降至13%。[②]

## 3.2.3 消费税

消费税仅面向特定消费品，是在增值税的基础上对这些特定消费品征收的额外税。所有企业、行政单位、事业单位、军事单位、社会团体等单位，以及个体经营者和其他个人如果购买应税商品，都必须缴纳相应的消费税。

---

① 财政部、国家税务总局（2016a）。
② 财政部、国家税务总局和海关总署（2019）。

消费税的应纳税额可以基于货物价值从价计征，也可以基于货物数量从量计征。从价税的应纳税额是销售额乘以税率。从量税的应纳税额是销售量乘以单位税率。按货物价值计算的从价税税率大致在 3% 到 45% 之间。而以货物数量为计税标准的从量税税率差别则很大。例如，无铅汽油的税率是 1.52 元/升，而甲类啤酒的税率则是 250 元/吨。

如果应税消费品以外币出售，则应纳税额应按照外汇市场的汇率转换为人民币。自产自用应税消费品也需缴纳消费税。

中国的消费税与美国的特殊商品销售税（excise tax）类似。在美国，联邦政府、州政府和地方政府都收取特殊商品销售税。联邦政府和州政府征收的应税商品主要是酒精、烟草、轮胎、汽油、柴油、煤炭、枪支、电话服务、航空运输以及其他商品和服务。州政府也对一些商品征收特殊商品销售税。例如，截至 2021 年 3 月 31 日，联邦政府对卷烟征收的税率为每盒 1.01 美元，纽约州对卷烟征收的税率为每盒 4.35 美元，密苏里州为每盒 0.17 美元。

1994 年，中国对烟草、酒及酒精、化妆品、护肤护发品、鞭炮、焰火、贵重首饰、汽油、柴油、汽车轮胎、摩托车和小汽车等 11 项商品征收消费税。2006 年 3 月 20 日，政府决定调整消费税，增加高尔夫球及球具、高档手表、游艇、木制一次性筷子等商品，主要的征收对象是生产商和进口商。

2018 年政府调整了消费税税率（见表 3.2），一些产品的税率有所提高。例如，甲类卷烟在 1994 年税率为 45%，2018 年调整为 56%，每支加 0.003 元；汽油的税率由 1994 年的 0.2 元/升提高到 2018 年的 1.52 元/升。另一些产品的税率有所下降或取消。例如，汽车轮胎的税率从 1994 年的 10% 降到 2018 年的 3%；1994 年税率为 17% 的护肤和护发产品于 2018 年取消了征收消费税。此外，原有的一些征税项目被划分为更多种类，如成品油。随着经济的发展，更多的产品有望免征消费税，例如一些化妆品。同时，部分高耗能、高污染产品可能被征收消费税。

表 3.2　2018—2024 年消费税税率

| 税目 | 税率 |
| --- | --- |
| 一、烟 | |
| 1. 卷烟 | |
| 甲类卷烟 | 56% + 0.003 元/支（生产环节）；11% + 0.005 元/支（批发环节） |
| 乙类卷烟 | 36% + 0.003 元/支（生产环节）；11% + 0.005 元/支（批发环节） |
| 2. 雪茄烟 | 36% |

(续表)

| 税目 | 税率 |
| --- | --- |
| 3. 烟丝 | 30% |
| 二、酒与酒精 | |
| 　1. 白酒 | 20% + 0.5 元/500 克 |
| 　2. 黄酒 | 240 元/吨 |
| 　3. 啤酒 | |
| 　　甲类啤酒 | 250 元/吨 |
| 　　乙类啤酒 | 220 元/吨 |
| 　4. 其他酒 | 10% |
| 　5. 酒精 | 5% |
| 三、高档化妆品 | 15% |
| 四、贵重首饰及珠宝玉石 | |
| 　1. 金银首饰、铂金首饰和钻石及钻石饰品 | 5% |
| 　2. 其他贵重首饰和珠宝玉石 | 10% |
| 五、鞭炮、焰火 | 15% |
| 六、成品油 | |
| 　1. 汽油 | |
| 　　（1）含铅汽油 | 1.52 元/升 |
| 　　（2）无铅汽油 | 1.52 元/升 |
| 　2. 柴油 | 1.20 元/升 |
| 　3. 航空煤油 | 1.20 元/升 |
| 　4. 石脑油 | 1.52 元/升 |
| 　5. 溶剂油 | 1.52 元/升 |
| 　6. 润滑油 | 1.52 元/升 |
| 　7. 燃料油 | 1.20 元/升 |
| 七、汽车轮胎 | 3% |
| 八、摩托车 | 3% ~10% |
| 九、小汽车 | |
| 　1. 乘用车 | 1% ~40% |
| 　2. 中轻型商用客车 | 5% |
| 十、高尔夫球及球具 | 10% |
| 十一、高档手表 | 20% |

(续表)

| 税目 | 税率 |
| --- | --- |
| 十二、游艇 | 10% |
| 十三、木制一次性筷子 | 5% |
| 十四、实木地板 | 5% |
| 十五、铅蓄电池 | 4% |
| 十六、涂料 | 4% |

资料来源：国家税务总局（2018a）。

## 3.2.4　增值税、营业税和消费税的附加税

在增值税、营业税和消费税的基础上，政府还另外征收教育费附加和城市维护建设税两项附加税费。

1985年2月8日，国务院公布了《中华人民共和国城市维护建设税暂行条例》，开征城市维护建设税（国务院，1985a）。2011年国务院对暂行条例进行了修订。根据修订后的暂行条例，该税种建立在增值税、营业税和消费税的税收基础之上，即缴纳上述三税的纳税人必须缴纳城市维护建设税。纳税人所在地在市区的，税率为7%；纳税人所在地在县城、镇的，税率为5%；纳税人不在上述任何一个地区的，税率为1%。对一个城市而言，城市维护建设税的总收入是增值税、营业税和消费税收入之和乘以相应的税率。举个增值税的例子，如果增加值为10 000元，增值税率为13%，那么对于一个处于城市的纳税人而言，其应缴纳的城市维护建设税的总税额将为10 000元×13%×7% = 10 000元×0.91%。因此，对于缴纳增值税的人来说，城市维护建设税相当于0.91%的额外增值税。据规定，对进口产品征收的增值税和消费税免征城市维护建设税。2016年，我国实行了营改增，取消了营业税。2020年8月，全国人民代表大会常务委员会通过《中华人民共和国城市维护建设税法》，规定缴纳增值税和消费税的单位和个人是城市维护建设税的纳税人，税率未变。

城市维护建设税应该用于城市的公用事业和公共设施的维护建设。城市维护建设税的大部分收入归地方政府所有，只有小部分由中央和地方政府共享。铁道部门、各大银行（中国人民银行、中国工商银行、中国农业银行、中国银行、中国建设银行）的总行、大型保险公司缴纳的城市维护建设税款归属中央政府。

1986年4月，国务院宣布从1986年8月1日起征收基于增值税、营业税和产品税的教育费附加（国务院，1986）。缴纳上述三种税的纳税人必须缴纳教育费附加。根据1986年的规定，教育费附加的税率为1%，1990年增加到2%，

2005年通过国务院对原规则的逐步修订增加到3%，税基变为增值税、营业税和消费税。这意味着，教育费附加的总税额是增值税、营业税和消费税收入之和的3%。例如，如果增加值为10 000元，增值税税率为13%，那么教育费附加总额将为10 000元×13%×3% = 10 000元×0.39%。显然，教育费附加相当于0.39%的额外增值税。大多数教育费附加由地方政府收取，但大型银行和保险公司的教育费附加由中央政府收取，这一点和城市维护建设税相同。

## 3.3　其他商品税

此外，政府还征收其他的商品和服务税，如关税、车辆购置税、环境税和资源税。2018年1月起，中国开始征收环境税。近些年来，关税收入占税收总收入的比重一直在下降，而车辆购置税和资源税收入占税收总收入的比重则逐渐提高。

### 3.3.1　关税

根据《中华人民共和国海关法》，中华人民共和国准许进出口的货物、进境物品，除国务院另有规定外，一律征收关税。进口货物的收货人、出口货物的发货人和进境物品的所有人，是关税的纳税义务人。

进口关税设置最惠国税率、协定税率（由贸易协定确定）、特惠税率、普通税率、关税配额税率、暂定税率等。原产于适用最惠国待遇条款的世界贸易组织（WTO）成员的进口货物，原产于与中华人民共和国签订含有相互给予最惠国待遇条款的双边贸易协定的国家或者地区的进口货物，以及原产于中国香港、中国台湾、中国澳门的进口货物，适用最惠国税率。

而协定关税则是由中国和一个或多个国家共同制定的。所涵盖的货物通常仅限于某一类，而不是全部进口货物。

特惠税率是给予一个或多个国家的低税率。不适用最惠国税率、协定税率、特惠税率的所有进口商品，适用普通税率。

关税配额税率只适用于一定数量的货物，而高于配额的货物则适用更高的税率。

对某些进口货物，在一定期限内可以实行暂定税率。对部分进口货物可以在特定时期内征收临时税率。例如，在近年的中美贸易争端中，中国政府从2018年7月6日起将从美国进口的大豆关税提高25%，而后自2019年9月13日起取消了增加的关税。

出口关税适用于一些稀有自然资源及其制成的产品。自2019年1月1日起，中国对化肥、磷灰石、铁矿砂、矿渣等九十多项商品不再征收出口关税。而在美国，征收出口关税与宪法相违背，所以，美国不征收出口关税。

进出口税可以通过从价征收、从量征收或者政府规定的其他方式征收。从价计征的计算公式为：应纳税额＝完税价格×关税税率。从量计征的计算公式为：应纳税额＝货物数量×单位税额。根据《中华人民共和国海关法》，纳税义务人应当自海关填发完税表之日起15日内到指定银行缴纳税款。逾期不缴的，自欠缴税款之日起，按日缴纳欠缴税款金额0.05%的滞纳金。关税和滞纳金以人民币计算征收。进出口货物的成交价格和有关费用以外币计算的，应当按照中国人民银行公布的汇率，将成交价格和有关费用折合成人民币计算完税价格。

为了促进对外贸易和对外经贸关系，中国在过去三十年中大幅降低了许多进口商品（包括汽车和电子产品）的关税。2001年年底，中国加入WTO，开始享受WTO成员最惠国关税税率。与此同时，中国大幅降低了许多产品的关税税率。

表3.3显示了1985年至2018年汽车和其他车辆关税税率的变化。1985年，小汽车、吉普车、工具车和其他机动小客车的关税税率为120%。从1992年4月1日起，发动机排量在2 000毫升及以下的小汽车和其他机动小客车（30座及以下）的关税税率提高到180%，发动机排量在2 000毫升以上的小汽车（包括越野车和9座以下的旅行小客车等）的关税税率提高到220%。2006年起，小轿车、越野车、小客车整车的最惠国关税税率由28%降到25%。2018年7月1日起，135款整车25%的关税税率、4款整车20%的关税税率降至15%。

表3.3　汽车和其他车辆的关税税率

| 时间 | 税率变化 |
| --- | --- |
| 1985年起 | 小汽车、吉普车、工具车和其他机动小客车的关税税率为120%，摩托车、机器脚踏两用车及装有辅助马达的脚踏车为120%，载重量在8吨（不含8吨）以下的货车为50% |
| 1992年4月1日起 | 发动机排量在2 000毫升以上的小汽车（包括越野车和9座以下的旅行小客车等）关税税率由120%调高到220%，发动机排量在2 000毫升及以下的小汽车和其他机动小客车（30座及以下）由120%调到180% |
| 1994年1月1日起 | 适当降低小汽车进口关税税率。排气量3升及其以下的汽油机小汽车和排气量2.5升及其以下的柴油机小汽车的进口关税税率，由180%降至110%；排气量3升以上的汽油机小汽车和排气量2.5升以上的柴油机小汽车的进口关税税率，由220%降至150%。其中小汽车系指：小轿车、旅行小客车、越野吉普车、面包车、工具车 |

(续表)

| 时间 | 税率变化 |
| --- | --- |
| 2006年起 | 按照我国加入WTO的承诺，降低排气量在1 000毫升及以下的小轿车等42个税目的最惠国税率。其中，31个税目为小轿车、越野车、小客车整车，税率由28%降至25%；11个税目为车身、底盘、中低排量汽油发动机等汽车零部件，税率由13.8%~16.4%降至10% |
| 2018年7月1日起 | 降低整车及零部件进口关税。135个25%税目、4个20%税目的税率减为15%，79个8%、10%、15%、20%、25%税目的税率减为6% |

资料来源：国务院（1985b）；海关总署（1992）；国务院（1993c）；国务院关税税则委员会（2006，2018）。

多年来，中国关税收入占税收总额的比重一直在下降。2000年关税收入占税收总额的5.96%，2010年占2.77%，2015年占2.05%，2020年占1.66%，2023年占1.43%。因此，关税并不是中国政府财政收入的关键部分。在美国，2022年关税收入占总税收的3.3%。然而，一些发展中国家仍然严重依赖关税。例如，2022年，菲律宾关税收入占总税收的26.78%；2021年，纳米比亚占28.68%，尼泊尔占22.1%，斯里兰卡占27.01%。[①]

### 3.3.2 车辆购置税

在中国，以购买、进口、受赠、获奖等形式取得应税车辆的政府行政部门和事业机关、企业、个人都应当缴纳车辆购置税。车辆购置税的征收范围包括汽车、摩托车、电车、挂车和农用运输车。国务院（2000）规定车辆购置税税率为10%，税基为车辆价格。纳税人进口自用的应税车辆的税基等于关税完税价格加上关税和消费税。

多年来，税收法规不断被修订。2018年12月29日，全国人民代表大会常务委员会通过《中华人民共和国车辆购置税法》。该法规定，车辆购置税税率仍维持10%不变。该法旨在通过令车辆购置税从暂行条例向法律转变，增强征管力度。

从2018年开始，新能源汽车（如纯电动汽车、插电式混合动力汽车、燃料电池汽车）免征车辆购置税。符合条件的外国进口汽车也免征车辆购置税。

在中国，车辆购置税逐渐变为重要税种之一。车辆购置税收入占税收总额的比重在2001年为1.74%，2005年达2.03%，2020年达到2.29%，2023年为1.48%，超过了关税占税收总额的比重（见图3.1）。车辆购置税近年下降的原

---

① World Bank（2024a）。

因是国家对新能源汽车的车辆购置税的减免。

### 3.3.3 环境税

中国第一部环境保护税法《中华人民共和国环境保护税法》(以下简称《环境保护税法》)于2016年12月25日通过,并于2018年1月1日生效。该法律旨在保护和改善环境、减少污染物排放和推进生态文明建设。应税污染物包含大气污染物、水污染物、固体废物和噪声。

表3.4显示了环境税的计税单位和税率。应税污染物的计税依据按照下列方法确定:应税大气污染物按照污染物排放量折合的污染当量数确定;应税水污染物按照污染物排放量折合的污染当量数确定;应税固体废物按照固体废物的排放量确定;应税噪声按照超过国家规定标准的分贝数确定。

表3.4 环境税

| 应税项目 | | 计税单位 | 税率 |
| --- | --- | --- | --- |
| 大气污染物 | | 每污染当量 | 1.2~12元 |
| 水污染物 | | 每污染当量 | 1.4~14元 |
| 固体废物 | 煤矸石 | 每吨 | 5元 |
| | 尾矿 | 每吨 | 15元 |
| | 危险废物 | 每吨 | 1 000元 |
| | 冶炼渣、煤灰、煤渣和其他固体废物(包括半固体和液体废物) | 每吨 | 25元 |
| 噪声 | 工业噪声 | 比标准高1~15分贝 | 每月350~5 600元 |
| | | 比标准高16分贝以上 | 每月11 200元 |

资料来源:全国人民代表大会常务委员会(2016)。

环境保护税按月计算,按季申报缴纳。地方政府在调整税率方面有一定的自由度。应税大气污染物和水污染物的具体适用税额的确定和调整,由省、自治区、直辖市人民政府统筹考虑本地区环境承载能力、污染物排放现状和经济社会生态发展目标要求,在《环境保护税法》所附《环境保护税税目税额表》规定的税额幅度内提出,报同级人民代表大会常务委员会决定,并报全国人民代表大会常务委员会和国务院备案。

2018年1月,《环境保护税法》开始施行。标准税率确保税收收入与之前收环境保护费时的收入一致,以避免税费改革后企业业务运营成本突然增加。预期未来逃税和避税的现象会有所减少。

### 3.3.4 资源税

中国的资源税暂行条例于 1993 年发布，并于 2011 年修订。该条例将原油、天然气、煤炭、其他非金属矿原矿、黑色金属矿原矿、有色金属矿原矿和盐类列为七类应税自然资源。大多数资源税税额通过将税率乘以销售数量来计算。税率根据应税自然资源的稀缺程度、等级和位置而变化。基于数量的征税无法应对资源市场价格的波动。例如，多年来，资源价格急剧上涨，但产量增加较慢，所以依据产量的资源税收入增长不大。此外，自然资源不包括一些重要资源，如水、森林和牧场。

2016 年 5 月 9 日，财政部和国家税务总局宣布全面推进资源税改革，促进资源节约集约利用，加快生态文明建设。[①] 改革于 2016 年 7 月 1 日起实施。开采应税自然资源的企业有义务缴纳资源税。同时，财政部、国家税务总局（2016b，2016c）另发布了两项关于资源税改革目的、原则、内容和指导方针的具体规定。

主要改革内容如下：①由从量计征（税基为产品数量）改为从价计征（税基为产品价值）。②在财政部和国家税务总局的最终批准下，授予省政府确定适用的地方税率的权力。③全面实施清费立税，取消矿产资源补偿附加费和价格调节基金，取缔两项当前地方征收的资源税附加费，以及其他地方政府收费项目。④在河北省开展水资源税试点工作。河北省可根据地表水和地下水水量的消耗程度征收资源税。实施累进税率以惩罚水资源过量使用。2017 年起，对于一个五人以下的家庭，如果用水量小于或等于 180 立方米，价格为每立方米 2.07 元；如果用水量在 180～260 立方米，价格为每立方米 4.07 元；如果用水量高于 260 立方米，价格为每立方米 6.07 元。同时，水资源费为每立方米 1.57 元，水管费为每立方米 1.36 元。

2019 年 8 月 26 日《中华人民共和国资源税法》颁布，并于 2020 年 9 月 1 日起施行。该法取代 1993 年发布的资源税暂行条例，规范了税目，确定了税率，调整了税率的确定权限，制定了税收减免原则。

表 3.5 显示了特定应税资源的税率。资源分为能源矿产、金属矿产、非金属矿产、水气矿产、盐五大类。最高税率是 20%，这是对稀土征收的。目前，中国拥有全球最大的稀土加工能力，可以将稀土加工成可供制造商使用的材料。图 3.1 显示了 1994 年至 2023 年中国关税、车辆购置税和资源税收入占总税收收入的比重。关税收入占税收总额的比重从 1994 年的 5.32%、2000 年的 5.96% 下降

---

① 财政部、国家税务总局（2016c）。

到 2010 年的 2.77%、2020 年的 1.66%、2023 年的 1.43%。资源税收入占税收总额的比重在 1994—2004 年有所下降，但自 2005 年以来呈上升趋势，2023 年为 1.70%。随着汽车销售量的变化，2001 年车辆购置税收入占总税收的比重为 1.74%，2020 年上升为 2.29%，2023 年为 1.48%。环境税于 2018 年开征，2018 年环境税收入为 151.38 亿元，2019 年增加到 221.16 亿元，2022 年为 211.22 亿元，2023 年为 205.05 亿元（国家统计局，2019，2020，2023，2024）。

表 3.5　应税资源的税率

| 税目 | 税率 | 征税对象 |
| --- | --- | --- |
| 能源矿产 | | |
| 原油 | 6% | 原矿 |
| 天然气、页岩气、天然气水合物 | 6% | 原矿 |
| 煤 | 2%～10% | 原矿或者选矿 |
| 煤成（层）气 | 1%～2% | 原矿 |
| 铀、钍 | 4% | 原矿 |
| 油页油砂、天然沥青、石煤 | 1%～4% | 原矿或者选矿 |
| 地热 | 1%～20% 或者每立方米 1～30 元 | 原矿 |
| 金属矿产 | | |
| 黑色金属 | 1%～9% | 原矿或者选矿 |
| 铜、铅、锌、锡、镍、锑、镁、钴、铋、汞 | 2%～10% | 原矿或者选矿 |
| 铝土矿 | 2%～9% | 原矿或者选矿 |
| 钨 | 6.5% | 选矿 |
| 钼 | 8% | 原矿 |
| 铂、钯、钌、锇、铱、铑 | 5%～10% | 原矿或者选矿 |
| 轻稀土 | 7%～12% | 原矿或者选矿 |
| 中重稀土 | 20% | 选矿 |
| 锂、锆、锶、铌、钽、铟、铈、镉、硒、碲 | 2%～10% | 原矿或者选矿 |
| 非金属矿产 | | |
| 高岭土 | 1%～6% | 原矿或者选矿 |
| 石灰岩 | 1%～6% 或者每吨（或者每立方米）1～10 元 | 原矿或者选矿 |
| 磷 | 3%～8% | 原矿或者选矿 |
| 萤石、硫铁矿、自然硫 | 1%～8% | 原矿或者选矿 |
| 宝玉石类 | 4%～20% | 原矿或者选矿 |

（续表）

| 税目 | 税率 | 征税对象 |
|---|---|---|
| 水气矿产 | | |
| 二氧化碳气、硫化氢气、氦气、氡气 | 2%～5% | 原矿 |
| 矿泉水 | 1%～20%或者每立方米1～30元 | 原矿 |
| 盐 | | |
| 钠盐、钾盐、镁盐、锂盐 | 3%～5% | 选矿 |
| 天然卤水 | 2%～5%或者每吨（或者每立方米）1～10元 | 原矿 |
| 海盐 | 2%～5% | |

资料来源：国家税务总局（2019a）。

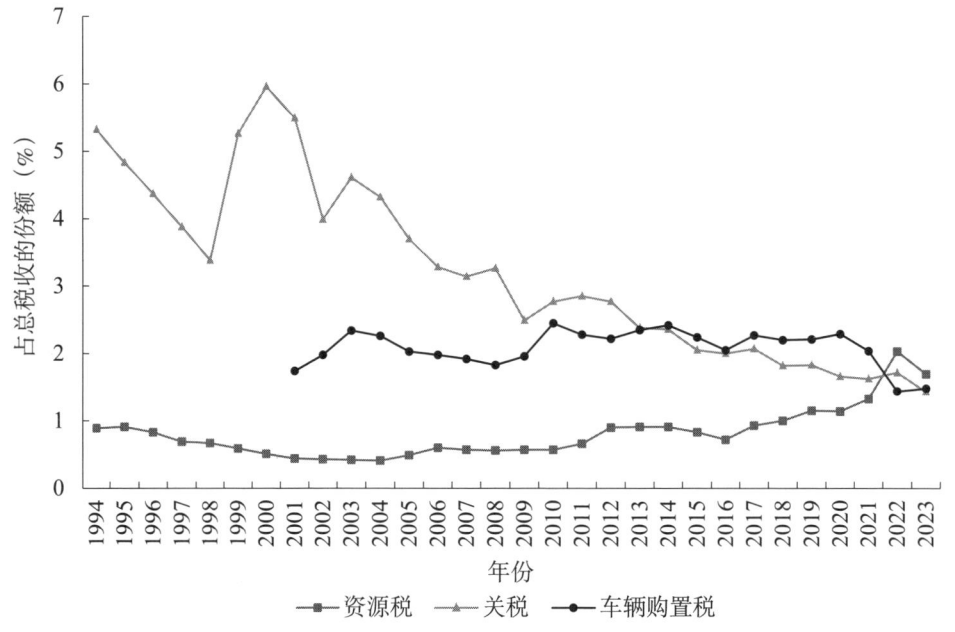

**图3.1　1994—2023年关税、车辆购置税和资源税收入占总税收的份额**

数据来源：国家统计局（2024）。

## 3.4　消费型税收制度评估

通过征收增值税、消费税及其相关税收，以消费为税基的税收制度为政府带来了巨额财政收入。这种税制有许多优点，但也有一些缺点。

## 3.4.1 消费型税收规模

增值税、营业税和消费税是中国政府最重要的收入来源。1994年税制改革完成后，增值税收入为2 308.3亿元，营业税收入为670亿元，消费税收入为487.4亿元。这些商品和服务税收入总计3 465.7亿元，占1994年税收总额的67.6%！由于投资没有被排除在税基之外，增值税在一开始并不是一种消费型税收，但2009年在税基中扣除投资之后，增值税变成了一种纯粹的消费型税收。营业税是一种基于销售额的税收，而非基于增值额的税收。2016年5月，中国用增值税取代了营业税。

表3.6展示了从1994年到2023年的增值税、消费税及其附加税收入占总税收的比重。国内增值税占税收总额的比重在2009年从税基中扣除投资之后下降，而在2016年营改增之后大幅上升。1994年到2008年，营业税收入持续下降，但2009年开始出现反弹趋势，2016年后被取消。进出口增值税及消费税净额指的是进口产品所收的增值税和消费税减去出口产品退还的增值税和消费税的差额。在绝大多数年份里，进出口产品增值税及消费税净额是正的，意味着中国收取的这些税收高于返还的税收。城市维护建设税和教育费附加与增值税建立在同样的税基上，明显属于消费型税收。

表3.6 1994—2023年增值税和消费税及附加税收入占总税收的比重

| 年份 | 总税收（亿元） | 国内增值税（%） | 国内消费税（%） | 进出口增值税及消费税净额（%） | 城市维护建设税（%） | 教育费附加（%） | 消费型税收总额（%） |
|---|---|---|---|---|---|---|---|
| 1994 | 5 127 | 45.02 | 9.50 | −2.44 | 3.43 | 1.25 | 56.76 |
| 1995 | 6 038 | 43.09 | 8.96 | −2.76 | 3.52 | 1.38 | 54.19 |
| 1996 | 6 910 | 42.88 | 8.97 | −5.50 | 3.55 | 1.39 | 51.29 |
| 1997 | 8 234 | 39.88 | 8.25 | −0.58 | 3.31 | 1.25 | 52.11 |
| 1998 | 9 263 | 39.17 | 8.80 | 1.29 | 3.19 | 1.22 | 53.67 |
| 1999 | 10 683 | 36.34 | 7.69 | 3.64 | 2.95 | 1.18 | 51.80 |
| 2000 | 12 582 | 36.19 | 6.82 | 3.51 | 2.80 | 1.17 | 50.49 |
| 2001 | 15 301 | 35.01 | 6.08 | 3.74 | 2.51 | 1.09 | 48.43 |
| 2002 | 17 636 | 35.03 | 5.93 | 4.17 | 2.67 | 1.12 | 48.92 |
| 2003 | 20 017 | 36.15 | 5.90 | 4.00 | 2.75 | 1.16 | 49.96 |

(续表)

| 年份 | 总税收（亿元） | 国内增值税（%） | 国内消费税（%） | 进出口增值税及消费税净额（%） | 城市维护建设税（%） | 教育费附加（%） | 消费型税收总额（%） |
|---|---|---|---|---|---|---|---|
| 2004 | 24 166 | 37.32 | 6.22 | 0.90 | 2.79 | 1.24 | 48.47 |
| 2005 | 28 779 | 37.50 | 5.68 | 0.57 | 2.77 | 1.24 | 47.76 |
| 2006 | 34 804 | 36.73 | 5.42 | 0.25 | 2.70 | 1.28 | 46.38 |
| 2007 | 45 622 | 33.91 | 4.84 | 1.14 | 2.53 | 1.23 | 43.65 |
| 2008 | 54 224 | 33.19 | 4.74 | 2.81 | 2.48 | 1.20 | 44.42 |
| 2009 | 59 522 | 31.05 | 8.00 | 2.09 | 2.59 | 1.27 | 45.00 |
| 2010 | 73 211 | 28.81 | 8.29 | 4.32 | 2.58 | 1.26 | 45.26 |
| 2011 | 89 738 | 27.04 | 7.73 | 4.85 | 3.10 | 1.13 | 43.85 |
| 2012 | 100 614 | 26.25 | 7.83 | 4.35 | 3.11 | 1.01 | 42.55 |
| 2013 | 110 531 | 26.07 | 7.45 | 3.15 | 3.09 | 1.15 | 40.91 |
| 2014 | 119 175 | 25.89 | 7.47 | 2.58 | 3.06 | 1.16 | 40.16 |
| 2015 | 124 922 | 24.90 | 8.44 | -0.27 | 3.11 | 1.11 | 37.29 |
| 2016 | 130 361 | 31.23 | 7.84 | 0.48 | 3.09 | 1.08 | 43.72 |
| 2017 | 144 370 | 39.05 | 7.08 | 1.45 | 3.02 |  | 50.60 |
| 2018 | 156 403 | 39.34 | 6.80 | 0.62 | 2.99 |  | 49.75 |
| 2019 | 158 000 | 39.46 | 7.95 | -0.44 | 3.02 |  | 49.99 |
| 2020 | 154 312 | 36.80 | 7.79 | 0.59 | 2.99 |  | 48.17 |
| 2021 | 172 736 | 36.77 | 8.04 | -0.49 | 3.02 |  | 47.34 |
| 2022 | 166 620 | 29.24 | 10.02 | 2.24 | 3.05 |  | 44.55 |
| 2023 | 181 136 | 38.28 | 8.90 | 1.30 | 2.88 |  | 51.36 |

数据来源：国家统计局（2024）。

在2016年以前，消费型税收占总税收收入的比重呈现波动下降的趋势，但在2016年税制改革之后出现明显上升。2019年，增值税收入达62 347亿元，占总税收的39.46%；消费税收入达12 561亿元，占比7.95%；企业所得税收入为37 304亿元，占比23.61%；个人所得税收入为10 389亿元，占比6.58%；进出口增值税及消费税净额达-690.85亿元，占比-0.44%。[①] 2023年，消费型税收收入达到了总税收收入的51.36%。

图3.2展示了增值税和消费税及其附加税的变化。由于经济增长放缓和减税，消费型税收总额占总税收的比重最近几年有所下降，但在2023年大幅反弹。

---

① 财政部（2020）。

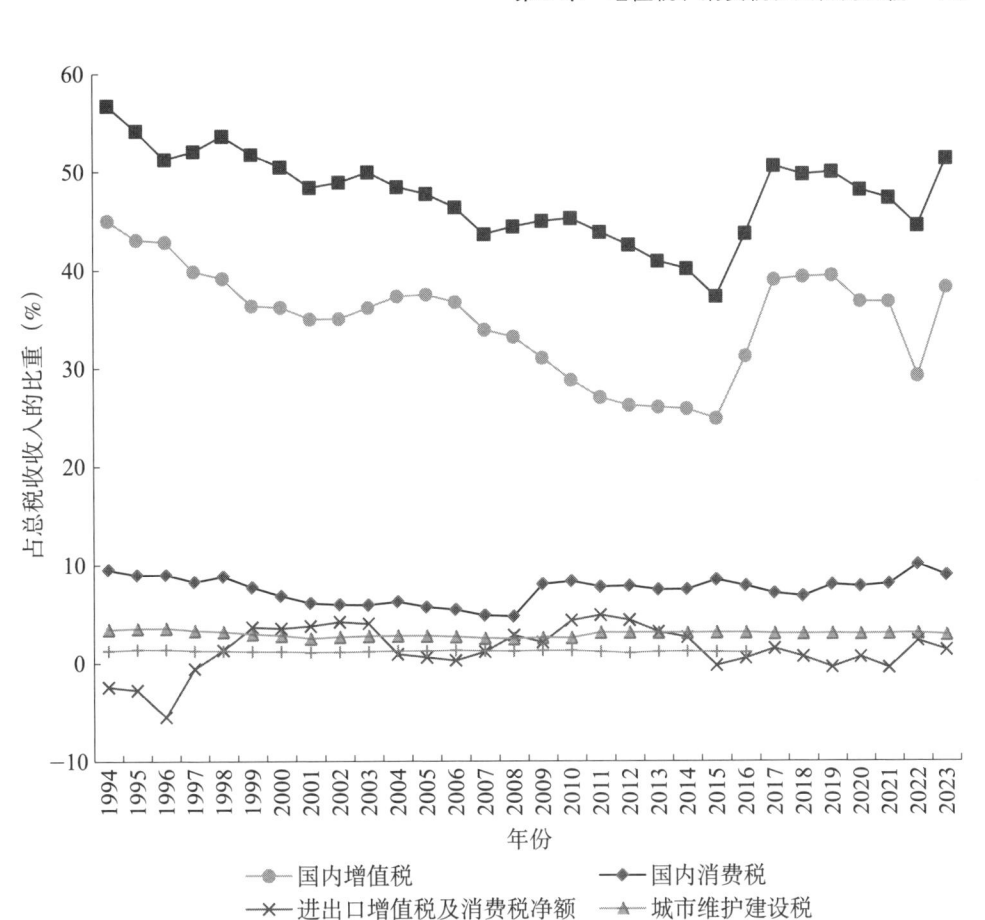

图 3.2　1994—2023 年消费型税收占总税收收入的比重

数据来源：国家统计局（2024）。

## 3.4.2　消费型税收的优点

消费型税收有优点也有缺点。优点包括易于获得税收、征收成本低、难以逃税、有利于资本积累以及可以刺激出口等。

（1）易于获得税收。增值税和消费税是政府稳定的收入来源。只要机器开始运转并且有增加值（产品销售收入减去购买原料等中间品的成本），无论企业是否赚钱，它们都必须纳税。而且增值税具有很大的税基，GDP、国民收入或所有消费品都能被纳入税基之中。因此，它被称为政府的"摇钱树"。消费税的税基是应税商品的价值，数额也很大。消费型税制为中国政府提供了充足的收入，为中国的基础设施建设和其他政府支出提供了资金。

（2）征收成本低。增值税和消费税都便于征收，因为它们的征收对象不是众多的个体消费者，而是数量有限的生产者，所以征收成本很低。由于统计数据和信贷系统不完善，发展中国家的征税成本普遍较高。相较而言，收取个人所得税和商品零售税较困难，而对生产者收取增值税和消费税则相对容易。

（3）难以逃税。增值税属于自我监督的税种，企业难以逃税。一个企业的销售额往往是另一个企业的成本。因此，交易双方难以在销售发票上多写或者少写销售额。例如，棉花制造商将棉花作为原料出售给织布厂。后者希望前者在销售发票上写下更多的销售额，这样它们就可以享受更多的税收抵扣，缴纳更少的增值税。但棉花制造商不会这样做，因为它们不想增加销售额，从而增加自己的增值税。出于同样的原因，织布厂也不会在发票上给服装厂写更多的销售额。在没有政府监督的情况下，买卖双方都得诚实地开具发票。当然，零售环节仍然难以监控。

（4）有利于资本积累。众所周知，消费型税制更有利于资本积累和经济增长。早在20世纪70年代，经济学家就意识到西方发达国家缺乏储蓄，消费过多。为了增加储蓄和资本积累，他们建议政府改革税制，减少资本所得税，降低所得税的累进程度，并建议用消费税或消费型增值税代替所得税。消费税的增加以及所得税的减少将降低利率并增加资本积累（Fullerton，Shoven and Whalley，1983；Seidman，1984，1989；Hall and Rabushka，1996）。Summers（1981）表明，将资本所得税变为消费税将大大增加社会福利。Lin（2008）认为，从长远来看，将投资排除在增值税税基之外将提高中国的资本积累和福利水平。

（5）出口退税。在增值税和消费税制度下，出口退税很容易计算。根据税收法规，中国政府对出口到其他国家的产品退还已缴纳的增值税和消费税。出口退税是世界上的常见做法，包括欧盟在内的许多国家和地区也使用出口退税的方法来提高其商品的国际竞争力。目前，中央财政负担了所有出口退税，但2015年之前由中央和地方政府共同承担退税责任。

（6）公众难以感受到税收。所有消费税都是从生产者而非消费者处征收，然后生产者把税加到产品价格上。中国的国际可交换商品的价格都比美国高，因为中国出口到美国的商品不缴增值税，而从美国进口到中国的商品要缴增值税。然而，公众面对高产品价格而很难意识到他们在缴税。较少的"税痛感"意味着较少的民怨，有利于保持社会稳定。本书第1章中提到的古代隐性税收哲学在中国仍然发挥作用。

### 3.4.3 消费型税收的缺点

消费型税制存在严重问题。其中最大的问题是它的累退性，即相对于穷人与富人的收入而言，穷人需比富人缴纳更多的税款。此外，由于我国的消费型税收是从生产者处征收的，所以为了获得更多的税收，各地方政府都试图吸引投资和生产者，容易忽视环境和资源保护问题。地方政府还大力促进本地产品的销售，甚至抑制其他地方生产的产品的销售，导致地方保护主义。

首先讨论累退性。消费型增值税对最终消费品征收，一般来说，税率单一，具有累退性，容易造成分配上的不公平。例如，低收入者和高收入者购买同样的产品，他们支付的税额是相同的，但相对于他们的收入而言，其承受的税率是不同的。例如，假定增值税税率为15%。一个年收入5万元的人和一个年收入30万元的人买了同样一台价格为10 000元的电脑，均纳税1 500元。那么，相对于收入，前者的税率为3%，而后者的税率为0.5%，低收入者的税率显然高。但是有些学者认为，高收入者通常会购买更多产品，这样会缴纳更多税款。但是，无论在哪种情况下，如果只有一种税率，增值税将不具备累进性，最多与收入成比例。当然，如果穷人购买的物品的增值税税率较低，增值税也可以是累进税，累进的程度取决于具体的税率。自20世纪70年代以来，一些经济学家一直建议美国引入增值税以优化税收制度并减轻政府预算赤字，但出于对累退性的担忧，该主张始终未成为主流观点（Surrey，1970；Musgrave，1972）。进入21世纪后，一些政界人士又提出设立增值税。2009年9月，美国众议院议长提出征收全国增值税，以帮助联邦政府获得急需的财政收入，但立即遭到了反对。一天后，政府表示总统不支持联邦政府征收增值税。然而，除少数州（如特拉华州、蒙大拿州、新罕布什尔州和俄勒冈州）外，美国大多数州政府都有类似于增值税的销售税。

其次，鼓励地方保护主义。由于我国的消费型税收是从生产者处征收的，所以为了获得更多的税收，各地方政府都试图吸引投资和生产者。为了促进生产，地方政府可能鼓励销售本地生产的商品，而不鼓励销售其他地方生产的商品。各地区都有销售本地产品的动机，它们通常通过收取高额费用和对来自其他地区的产品设定特殊要求来保护当地市场。汽车市场保护有不少著名案例。近年来，药品生产保护已成为一个严重问题。地方保护主义阻碍了专业化，导致经济效率低下。

最后，引起地方政府对环境污染和资源保护的忽略。为了吸引更多企业，特别是制造业企业，一些地方政府降低了环保标准，忽视了资源节约。而地方政府官员由上级政府任命，并且过去的干部升迁标准建立在官员对短期税收增长和GDP增长的贡献基础上，而非环境保护和资源节约，这使得地方官员注重经济增长率而忽略环境保护和资源节约。

## 3.4.4 解决消费型税收存在的问题

建立累进的消费型税收。为了应对日趋严重的分配不平等情况和消费型税收的累退性，政府可以使增值税和消费税更具累进性。经济学家提出了累进型增值税制度，许多国家也通过降低生活必需品的税率、提高奢侈品的税率以实施累进增值税制。例如，在美国，绝大多数州政府都对一些商品免征或以较低税率征收销售税。大多数州免除食品、处方药和许多农产品的销售税。在法国，增值税税率十分复杂。必需品的增值税税率为5.5%，远低于普通商品的税率20%。还有一些社会福利产品（如教育）也免征增值税。中国最近的增值税改革正朝着这个方向发展。例如，最近许多与日常生活有关的产品，如农产品、天然气、食用油、书籍、报纸、电子出版物的税率从13%降至9%。当然，这些物品的增值税税率仍有进一步降低的空间，未来可以进一步降低其他必需品的税率。

重视与现行税制配套的政府支出侧改革。改革政府支出体系是弥补以消费为基础的税收制度的缺点的另一种方法。如前所述，消费型税制具有许多优点，如有利于资本积累、易于征收等。面对累退的问题，政府可以通过提高扶贫及对穷人在社会福利、教育、医疗等方面的政府支出来解决分配不公的问题。例如，政府可以提供从幼儿园到高中的免费教育、改善基本的医疗和养老保障、建立更多公共服务设施以及增加扶贫开支。正如我们在之后第6章中要讨论的，中国现行的政府支出体系对低收入者帮助不够。

尽可能用商品零售税代替增值税。如本章前面所说的，增值税是中国最重要的税种，国内增值税占2023年税收总额的38.28%。增值税在每个生产环节都是从生产者和进口商那里征收的。而消费税是对某些选定的商品征收的，但也是从生产者和进口商处征收。为了避免地方保护主义和忽视环境保护与资源节约等问题，政府可以通过零售商征收零售税而非增值税。有了零售税，无论产品在哪里生产，只要当地居民消费，地方政府都能获得税收，地方政府吸引生产性企业的积极性也就降低了。零售税是美国许多州政府的重要收入来源，即使没有生产企业的地区也有来自零售税的财政收入。

然而，由于零售税是从众多的零售商那里征收的，因此零售税的征收成本将高于从生产商那里征收增值税和消费税的成本。目前政府征收零售税的征税成本依旧过高。但随着人均收入的增加，企业会更加注重诚信和声誉，企业内部监管也会更加严格。此外，随着技术的发展和应用于税收领域，逃税也将变得更加困难。完善的法律体系和对法治的尊重也有助于遏制逃税。因此，中国未来有可能让地方政府开征零售税。

## 3.5 总　　结

中国的税收体系以消费型税收为主，特别是增值税和消费税。增值税于20

世纪80年代初开始施行，1994年覆盖所有制造业。2016年，第二大税种营业税改为增值税，增值税在税收中的地位更加突出。2019年，增值税收入占总税收的比重为39.46%，2023年国内增值税为38.28%。消费税于1994年引入中国。2015年和2023年，国内消费税收入分别占税收总额的8.44%和8.90%。此外，还有以增值税和消费税收入为基础的税收，即城市维护建设税和教育费附加。2019年，增值税、消费税和城市维护建设税的总收入占税收总收入的约50%，2023年为51.36%。

其他一些税收也面向商品和服务，如关税、资源税和环境税。这些年来，与世界上其他国家一样，中国的关税收入占总税收的份额一直在下降。而资源税进行了一些改革，由主要从量计税改为以从价计税为主，旨在促进资源节约而增加了资源税税收。1994年至2005年，资源税收入占税收总额的比重有所下降，2005年之后开始上升。为了促进环境保护，中国政府自2018年开始征收环境税，未来环境税的收入有望增长。

消费型税制有许多优势。第一，有利于政府获得大量的财政收入。只要企业有增值，政府就可以从增值中获得税收。第二，征税对象为生产者，征税成本低。第三，增值税自我监管，很难逃税。第四，与所得税相比，由于税基中扣除了投资，消费型税制对投资和资本积累的负面影响较小。第五，可以利用增值税和消费税的出口退税促进出口。第六，消费型税收是从生产者处征收的，减少了民怨，对社会稳定有利。

但消费型税制同样也存在着一些问题。最严重的问题就是其累退性。对于同一产品，富人和穷人的应纳税额是一样的，但相对于二者的收入而言，很明显穷人的税率更高，而富人的税率更低。另一个问题是地方保护主义。因为当地企业为当地政府贡献税收和GDP，所以为了当地经济发展以及为从当地企业获得更多税收，当地政府可能会阻止其他省份的产品进入当地市场。此外，以增值税为主的消费型税制还容易导致地方政府为了财政收入而忽视环境保护和资源节约的问题。

为了解决上述问题，政府可以增加消费型税收的累进程度，比如降低生活必需品的税率。此外，政府还可以通过增加医疗、教育、社会保障和扶贫支出来增加对穷人的补助，以实现分配公平。为了减少地方保护主义，促进资源节约和环境保护，政府可以考虑在未来用商品零售税完全或部分代替现行的增值税。

# 第 4 章
# 个人所得税改革

## 4.1 引　　言

中国是第一个征收所得税的国家。[①] 公元 8 年，王莽建立新朝。第二年，他开始征收所得税，对采集草药和野果、捕鱼、牧羊、编织、裁缝、行医、算命、贸易等非农业活动的收入征税，税率为 10%。[②] 个人应向政府报告其应纳税的收入并纳税，政府官员进行审计。如果一个人被发现逃税，他的所有财产将被没收，还将被判处一年的苦役。王莽的重税重罚激起了民众的不满。所得税于公元 22 年被废除。但为时已晚，新朝很快被推翻，王莽死于公元 23 年。现代所得税是由英国首相小威廉·皮特（William Pitt, the Younger）在 1798 年 12 月的预算中提出的，并于 1799 年确立，以准备应对拿破仑战争。皮特的所得税是累进的，最高边际税率为 10%。1862 年，美国国会通过了美国第一部个人所得税法，为内战筹措资金。所得税也是累进的。然而，该所得税于 1872 年被废除。一项新的所得税法作为 1894 年关税法案的一部分被颁布。但是，在 1895 年，美国最高法院裁定，所得税是违宪的，因为它没有按照宪法在各州之间进行分配。美国宪法规定直接税应按各州人口的比例征收。1913 年，美国宪法第 16 修正案使所得税合法化，并赋予政府向个人和公司征税的权利。如今，所得税已成为发达国家最重要的税种。

个人所得税在 20 世纪初被重新引入中国，但在 20 世纪 50 年代末中央计划

---

[①] 诺贝尔经济学奖得主詹姆斯·莫里斯（James Mirrlees）在 2014 年中国香港的一次学术会议上讨论我的一篇关于中国最优所得税的合作论文时提到了这一点。

[②] 参见班固的《汉书·食货志》。

经济体制建立后被取消。中国于 1980 年重新引入了个人所得税。此后，所得税税率进行了数次调整。2018 年，个人所得税朝综合的方向迈出了一大步，政府引入了一系列专项附加扣除，包括住房贷款利息、子女教育费用、大病医疗费用等。所得税逐步成为中国的重要税种。1999 年，个人所得税收入为 413.42 亿元，占税收总收入的 3.87%；2019 年达到 10 380.63 亿元，占总税收的 6.57%；2023 年为 14 780.72 亿元，占总税收的 8.16%（第 2 章表 2.1）。中国对利息收入和资本利得不征税。随着经济的发展，个人收入最终将成为中国税收的主要来源。

除了筹措政府所需的收入，个人所得税也是富人和穷人之间收入再分配的重要手段。大多数国家采用累进个人所得税制度，即高收入群体的平均税率较高。这与亚当·斯密（Smith，1776）的观点是一致的，即富人对公共开支的贡献，不仅应与他们的收入成比例，而且应超出这个比例，这并非不合理。近几十年来，有观点认为，从效率的角度来看，个人所得税可能会对储蓄和资本积累产生负面影响（Sheshinski，1976；Auerbach and Kotlikoff，1987；Lin，1998；Altig et al.，2001）。通过最大化社会福利，最优所得税分析超越了效率和公平问题，并揭示了边际税率应该如何设定。Mirrlees（1971）开创最优边际税率研究的先河。他发现，对于任何技能水平，边际税率都应该是非负的。在模拟中，他发现最优边际税率曲线几近线性。Sadka（1976）和 Seade（1977）研究表明，当技能（或收入）有界限时，最高收入水平的边际税率应为零。假定效用函数对于消费是准线性的，以及技能水平是无上限的，Diamond（1998）发现最优边际税率呈现 U 形。Myles（2000）运用一个离散模型通过模拟，Li，Lin and Zhang（2013）运用一个连续模型通过证明，发现最优边际税率可以呈现为 U 形、倒 U 形，也可以一直增加或一直降低。

国际上关于中国个人所得税的研究也有一些。假设中国的工资呈帕累托概率分布，Zee and Hameed（2006）模拟了不同的个人所得税改革方案对不同收入群体的影响。Piketty and Qian（2009）比较了中国和印度的个人所得税收入。他们发现中国缴纳所得税的人口比重已从 1986 年的不到 0.1% 上升至 2008 年的约 20%，而印度的这一比重则停滞在 2% 至 3% 左右。因此，中国的所得税收入占 GDP 的比重从 1986 年的不到 0.1% 上升到 2008 年的约 2.5%，而印度不断调整起征点和收入等级，导致所得税收入占 GDP 的比重停滞在 0.5% 左右。Li，Li and Lin（2015）探讨了中国最优所得税率。他们根据最近一项调查的数据估计了中国的技能概率分布函数，并计算出了中国个人所得税的最优边际税率和平均税率。他们的研究表明，当收入上升到一定水平后，最优边际税率曲线变得平坦，最高边际税率约为 25%。

尽管经过多年的改革，中国的个人所得税制度仍然存在着一些问题，包括高收入者的边际税率高、税收收入少、起征点高、纳税人少，等等。本章探讨我国个人所得税的演进和当前个人所得税制度；依据不变价格比较边际税率和平均税率的变化；解释边际税率高，但个人所得税的税收收入少的谜团；揭示个人所得税制度存在的问题；讨论最优个人所得税税率，并为进一步的个人所得税改革提供政策建议。

第 4.2 节介绍我国现代所得税制度的发展，比较边际税率和平均税率随时间的变动。第 4.3 节解释高收入者的高边际税率和低个人所得税税收收入的谜团。第 4.4 节讨论中国最优个人所得税税率。第 4.5 节讨论中国个人所得税制度存在的问题及改革的前景。第 4.6 节为总结。

## 4.2 中国现代所得税制的发展

### 4.2.1 所得税引入

在 20 世纪初，中国政府试图引入所得税作为政府收入的来源。1911 年，清朝政府起草了《所得税章程》，这是中国近代首次征收所得税的尝试。但是，清政府在 1911 年 10 月灭亡之前没有来得及征收所得税。1914 年，中华民国政府颁布了《所得税条例》，但于 1916 年中止执行。1928 年，国民政府又修订了《所得税条例（草案）》并公布了实施细则，在 1929 年推广实行，但后来又被暂时搁置（赵仁平，2010）。

20 世纪 30 年代中期，国民政府对个人所得税制度进行了重大改革（郭卫元觉，1936）。1936 年国民政府公布了《所得税暂行条例》和《所得税条例施行细则》，该条例于 1936 年 10 月 1 日起正式实行。条例中规定，税收起征点为每月 30 元的法币。所得税实行累进税制，有 13 档不同的边际税率。最低边际税率为 0.5%，最高为 20%。根据该规定，个人工资收入、企业收入、股息和利息收入都在累进所得税的缴纳范围内。以下情况可免除税收：收入低于 30 元；受伤或死亡的士兵和警察、小学教师和行政人员的抚恤金和养老金；残疾工人和无法自食其力者的福利费、养老金和救济金等。1943 年和 1946 年，国民政府分别对税收条例进行了修订，进一步扩大了税基，并调整了税率。

1949 年中华人民共和国成立后，立即决定征收所得税。国务院（1950）发布了《中国税政实施要则》，确定了包括存款利息所得税和薪给报酬所得税在内的 14 种税种。但是由于工人工资低，薪给报酬所得税并没有征收。此外，存款利息所得税在 1959 年被取消。1978 年改革开放后，我国正式开始征收个人所得税。1980年9月1日，全国人民代表大会制定了《中华人民共和国个人所得税法》，将个人所得税的起征点定为月收入800元，并实行累进式征税，设定了从5%到45%的六档边际税率。月收入从801元到1 500元（即应税收入从1元到700元），边际税率为5%；月收入等于或超过12 001元（即应税收入等于或超过11 201元），边际税率为45%。相对于当时的收入水平而言，该个人所得税起征点已经非常高了，只有很小一部分人纳税。为了将更多人纳入征税范围，自1987年1月1日起，政府将起征点下调至月收入400元，应税收入的边际税率保持不变，还是从5%到45%。

### 4.2.2　1994年税制改革

1993年新修正的《中华人民共和国个人所得税法》（以下简称《个人所得税法》）通过，并于1994年1月1日开始施行。根据新的《个人所得税法》，个人所得税分九档累进，边际税率从5%到45%不等，起征点为月收入800元（见表4.1）。

表4.1　1994年个人所得税税率

| 月应纳税所得额的纳税等级（元） || 边际税率（%） |
| --- | --- | --- |
| 超过 | 但不超过 | |
| 0 | 500 | 5 |
| 500 | 2 000 | 10 |
| 2 000 | 5 000 | 15 |
| 5 000 | 20 000 | 20 |
| 20 000 | 40 000 | 25 |
| 40 000 | 60 000 | 30 |
| 60 000 | 80 000 | 35 |
| 80 000 | 100 000 | 40 |
| 100 000 | | 45 |

资料来源：全国人民代表大会（1993）。

对个体工商户的生产、经营所得和企事业单位的承包经营、承租经营所得，按5%至35%的累进税率征收（见表4.2）。对于个体工商户的生产或经营所得，应纳税所得额等于总收入减去每个纳税年度（即1月1日至12月31日）的成本、费用和损失；对于企事业单位的承包经营与承租经营所得，应纳税所得额等于纳税年度的总收入减去必要的支出。

表4.2  1994年个体工商户的生产、经营所得和企事业单位的承包经营、承租经营所得的税率

| 月应纳税所得额的纳税等级（元） | | 边际税率（%） |
| --- | --- | --- |
| 超过 | 但不超过 | |
| 0 | 5 000 | 5 |
| 5 000 | 10 000 | 10 |
| 10 000 | 30 000 | 20 |
| 30 000 | 50 000 | 30 |
| 50 000 | | 35 |

资料来源：全国人民代表大会（1993）。

随着时间的推移，个人所得税改革也在不断进行。从2006年1月1日起，起征点提高到每月1 600元；从2008年3月1日起，起征点提高到每月2 000元。全国人民代表大会于2011年6月30日对《个人所得税法》进行了修订。新税法自2011年9月1日起生效。在中国境内居住一年以上的个人，应当就其在中国境内或者境外取得的所得缴纳所得税；在中国境内居住不满一年的个人，只就其在中国境内取得的所得缴纳所得税。表4.3显示了2011年税法规定的个人所得税税率。

表4.3  2011年个人所得税税率

| 月应纳税所得额的纳税等级（元） | | 边际税率（%） |
| --- | --- | --- |
| 超过 | 但不超过 | |
| 0 | 1 500 | 3 |
| 1 500 | 4 500 | 10 |
| 4 500 | 9 000 | 20 |
| 9 000 | 35 000 | 25 |
| 35 000 | 55 000 | 30 |
| 55 000 | 80 000 | 35 |
| 80 000 | | 45 |

资料来源：全国人民代表大会（2011）。

根据2011年税法，工资和薪金所得的累进税率从3%到45%不等，起征点提高到3 500元；个人劳务报酬所得的税率为20%，劳务报酬所得具体支付数额过高的，可以按照国务院的具体规定征收更多的税。

1993年和2011年的税法都规定，对特许权使用费（包括专利、商标、著作权、非专利技术和其他特别许可权）的收入征税。每次收入不足4 000元的，扣除800元；每次收入超过4 000元的，则按总收入的20%扣除。特许权使用费、利息、股息、红利、财产租赁所得，财产转让所得（即转移收入总额减去财产的

原值，再减去一些合理支出的结果），偶然所得和经国务院财政部门确定应纳税的其他所得，按20%的比例税率征收；稿酬所得应按20%的比例税率征收，并按应纳税额减征30%。

中国实行居民所得税制度，对居民的国内外所得均征税。纳税义务人在中国没有住所但在中国境内取得工资、薪金所得的，或者在中国境内有住所但在中国境外取得工资、薪金所得的，必须缴纳个人所得税。按平均收入水平、生活水平以及汇率变动情况，应税境外收入可以通过增加费用扣除予以减少；扣除费用的范围和标准由国务院规定。纳税义务人从中国境外取得的所得，准予在应纳税所得额中抵扣已向外国税务机关缴纳的所得税税款。但可抵扣的金额不得超过依照《个人所得税法》计算的应纳税所得额。

与1993年的税收规定相比，在2011年的税法中，应纳税所得额的起征点提高到3 500元，边际税率从九档减少到七级，边际税率最低为3%，最高为45%。

2011年的税法大幅降低了个体工商户的生产、经营所得和企事业单位承包经营、承租经营所得的税率（见表4.4）。对于1.5万元以内的收入，边际税率由1994年的10%降至2011年的5%；对于3万元以内的收入，边际税率由20%降为10%；对于5万元以内的收入，边际税率从30%降至20%。图4.3和图4.4显示，在不变价格下，2011年经营所得的平均税率和边际税率都低于1994年。

表4.4 2011年个体工商户的生产、经营所得和企事业单位的承包经营、承租经营所得的税率

| 月应纳税所得额的纳税等级（元） ||边际税率（%）|
|---|---|---|
| 超过 | 但不超过 | |
| 0 | 15 000 | 5 |
| 15 000 | 30 000 | 10 |
| 30 000 | 60 000 | 20 |
| 60 000 | 100 000 | 30 |
| 100 000 | | 35 |

资料来源：全国人民代表大会（2011）。

### 4.2.3 现行税率

2018年8月31日，我国再次修订了《个人所得税法》，并于2018年10月1日实施了新的《个人所得税法》。个人所得税起征点由3 500元提高到5 000元。2018年首次实行专项扣除，即在计算应纳税所得额时从收入总额中扣除专项支出。专项扣除包括以下项目：①慈善捐款。个人对教育、慈善组织的捐赠，可以

扣除不超过应纳税所得额的30%。②缴纳社会保险，包括养老、医疗保健、工伤、失业和生育，以及缴纳住房公积金。③子女的教育支出和纳税人继续教育的支出。每名儿童每年可减免12 000元，获得学位的继续教育每年可减免4 800元，获得技术证书的继续教育每年可减免3 600元。④第一套住房（或公寓）的贷款利息每年可扣除12 000元。第二套或更多的房子的贷款利息支付不可扣除。⑤直辖市、省会（首府）城市、计划单列市及国务院确定的其他城市每年可扣减租金14 400万元，其他人口100万以上城市每年可扣减租金12 000元，人口100万以下城市每年可扣减租金9 600元。⑥每年未报销的医疗费用超过15 000万元的部分可扣除，但最高不能超过60 000元。⑦赡养老人，扣除额最高不超过每月2 000元，可由子女分摊。表4.5显示了2018年《个人所得税法》下的边际税率。边际税率从3%到45%。

表4.5　2018年个人所得税税率

| 每年应纳税所得额的纳税等级（元） | | 边际税率（%） |
| --- | --- | --- |
| 超过 | 但不超过 | |
| 0 | 36 000 | 3 |
| 36 000 | 144 000 | 10 |
| 144 000 | 300 000 | 20 |
| 300 000 | 420 000 | 25 |
| 420 000 | 660 000 | 30 |
| 660 000 | 960 000 | 35 |
| 960 000 | | 45 |

资料来源：全国人民代表大会（2018）。

劳务报酬、稿酬所得和特许权使用费（包括专利、商标、著作权、非专利技术和其他特种许可权）所得，计入应纳税所得额，适用累进税率。劳务报酬和特许权使用费的应税所得额等于收入总额的80%。稿酬的应纳税所得额，等于稿酬所得的80%再乘以70%。

使用专项扣除的目的是减轻低收入家庭的税收负担，使税收制度更加公平。有了这些扣除额，个人税收系统变得更加复杂，和美国一样，每年个人都必须提交退税表格才能获得退税。征税成本无疑增加了。

财产转让所得，即以转让财产的收入额减除财产原值和合理费用后的余额，为应纳税所得额。财产租赁所得，每次收入不超过4 000元的，减除费用800元；4 000元以上的，减除20%的费用，其余额为应纳税所得额。利息、股息、红利所得和偶然所得，以每次收入额为应纳税所得额。

此外，来自利息、股息、红利、财产租赁和财产转让的收入以及偶然所得，都按20%的单一税率纳税。

从事生产经营的个体工商户和从事承包、承租经营的企事业单位，按5%到35%的累进税率纳税（见表4.6）。纳税人为从事生产、经营的个体工商户的，应纳税所得额为总收入减去每个纳税年度成本、费用和损失以及允许弥补的以前年度亏损后的余额。纳税人为从事承包经营、承租经营的企事业单位的，以每一纳税年度的所得总额，减除必要费用后的余额为应纳税所得额，起征点为零。经营所得按年计算所得税，由纳税人在月度或者季度终了后15日内向税务机关报送纳税申报表，并预缴税款。退税在第二年的前三个月内完成。

表4.6　2018年个体工商户的生产、经营所得和企事业单位的承包经营、承租经营所得的税率

| 每年应纳税所得额的纳税等级（元） | | 边际税率（％） |
| --- | --- | --- |
| 超过 | 但不超过 | |
| 0 | 30 000 | 5 |
| 30 000 | 90 000 | 10 |
| 90 000 | 300 000 | 20 |
| 300 000 | 500 000 | 30 |
| 500 000 | | 35 |

资料来源：全国人民代表大会（2018）。

## 4.2.4　不同时期税率的比较

根据边际税率和应纳税所得额起征点，可以算出每一收入水平的平均税率。显然，平均税率在应纳税所得额起征点以下为零。表4.7显示了1994年、2011年和2018年按2011年不变价格指数计算的边际税率和平均税率。首先需找出2011年不变价格下与收入相对应的边际税率。例如，1994年800元在2011年的价格水平下相当于1 500元；2018年5 000元在2011年的价格水平下相当于4 500元。其次需计算纳税总额。根据王敏（2014）提供的公式计算可得：总纳税额＝（所得－起征点）×边际税率－速算扣除数。最后用总纳税额除以收入水平计算平均税率。固定价格为比较不同年份税率提供了方便。

图4.1和图4.2分别显示了在2011年不变价格指数下，1994年、2011年和2018年的边际税率和平均税率。从1994年到2018年，高收入群体的边际税率提高，低收入群体的边际税率降低。平均税率直接衡量收入者的税负。只有收入低于2万元时，2011年税法的平均税率才会低于1994年税法的平均税率，2万元以上时2011年税法的平均税率会更高。例如，1994年月收入为12 500元，平均税率为12.9％，但2011年降至10％。按2011年不变价格计算，2018年几乎所

表 4.7 1994 年、2011 年和 2018 年的边际税率和平均税率（按 2011 年不变价格计算）

| 1994年（按1994年价格的起征点为800元） ||||| 2011年（按2011年价格的起征点为3 500元） ||||| 2018年（按2018年价格的起征点为5 000元） |||||
|---|---|---|---|---|---|---|---|---|---|---|---|---|---|---|
| 以2011年价格计算的收入（元） | 边际税率 | 速算扣除数（元） | 纳税额（元） | 1994年平均税率 | 以2011年价格计算的收入（元） | 边际税率 | 速算扣除数（元） | 纳税额（元） | 2011年平均税率 | 以2011年价格计算的收入（元） | 边际税率 | 速算扣除数（元） | 纳税额（元） | 2018年平均税率 |
| 800 | 0 | 0 | 0 | 0 | 800 | 0 | 0 | 0 | 0 | 800 | 0 | 0 | 0 | 0 |
| 1 333 | 0.05 | 0 | 0 | 0 | 1 333 | 0 | 0 | 0 | 0 | 1 333 | 0 | 0 | 0 | 0 |
| 1 500 | 0.05 | 0 | 8.4 | 0.006 | 1 500 | 0 | 0 | 0 | 0 | 1 500 | 0 | 0 | 0 | 0 |
| 2 167 | 0.10 | 0 | 41.7 | 0.019 | 2 167 | 0 | 0 | 0 | 0 | 2 167 | 0 | 0 | 0 | 0 |
| 3 500 | 0.10 | 42 | 175.0 | 0.050 | 3 500 | 0 | 0 | 0 | 0 | 3 500 | 0 | 0 | 0 | 0 |
| 4 000 | 0.10 | 42 | 225.0 | 0.056 | 4 000 | 0.03 | 0 | 15.0 | 0.004 | 4 000 | 0 | 0 | 0 | 0 |
| 4 340 | 0.10 | 42 | 259.0 | 0.060 | 4 340 | 0.03 | 0 | 25.2 | 0.006 | 4 340 | 0 | 0 | 0 | 0 |
| 4 500 | 0.10 | 42 | 275.0 | 0.061 | 4 500 | 0.03 | 0 | 30.0 | 0.007 | 4 500 | 0.03 | 0 | 4.8 | 0.001 |
| 4 667 | 0.15 | 42 | 291.7 | 0.063 | 4 667 | 0.03 | 0 | 35.0 | 0.008 | 4 667 | 0.03 | 0 | 9.8 | 0.002 |
| 5 000 | 0.15 | 208 | 341.7 | 0.068 | 5 000 | 0.03 | 0 | 45.0 | 0.009 | 5 000 | 0.03 | 0 | 19.8 | 0.004 |
| 6 944 | 0.15 | 208 | 633.3 | 0.091 | 6 944 | 0.10 | 105 | 239.4 | 0.034 | 6 944 | 0.10 | 182 | 78.1 | 0.011 |
| 7 500 | 0.15 | 208 | 716.7 | 0.096 | 7 500 | 0.10 | 105 | 295.0 | 0.039 | 7 500 | 0.10 | 182 | 134.0 | 0.018 |
| 8 000 | 0.15 | 208 | 791.7 | 0.099 | 8 000 | 0.10 | 105 | 345.0 | 0.043 | 8 000 | 0.10 | 182 | 184.0 | 0.023 |
| 9 500 | 0.15 | 208 | 1016.7 | 0.107 | 9 500 | 0.20 | 555 | 645.0 | 0.068 | 9 500 | 0.10 | 182 | 334.0 | 0.035 |
| 9 667 | 0.15 | 208 | 1041.8 | 0.108 | 9 667 | 0.20 | 555 | 678.4 | 0.070 | 9 667 | 0.10 | 182 | 350.7 | 0.036 |
| 10 500 | 0.20 | 625 | 1 208.4 | 0.115 | 10 500 | 0.20 | 555 | 845.0 | 0.080 | 10 500 | 0.10 | 182 | 434.0 | 0.041 |
| 11 500 | 0.20 | 625 | 1 408.4 | 0.122 | 11 500 | 0.20 | 555 | 1 045.0 | 0.091 | 11 500 | 0.10 | 182 | 534.0 | 0.046 |
| 12 500 | 0.20 | 625 | 1 608.4 | 0.129 | 12 500 | 0.20 | 555 | 1 245.0 | 0.100 | 12 500 | 0.10 | 182 | 634.0 | 0.051 |
| 14 756 | 0.20 | 625 | 2 059.6 | 0.140 | 14 756 | 0.25 | 1 005 | 1 809.0 | 0.123 | 14 756 | 0.10 | 182 | 859.6 | 0.058 |
| 19 500 | 0.20 | 625 | 3 008.4 | 0.154 | 19 500 | 0.25 | 1 005 | 2 995.0 | 0.154 | 19 500 | 0.20 | 1 224 | 1 808.0 | 0.093 |
| 21 500 | 0.20 | 625 | 3 408.4 | 0.159 | 21 500 | 0.25 | 1 005 | 3 495.0 | 0.163 | 21 500 | 0.20 | 1 224 | 2 208.0 | 0.103 |
| 26 041 | 0.20 | 625 | 4 316.6 | 0.166 | 26 041 | 0.25 | 1 005 | 4 630.3 | 0.178 | 26 041 | 0.25 | 2 309 | 3 116.2 | 0.120 |
| 33 500 | 0.20 | 625 | 5 808.4 | 0.173 | 33 500 | 0.25 | 1 005 | 6 495.0 | 0.194 | 33 500 | 0.25 | 2 309 | 4 981.0 | 0.149 |
| 34 667 | 0.20 | 625 | 6 041.8 | 0.174 | 34 667 | 0.25 | 1 005 | 6 786.8 | 0.196 | 34 667 | 0.25 | 2 309 | 5 272.8 | 0.152 |
| 34 721 | 0.25 | 2 292 | 6 055.3 | 0.174 | 34 721 | 0.25 | 1 005 | 6 800.3 | 0.196 | 34 721 | 0.25 | 2 309 | 5 286.3 | 0.152 |
| 35 500 | 0.25 | 2 292 | 6 250.1 | 0.176 | 35 500 | 0.25 | 1 005 | 6 995.0 | 0.197 | 35 500 | 0.30 | 3 828 | 5 520.0 | 0.155 |

（续表）

| 1994年（按1994年价格的起征点为800元） ||| 2011年（按2011年价格的起征点为3 500元） |||| 2018年（按2018年价格的起征点为5 000元） ||||
|---|---|---|---|---|---|---|---|---|---|---|---|---|
| 以2011年价格计算的收入（元） | 边际税率 | 速算扣除数（元） | 纳税额（元） | 1994年平均税率 | 以2011年价格计算的收入（元） | 边际税率 | 速算扣除数（元） | 纳税额（元） | 2011年平均税率 | 以2011年价格计算的收入（元） | 边际税率 | 速算扣除数（元） | 纳税额（元） | 2018年平均税率 |
| 37 500 | 0.25 | 2 292 | 6 750.1 | 0.180 | 37 500 | 0.25 | 1 005 | 7 495.0 | 0.200 | 37 500 | 0.30 | 3 828 | 6 120.0 | 0.163 |
| 38 500 | 0.25 | 2 292 | 7 000.1 | 0.182 | 38 500 | 0.25 | 1 005 | 7 745.0 | 0.201 | 38 500 | 0.30 | 3 828 | 6 420.0 | 0.167 |
| 52 082 | 0.25 | 2 292 | 10 395.6 | 0.200 | 52 082 | 0.30 | 2 755 | 11 819.6 | 0.227 | 52 082 | 0.30 | 3 828 | 10 495.0 | 0.202 |
| 57 500 | 0.25 | 2 292 | 11 750.1 | 0.204 | 57 500 | 0.30 | 2 755 | 13 445.0 | 0.234 | 57 500 | 0.35 | 6 215 | 12 391.0 | 0.215 |
| 58 500 | 0.25 | 2 292 | 12 000.1 | 0.205 | 58 500 | 0.30 | 2 755 | 13 745.0 | 0.235 | 58 500 | 0.35 | 6 215 | 12 741.0 | 0.218 |
| 67 500 | 0.25 | 2 292 | 14 250.1 | 0.211 | 67 500 | 0.35 | 5 505 | 16 895.0 | 0.250 | 67 500 | 0.35 | 6 215 | 15 891.0 | 0.235 |
| 68 000 | 0.25 | 2 292 | 14 375.1 | 0.211 | 68 000 | 0.35 | 5 505 | 17 070.0 | 0.251 | 68 000 | 0.35 | 6 215 | 16 066.0 | 0.236 |
| 70 500 | 0.30 | 5 625 | 15 125.1 | 0.215 | 70 500 | 0.35 | 5 505 | 17 945.0 | 0.255 | 70 500 | 0.35 | 6 215 | 16 941.0 | 0.240 |
| 73 782 | 0.30 | 5 625 | 16 109.7 | 0.218 | 73 782 | 0.35 | 5 505 | 19 093.7 | 0.259 | 73 782 | 0.35 | 6 215 | 18 090.0 | 0.245 |
| 82 500 | 0.30 | 5 625 | 18 725.1 | 0.227 | 82 500 | 0.35 | 5 505 | 22 145.0 | 0.268 | 82 500 | 0.45 | 13 159 | 21 716.0 | 0.263 |
| 83 500 | 0.30 | 5 625 | 19 025.1 | 0.228 | 83 500 | 0.35 | 5 505 | 22 495.0 | 0.269 | 83 500 | 0.45 | 13 159 | 22 166.0 | 0.265 |
| 99 500 | 0.30 | 5 625 | 23 825.1 | 0.239 | 99 500 | 0.45 | 13 505 | 29 695.0 | 0.298 | 99 500 | 0.45 | 13 159 | 29 366.0 | 0.295 |
| 101 333 | 0.30 | 5 625 | 24 375.0 | 0.241 | 101 333 | 0.45 | 13 505 | 30 519.9 | 0.301 | 101 333 | 0.45 | 13 159 | 30 191.0 | 0.298 |
| 101 500 | 0.35 | 10 625 | 24 433.5 | 0.241 | 101 500 | 0.45 | 13 505 | 30 595.0 | 0.301 | 101 500 | 0.45 | 13 159 | 30 266.0 | 0.298 |
| 133 500 | 0.35 | 10 625 | 35 633.5 | 0.267 | 133 500 | 0.45 | 13 505 | 44 995.0 | 0.337 | 133 500 | 0.45 | 13 159 | 44 666.0 | 0.335 |
| 134 667 | 0.35 | 10 625 | 36 041.9 | 0.268 | 134 667 | 0.45 | 13 505 | 45 520.2 | 0.338 | 134 667 | 0.45 | 13 159 | 45 191.0 | 0.336 |
| 135 500 | 0.40 | 17 292 | 36 375.1 | 0.268 | 135 500 | 0.45 | 13 505 | 45 895.0 | 0.339 | 135 500 | 0.45 | 13 159 | 45 566.0 | 0.336 |
| 167 500 | 0.40 | 17 292 | 49 175.1 | 0.294 | 167 500 | 0.45 | 13 505 | 60 295.0 | 0.360 | 167 500 | 0.45 | 13 159 | 59 966.0 | 0.358 |
| 168 000 | 0.40 | 17 292 | 49 375.1 | 0.294 | 168 000 | 0.45 | 13 505 | 60 520.0 | 0.360 | 168 000 | 0.45 | 13 159 | 60 191.0 | 0.358 |
| 169 500 | 0.45 | 25 625 | 50 050.2 | 0.295 | 169 500 | 0.45 | 13 505 | 61 195.0 | 0.361 | 169 500 | 0.45 | 131 59 | 60 866.0 | 0.359 |
| 171 500 | 0.45 | 25 625 | 50 950.2 | 0.297 | 171 500 | 0.45 | 13 505 | 62 095.0 | 0.362 | 171 500 | 0.45 | 13 159 | 61 766.0 | 0.360 |

资料来源：全国人民代表大会（1993，2011，2018）。

注：按公式计算，纳税额=（所得-起征点）×边际税率-速算扣除数（王敏，2014）。在某一边际税率下的速算扣除数=收入下限×（边际税率-之前的边际税率）+之前的速算扣除数。以2011年的税法为例，在第一级边际税率下，即边际税率为3%时，速算扣除数为0；在第二级边际税率下，即边际税率为10%时，速算扣除数是1 500×(0.1-0.03)=105；在第三级边际税率下，即边际税率为20%时，速算扣除数是4 500×(0.2-0.1)+105=555；在第四级边际税率下，即边际税率为25%时，速算扣除数是9 000×(0.25-0.2)+555=1 005；在第五级边际税率下，即边际税率为30%时，速算扣除数是35 000×(0.3-0.25)+1 005=2 755；以此类推。

有收入群体的平均税率都低于 2011 年。例如，对于每月应纳税收入 21 500 元的人，2011 年的平均税率为 16.3%，而 2018 年仅为 10.3%。

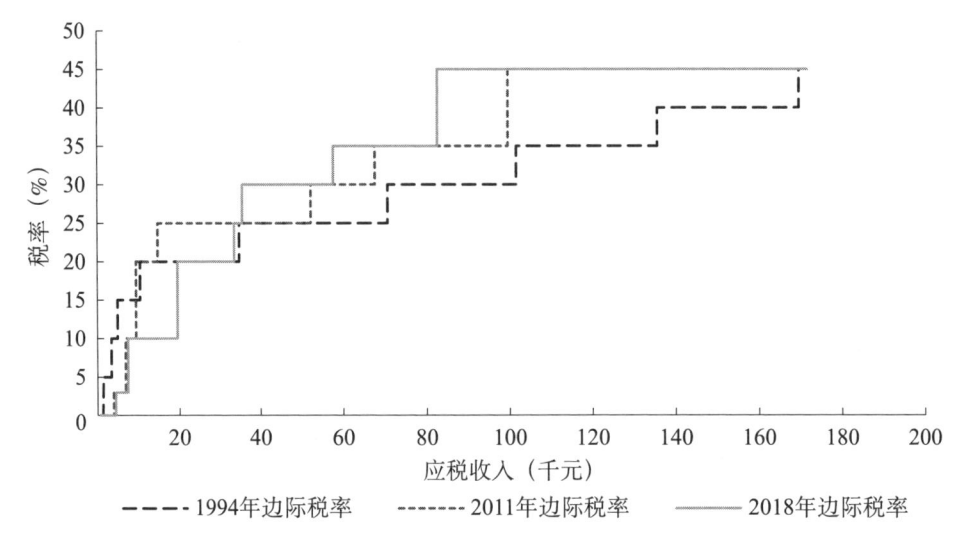

**图 4.1　1994 年、2011 年和 2018 年个人所得税边际税率（以 2011 年不变价格计算）**
数据来源：全国人民代表大会（1993，2011，2018）。

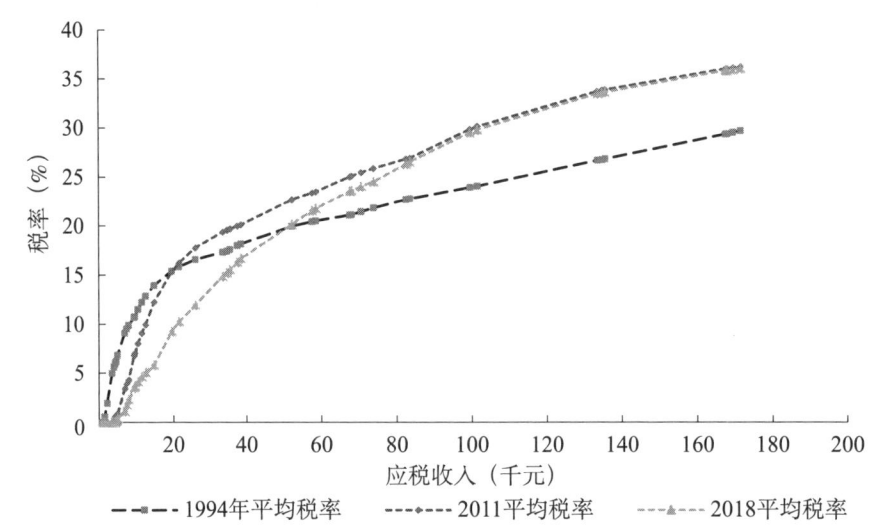

**图 4.2　1994 年、2011 年和 2018 年个人所得税平均税率（以 2011 年不变价格计算）**
数据来源：全国人民代表大会（1993，2011，2018）。

对于个人工商户的生产经营所得和企事业单位的承包经营、承租经营所得，多年来税率不断降低。例如，根据 1994 年的税法，大于 5 000 元、小于等于 1 万元的收入税率为 10%，而根据 2011 年和 2018 年的税法，该等额收入的边际税率仅为 5%。

为便于比较，经营所得的边际税率和平均税率根据收入按 2011 年不变价格进行调整。1994年、2011年和2018年三个版本的所得税法的经营所得的边际税率和平均税率分别如图4.3和图4.4所示。可见，经营所得的边际税率有所下降，即2011年各收入水平的边际税率明显低于1994年，2018年低于2011年。例如，对于应税收入10万元的纳税人，2018年的边际税率为20%，而1994年和2011年的边际税率为35%。纳税人的平均税率也大幅下降，如图4.4所示。例如，对于应税收入10万元的纳税人，2018年的平均税率为10.9%，2011年为20.25%，1994年为23.75%。

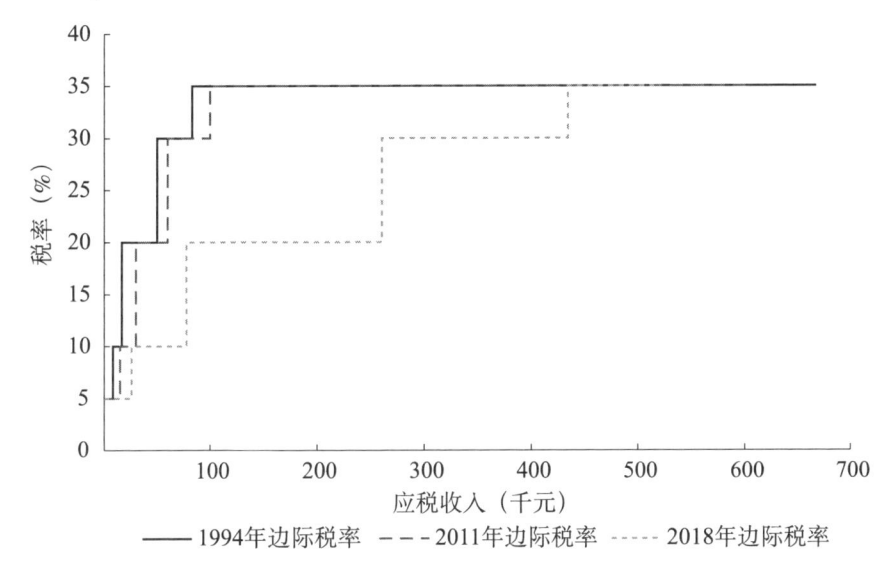

**图4.3  1994年、2011年和2018年经营所得的边际税率（以2011年不变价格计算）**
数据来源：全国人民代表大会（1993，2011，2018）。

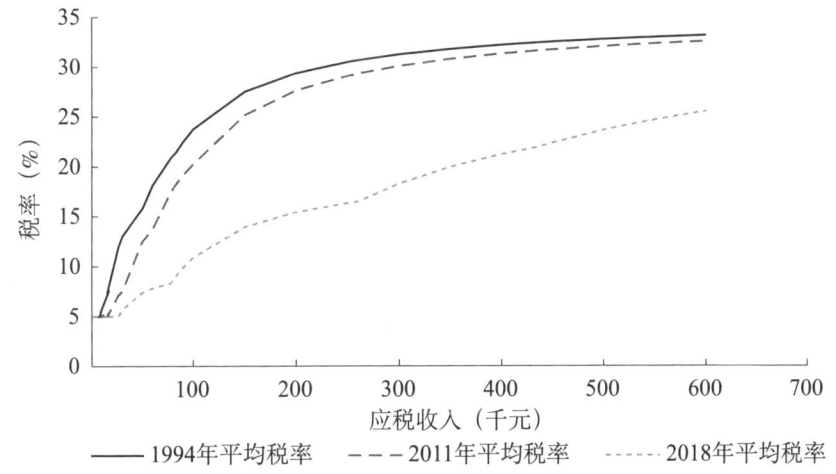

**图4.4  1994年、2011年和2018年经营所得的平均税率（以2011年不变价格计算）**
数据来源：全国人民代表大会（1993，2011，2018）。

此外，2018 年经营所得的平均税率低于工薪所得的平均税率。例如，在收入水平为 10 万元（以 2011 年不变价格计算）的情况下，工薪所得的平均税率为 30% 左右，而经营所得的平均税率为 10.9%。

## 4.3 高边际税率与低税收收入的谜团

### 4.3.1 高税率

如前所述，中国个人所得税的最高边际税率为 45%。自 2018 年以来，美国联邦所得税的边际税率为从 10% 到 37%。俄罗斯废除了累进所得税制度，并为超过起征点的收入设定 13% 的单一所得税税率。许多东欧国家也按照 Hall and Rabushka（1985）的建议建立了单一税制。2020 年中国香港特别行政区的个人所得税税率为 15%。① 新加坡实行累进所得税，起征点为 2 万新元，2020 年的最高边际税率为 22%。② 也有少数国家个人所得税税率高，例如，英国个人所得税的边际税率为从 20% 到 45%。③ 中国个人所得税的最高边际税率高于世界上大多数国家。

### 4.3.2 低税收

从表 4.8 可以看出，我国个人所得税占 GDP 的比重 1999 年为 0.46%，2000 年为 0.66%，2005 年为 1.12%，2010 年为 1.17%，2015 年为 1.25%，2019 年为 1.05%，2020 年为 1.14%，2023 年为 1.17%。2019 年，个人所得税在 GDP 中所占的比重，丹麦为 26.4%，英国为 9.2%，美国为 10.2%，德国为 9.8%，法国为 9.4%，韩国为 5.4%，日本为 5.2%，俄罗斯为 3.5%，巴西是 3.1%，泰国为 1.8%。④ 显然，工业化国家的个人所得税占 GDP 的比重比发展中国家更高。此外，工业化国家的个人所得税收入在 20 世纪大幅度增加，目前已稳定下来。例如，在美国，联邦政府个人所得税占 GDP 的比重 1934 年为 0.7%，1940 年为 0.9%，1950 年为 5.7%，1960 年为 7.6%，1970 年为 8.6%，1980 年为

---

① 香港特别行政区（2020）。
② Inland Revenue Authority of Singapore（2021）。
③ HM Revenue & Customs of the UK Government（2020）。
④ IMF（2021）。

8.7%,1990 年为 7.9%,2000 年为 9.9%,2010 年为 6.0%,2015 年为 8.5%,2020 年为 7.6%,2022 年为 10.5%。美国许多州还征收所得税。[①] 中国个人所得税占 GDP 的比重增长缓慢。事实上,中国 2019 年个人所得税占 GDP 的比重为 1.05%,低于 2005 年的 1.12%;2023 年个人所得税占 GDP 的比重为 1.17%,低于许多同发展阶段的亚洲国家。

表 4.8　中国个人所得税收入

| 年份 | 个人所得税收入（亿元） | 总税收收入（亿元） | 占税收总额的百分比（%） | GDP（亿元） | 占 GDP 的百分比（%） |
|---|---|---|---|---|---|
| 1999 | 413.66 | 10 682.58 | 3.87 | 90 564.4 | 0.46 |
| 2000 | 659.64 | 12 581.51 | 5.24 | 100 280.1 | 0.66 |
| 2001 | 995.26 | 15 301.38 | 6.50 | 110 863.1 | 0.90 |
| 2002 | 1 211.78 | 17 636.45 | 6.87 | 121 717.4 | 1.00 |
| 2003 | 1 418.03 | 20 017.31 | 7.08 | 137 422.0 | 1.03 |
| 2004 | 1 737.06 | 24 165.68 | 7.19 | 161 840.2 | 1.07 |
| 2005 | 2 094.91 | 28 778.54 | 7.28 | 187 318.9 | 1.12 |
| 2006 | 2 453.71 | 34 804.35 | 7.05 | 219 438.5 | 1.12 |
| 2007 | 3 185.58 | 45 621.97 | 6.98 | 270 232.3 | 1.18 |
| 2008 | 3 722.31 | 54 223.79 | 6.86 | 319 515.5 | 1.16 |
| 2009 | 3 949.35 | 59 521.59 | 6.64 | 349 081.4 | 1.13 |
| 2010 | 4 837.27 | 73 210.79 | 6.61 | 413 030.3 | 1.17 |
| 2011 | 6 054.11 | 89 738.39 | 6.75 | 489 300.6 | 1.24 |
| 2012 | 5 820.28 | 100 614.30 | 5.78 | 540 367.4 | 1.08 |
| 2013 | 6 531.53 | 110 530.70 | 5.91 | 595 244.4 | 1.10 |
| 2014 | 7 376.61 | 119 175.30 | 6.19 | 643 974.0 | 1.15 |
| 2015 | 8 617.27 | 124 922.20 | 6.90 | 689 052.1 | 1.25 |
| 2016 | 10 088.98 | 130 360.70 | 7.74 | 744 127.2 | 1.36 |
| 2017 | 11 966.37 | 144 369.90 | 8.29 | 820 754.3 | 1.46 |
| 2018 | 13 871.97 | 156 402.90 | 8.87 | 900 309.5 | 1.54 |
| 2019 | 10 388.53 | 157 992.20 | 6.57 | 990 865.1 | 1.05 |
| 2020 | 11 568.26 | 154 312.30 | 7.50 | 1 015 986.0 | 1.14 |
| 2021 | 13 992.64 | 172 730.50 | 8.10 | 1 143 670.0 | 1.22 |

① Office of Management and Budget（2024a）.

（续表）

| 年份 | 个人所得<br>税收入<br>（亿元） | 总税收收入<br>（亿元） | 占税收总额<br>的百分比<br>（％） | GDP<br>（亿元） | 占 GDP 的<br>百分比（％） |
| --- | --- | --- | --- | --- | --- |
| 2022 | 14 922.85 | 166 620.10 | 8.96 | 1 210 207.2 | 1.23 |
| 2023 | 14 775.30 | 181 136.25 | 8.16 | 1 260 582.1 | 1.17 |

资料来源：国家统计局（2022，2023，2024）。

从个人所得税在税收总收入中所占的比重也可以看出，中国的个人所得税收入较低。如表 4.8 所示，1999 年中国的个人所得税收入占税收总收入的比重仅为 3.87％，2000 年为 5.24％，2005 年为 7.28％，2010 年为 6.61％，2015 年为 6.90％，2018 年为 8.87％，2019 年为 6.57％，2020 年为 7.50％，2021 年为 8.10％，2023 年为 8.16％。工业化国家的个人所得税收入在税收总收入中所占的比重要高得多，2019 年丹麦是 57.1％，美国是 54.4％，德国是 40.4％，英国是 34％，法国为 30.9％，韩国为 27.1％，日本为 27.6％，俄罗斯为 17.3％，巴西是 12.7％，泰国是 10.9％（IMF，2021）。

### 4.3.3　解开谜团

为什么在个人所得税税率很高的情况下，个人所得税收入却如此之低？这一直是个谜。中国的个人所得税比美国更加累进，最高边际税率比美国高，但征得的税收收入的占比却更低。中国个人所得税的最高边际税率为 45％，而美国自 2018 年以来的个人所得税最高边际税率为 37％。然而，如前所述，2019 年中国的个人所得税收入仅占总税收的 6.57％，而美国 2019 年的个人所得税收入占总税收的 54.4％。中国个人所得税的最高边际税率和英国一样高，但产生的税收收入却少得多。在英国，2019 年个人所得税收入占总税收收入的 34％。

个人所得税收入为什么这么低？原因包括以下几个方面：

一是纳税人少。由于起征点高或免征额高，工薪收入者缴纳所得税的比例小。2011 年起征点从 2 000 元提高到 3 500 元，个人所得税纳税人从 8 400 万人减少到 2 400 万人，同时缴纳个人所得税的人数占工薪领取者总人数的比重从 28％下降到 7.7％（李婧、田兴春，2011）。

最高边际税率很高，但受最高边际税率影响的人的比率很小。2018 年，政府将起征点从 3 500 元提高到 5 000 元，纳税人数短期内减少了。超过 9 000 万人免除了个人所得税。[①] 个人所得税收入由 2018 年的 13 871.97 亿元下降到 2019 年

---

① 国家税务总局（2019c）。

的 10 388.53 亿元。按 1978 年不变价格计算，个人所得税收入 2019 年同比下降 30.89%。[1] 2021 年个人所得税收入为 13 992.64 亿元，2022 年为 14 922.85 亿元，2023 年为 14 775.3 亿元。

根据现行税收规定，农民不缴纳个人所得税。工资、薪金所得，个体工商户的生产、经营所得，企事业单位的承包、承租经营所得，都应缴纳个人所得税。2021 年全国乡村人口为 4.9835 亿人，占总人口（14.126 亿人）的 35.28%。[2] 2021 年，全国乡村就业人数为 2.7879 亿人，占全国就业人员总数（7.4652 亿人）的 37.35%；第一产业（农、林、牧、渔业，但不含农、林、牧、渔服务业）就业人数为 1.7072 亿人，占总就业人数的 22.87%。[3] 虽然大多数农民收入很低，但有些农民却很富有，特别是在东部沿海地区。然而，这些富裕的农民也不缴纳个人所得税。[4]

二是逃税和税收漏洞。许多从农村进城的工人在非正规部门工作，那里的会计体系还很不完善。例如，很多小理发店的农民工、房屋装修的承包工人、保姆不缴纳个人所得税。还有其他方法可以逃避个人所得税。例如，许多人出租他们的房子或公寓而不支付租金收入的房产税；经营小生意的人，比如街头小贩，通常不缴纳个人所得税。此外，一些企业向税务机关申报的应税收入水平远低于实际工资收入。在中国，职工的社会保险，如养老保险和医疗保险，主要由雇主支付。如果一个工人的应税工资收入高，那么企业的社会保险费也会高。因此，企业有动机隐瞒工人的工资收入。

利用税收漏洞避税是利用税法来减少或消除纳税义务的一种行为。许多人在力图避税。例如，许多企业家从工资中获得很少的个人收入，以避免适用最高的 45% 的个人所得税边际税率，但从个人劳务报酬中获得大量的收入，劳务报酬按 20% 的税率征税；一些企业家获得了大量股息，股息的税率为 20%，这就避开了高工资的高税率。

三是执法不力。第一，税务审计并不频繁。个人所得税由中央政府和地方政府共同收缴，比率分别为 60% 和 40%。惩罚地方企业偷税漏税，可能会影响地方经营活动，进而影响地方 GDP 增加。第二，税收征管中存在腐败现象。一些税务人员收受企业的贿赂，降低企业的个人所得税。第三，惩罚轻。根据《个人所得税法》，偷税漏税的罚款应在偷税漏税的五倍以下。税务机关通常关注的是追回偷逃税款，而不是罚款。由于罚款没有下限，偷税漏税者通常只缴纳很少的

---

[1] 国家统计局（2022）。
[2] 国家统计局（2022）。
[3] 国家统计局（2022）。
[4] 农业税在 2005 年 12 月 29 日被取消。

罚款。

四是劳动收入占国民收入的比重较低。在中国，城市职工缴纳个人所得税。劳动收入的大小是决定税收收入的重要因素。1979 年，国有企业和集体企业的职工的工资收入占 GDP 的比重为 16%，1990 年为 15.9%，2007 年下降到 11.3%，2018 年上升到 15.74%。[①] 如果把非正规部门的工人也算在内，2007 年工资和薪金在 GDP 中所占的份额上升到了 26.4%。此外，如果把对工人的其他薪酬，如社会保险、福利和住房补贴包括在内，那么雇员的总薪酬占 GDP 的份额在 2007 年增加到 35%（狄煌，2009）。在美国，劳动收入占 GDP 的比例超过 60%（Feenstra，Inklaar and Timmer，2015）。衡量劳动收入规模的更直接指标是劳动收入占国民收入的份额，中国的这一比重从 1995 年的 51.44% 下降到 2007 年的 39.68%，然后又增加到 2008 年的 43.18% 和 2015 年的 47.89%（刘东皇、王志华和唐炳南，2017）。然而，在美国、英国和法国等发达国家，劳动收入占国民收入的比重约为 75%，资本收入占国民收入的比重约为 25%（Piketty and Zucman，2014）。显然，中国劳动收入占国民收入的比重远低于发达国家。劳动收入在国民收入中所占份额较低，导致税基较小，从而导致个人所得税收入较低。

## 4.4　中国的最优个人所得税

如何确定个人所得税边际税率是公共财政中的一个重要问题。Li，Li and Lin（2015）建立了莫里斯最优所得税模型，并根据调查得到的数据估计了中国的技能概率分布函数，计算出中国个人所得税的最优边际税率和平均税率。

### 4.4.1　莫里斯最优所得税模型在中国的应用

Mirrlees（1971）建立了一个开创性的框架来研究最优所得税税率，并发现边际税率应该是非负的。在莫里斯模型的基础上，Diamond（1998）假定效用函数对消费是线性的而对休闲是非线性的，而且技能可以无限提高，于是发现最优边际税率呈 U 形。Li，Li and Lin（2015）设计的莫里斯模型中，个人通过选择消费和劳动供给使效益最大化；个人的最优消费和劳动力供给是边际税率的函数。社会福利函数是所有个体效用函数的总和。政府通过设定最优边际税率来最

---

① Gu and Sun（2017）。

大化社会福利。在确定了最优边际税率后，个人的最优消费和劳动力供给也就被确定下来。在这个模型中，劳动技能的概率分布可以是任何形态，这就大大提高了该模型的实用性。

根据 2009 年中国家庭追踪调查（CFPS）的数据可以估计中国的技能分布函数。2009 年的调查样本包括大约 5 500 名成人和儿童。成年人回答了他们在 2009 年工作了几个月、一个月工作了多少天，以及一天工作了多少小时。调查还提供了个人的年收入。因此，根据上述数据可以计算出个人的小时工资。估计出的分布函数和密度函数如图 4.5 所示，其中 $n$ 是技能水平，$F(n)$ 是概率分布函数，$f(n)$ 是概率密度函数。有趣的是，概率密度在低技能水平比高技能水平高得多。而由于技能用收入来衡量，这就说明，低收入者比高收入者多得多。事实上，在大多数国家，收入分配都呈现出这种状况。

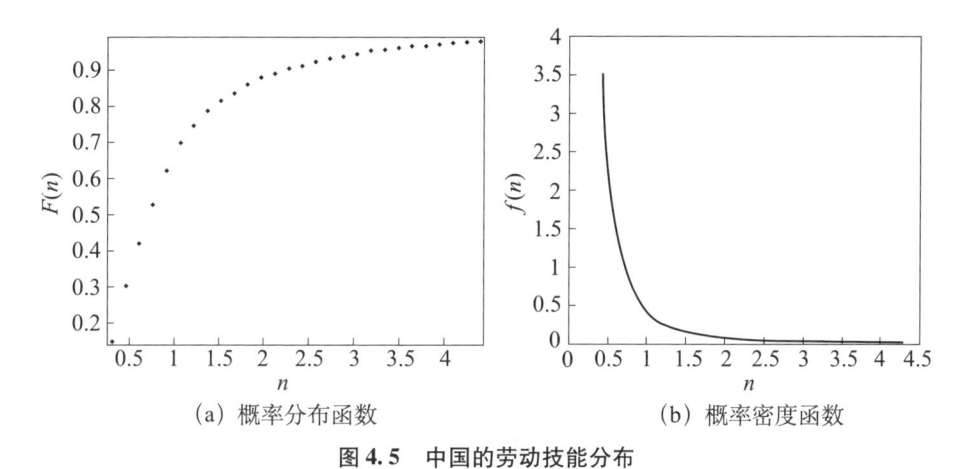

(a) 概率分布函数　　(b) 概率密度函数

**图 4.5　中国的劳动技能分布**

数据来源：Li，Li and Lin（2015）。

## 4.4.2　最优个人所得税税率

表 4.9 给出了月工资收入、指数化的收入 $nl$、消费 $c$、指数化劳动力供给 $l$、最优边际税率和最优平均税率。可以看出，最优边际税率总是正的；最优平均税率在收入水平较低时为负，在收入水平超过 3 742 元时变为正数；中国的最优边际税率和平均税率都随着收入的增加而增加，但以递减的速度增长，并且在高技能水平（即高收入水平）下趋于平缓。图 4.6 显示了每个收入水平 $nl$ 的最优平均税率和边际税率，以及基于 2011 年税法的实际边际税率和平均税率。

最优边际税率和平均税率在高收入水平时以递减的速度增加而趋于平稳。然而，中国的实际边际税率在低收入水平时以递减的速度增加，而在高收入水平时

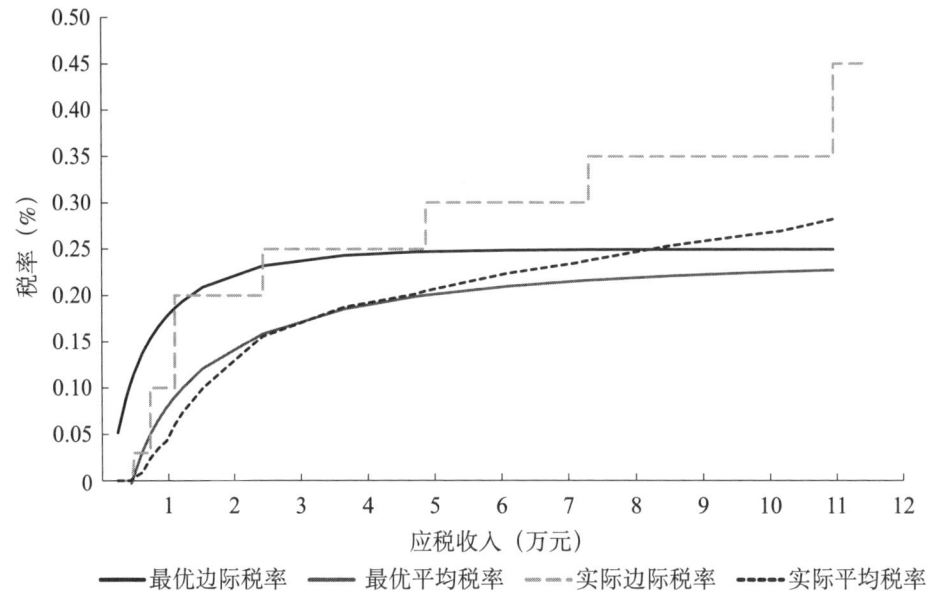

图 4.6 中国最优个人所得税税率

资料来源：Li，Li and Lin（2015）。

以递增的速度增加。下面讨论表 4.9 和图 4.6 所示的最优所得税结果。

第一，低收入群体的最优平均税率为负。也就是说，尽管边际税率为非负，但政府应该补贴低收入者，使他们不仅不纳税，而且得到政府的补贴，所以平均税率为负。如表 4.9 所示，如果工资收入为 2 000 元，补贴应达到收入的 7.27%；如果收入为 3 500 元，则补贴应达到收入的 0.74%。但目前，低收入群体并没有收入补贴。

表 4.9　中国最优个人所得税税率

| 目前的月收入（元） | $nl$ | $c$ | $l$ | 最优边际税率（%） | 最优平均税率（%） | 实际边际税率（%） | 实际平均税率（%） |
| --- | --- | --- | --- | --- | --- | --- | --- |
| 2 000 | 0.243 2 | 0.260 9 | 0.341 0 | 5.17 | -7.27 | 0 | 0 |
| 3 000 | 0.364 8 | 0.373 8 | 0.366 9 | 8.89 | -2.47 | 0 | 0 |
| 3 500 | 0.425 6 | 0.428 7 | 0.377 2 | 10.34 | -0.74 | 0 | 0 |
| 3 742 | 0.455 0 | 0.455 0 | 0.381 7 | 10.97 | 0 | 3.00 | 0.19 |
| 4 000 | 0.486 4 | 0.482 9 | 0.386 3 | 11.60 | 0.73 | 3.00 | 0.37 |
| 5 000 | 0.608 0 | 0.589 0 | 0.402 0 | 13.67 | 3.12 | 3.00 | 0.90 |
| 6 000 | 0.729 6 | 0.693 0 | 0.415 3 | 15.30 | 5.01 | 10.00 | 2.41 |
| 7 000 | 0.851 2 | 0.795 2 | 0.427 0 | 16.63 | 6.58 | 10.00 | 3.50 |

(续表)

| 目前的月收入（元） | $nl$ | $c$ | $l$ | 最优边际税率（%） | 最优平均税率（%） | 实际边际税率（%） | 实际平均税率（%） |
|---|---|---|---|---|---|---|---|
| 8 000 | 0.972 8 | 0.895 9 | 0.437 4 | 17.72 | 7.91 | 10.00 | 4.31 |
| 9 000 | 1.094 4 | 0.995 4 | 0.446 8 | 18.63 | 9.05 | 20.00 | 6.05 |
| 10 000 | 1.216 0 | 1.093 9 | 0.455 5 | 19.39 | 10.05 | 20.00 | 7.44 |
| 12 500 | 1.520 0 | 1.336 5 | 0.474 5 | 20.87 | 12.07 | 20.00 | 9.95 |
| 20 000 | 2.432 0 | 2.046 0 | 0.518 2 | 23.18 | 15.87 | 25.00 | 15.59 |
| 30 000 | 3.648 1 | 2.972 2 | 0.560 3 | 24.31 | 18.53 | 25.00 | 18.73 |
| 38 500 | 4.681 7 | 3.752 4 | 0.588 4 | 24.67 | 19.85 | 25.00 | 20.11 |
| 40 000 | 4.864 1 | 3.889 8 | 0.592 9 | 24.71 | 20.03 | 30.00 | 20.48 |
| 50 000 | 6.080 1 | 4.804 2 | 0.619 7 | 24.86 | 20.98 | 30.00 | 22.38 |
| 58 500 | 7.113 7 | 5.580 5 | 0.639 3 | 24.92 | 21.55 | 30.00 | 23.49 |
| 60 000 | 7.296 1 | 5.717 5 | 0.642 6 | 24.93 | 21.64 | 35.00 | 23.77 |
| 70 000 | 8.512 1 | 6.630 2 | 0.662 7 | 24.95 | 22.11 | 35.00 | 25.37 |
| 80 000 | 9.728 2 | 7.542 8 | 0.680 6 | 24.96 | 22.46 | 35.00 | 26.57 |
| 83 500 | 10.153 8 | 7.862 2 | 0.686 4 | 24.96 | 22.57 | 35.00 | 26.93 |
| 90 000 | 10.944 2 | 8.455 3 | 0.696 8 | 24.96 | 22.74 | 45.00 | 28.22 |

数据来源：Li，Li and Lin（2015）。

第二，最优免税水平约为3 742元，即收入在3 742元时，最优平均税率为零。但中国个人所得税的实际起征点为3 500元，略低于最优水平。在3 500元的实际起征点下，76.8%的工薪收入者无须缴纳所得税。当起征点为3 742元时，78.7%的工薪收入者无须缴纳所得税，即约有21.3%的工薪收入者需要支付工资所得税。这个理论下的最优纳税人比率比中国实际纳税人比率低。

第三，随着收入的增加，月实际边际税率和平均税率上升得太慢。也就是说，对于从3 742元到8 000元的收入而言，实际边际税率和平均税率过低。例如，对于月工资收入为5 000元的群体，最优边际税率应为13.67%，而实际边际税率仅为3%。对于月工资收入在4 000元到8 000元的群体，最优边际税率和最优平均税率都高于实际边际税率和实际平均税率。

第四，对于月收入在8 000元到38 500元的收入群体而言，实际边际税率看上去与最优边际税率相吻合，实际平均税率也接近最优平均税率。例如，对于月收入为30 000元的群体，最优边际税率为24.31%，最优平均税率为18.53%，实际边际税率为25%，实际平均税率为18.73%。

第五，实际边际税率和实际平均税率在高收入水平上升得过快。具体而言，对于月收入为 38 500 元以上的群体来说，实际边际税率过高。例如，收入为 60 000 元的群体的最优边际税率应为 24.93%，而实际边际税率为 35%。

## 4.5　个人所得税制度存在的问题及改革前景

### 4.5.1　个人所得税制度存在的问题

我国个人所得税制度存在着高收入者的边际税率过高、逃税和税收漏洞、税制设计不完善等问题。

第一，高收入者的边际税率高，纳税人少，个人所得税收入低。最高边际税率为 45%。Li, Li and Lin（2015）对我国最优所得税的分析表明，最高边际税率应低于 30%。此外，国际比较也表明，中国的最高边际税率很高。

高收入者的个人所得税本质上是一种人力资本税，因为人力资本越多的人，工资越高。近几十年来，经济学家一直在强调人力资本在经济发展中的重要作用，如 Lucas（1988）。然而，高边际税率不利于人力资本积累。

第二，逃税和税收漏洞是一个严重的问题。许多小企业不为工人缴纳个人所得税和社会保险费，以降低生产成本。一些企业根据低于实际支付给工人的工资的水平缴纳个人所得税和社会保险费。因此，来自个人收入的税收非常低。如前所述，2019 年个人所得税仅占税收总收入的 6.57%，2021 年上升到 8.1%，2022 年为 8.96%，2023 年为 8.16%。政府似乎主要依靠个人所得税进行收入再分配，而不是注重个人所得税筹措财政收入的功能。还有税收漏洞。一些企业家给自己支付少量工资，并以其他方式补偿自己，以便少缴纳个人所得税。

第三，税收制度设计不完善。2018 年修改后的《个人所得税法》允许进行专项扣除，包括子女教育（从学前儿童到博士）、住房贷款利息支付和赡养老人支出，但忽视了实际教育支出、实际利息支付和实际收入转移。

此外，税率等级对应的收入档次在年度间没有调整。例如，尽管存在通货膨胀，2011 年设定的税率对应的收入档次在 2018 年 10 月之前依旧保持不变。2011 年至 2018 年，居民消费价格指数增长超过 15.2%。[1] 这意味着，2018 年的税率对应的收入档次比 2011 年降低了 15.2%，或者人们开始按照 2011 年的不变价格，以 3 038.19 元的月工资缴纳个人所得税，而不是 3 500 元。目前的税率等级

---

[1]　国家统计局（2019）。

自 2018 年以来没有调整过。这等于降低了个人所得税起征点。通货膨胀越高，实际起征点降得越多。

第四，社会保障收入不征税。社会保障福利分配极不均衡。此外，一些人的养老金收入远远超过了目前规定的应纳税起征点 5 000 元。养老保险个人账户积累的资金从未被征税。在发达国家，如美国，社会保障收入是要缴纳个人所得税的。例如，目前，夫妻年社会保障收入超过 32 000 美元，必须为额外收入缴纳个人所得税；此外，普通个人账户积累的资金提取时都要缴纳个人所得税。

第五，个人工资、薪金所得的税率与经营所得的税率有较大差别。如前所述，目前工资、薪金所得税制比个体工商户经营所得税和企事业单位承包经营、承租经营所得税制更具累进性。例如，个人工资、薪金所得的最高边际税率为 45%，而经营所得的最高边际税率仅为 35%。近年来，一些艺人将高额的个人所得收入转化为经营所得，以躲避高额的个人工资、薪金所得税。

### 4.5.2 个人所得税改革的前景

我国应努力提高个人所得税在税收总收入中的比重。以下是个人所得税改革的方向。

第一，调整个人所得税税率。根据 Li，Li and Lin（2015）的研究，最优方案是对中国的低收入群体进行补贴，并降低最高边际税率。因此，最优边际税率线应该比现行税率线平坦得多。如前所述，对个人劳动收入征税主要是对人力资本征税。我国个人所得税主要针对劳动收入征收。因此，降低劳动收入的最高边际税率将刺激人力资本积累，促进经济发展。

第二，定期（最好每年）调整个人所得税起征点和税率及涉及的可税收入档次，以应对通货膨胀和收入的变化。发达国家，如英国和美国，每年都调整其税率及涵盖的可税收入档次。面对通货膨胀，尽管近几十年来通货膨胀是温和的，但如果税率不调整，通货膨胀将使得劳动者税负加大。为了保持税负不变或使税收增长与收入增长保持一致，中国需要每年对税率进行调整。

第三，加强执法力度。将工资、补贴、利息、租金等收入透明化，按实际支付给员工的工资征收个人所得税。设定逃税最低罚款额，以避免税务官员徇私舞弊，任意从轻罚款。通过严厉惩罚，减少税收和罚款征收中的腐败，增加税收收入。堵住税收漏洞，向高收入者征收更多的个人所得税。

第四，对高额社会保障收入征收所得税。为了减少收入不平等，增加个人所得税的税收收入，中国政府应考虑向高额的养老金收入征税。另外，为了实现税收公平，应该对未缴纳所得税的养老保障个人账户积累的资金征税。中国是一个受儒家文化影响极深的社会，对老年人的收入征税将会很困难。然而，随着政策制定过程的民主化和社会的法治化，对高额养老金收入和养老保障个人账户积累的资金征税将成为可能。

第五，将工资、薪金所得的税率与个体工商户（独资企业）生产、经营所得和企事业单位承包、承租经营所得的税率合并。如前所述，目前工资、薪金所得的最高边际税率高于经营所得的最高边际税率。为了简化税制，使税制更加公平，防止一些人将工资、薪金所得转化为经营所得，工资、薪金所得和经营所得的边际税率应该调整到相同的水平。

## 4.6 总　　结

20世纪初，中国就准备引入现代所得税制度，但收效甚微。国民政府于1936年全面确立了所得税制度。1949年中华人民共和国成立后，由于中央计划经济下的低工资和薪金，中国不向工薪阶层征收个人所得税。经济改革开始后，政府开始重视税收的作用。1980年，政府通过了新的《个人所得税法》，实行从5%到45%的6档边际税率，月应税所得起征点为800元（1987年降至400元）。1994年，我国《个人所得税法》进行了重大修订，实行5%至45%的9档边际税率，每月应税所得起征点为800元。此后，政府又对《个人所得税法》进行了多次修订。根据2011年税法，边际税率为3%至45%，起征点为每月3 500元。根据2018年税法，应税所得的起征点提高到5 000元，边际税率为3%到45%，一些特殊支出可从应纳税所得额中扣除。我国向综合个人所得税制迈出了第一步。

比较1994年、2011年和2018年不变价格税率。研究发现，2011年各收入水平的个人所得税平均税率低于1994年，2018年各收入水平的平均税率低于2011年。因此，从1994年到2018年，平均税率在下降，经营所得的平均税率也有所下降。此外，经营所得的最高边际税率远低于工资、薪金个人所得的最高边际税率。

我国个人所得税的最高边际税率高，但税收收入低。最高边际税率是45%，是世界上最高的边际税率之一。但是，个人所得税的税收收入很少。2015年个人所得税占GDP的比重为1.25%，2018年为1.54%，2019年为1.05%，2020年为1.14%，2022年为1.23%，2023年为1.17%。2015年个人所得税占全国税收总额的比重为6.90%，2018年为8.87%，2019年仅为6.57%，2020年为7.50%，2022年为8.96%，2023年为8.16%。税率高和税收收入低这个谜团的答案包括：纳税人少、逃税和税收漏洞、执法不力以及劳动收入占国民收入的比重较低。

对我国最优所得税制度的探索已经开始。根据 Li，Li and Lin（2015）的研究，低收入群体应该得到补贴；而我国的实际情况是，边际税率在低收入水平上不为负，随着收入水平提高而迅速增加，在收入达到一定水平后趋于不变。与最优税收制度相比，当前的边际税率以及平均税率都远远不能达到最优水平。具体而言，当收入开始上升时，边际税率增长太慢，最高边际税率过高。

我国的所得税制度还存在许多问题。我国对个人所得实行不同的税制。对工资和薪金所得实行3%至45%的累进税率。特许权使用费、利息、股息和红利、财产租赁和财产转让所得的应税收入，按20%的单一税率纳税。个人工资、薪金所得的税率与个体工商户生产、经营所得的税率不同，前者远高于后者。税率及其相应的收入档次不按年调整，通货膨胀影响税收负担。虽然一些人的养老金收入非常高，但不对其征税。偷税漏税问题依然严重，一些企业不按实际工资而按最低工资为雇员缴纳个人所得税。

未来的税制改革势在必行。第一，降低工资和薪金所得的最高边际税率，优化税收制度。第二，每年根据通货膨胀率调整个人所得税率及相应的收入档次。第三，加强执法力度，减少偷税现象，堵塞税收漏洞，增加个人所得税收入。第四，对高额养老金收入征税，改善收入分配状况。第五，将工资、薪金所得税制与经营所得税制合并，使税制更加公平。可以预见，通过改革，个人所得税收入占税收总额的比重将逐步提高。

# 第 5 章

# 企业所得税

## 5.1 引　　言

企业所得税是我国的一项重要税种，其收入仅次于增值税，排在第二位。2022 年中国企业所得税收入占税收总收入的比重为 26.22%，高于包括所有发达国家在内的大多数国家。尽管企业所得税已经进行了多次改革，但仍然面临着严峻问题，有必要进一步改革。

许多研究表明，企业所得税会减少资本积累，造成社会福利损失，所以应该尽可能降低企业所得税。Harberger（1962）运用一个封闭的经济模型证明，在完全竞争的情况下，企业所得税负担全部由公司制企业和非公司制企业的资本承担。在完全竞争的情况下，企业所得税等同于资本所得税。Diamond（1970）在一个世代交叠模型中证明，当税收收入被返还给支付税款的个人时，如果税后利率高于经济增长率，利息（资本回报）税税率的增加就会降低工资率，并减少代表性个体的效用。Summers（1981）建立一个生命周期均衡模型，证明从资本所得税转向消费税将大大增加福利。Chamley（1981，1986）和 Judd（1985）认为，在税收收入一次性返还给纳税人的情况下，福利最大化的资本所得税税率在稳态时为零。Lucas（1990）认为不应该对任何资本征税。Bovenberg（1989）假设税收收入用于支付政府消费，证明减少资本所得税对开放经济体尤其有吸引力。Gordon（1990），Gordon and Bovenberg（1996），Frenkel，Razin and Sadka（1991）以及 Mintz（1992）认为，理论上，资本所得税在开放经济中可能无法存续，因为所有国家都有吸引外资和留住国内资本的动机。当然也有研究证明在某些情况下，征收资本所得税是有益的。[①]

近年来关于中国企业所得税的研究集中在企业所得税制度改革对经济的影响上。Lin（2004）研究了中国取消境内外企业所得税不同税率对于资本积累、境内资本、境外资本和贸易顺差的影响，发现降低境内企业的税率将增加境内资本，减少境外资本，增加贸易顺差。Whalley and Wang（2007）认为，统一的企业所得税税率可能不是一个理想的税制改革方案，出于效率考虑，政府应该对国有企业征收更高的税率，统一征税会造成巨大的福利损失。Chen et al.（2018）分析了政府为研发投资大于规定标准的企业大幅削减企业所得税的政策，发现该政策对企业的研发投资有积极影响，并使企业生产效率显著提高。

本章旨在解答以下问题：中国的企业所得税制是如何演进的？企业所得税有哪些关键特征？为什么中国的企业所得税收入如此之高？国有企业、民营企业和外资企业是如何分担企业所得税的？不同地区、不同行业的企业所得税状况如何？企业所得税制存在哪些问题？如何改革企业所得税？本章认为，我国企业所得税税率过高，企业所得税在不同所有制企业之间分布不均；建议政府降低企业所得税税率，缩小企业所得税税基，减少繁多的税收优惠政策，完善累进的企业所得税制度。

本章第 5.2 节讨论中国企业所得税制度的演变。第 5.3 节解释为什么企业所得税收入如此之高。第 5.4 节探讨不同地区、不同所有制和不同行业的企业所得税。第 5.5 节讨论我国现行企业所得税制度存在的问题以及未来的改革方向。第 5.6 节为总结。

## 5.2　中国企业所得税制度的演变

20 世纪里，中国的企业所得税制经历了重大变革。本节将展示中国企业所得税制度的演变，并探讨现行企业所得税制度的特点。

### 5.2.1　企业所得税的设立

20 世纪初，中国开始考虑设置企业所得税。1914 年，中华民国政府颁布了《所得税条例》，但由于社会不稳定和企业经营环境恶劣，相关法规并没有实施。1936 年，国民政府颁布《所得税暂行条例》，正式建立了所得税制度（郭卫

---

[①] 例如，Lin（2001a）；Conesa, Kitao and Krueger（2009）。

元觉，1936）。根据新的税法，企业收入、个人工资、分红和利息收入都要征收累进的所得税。企业收入包括公司、商店、仓库和 2 000 元法币以上个人资本的收入，公私合营企业的收入以及企业的临时收入。非营利组织的收入免税。企业所得税是基于利润与股本比征收，而不是像现在这样基于企业所得征收；采取累进税率，税率从 3% 递增至 10%。具体而言，利润占股本 5%～10% 的（不包括 10%，下同），税率为 3%；利润占股本 10%～15% 的，税率为 4%；利润占股本 15%～20% 的，税率为 6%；利润占股本 20%～25% 的，税率为 8%；利润占股本 25% 及以上的，税率为 10%。这些税率也适用于临时收入。如果盈利能力无法通过企业利润与股本的比率来衡量，那么税率则基于利润水平来确定，累进税率为 3%～20%。1943 年和 1946 年，政府对企业所得税法做了修订，调整了税基和税率。

1950 年 1 月 30 日，政务院颁布了《工商业税暂行条例》，开始征收所得税。企业所得税是累进的，税率最低为 5%，最高为 30%。1950 年 6 月调整税收法规后，企业所得税的起征点和最高边际税率都大幅提高，并将累进级数由 14 增加为 21。企业所得税的纳税人主要是私营企业、集体企业和个体工商户。国有企业缴纳工商税（以产出为税基），实行利润上缴制度，而不缴纳所得税。

1956 年，中国完成了生产资料的社会主义改造，纳税人只有集体企业和个体工商户。1958 年以后，中国为简化税收，多次修改了税收法规。在这种情况下，国家征收的企业所得税就很少了。

1978 年改革开放后，中国很快制定了涵盖各类企业的企业所得税法规。1980 年 9 月，全国人民代表大会通过了《中华人民共和国中外合资经营企业所得税法》（外国投资者可以是个人或企业，但中国投资者必须是企业），中央政府税率为 30%，地方政府税率为 10%。1983 年，中国对税法进行了修订，对合资企业所得税实行"两免三减半"，即两年免征企业所得税，三年减半征收（全国人民代表大会，1983）。

1981 年，全国人民代表大会通过了《中华人民共和国外国企业所得税法》，实行 20% 至 40% 的五级超额累进税率，另按应纳税所得额附征 10% 的地方所得税（全国人民代表大会，1981）。外国企业是指在中国境内设立机构、场所从事生产、经营和虽未设立机构、场所而有来源于中国境内所得的外国公司、企业和其他经济组织。

1983 年，中国开始在国有企业进行"利改税"试点，以税收代替利润上缴。1984 年国务院发布了《中华人民共和国国营企业所得税条例（草案）》和《国营企业调节税征收办法》，对大中型国有企业实行 55% 的比率税率，对小型国有企业实行 10% 到 55% 的超额累进税率。1985 年国务院发布了《中华人民共和国集体企业所得税暂行条例》，累进税率为10%到55%。1988年国务院发布了《中华人民共和国私营企业所得税暂行条例》，设定了35%的税率。到20世纪80年代末，中国已经制定了包括国有企业、集体企业、个体企业、中外合资企业和外资企业等各类企业的企业所得税法规。

1991年，全国人民代表大会将《中华人民共和国中外合资经营企业所得税法》与《中华人民共和国外国企业所得税法》合并，制定了《中华人民共和国外商投资企业和外国企业所得税法》。根据法律规定，外国企业和外商投资企业应对其在中国境内的生产、经营和其他来源的收入纳税。中央政府的标准税率为30%，地方政府的税率为3%。显然，地方政府的税率降低了。

同时，其他对外商投资企业的税收优惠政策也陆续出台。依据法律规定，对在经济特区内设立的从事生产、经营的外商投资企业和在经济技术开发区内设立的生产性外商投资企业，按15%的税率征收企业所得税。在沿海经济开发区，或老城区中设立的经济特区、经济开发区、高新技术园区等地的生产性外商投资企业的所得税，税率减至24%。上述企业以及在其他地区涉及能源、通信、港口、码头或中央政府鼓励的其他项目的企业，税率可降至15%。

依据法律规定，外商投资制造业企业经营期在十年以上的，自开始获利年度起，第一年和第二年免征所得税，第三年至第五年减半征收所得税。但是，从事石油、天然气、稀有金属、贵金属等资源开采的外商投资企业不适用该税收条款。外商投资企业实际经营期不满十年而离开中国的，应当补缴已免征、减征的企业所得税税款。1991年全国人民代表大会通过的这项法律对外商投资企业的优惠程度超过了以前的法律。此后，外资开始大量涌入中国。

## 5.2.2 1994年企业所得税改革

1992年，中国宣布从计划经济转向社会主义市场经济，并开始进行重大的税制改革。1993年，国务院发布了《中华人民共和国企业所得税暂行条例》，将企业所得税税率设定为应纳税所得额的33%。该条例统一了国有企业、集体企业和民营企业的企业所得税税率，并采用了累进税制。应纳税所得额低于3万元的企业，税率为18%；应纳税所得额在3万元（含3万元）至10万元的企业，税率为27%；应纳税所得额大于或等于10万元的企业，税率为33%。该法于1994年1月1日起开始施行。小微企业和低利润企业的税率为20%，高新技术企业的税率为15%。少数民族地区有权降低当地企业所得税。该条例不适用于外商投资企业和外国企业。

生产经营过程中产生的利息费用、工资薪金、职工工会经费和公益性捐赠可以从总收入中扣除。资本性投资不能从应税收入中扣除。因此，企业所得税基本上是对资本收入和利润的征税。一年内的亏损可以由以后五年内的利润抵消。

在境外投资的中国企业还必须缴纳中国企业所得税，即向中国政府缴纳全球收入的企业所得税。支付给外国政府的所得税可以扣除，但扣除额不得超过国内税法规定的其应纳税额。这与美国和新加坡的企业所得税政策类似。这种征税原则称为居民原则（residential principle）。其他经济体，例如中国香港和中国澳门，采用地域原则（territorial principle），即只对在其地域上的企业所得征税。

中国政府还与许多国家签署了双边税收协定，明确规定了企业所得税、个人所得税和资本利得税的税率。由于这些税收协定通常对外国企业提供更为优厚的待遇，因此它们优先于中国国内税法。如果国内税法的规定与这些税收协定不一致，则以这些税收协定为准。

2000年，国务院发布《国务院关于实施西部大开发若干政策措施的通知》，正式向中国西部地区颁布了多项税收优惠政策。根据官方定义，西部地区由以下十个省、自治区和直辖市组成：四川、甘肃、贵州、云南、青海、陕西、重庆、宁夏、新疆、西藏。根据规定，投资于西部地区的中央鼓励类产业的内外资企业，在一定期限内享受15%的企业所得税优惠税率。在西部地区投资于交通、电力、水利、邮政、广播等行业的外国企业，可享受两年的税收全免和三年的税收减半待遇。

## 5.2.3　现行企业所得税制度

现行企业所得税制度是以2007年税制改革为基础的。2007年，中国政府通过了一项新的企业所得税法，即《中华人民共和国企业所得税法》。该法自2008年1月1日起生效，取代了1991年和1993年有关境内外企业所得税的税收规定。根据该法，境内外企业所得税税率合并为25%。该法律适用于在中华人民共和国境内取得收入的企业和其他组织。企业分为居民企业和非居民企业。居民企业，是指在中国境内依法设立或者依照外国或者地区的法律设立，但在中国境内有实际经营机构的企业。非居民企业，是指依照外国或者地区法律设立，在中国境内没有实际管理机构，但在中国境内设立营业机构或者营业网点，或者在中国境内没有营业机构或者营业网点，但在中国境内有收入的企业。

居民企业在中国境内和境外取得的所得，都应当缴纳企业所得税。在境外缴纳的税款可以扣除，但不得超过中国法律规定的税额。在中国境内设立机构、网点的非居民企业，对其在中国境内设立的机构、网点取得的收入以及与在中国境内设立的机构、网点有实际联系的境外所得，应当缴纳企业所得税，企业所得税税率为25%。未在中国境内设立机构、网点的非居民企业，或者虽在中国境内设立机构、网点，但其所得不是来源于中国境内的，只对来源于中国境内的所得缴纳企业所得税，税率为20%。

符合标准的小型企业和低利润企业适用20%的企业所得税税率。两种类型的企业是符合标准的，一种是应纳税所得额低于30万元人民币、工人不足100人且资产少于3 000万元人民币的工业企业，另一种是工人不足80人且资产少于1 000万元人民币的企业。国家支持的特定的高新技术企业适用于15%的企业所得税税率。农林牧渔业适用低的企业所得税税率。

企业以货币或非货币形式从各种来源取得的收入，包括商品销售收入、劳务提供收入、财产转让收入、股息和红利等权益性投资收益、利息收入、租金收入、特许权使用费收入、接受捐赠收入和其他收入都计入总收入。

企业的捐赠性支出，在企业年度利润总额12%以内的部分，准予在计算应纳税所得额时扣除。在计算应纳税所得额时，企业按照规定计算的固定资产折旧准予扣除。企业缴纳的社会保险费（包括医疗保险、失业保险、工伤保险、生育保险）和住房公积金也可以扣除。

在计算应纳税所得额时，不得扣除以下支出：支付给投资者的投资收益，如股息、企业所得税、滞纳金、没收财产造成的损失、超过年度利润总额12%的公益性捐赠支出、赞助性支出、未经批准的公积金支出、与取得企业收入无关的其他支出。另外，企业缴纳的增值税是不能抵扣的。

近年的企业所得税税制改革，包括对小微企业减税、加快折旧、对特定企业加大减免税力度、加大捐赠减税力度以及对特定企业或行业的优惠政策等。

一是降低小微企业税率。中国政府宣布，自2014年1月1日至2016年12月31日，对应纳税所得额小于或等于10万元的小型微利企业，可减半应纳税所得额，企业所得税税率也由25%降低至20%。后来，该政策扩大到应税收入30万元以下的小微企业。2017年，政府发布公告，自2017年1月1日至2019年12月31日，对应税所得50万元以下的企业实行同样政策。2019年，政府发布公告，自2019年1月1日至2021年12月31日，小微企业年应纳税所得额在100万元以下的部分，减按25%计入应纳税所得额；对年应纳税所得额在100万元以上300万元以下的部分，减按50%计入应纳税所得额；对所有这些企业，企业所得税税率从25%降低到20%。上述企业所得税减免是针对小微企业的，而且是针对特定时期的。显然，这次税收削减幅度很大。根据2019年的规定，对应纳税所得额小于或等于100万元的企业，企业所得税税率实际下调为5%〔=(1-0.75)×20%〕。

二是允许加速折旧。2014年，政府宣布6个行业可以减少新购固定资产的折旧年限，或者采用加速折旧的方式，企业可以先多扣除折旧，后少扣除。这些行业包括生物制药业，特种设备制造业，铁路、船舶、航空、航天等交通运输设备制造业，计算机、通信等电子设备制造业，仪器仪表制造业，信息传输、软件和信息技术服务业。以上行业的小微企业，新购置价值不超过100万元的设备成本，可在所得税基数中扣除。2015年，政府宣布轻工、纺织、机械、汽车四大行业新购固定资产可缩短折旧年限或采用加速折旧法。对于小微企业，新购用于研发和生产的设备，其价值不超过100万元的，可作为生产成本，在当年从企业所得税基数中扣除；企业新购设备价值在100万元以上的，可以选择缩短折旧期限，也可以选择加速折旧方法。2019年，政府将此项企业所得税优惠政策扩大至各行业。

三是出台对部分企业减免税收的新政策。2014年，政府宣布从事港口、泊位、码头、跑道、路段、发电等公共基础设施建设的企业，可享受两年的税收全免和三年的税收减半待遇。此外，2014年，政府决定对应届大学毕业生创办的小微企业仅征收一半的企业所得税。2019年，中国政府又出台了多项税收优惠政策，如经营性文化单位（如歌剧团）改制为企业，免征企业所得税5年；企业聘用退伍军人可享受企业所得税等税收优惠政策；集成电路设计企业和软件企业，从盈利年度开始，两年不需缴纳企业所得税，之后三年只需按照12.5%的税率缴纳企业所得税。

四是允许更多的捐赠税收减免。2017年，全国人民代表大会修改了《企业所得税法》。根据修改后的法律，如果企业捐赠超过其年度企业收入的12%，则多出的部分可以结转至未来三年抵扣收入。2019年，政府宣布，自2019年1月1日至2022年12月31日，通过政府支持的社会组织或县级以上政府及其分支机构向政府认定贫困地区的捐赠，可全额抵扣应税收入。

2020年，随着新冠病毒在中国和世界其他地区的肆虐，中国政府宣布了更多优惠的企业所得税政策。同年4月，政府宣布对西部地区从事政府鼓励性生产活动的企业，延长企业所得税税率为15%的税收优惠政策至2030年。5月，政府宣布2020年小微企业所得税可延期至2021年上缴。6月，政府公布海南自由贸易港税收优惠政策，将海南自由贸易港从事政府鼓励的制造业企业的企业所得税税率定为15%。7月，国家出台上海自由贸易试验区临港新区企业所得税优惠政策，规定集成电路、人工智能、生物制药、民航等企业的企业所得税税率为15%。2020年12月，政府公布了对从事高质量集成电路和软件生产的企业所得税优惠政策。例如，生产小于或等于28纳米集成电路线且经营15年的企业，享受 10 年的企业所得免税；生产小于或等于 65 纳米集成电路线且经营 15 年的企业，享受 5 年免征企业所得税和 5 年 12.5% 的企业所得税税率。可以看出，这些优惠政策适用于特殊地区或时期、特殊规模的企业或特殊行业。

## 5.3 企业所得税收入

与许多其他国家相比，中国的企业所得税税率并不特别高，但企业所得税收入却极高，这是一个令人难以理解的问题。政府如何以不高的税率征收如此多的税收收入？本节旨在解开这个谜团。

### 5.3.1 企业所得税的巨额收入

中国的企业所得税收入非常高，并且一直在增加。表 5.1 显示了 1994 年至 2023 年我国企业所得税收入规模。1994 年，企业所得税为 708.5 亿元，占总税收的 13.82%；2000 年为 999.6 亿元，占 7.94%；2016 年为 28 851.3 亿元，占 22.13%；2019 年为 37 303.8 亿元，占 23.61%；2021 年为 42 041.2 亿元，占 24.34%，2022 年为 43 695.4 亿元，占 26.22%，2023 年为 41 097.6 亿元，占 22.69%。

企业所得税占 GDP 的比重在 1994 年为 1.46%，2000 年为 1.00%，2016 年为 3.87%，2019 年为 3.76%，2020 年为 3.62%，2021 年为 3.71%，2022 年为 3.63%，2023 年为 3.26%。可以看出，尽管在 2023 年有所下滑，中国企业所得税在总税收中所占的份额以及在 GDP 中所占的份额呈现整体上升趋势。

表 5.1　1994—2023 年中国企业所得税的规模

| 年份 | 企业所得税（亿元） | 企业所得税占 GDP 的比重（%） | 企业所得税占总税收的比重（%） |
| --- | --- | --- | --- |
| 1994 | 708.5 | 1.46 | 13.82 |
| 1995 | 878.4 | 1.43 | 14.55 |
| 1996 | 968.5 | 1.35 | 14.02 |
| 1997 | 963.2 | 1.21 | 11.70 |
| 1998 | 925.5 | 1.09 | 9.99 |
| 1999 | 811.4 | 0.90 | 7.60 |
| 2000 | 999.6 | 1.00 | 7.94 |

（续表）

| 年份 | 企业所得税<br>（亿元） | 企业所得税占<br>GDP 的比重（%） | 企业所得税占<br>总税收的比重（%） |
| --- | --- | --- | --- |
| 2001 | 2 630.9 | 2.37 | 17.19 |
| 2002 | 3 082.8 | 2.53 | 17.48 |
| 2003 | 2 919.5 | 2.12 | 14.58 |
| 2004 | 3 957.3 | 2.45 | 16.38 |
| 2005 | 5 343.9 | 2.85 | 18.57 |
| 2006 | 7 039.6 | 3.21 | 20.23 |
| 2007 | 8 779.3 | 3.25 | 19.24 |
| 2008 | 11 175.6 | 3.50 | 20.61 |
| 2009 | 11 536.3 | 3.31 | 19.38 |
| 2010 | 12 843.5 | 3.12 | 17.54 |
| 2011 | 16 769.6 | 3.44 | 18.69 |
| 2012 | 19 654.5 | 3.65 | 19.53 |
| 2013 | 22 427.2 | 3.78 | 20.29 |
| 2014 | 24 642.2 | 3.83 | 20.68 |
| 2015 | 27 133.9 | 3.94 | 21.72 |
| 2016 | 28 851.3 | 3.87 | 22.13 |
| 2017 | 32 117.3 | 3.86 | 22.25 |
| 2018 | 35 323.7 | 3.84 | 22.59 |
| 2019 | 37 303.8 | 3.76 | 23.61 |
| 2020 | 36 425.8 | 3.62 | 23.61 |
| 2021 | 42 041.2 | 3.71 | 24.34 |
| 2022 | 43 695.4 | 3.63 | 26.22 |
| 2023 | 41 097.6 | 3.26 | 22.69 |

数据来源：国家统计局（2024）。

表 5.2 显示了经济合作与发展组织（OECD）国家的企业所得税收入占总税收的比重。2023 年，在 OECD 的发达国家中，企业所得税占总税收的比重，法国为 6.3%，德国为 6.2%，芬兰为 7.0%，英国为 8.8%，美国为 6.5%，挪威为 42.4%，韩国为 16.8%。显然，中国的企业所得税收入占总税收的比重远高于所有 OECD 发达国家。在 OECD 的发展中国家中，2023 年企业所得税占总税收的比重，斯洛文尼亚为 6.2%，拉脱维亚为 3.2%，土耳其为 16.3%，爱沙尼亚为 5.0%，捷克为 11.7%，智利为 23.7%。同样，中国企业所得税收入占总税收的比重高于 OECD 中绝大部分发展中国家。

表 5.2　OECD 国家企业所得税占总税收的比重

(单位：%)

| 国家 | 1970 | 1980 | 1990 | 2000 | 2010 | 2015 | 2016 | 2020 | 2021 | 2022 | 2023 |
|---|---|---|---|---|---|---|---|---|---|---|---|
| 澳大利亚 | 17.0 | 12.2 | 14.1 | 20.2 | 17.9 | 15.2 | 16.5 | — | — | — | — |
| 奥地利 | 4.4 | 3.5 | 3.6 | 4.6 | 4.6 | 5.2 | 5.6 | 4.9 | 7.9 | 7.9 | 7.9 |
| 比利时 | 6.5 | 4.7 | 4.8 | 7.2 | 5.9 | 7.4 | 7.8 | 7.7 | 9.3 | 9.3 | 9.3 |
| 加拿大 | 11.3 | 11.6 | 7.0 | 12.2 | 10.5 | 10.4 | 10.5 | 12.3 | 12.6 | 12.6 | 12.6 |
| 智利 | — | — | 12.4 | 11.2 | 20.4 | 21.0 | 20.9 | 24.3 | 23.7 | 23.7 | 23.7 |
| 捷克 | — | — | — | 9.9 | 10.0 | 10.8 | 11.0 | 8.4 | 11.7 | 11.7 | 11.7 |
| 丹麦 | 2.7 | 3.3 | 3.8 | 6.8 | 5.0 | 5.9 | 5.8 | 5.6 | 7.5 | 7.5 | 7.5 |
| 爱沙尼亚 | — | — | — | 2.8 | 4.0 | 6.2 | 5.0 | 4.9 | 5.0 | 5.0 | 5.0 |
| 芬兰 | 5.3 | 3.4 | 4.5 | 12.5 | 6.0 | 4.9 | 5.0 | 5.0 | 7.0 | 7.0 | 7.0 |
| 法国 | 6.3 | 5.1 | 5.3 | 6.9 | 5.5 | 4.6 | 4.5 | 5.1 | 6.3 | 6.3 | 6.3 |
| 德国 | 5.7 | 5.5 | 4.8 | 4.8 | 4.3 | 4.6 | 5.2 | 4.3 | 6.2 | 6.2 | 6.2 |
| 希腊 | 1.6 | 3.8 | 5.5 | 12.0 | 7.9 | 5.9 | 6.5 | — | — | — | — |
| 匈牙利 | — | — | — | 5.7 | 3.3 | 4.6 | 6.0 | 2.8 | 4.3 | 4.3 | 4.3 |
| 冰岛 | 2.0 | 2.5 | 2.8 | 3.3 | 2.7 | 6.5 | 4.9 | 6.0 | 7.5 | 7.5 | 7.5 |
| 爱尔兰 | 8.8 | 4.5 | 4.9 | 11.7 | 8.7 | 11.3 | 11.5 | 15.9 | 21.4 | 21.4 | 21.4 |
| 以色列 | — | — | 10.0 | 9.6 | 8.6 | 9.5 | 9.9 | 9.3 | 13.1 | 13.1 | 13.1 |
| 意大利 | 6.5 | 7.8 | 22.4 | 6.9 | 5.5 | 4.7 | 5.0 | 4.9 | 6.7 | 6.7 | 6.7 |
| 日本 | 26.3 | 21.8 | 12.8 | 13.7 | 11.6 | 12.3 | 12.0 | — | — | — | — |
| 韩国 | — | 11.0 | — | 14.1 | 13.8 | 13.1 | 13.6 | 12.1 | 16.8 | 16.8 | 16.8 |
| 拉脱维亚 | — | — | — | 5.3 | 3.5 | 5.5 | 5.6 | 2.3 | 3.2 | 3.2 | 3.2 |

(单位：%)（续表）

| 国家 | 1970 | 1980 | 1990 | 2000 | 2010 | 2015 | 2016 | 2020 | 2021 | 2022 | 2023 |
|---|---|---|---|---|---|---|---|---|---|---|---|
| 卢森堡 | 19.3 | 16.2 | 16.1 | 18.0 | 15.4 | 11.9 | 12.2 | 12.0 | 11.4 | 11.4 | 11.4 |
| 墨西哥 | — | — | — | — | 14.4 | 20.1 | 21.0 | 20.1 | 23.6 | 23.6 | 23.6 |
| 荷兰 | 6.7 | 6.6 | 7.5 | 10.9 | 6.4 | 7.2 | 8.7 | 7.8 | 11.3 | 11.3 | 11.3 |
| 新西兰 | 17.8 | 7.8 | 6.5 | 12.4 | 12.2 | 14.0 | 15.5 | 14.4 | 15.3 | 15.3 | 15.3 |
| 挪威 | 3.3 | 13.3 | 9.0 | 20.9 | 23.5 | 11.7 | 10.4 | 6.2 | 42.4 | 42.4 | 42.4 |
| 波兰 | — | — | — | 7.3 | 6.2 | 5.7 | 5.5 | 6.3 | 7.9 | 7.9 | 7.9 |
| 葡萄牙 | — | — | 8.0 | 11.9 | 9.0 | 9.1 | 8.9 | 7.9 | 9.3 | 9.3 | 9.3 |
| 斯洛伐克 | — | — | — | 7.7 | 8.7 | 11.5 | 10.8 | 7.2 | 11.0 | 11.0 | 11.0 |
| 斯洛文尼亚 | — | — | — | 3.1 | 5.0 | 4.0 | 4.4 | 3.6 | 6.2 | 6.2 | 6.2 |
| 西班牙 | 8.2 | 5.1 | 8.8 | 9.1 | 6.1 | 7.0 | 6.8 | 5.4 | 7.2 | 7.2 | 7.2 |
| 瑞典 | 4.4 | 2.5 | 3.1 | 7.5 | 7.6 | 6.8 | 6.2 | 6.6 | 7.8 | 7.8 | 7.8 |
| 瑞士 | 8.2 | 6.4 | 7.4 | 8.9 | 10.0 | 10.7 | 11.3 | 11.1 | 11.6 | 11.6 | 11.6 |
| 土耳其 | 6.4 | 4.1 | 6.7 | 7.3 | 7.3 | 5.7 | 6.5 | 8.7 | 16.3 | 16.3 | 16.3 |
| 英国 | 8.7 | 8.4 | 9.9 | 10.6 | 8.9 | 7.5 | 8.3 | 7.1 | 8.8 | 8.8 | 8.8 |
| 美国 | 13.2 | 10.8 | 7.5 | 7.9 | 7.6 | 8.1 | 7.6 | 5.2 | 6.5 | 6.5 | 6.5 |
| OECD平均值 | 8.7 | 7.6 | 8.1 | 9.3 | 8.6 | 8.8 | 9.0 | — | — | — | — |

数据来源：OECD（2024a）。

## 5.3.2 中等水平的税率

如前所述，中国企业所得税的标准税率为25%，高新技术企业税率为15%。与许多其他国家相比，中国的企业所得税税率并不太高。

表5.3显示了1985年至2023年OECD国家企业所得税的最高边际税率。2010年，澳大利亚的企业所得税税率为30%，法国为34.43%，德国为15.83%，英国为28%，爱尔兰为12.5%。2023年，澳大利亚的企业所得税税率为30%，法国为25.83%，德国为15.83%，英国为19%，爱尔兰为12.5%。显然，中国的企业所得税税率低于许多工业化国家。近年来，许多国家降低了企业所得税税率。例如，美国企业所得税的最高边际税率曾经是39%，最高所得的边际税率是35%，但根据2017年减税和就业法案，美国从2018年1月1日起将联邦企业所得税税率下调至21%的统一税率；英国将企业所得税的最高边际税率从28%下调至19%，但不适用于在其领土或大陆架从事石油开采活动的公司。[1]

## 5.3.3 企业所得税收入为何如此之高？

为什么中国的企业所得税税率不太高，但企业所得税收入却如此之高？其原因是企业所得税的税基或企业应税所得较大。

第一，中国资本性收入在国民收入中所占比重较大，导致资本性收入税的税基大。1995年，国民收入中的资本性收入份额为48.56%，2007年为60.32%，2008年为56.82%，2015年为52.11%（刘东皇、王志华和唐炳南，2017）。在发达国家，国民收入中的资本收入份额约为25%。美国在1970—1980年，国民收入中的资本性收入份额为21%，劳动收入份额为79%；2000—2010年，国民收入中的资本性收入份额为25%，劳动收入份额为75%。德国在1970—1979年，国民收入中的资本性收入份额为21%，劳动收入份额为79%；2000—2009年，国民收入中的资本性收入份额为29%，劳动收入份额为71%。法国在1980年，国民收入中的资本性收入份额为16%，劳动收入份额为84%；2010年，国民收入中的资本性收入份额上升到23%，劳动收入份额降低至77%。[2] 中国资本性收入在国民收入中所占比重高，这意味着资本性收入税的税基大，企业所得是

---

[1] British Government Website (2019).
[2] Piketty and Zucman (2014).

表 5.3  OECD 国家企业所得税的最高边际税率

(单位：%)

| 国家 | 1985 | 1990 | 1995 | 2000 | 2005 | 2010 | 2020 | 2021 | 2022 | 2023 | 1985—2023 |
|---|---|---|---|---|---|---|---|---|---|---|---|
| 澳大利亚 | 46 | 39 | 36 | 34 | 30 | 30 | 30 | 30 | 30 | 30 | 16 |
| 奥地利 | 55 | 30 | 34 | 34 | 25 | 25 | 25 | 25 | 25 | 25 | 30 |
| 比利时 | 45 | 41 | 40.2 | 39 | 33 | 33 | 25 | 25 | 25 | 25 | 20 |
| 加拿大 | 37.8 | 28.84 | 29.12 | 29.12 | 22.12 | 18 | 15 | 15 | 15 | 15 | 22.8 |
| 丹麦 | 50 | 40 | 34 | 32 | 28 | 25 | 22 | 22 | 22 | 22 | 28 |
| 芬兰 | 43 | 25 | 25 | 29 | 26 | 26 | 20 | 20 | 20 | 20 | 23 |
| 法国 | 50 | 42 | 36.66 | 37.76 | 34.93 | 34.43 | 32 | 28.41 | 25.83 | 25.83 | 24.17 |
| 德国 | — | — | — | 42.2 | 26.38 | 15.83 | 15.8 | 15.83 | 15.83 | 15.83 | — |
| 希腊 | 49 | 46 | 35 | 40 | 32 | 24 | 24 | 22 | 22 | 22 | 27 |
| 匈牙利 | — | 40 | 18 | 18 | 16 | 19 | 9 | 9 | 9 | 9 | — |
| 冰岛 | 45 | 50 | 33 | 30 | 18 | 18 | 20 | 20 | 20 | 20 | 25 |
| 爱尔兰 | 50 | 43 | 38 | 24 | 12.5 | 12.5 | 12.5 | 12.5 | 12.5 | 12.5 | 37.5 |
| 意大利 | — | — | — | 37 | 33 | 27.5 | 24 | 24 | 24 | 24 | — |
| 日本 | 43.3 | 37.5 | 37.5 | 30 | 30 | 30 | 22.39 | 22.39 | 22.39 | 22.39 | 20.91 |
| 卢森堡 | 40 | 34 | 33 | 31.2 | 22.88 | 21.84 | 18.2 | 18.2 | 18.2 | 18.2 | 21.8 |
| 墨西哥 | 42 | 36 | 34 | 35 | 30 | 30 | 30 | 30 | 30 | 30 | 12 |
| 荷兰 | 43 | 35 | 35 | 35 | 31.5 | 25.5 | 25 | 25 | 25.8 | 25.8 | 17.2 |
| 新西兰 | 45 | 33 | 33 | 33 | 33 | 30 | 28 | 28 | 28 | 28 | 17 |
| 挪威 | 29.8 | 29.8 | 19.8 | 28 | 23.75 | 28 | 22 | 22 | 22 | 22 | 7.8 |
| 波兰 | — | — | 40 | 30 | 19 | 19 | 19 | 19 | 19 | 19 | — |
| 葡萄牙 | 51.6 | 36.5 | 36 | 32 | 25 | 25 | 30 | 30 | 30 | 30 | 21.6 |
| 西班牙 | 35 | 35 | 35 | 35 | 35 | 30 | 25 | 25 | 25 | 25 | 10 |
| 瑞典 | 52 | 40 | 28 | 28 | 28 | 26.3 | 21.4 | 20.6 | 20.6 | 20.6 | 31.4 |
| 瑞士 | 9.8 | 9.8 | 9.8 | 8.5 | 8.5 | 8.5 | 8.5 | 6.83 | 6.83 | 6.83 | 2.97 |
| 土耳其 | — | — | — | 33 | 30 | 20 | 22 | 25 | 23 | — | — |
| 英国 | 40 | 34 | 33 | 30 | 30 | 28 | 19 | 19 | 19 | 19 | 21 |
| 美国 | 46 | 34 | 35 | 35 | 35 | 35 | 21 | 19.7 | 19.7 | 19.7 | 26.3 |

资料来源：OECD (2024b)。

资本性收入，故企业所得税收入高。

第二，与其他国家相比，我国企业所得税的应纳税所得额的扣除额较少。企业所得税法规定，应纳税所得额为每个纳税年度的总收入减去非应税收入、各种扣除额和上年度的亏损额。可扣除项目是指与企业所得相关的实际支出，包括劳务成本、个人所得税和社会保险、规定的固定资产折旧、无形资产摊销（类似于折旧）、长期待摊费用、公益性捐款等。世界各国对企业所得税的可扣除项目有不同的规定。例如，在法国，增值税、营业税、注册费和许多其他税项可以从应纳税所得额中扣除；在德国及新西兰，计算应纳税所得额时，关税和印花税允许扣除；在日本，合理限度内支付给董事的报酬允许扣除。这些项目在中国不可扣除。[①]

中国在计算企业利润时，某一年的亏损准予向以后五年期内结转。然而在许多其他国家，这个期限更长。例如，日本和瑞士允许递延七年，冰岛允许递延十年，西班牙允许递延十五年，法国和瑞典允许递延在无限期内扣除；只要股东变动不超过50%，新加坡同样允许在无限期内扣除。有些国家甚至允许从前几年的利润中扣除当年的亏损，也就是说，当年就可以少缴税。例如，在法国，亏损可结转至亏损发生的前一年，扣除款项最高可达100万欧元（Santander，2021）。另外，与其他国家相比，中国对捐款扣除更为严格。在中国，企业向指定机构（如教育基金、公益基金等）的捐款，才能从企业收入中扣除。直接捐赠给学校、医院或贫困家庭的款项不可扣除。每年，中央政府和地方政府都会公布一份符合捐赠税前扣除资格的公益性社会组织名单。扣除额越少，税基越大，企业缴纳的税款就越多。

## 5.4 企业所得税的来源

不同地区的企业所得税收入差异很大，有的地区企业所得税收入占总税收的比重较高，而有些地区企业所得税收入占比较低。地方政府没有制定税法的权力，但有一定的调整税率的自由。此外，国有企业、民营企业和外资企业都需要缴纳企业所得税，其中一些企业负担的税在其投资总额中占比很高，而一些企业负担的税的占比则低得多。哪些地区征收更多的企业所得税？什么类型的企业承担更多的企业所得税，是国有企业、民营企业还是外资企业？哪些产业贡献更多的企业所得税？此外，企业所得税收入在第一产业、第二产业和第三产业之间也

---

[①] 国家税务总局（2012）。

存在巨大差异。本节将讨论这些问题。

### 5.4.1 各地区企业所得税

从 21 世纪初开始，企业所得税收入在中央政府和地方政府间的分成比率为 60% 和 40%。从 1994 年到 2016 年，每个地区都有两个税务局——国家税务局和地方税务局。最初，地方税务局向所有企业征收企业所得税。后来，国家税务局向一些新成立的企业征收企业所得税。不实行所得税分享的铁路运输企业、国家邮政企业、中国工商银行、中国农业银行、中国银行、中国建设银行、国家开发银行、中国农业发展银行、中国进出口银行以及海洋石油天然气企业，其所得税由国家税务局负责征收管理。2016 年，地方税务局并入国家税务局。表 5.4 显示了企业所得税收入占地区总税收的比重及占地区生产总值的比重。

从表 5.4 可以看出，不同地区的企业所得税收入在总税收中的比重以及企业所得税在 GDP 中的比重差异很大。2020 年，企业所得税占总税收的比重从北京的 25.46% 到宁夏的 10.78% 不等；企业所得税占 GDP 的比重从上海的 3.58% 到湖南的 0.62% 不等。可以看出，较发达地区的企业所得税规模较大。例如北京、上海、广东、天津和浙江的企业所得税在 GDP 中所占的比重以及企业所得税在总税收中所占的比重较高。

此外，大多数地区的企业所得税收入占总税收的比重都显著增加。例如企业所得税收入占总税收的比重，北京从 1995 年的 16.84% 上升到 2022 年的 29.78%，黑龙江从 5.78% 上升到 13.82%，上海从 11.48% 上升到 30.21%。除西藏外，各地区企业所得税收入占 GDP 的比重都显著提高。比如，企业所得税收入占 GDP 的比重，北京从 1995 年的 1.39% 提高到 2022 年的 3.49%，上海从 1.02% 提高到 4.28%，浙江从 0.73% 提高到 1.94%。现在，每个地区都严重依赖企业所得税收入。

为什么地区之间的企业所得税差别很大？原因如下：第一，企业的盈利能力因地区而异。2015 年北京国有企业净资产利润率为 5.2%，内蒙古为 -1.8%，河南为 -1.2%。[①] 目前还没有关于民营企业盈利能力的统计数据。与国有企业相同，民营企业的盈利能力在各地区之间差异很大。利润是税基，利润低意味着企业所得税收入少。

第二，企业的数量和规模不同。如北京、上海、天津、江苏、浙江和广东等

---

① 财政部（2016）。

## 第5章 企业所得税

表5.4 各地区企业所得税所占比重

(单位: %)

| 地区 | 企业所得税占地区总税收的比重 ||||||| 企业所得税占地区GDP的比重 |||||||
|---|---|---|---|---|---|---|---|---|---|---|---|---|---|---|
|  | 1995 | 2000 | 2005 | 2010 | 2015 | 2020 | 2021 | 2022 | 1995 | 2000 | 2005 | 2010 | 2015 | 2020 | 2021 | 2022 |
| 北京 | 16.84 | 16.54 | 17.92 | 22.79 | 24.03 | 25.46 | 27.01 | 29.78 | 1.39 | 2.49 | 2.39 | 3.64 | 4.45 | 3.29 | 3.40 | 3.49 |
| 天津 | 16.44 | 23.64 | 12.48 | 16.21 | 16.48 | 20.70 | 20.80 | 22.77 | 1.11 | 1.78 | 1.12 | 1.36 | 1.57 | 2.22 | 2.15 | 1.90 |
| 河北 | 17.81 | 23.21 | 10.35 | 13.59 | 13.80 | 14.07 | 14.82 | 15.42 | 0.75 | 0.70 | 0.53 | 0.72 | 0.90 | 0.99 | 1.00 | 0.82 |
| 山西 | 11.20 | 13.62 | 10.04 | 17.00 | 13.54 | 14.14 | 14.72 | 21.20 | 0.74 | 0.68 | 0.89 | 1.28 | 1.12 | 1.29 | 1.35 | 2.23 |
| 内蒙古 | 14.24 | 8.64 | 6.98 | 13.45 | 7.71 | 11.05 | 14.00 | 18.22 | 0.75 | 0.76 | 0.50 | 0.87 | 0.57 | 0.93 | 1.11 | 1.66 |
| 辽宁 | 12.21 | 17.15 | 10.69 | 11.48 | 14.25 | 17.49 | 18.01 | 19.87 | 0.81 | 0.84 | 0.90 | 0.94 | 0.82 | 1.31 | 1.29 | 1.15 |
| 吉林 | 12.84 | 16.34 | 6.72 | 13.84 | 15.56 | 16.52 | 17.57 | 19.74 | 0.72 | 0.78 | 0.38 | 0.70 | 0.96 | 1.04 | 1.08 | 0.88 |
| 黑龙江 | 5.78 | — | — | 11.06 | 11.43 | 12.12 | 12.53 | 13.82 | 0.29 | 0.41 | — | 0.59 | 0.67 | 0.72 | 0.73 | 0.69 |
| 上海 | 11.48 | 25.11 | 17.58 | 22.38 | 22.73 | 23.87 | 25.65 | 30.21 | 1.02 | 2.27 | 2.72 | 3.53 | 4.39 | 3.58 | 3.88 | 4.28 |
| 江苏 | 11.92 | 21.67 | 13.43 | 16.74 | 13.88 | 18.19 | 19.16 | 21.74 | 0.40 | 1.03 | 0.97 | 1.34 | 1.31 | 1.31 | 1.33 | 1.21 |
| 浙江 | 21.97 | — | 15.74 | 15.18 | 15.89 | 18.29 | 20.13 | 22.93 | 0.73 | 1.46 | 1.25 | 1.35 | 1.54 | 1.77 | 1.95 | 1.94 |
| 安徽 | 13.43 | 16.15 | 9.01 | 12.30 | 13.09 | 16.48 | 16.42 | 17.47 | 0.56 | 0.77 | 0.56 | 0.86 | 1.07 | 0.95 | 0.92 | 0.88 |
| 福建 | 11.01 | — | 12.54 | 16.24 | 17.63 | 16.87 | 18.23 | 21.42 | 0.60 | 0.82 | 0.83 | 1.06 | 1.32 | 0.84 | 0.92 | 0.87 |
| 江西 | 8.38 | 7.39 | 6.88 | 10.89 | 10.36 | 13.66 | 12.67 | 14.28 | 0.45 | 0.47 | 0.43 | 0.67 | 0.94 | 0.90 | 0.82 | 0.82 |
| 山东 | 14.32 | 20.84 | 10.33 | 13.64 | 11.87 | 14.43 | 15.84 | 17.51 | 0.51 | 0.96 | 0.60 | 0.75 | 0.79 | 0.94 | 1.05 | 0.96 |
| 河南 | 14.96 | 20.30 | 9.59 | 13.44 | 13.39 | 13.12 | 12.77 | 13.25 | 0.62 | 0.77 | 0.49 | 0.59 | 0.76 | 0.67 | 0.63 | 0.59 |
| 湖北 | 13.76 | 15.41 | 10.40 | 13.74 | 13.27 | 18.19 | 17.03 | 16.98 | 0.57 | 0.59 | 0.60 | 0.67 | 0.94 | 0.81 | 0.87 | 0.78 |
| 湖南 | 6.31 | 12.18 | 5.52 | 8.25 | 11.10 | 12.44 | 12.06 | 11.69 | 0.31 | 0.37 | 0.34 | 0.38 | 0.59 | 0.62 | 0.59 | 0.49 |
| 广东 | 11.30 | 20.96 | 13.08 | 17.85 | 17.66 | 19.70 | 19.58 | 20.25 | 0.80 | 1.73 | 1.06 | 1.48 | 1.79 | 1.75 | 1.69 | 1.45 |
| 广西 | 11.12 | — | 6.55 | 11.04 | 10.64 | 15.28 | 14.56 | 16.04 | 0.55 | 0.72 | 0.45 | 0.62 | 0.65 | 0.77 | 0.69 | 0.57 |

(续表)

(单位：%)

| 地区 | 企业所得税占地区总税收的比重 |||||||| 企业所得税占地区GDP的比重 ||||||||
|---|---|---|---|---|---|---|---|---|---|---|---|---|---|---|---|---|
|  | 1995 | 2000 | 2005 | 2010 | 2015 | 2020 | 2021 | 2022 | 1995 | 2000 | 2005 | 2010 | 2015 | 2020 | 2021 | 2022 |
| 海南 | 7.50 | 7.87 | 6.60 | 11.82 | 12.45 | 16.54 | 17.13 | 21.07 | 0.59 | 0.48 | 0.51 | 1.36 | 1.73 | 1.66 | 1.96 | 1.86 |
| 重庆 | — | 12.17 | 5.44 | 11.95 | 12.37 | 15.45 | 17.39 | 19.37 | — | 0.57 | 0.46 | 0.94 | 1.14 | 0.88 | 0.96 | 0.86 |
| 四川 | 11.36 | 17.87 | 8.33 | 11.98 | 12.55 | 17.63 | 17.89 | 19.18 | 0.54 | 0.87 | 0.54 | 0.82 | 0.98 | 1.08 | 1.10 | 1.07 |
| 贵州 | 8.28 | 8.76 | 8.81 | 12.90 | 11.31 | 19.00 | 21.38 | 25.62 | 0.51 | 0.68 | 0.81 | 1.11 | 1.21 | 1.16 | 1.29 | 1.31 |
| 云南 | 7.96 | 13.17 | 10.67 | 11.72 | 12.18 | 14.98 | 15.14 | 19.02 | 0.65 | 1.03 | 0.96 | 1.14 | 1.08 | 0.89 | 0.84 | 0.80 |
| 西藏 | 33.30 | 31.76 | 7.40 | 17.91 | 12.50 | 10.84 | 9.63 | 11.25 | 1.28 | 1.37 | 0.35 | 0.89 | 1.12 | 0.82 | 0.66 | 0.56 |
| 陕西 | 9.05 | 13.72 | 7.48 | 11.93 | 11.42 | 13.93 | 15.18 | 16.62 | 0.46 | 0.70 | 0.56 | 0.84 | 0.82 | 0.94 | 1.13 | 1.36 |
| 甘肃 | 9.84 | 11.81 | 6.83 | 9.07 | 11.17 | 11.34 | 12.00 | 14.54 | 0.60 | 0.62 | 0.44 | 0.48 | 0.87 | 0.72 | 0.78 | 0.76 |
| 青海 | 8.15 | 18.99 | 7.51 | 12.35 | 9.83 | 13.51 | 14.19 | 21.40 | 0.42 | 0.84 | 0.47 | 0.81 | 0.84 | 0.96 | 0.98 | 1.51 |
| 宁夏 | 8.56 | 14.15 | 5.40 | 11.10 | 9.58 | 10.78 | 11.16 | 16.60 | 0.45 | 0.98 | 0.43 | 0.83 | 0.84 | 0.72 | 0.73 | 1.00 |
| 新疆 | 12.29 | 9.17 | 4.20 | 9.61 | 10.72 | 11.93 | 14.55 | 18.72 | 0.56 | 0.43 | 0.29 | 0.74 | 0.99 | 0.79 | 0.98 | 1.27 |

资料来源：国家统计局（1996，2001，2006，2011，2016，2022，2024）。

注：2001年之前，企业所得税仅包括国有企业和集体企业的所得税。从2001年开始，企业所得税也包括其他类型企业的所得税。因此，2001年之后的数据与之前年份的数据不可比。

有更多企业的地区，就可以征收更多的企业所得税。2022 年，广东每万人大型企业数量为 279.0 家，浙江为 380.4 家，湖南为 158.5 家，而广西仅为 150.7 家。经济发展水平影响企业的规模。制造业规模较大的地区往往拥有更多的大型企业。2022 年，第二、三产业产值占当地 GDP 的比重，浙江为 97.01%，广东为 95.86%，湖南为 90.54%，广西为 83.77%；企业所得税占总税收的比重，浙江为 22.93%，广东为 20.25%，湖南为 11.69%，广西为 16.04%。地理位置可能会影响公司选择注册地点的决策。例如，显然有更多的公司位于北京和上海。此外，政府税收政策可能会影响企业选择注册地点的决策。

企业所得税税率也会影响企业所得税。在中国，地方政府有权决定企业是否属于高科技企业或新技术企业，这些企业享有减免至 15% 的税率。虽然高科技企业或新技术企业的标准是由中央政府设定的，但对企业的相关认证由地方政府执行。常常出现一个企业在一个省被认定为高新技术企业，而在另一个省不被认定的情况。一般说来，从其他税收中获得更多收入的地方政府可能征收较少的企业所得税。总之，地方政府有一些设定税率的自主权。给定企业数目，税率越高，征收的企业所得税就越多。但是，从长远来看，较高的企业所得税税率可能会挤出企业，而较低的税率则可能会吸引更多企业进入该地区。例如，由于中央政府允许西藏实行较低的企业所得税税率，有许多企业在西藏注册。因此，较高的企业所得税税率并不一定给一个地区带来较高的企业所得税收入。

## 5.4.2　不同所有制企业的企业所得税

不同所有制企业之间的税负有很大差别。表 5.5 显示，2017 年，国有企业缴纳的企业所得税占企业所得税总额的 4.42%，集体企业占 0.56%，股份合作企业和联营企业占 0.72%，股份公司占 57.53%，民营企业占 10.83%，香港、台湾和澳门地区的投资企业（简称"港澳台投资企业"）占 9.54%，外商投资企业占 15.60%。2018 年，国有企业缴纳的企业所得税占企业所得税总额的 3.65%，集体企业占 0.46%，股份合作企业和联营企业占 0.60%，股份公司占 56.33%，民营企业占 13.04%，港澳台投资企业占 9.74%，外商投资企业占 15.42%。

为了说明每种类型企业的税收负担，有必要查看一下每种类型企业的投资份额。表 5.6 显示了按所有权划分的企业固定资产投资占总投资的比重。可以看出，2017 年国有企业固定资产投资占总投资的 21.69%，集体企业占 1.20%，股份合作企业和联营企业共 0.24%，有限责任公司（非公开出售股份的有限责任公司）占 33.01%，股份有限公司占 2.70%，民营企业股份占 31.73%，个体企业股份占 1.84%，港澳台投资企业占 2.12%，外商投资企业占 1.76%。

表 5.5 2000—2018 年按所有权分类的企业所得税占比

| 年份 | 企业所得税收入总额（万元） | 国有企业 | 集体企业 | 股份合作企业 | 联营企业 | 股份公司 | 民营企业 | 港澳台投资企业 | 外商投资企业 |
|---|---|---|---|---|---|---|---|---|---|
| 2000 | 17 707 963 | 31.44 | 9.64 | 1.31 | 1.27 | 34.51 | 3.28 | 7.48 | 10.93 |
| 2001 | 26 344 681 | 28.01 | 8.63 | 1.74 | 0.98 | 36.94 | 3.89 | 7.96 | 11.50 |
| 2003 | 30 476 393 | 23.08 | 4.70 | 1.14 | 0.65 | 40.68 | 5.83 | 8.37 | 14.94 |
| 2004 | 40 749 753 | 17.64 | 3.86 | 0.94 | 0.52 | 46.04 | 7.21 | 8.77 | 14.36 |
| 2005 | 55 113 077 | 20.78 | 2.92 | 0.75 | 0.41 | 45.87 | 7.56 | 8.54 | 12.52 |
| 2006 | 70 808 979 | 15.40 | 2.32 | 0.69 | 0.30 | 50.96 | 7.75 | 8.02 | 13.91 |
| 2007 | 96 749 876 | 13.35 | 1.68 | 0.62 | 0.28 | 54.19 | 8.71 | 7.06 | 13.28 |
| 2008 | 121 951 634 | 12.59 | 1.40 | 0.62 | 0.26 | 53.53 | 8.42 | 7.93 | 14.51 |
| 2009 | 121 562 641 | 8.33 | 1.35 | 0.77 | 0.19 | 55.56 | 8.34 | 8.81 | 15.67 |
| 2010 | 145 488 900 | 6.32 | 1.28 | 0.84 | 0.18 | 52.56 | 9.67 | 9.68 | 18.43 |
| 2011 | 196 027 974 | 5.57 | 1.28 | 0.97 | 0.13 | 54.09 | 9.34 | 9.91 | 17.67 |
| 2012 | 220 078 620 | 6.10 | 1.29 | 1.32 | 0.12 | 57.16 | 8.54 | 8.37 | 16.13 |
| 2013 | 238 795 857 | 6.80 | 1.05 | 1.14 | 0.06 | 58.10 | 8.16 | 8.30 | 15.47 |
| 2014 | 264 418 046 | 5.56 | 1.01 | 1.23 | 0.06 | 59.10 | 7.89 | 8.54 | 15.77 |
| 2015 | 277 117 198 | 5.42 | 0.89 | 1.11 | 0.06 | 60.11 | 7.84 | 8.48 | 15.17 |
| 2016 | 291 246 259 | 5.09 | 0.73 | 0.84 | 0.06 | 59.34 | 8.60 | 9.05 | 15.32 |
| 2017 | 323 374 258 | 4.42 | 0.56 | 0.68 | 0.04 | 57.53 | 10.83 | 9.54 | 15.60 |
| 2018 | 354 901 622 | 3.65 | 0.46 | 0.57 | 0.03 | 56.33 | 13.04 | 9.74 | 15.42 |

数据来源：国家税务总局（2001—2019）。

注：① 2000 年之前的数据分类不同。

② 2002 年的数据不可获。

③ 2003 年和 2004 年股份公司的数据包括有限责任公司的企业所得税的占比（2003 年为 20.68%，2004 年为 24.17%）。

### 表5.6　1990—2017年按所有权划分的各类企业的固定资产投资比重

占总投资的比重（%）

| 年份 | 总投资（亿元） | 国有企业 | 集体企业 | 股份合作企业 | 联营企业 | 有限责任公司 | 股份有限公司 | 民营企业 | 个体企业 | 港澳台投资企业 | 外商投资企业 | 股份制企业 |
|---|---|---|---|---|---|---|---|---|---|---|---|---|
| 1990 | 4 449.3 | 65.60 | 11.90 | | | | | | 22.50 | | | |
| 1991 | 5 508.8 | 65.86 | 12.67 | | | | | | 21.47 | | | |
| 1992 | 7 855.0 | 67.14 | 17.31 | | | | | | 15.56 | | | |
| 1993 | 12 457.9 | 61.47 | 17.91 | | 0.45 | | | | 11.85 | | | 1.86 |
| 1994 | 16 370.3 | 56.95 | 16.28 | | 0.61 | | | | 12.04 | 2.63 | 7.82 | 3.48 |
| 1995 | 20 019.3 | 54.44 | 16.43 | | 0.59 | | | | 12.79 | 3.36 | 7.77 | 4.32 |
| 1996 | 22 913.5 | 52.40 | 15.94 | | 0.55 | | | | 14.01 | 3.65 | 8.19 | 4.52 |
| 1997 | 24 941.1 | 52.49 | 15.44 | | 0.49 | | | | 13.75 | 3.76 | 7.84 | 5.56 |
| 1998 | 28 406.2 | 54.11 | 14.76 | | 0.21 | | | | 13.18 | 4.70 | 5.77 | 6.85 |
| 1999 | 29 854.7 | 53.42 | 14.53 | | 0.33 | | | | 14.05 | 4.08 | 4.80 | 8.30 |
| 2000 | 32 917.7 | 50.14 | 14.59 | | 0.29 | | | | 14.31 | 3.93 | 3.99 | 12.34 |
| 2001 | 37 213.5 | 47.31 | 14.18 | | 0.25 | | | | 14.59 | 4.25 | 3.80 | 15.22 |
| 2002 | 43 499.9 | 43.40 | 13.76 | | 0.32 | | | | 14.99 | 4.06 | 3.87 | 19.15 |
| 2003 | 55 566.6 | 38.98 | 14.41 | | 0.34 | | | | 13.89 | 4.27 | 4.56 | 22.92 |
| 2004 | 70 477.4 | 35.51 | 14.14 | | 0.31 | | | | 14.02 | 4.42 | 1.75 | 25.11 |
| 2005 | 88 773.6 | 33.42 | 13.48 | | 0.26 | | | | 4.24 | 4.31 | 5.56 | 26.51 |
| 2006 | 109 998.2 | 29.97 | 3.28 | 0.69 | 0.47 | 23.88 | 7.43 | 17.52 | 4.69 | 4.31 | 5.56 | |
| 2007 | 137 323.9 | 28.19 | 3.38 | 0.64 | 0.44 | 24.40 | 7.03 | 19.70 | 4.41 | 4.37 | 5.36 | |
| 2008 | 172 828.4 | 28.18 | 3.64 | 0.60 | 0.37 | 24.33 | 6.97 | 20.58 | 4.16 | 4.02 | 4.89 | |

(续表)

| 年份 | 总投资（亿元） | 国有企业 | 集体企业 | 股份合作企业 | 联营企业 | 有限责任公司 | 股份有限公司 | 民营企业 | 个体企业 | 港澳台投资企业 | 外商投资企业 | 股份制企业 |
|---|---|---|---|---|---|---|---|---|---|---|---|---|
| | | \multicolumn{11}{c}{占总投资的比重（%）} | | | | | | | | | | |
| 2009 | 224 598.8 | 31.03 | 3.78 | 0.52 | 0.30 | 23.86 | 6.27 | 20.88 | 3.96 | 3.16 | 3.74 | |
| 2010 | 278 121.9 | 29.96 | 3.61 | 0.52 | 0.30 | 25.28 | 6.18 | 21.78 | 3.42 | 2.98 | 3.20 | |
| 2011 | 311 485.1 | 26.48 | 3.29 | 0.52 | 0.32 | 27.69 | 6.11 | 22.90 | 3.37 | 3.03 | 2.98 | |
| 2012 | 374 694.7 | 25.68 | 3.20 | 0.47 | 0.34 | 27.36 | 5.73 | 24.40 | 3.09 | 2.74 | 2.81 | |
| 2013 | 446 294.1 | 24.61 | 2.98 | 0.42 | 0.30 | 27.25 | 5.21 | 27.16 | 2.78 | 2.47 | 2.49 | |
| 2014 | 512 020.7 | 24.41 | 2.97 | 0.39 | 0.31 | 26.65 | 4.37 | 29.21 | 2.46 | 2.33 | 2.16 | |
| 2015 | 561 999.8 | 24.86 | 2.75 | 0.32 | 0.29 | 25.99 | 3.71 | 30.49 | 2.21 | 2.12 | 1.91 | |
| 2016 | 606 465.7 | 21.28 | 1.47 | 0.18 | 0.14 | 33.16 | 2.94 | 30.87 | 2.00 | 2.35 | 1.95 | |
| 2017 | 641 238.4 | 21.69 | 1.20 | 0.14 | 0.10 | 33.01 | 2.70 | 31.73 | 1.84 | 2.12 | 1.76 | |

数据来源：国家统计局（1991—2018）。

显然，2017 年国有企业的企业所得税份额远低于其投资份额，分别为 4.42% 和 21.69%；集体企业的企业所得税份额也低于投资份额，分别为 0.56% 和 1.20%；国内民营企业的企业所得税份额也远低于投资份额，分别为 10.83% 和 31.73%；港澳台投资企业的企业所得税份额高于投资份额，为 9.54% 和 2.12%；外商投资企业的企业所得税份额远远高于投资份额，分别为 15.60% 和 1.76%。

如何解释税收份额和投资份额之间的巨大差距？一般而言，企业投资多但缴纳税款少的原因有三个。第一，企业效率低下，虽然投入大量资金，但生产效率低，生产成本高，因此企业所得少，缴的税就少；第二，企业享有更优惠的税收政策，如低税率或税收减免；第三，企业知道如何避税或逃税。第一个原因可以解释为什么国有企业缴纳的税款远低于其投资。大量研究表明，国有企业效率低于其他企业。第二个原因可以解释为什么民营企业缴纳的税款要少得多。大多数民营企业规模较小，因此适用的税率也较低。第三个原因也可以解释为什么民营企业缴税少。不少民营企业存在逃税的情况。由于处罚不严格，逃税成本较低，而且由于部分企业的账目不公开，预防和发现逃税的成本很高。

与投资相比，外商投资企业支付的企业所得税要多得多。对此有两种可能的解释。第一，外商投资企业的生产效率非常高，并且获得了巨大的利润。第二，外商投资企业可能实际税率高。目前，外商投资企业和中国企业的名义税率相同。但是，中国企业可能知道如何避税，而外商投资企业却不熟悉这些操作。这些因素可能导致外国企业有较大的应纳税所得额，因此需要缴纳较高的企业所得税。

中国于 1979 年开始吸引外资。如前所述，1981 年，中国通过了税收优惠条例以吸引外资。1991 年，中国通过了一项更优惠的法律，这在很大程度上刺激了外资的流入。① 中国在 1991 年之后实际使用的外商直接投资（FDI）迅速增加，1991 年实际使用的 FDI 为 43.66 亿元人民币，1992 年增加到 110.08 亿元人民币，1993 年增加到 275.15 亿元人民币，1994 年为 337.67 亿元人民币。2002 年，FDI 达到 527.4 亿美元，中国超过美国成为世界上最大的外国投资接受国。② 对于 1991 年后 FDI 的急剧增长有两种可能的解释。一种解释是，政府通过了一项有关外资的新法律，如前所述，中国提供了更优惠的税收政策来吸引 FDI。另一种解释是，改革开放的总设计师邓小平 1992 年在南方发表了一系列谈话，向世界保证，中国将继续奉行改革开放政策，并开放包括上海在内的更多经济特

---

① 全国人民代表大会（1991）。

② 国家统计局（2022）。

区。经济特区与其他地区之间的主要区别就在于对外资的优惠税收政策。1992年，党的十四大提出建立社会主义市场经济体制。中国改革开放进入了新的发展阶段，大量外资也开始涌入中国，分享经济合作带来的好处。

表5.7显示了1997—2023年FDI的来源地。中国香港是内地最大的外部投资者。根据表5.7中的数据可以发现，来自中国香港的FDI占FDI总额的比重1997年为45.59%，2000年为38.07%，2005年为29.75%，2018年为66.62%，2019年为69.71%，2020年为73.28%，2021年为75.95%，2022年为72.56%，2023年为68.10%。来自中国台湾的FDI的占比显著下降，从1997年的7.27%下降到2023年的0.45%；绝对值也从1997年的32.89亿美元下降到2023年的7.35亿美元。来自新加坡的投资一直在增加，从1997年的26.06亿美元增加到2023年的97.82亿美元，其在中国FDI总额中的份额保持稳定，1997年为5.76%，2018年为3.86%，2021年为5.96%，2022年为5.60%，2023年为5.99%。

来自美国的FDI急剧下降，从2000年的43.84亿美元下降到2019年的26.86亿美元、2023年的33.60亿美元。结果，来自美国的FDI在中国FDI总额中份额从2000年的10.77%下降到2023年的2.06%。来自日本的FDI绝对值也下降了，1997年为43.26亿美元，占中国FDI总额的9.56%，到2023年降至38.89亿美元，占中国FDI总额的2.38%。韩国的FDI从1997年的21.42亿美元增加到2023年的35.14亿美元，占中国FDI总额的比重从1997年的4.73%下降到2023年的2.15%。来自欧洲的FDI从1997年的44.39亿美元增加到2023年的145.09亿美元。然而，其在中国FDI总额中的份额从1997年的9.81%下降到2023年的8.89%。

为什么近年来中国FDI的增长放缓？为什么来自美国和日本的FDI急剧下降？原因有很多，比如劳动力成本的增加、政府干预的增多以及税收优惠政策的变化等。因此，一些企业已转移到劳动力成本较低的国家。政府干预也可能影响FDI。同时，2008年优惠企业所得税政策的取消对外资的下降也起到一定重要作用。中国境内企业所得税税率下降，从而鼓励更多境内企业扩大投资，外国投资者现在面临来自中国境内企业的更激烈竞争。而境内企业更了解当地的税收政策环境，它们可能能够避免境外投资者无法避免的一些税收负担。先前的讨论表明，境外投资者相对于它们的投资支付了更多的税。外资的撤出不利于中国的经济发展。中国仍然需要境外投资者为中国带来的新技术、先进的管理技能和国际市场。因此，为了吸引外资，中国政府需要改善外资在中国投资的环境，包括减少不必要的政府干预和对境外投资者采取一些新的优惠政策，使其与境内企业处于平等竞争地位。

表 5.7 1997—2023 年 FDI 来源地

(单位：万美元)

| 年份 | 总外资 | 中国香港 | 中国台湾 | 中国澳门 | 新加坡 | 日本 | 韩国 | 美国 | 欧洲 |
| --- | --- | --- | --- | --- | --- | --- | --- | --- | --- |
| 1997 | 4 525 704 | 2 063 200 | 328 939 | 39 455 | 260 641 | 432 647 | 214 238 | 323 915 | 443 899 |
| 1998 | 4 546 275 | 1 850 836 | 291 521 | 42 157 | 340 397 | 340 036 | 180 320 | 389 844 | 430 933 |
| 1999 | 4 031 871 | 1 636 305 | 259 870 | 30 864 | 264 249 | 297 308 | 127 473 | 421 586 | 479 713 |
| 2000 | 4 071 481 | 1 549 998 | 229 658 | 34 728 | 217 220 | 291 585 | 148 961 | 438 389 | 476 539 |
| 2001 | 4 687 759 | 1 671 730 | 297 994 | 32 112 | 214 355 | 434 842 | 215 178 | 443 322 | 448 398 |
| 2002 | 5 274 286 | 1 786 093 | 397 064 | 46 838 | 233 720 | 419 009 | 272 073 | 542 392 | 404 891 |
| 2003 | 5 350 467 | 1 770 010 | 337 724 | 41 660 | 205 840 | 505 419 | 448 854 | 419 851 | 427 197 |
| 2004 | 6 062 998 | 1 899 830 | 311 749 | 54 639 | 200 814 | 545 157 | 624 786 | 394 095 | 479 830 |
| 2005 | 6 032 459 | 1 794 879 | 215 171 | 60 046 | 220 432 | 652 977 | 516 834 | 306 123 | 564 310 |
| 2006 | 6 302 053 | 2 023 292 | 213 583 | 60 290 | 226 046 | 459 806 | 389 487 | 286 509 | 571 156 |
| 2007 | 7 476 789 | 2 770 342 | 177 437 | 63 700 | 318 457 | 358 922 | 367 831 | 261 623 | 436 511 |
| 2008 | 9 239 544 | 4 103 640 | 189 868 | 58 161 | 443 529 | 365 235 | 313 532 | 294 434 | 545 937 |
| 2009 | 9 003 267 | 4 607 547 | 188 055 | 81 471 | 360 484 | 410 497 | 270 007 | 255 499 | 549 529 |
| 2010 | 10 573 235 | 6 056 677 | 247 574 | 65 524 | 542 820 | 408 372 | 269 217 | 301 734 | 592 183 |
| 2011 | 11 600 985 | 7 050 016 | 218 343 | 68 043 | 609 681 | 632 963 | 255 107 | 236 932 | 587 654 |
| 2012 | 11 171 614 | 6 556 119 | 284 707 | 50 556 | 630 508 | 735 156 | 303 800 | 259 809 | 629 050 |
| 2013 | 11 758 620 | 7 339 667 | 208 771 | 46 020 | 722 872 | 705 817 | 305 421 | 281 987 | 689 319 |
| 2014 | 11 956 156 | 8 126 862 | 201 812 | 55 057 | 582 668 | 432 530 | 396 564 | 237 074 | 669 165 |
| 2015 | 12 626 555 | 8 638 672 | 153 710 | 88 540 | 690 407 | 319 496 | 403 401 | 208 889 | 689 705 |
| 2016 | 12 600 142 | 8 146 508 | 196 280 | 81 756 | 604 668 | 309 585 | 475 112 | 238 601 | 943 439 |

（续表）

(单位：万美元)

| 年份 | 总外资 | 中国香港 | 中国台湾 | 中国澳门 | 新加坡 | 日本 | 韩国 | 美国 | 欧洲 |
|---|---|---|---|---|---|---|---|---|---|
| 2017 | 13 103 513 | 9 450 901 | 177 247 | 63 738 | 476 318 | 326 100 | 367 253 | 264 905 | 883 619 |
| 2018 | 13 496 589 | 8 991 724 | 139 136 | 127 987 | 521 021 | 379 780 | 466 688 | 268 931 | 1 119 350 |
| 2019 | 13 813 462 | 9 629 894 | 158 740 | 173 544 | 759 064 | 372 093 | 553 817 | 268 638 | 807 360 |
| 2020 | 14 436 926 | 10 579 336 | 99 529 | 220 230 | 768 098 | 337 448 | 361 376 | 230 451 | 747 027 |
| 2021 | 17 348 331 | 13 175 642 | 93 990 | 218 948 | 1 033 164 | 391 325 | 404 469 | 246 746 | 711 570 |
| 2022 | 18 913 241 | 13 724 149 | 66 110 | 124 291 | 1 059 894 | 460 508 | 659 872 | 221 457 | 1 197 604 |
| 2023 | 16 325 345 | 11 117 932 | 73 455 | 65 752 | 978 222 | 388 932 | 351 421 | 335 970 | 1 450 858 |

数据来源：国家统计局（1997—2024）。

## 5.4.3 不同产业及部分行业的企业所得税

不同产业和不同行业的企业所得税负担分布相当不均。表 5.8 显示了各产业及一些行业的企业所得税。可以看出，第一产业的企业所得税很少，2018 年仅占企业所得税总额的 0.09%。中国的第一产业包括农业、林业、畜牧业和渔业。这些行业中的企业很少。例如，中国的农业生产主要由家庭承担，这些家庭的土地往往只有十几亩，不缴纳所得税。

第二产业在企业所得税中的占比很大，但一直在下降。第二产业包括采矿业，制造业，电力、燃气及水的生产和供应业，建筑业。它们在企业所得税中所占的比重从 2001 年的 52.46% 下降到 2010 年的 40.20%，2018 年进一步下降到 33.38%。具体地说，采矿业企业所得税的占比从 2001 年的 12.58% 下降到 2010 年的 7.30%，2018 年又降到 2.94%；制造业企业所得税的占比从 2001 年的 28.06% 下降到 2010 年的 25.13%，2018 年下降到 23.04%；电力、燃气及水的生产和供应业企业所得税的占比已从 2001 年的 8.87% 下降至 2010 年的 3.18%，2018 年为 2.63%。但是，建筑业企业所得税的占比由于基础设施建设的快速发展和房地产业的蓬勃发展，从 2001 年的 2.95%、2010 年的 4.60%，持续上升至 2015 年的 5.72%，2018 年又下降到 4.77%。

第三产业在企业所得税中的占比正在迅速增加。第三产业包括交通运输、仓储和邮政业，批发、零售和餐饮业，金融和保险业，房地产业，社会服务业，信息传输、计算机服务和软件业，租赁和商业服务业等。中国第三产业发展迅速，例如，第三产业产值占 GDP 的比重从 2000 年的 39.8% 提高到 2019 年的 53.9%。第三产业在企业所得税中的占比已从 2001 年的 47.51% 上升至 2010 年的 59.75%，以及 2018 年的 66.53%。然而，增长的主要原因是金融和保险业、房地产业、租赁和商业服务业的企业所得税大幅增加。例如，金融和保险业企业所得税的占比从 2001 年的 6.66% 上升到 2010 年的 20.59%，2018 年上升到 21.78%；房地产业企业所得税的占比从 2001 年的 3.97% 上升到 2010 年的 12.48%，2018 年上升到 16.24%；租赁和商业服务业企业所得税的占比从 2003 年的 2.68% 上升到 2010 年的 3.66%，2018 年上升到 6.41%。但是，企业所得税在其他行业（例如交通运输业、仓储和邮政业以及批发、零售和餐饮业）中所占的比重下降了。

表 5.8 2001—2018 年不同产业和部分行业的企业所得税

| 年份 | 企业所得税合计（万元） | 第一产业（%） | 第二产业 小计（%） | 采矿业（%） | 制造业（%） | 电力、燃气及水的生产和供应业（%） | 建筑业（%） | 第三产业 小计（%） | 交通运输、仓储和邮政业（%） | 批发、零售和餐饮业（%） | 金融和保险业（%） | 房地产业（%） | 社会服务业（%） | 信息传输、计算机服务和软件业（%） | 租赁和商务服务业（%） |
|---|---|---|---|---|---|---|---|---|---|---|---|---|---|---|---|
| 2001 | 26 344 681 | 0.02 | 52.46 | 12.58 | 28.06 | 8.87 | 2.95 | 47.51 | 9.29 | 13.23 | 6.66 | 3.97 | 5.45 | | |
| 2002 | 25 886 802 | 0.03 | 49.64 | 11.12 | 28.34 | 6.92 | 3.26 | 50.33 | 11.84 | 13.65 | 6.99 | 5.00 | 4.61 | | |
| 2003 | 30 476 393 | 0.04 | 49.15 | 9.89 | 28.83 | 7.07 | 3.36 | 50.81 | 3.70 | 13.63 | 6.92 | 6.28 | | 8.84 | 2.68 |
| 2004 | 40 749 753 | 0.03 | 51.19 | 12.86 | 29.18 | 5.51 | 3.64 | 48.78 | 3.44 | 14.51 | 4.90 | 8.84 | | 6.91 | 2.69 |
| 2005 | 55 113 077 | 0.02 | 48.24 | 14.54 | 26.23 | 4.34 | 3.14 | 51.73 | 3.80 | 13.62 | 10.13 | 9.36 | | 6.01 | 2.47 |
| 2006 | 70 808 979 | 0.02 | 44.65 | 14.60 | 22.54 | 4.43 | 3.07 | 55.33 | 3.81 | 12.38 | 15.27 | 9.69 | | 6.27 | 2.53 |
| 2007 | 96 749 876 | 0.03 | 42.05 | 11.25 | 23.17 | 4.54 | 3.09 | 57.92 | 3.49 | 12.97 | 17.58 | 10.93 | | 5.32 | 3.06 |
| 2008 | 121 951 634 | 0.04 | 38.77 | 10.13 | 21.91 | 3.51 | 3.21 | 61.20 | 3.83 | 13.19 | 22.04 | 10.28 | | 5.08 | 2.97 |
| 2009 | 121 562 641 | 0.05 | 34.28 | 6.52 | 20.46 | 3.33 | 3.97 | 65.68 | 2.92 | 11.59 | 27.62 | 9.96 | | 5.73 | 3.53 |
| 2010 | 145 488 900 | 0.05 | 40.20 | 7.30 | 25.13 | 3.18 | 4.60 | 59.75 | 3.06 | 12.37 | 20.59 | 12.48 | | 3.27 | 3.66 |
| 2011 | 196 027 974 | 0.05 | 41.27 | 8.41 | 25.42 | 2.76 | 4.69 | 58.68 | 3.07 | 12.76 | 20.30 | 11.27 | | 2.94 | 4.25 |
| 2012 | 220 078 620 | 0.06 | 38.58 | 7.94 | 22.59 | 2.88 | 5.16 | 61.36 | 2.87 | 11.34 | 24.95 | 10.37 | | 3.71 | 4.12 |
| 2013 | 238 795 857 | 0.06 | 36.58 | 6.45 | 20.81 | 3.77 | 5.54 | 63.36 | 2.46 | 11.00 | 26.26 | 11.94 | | 3.76 | 4.22 |
| 2014 | 264 418 046 | 0.07 | 35.31 | 4.55 | 21.38 | 3.79 | 5.59 | 64.62 | 2.48 | 10.89 | 28.47 | 11.21 | | 3.06 | 4.72 |
| 2015 | 277 117 198 | 0.08 | 32.53 | 2.10 | 20.67 | 4.03 | 5.72 | 67.40 | 2.69 | 10.13 | 30.93 | 10.35 | | 2.95 | 6.34 |
| 2016 | 291 246 259 | 0.08 | 30.73 | 0.63 | 20.75 | 3.77 | 5.57 | 69.19 | 2.53 | 9.61 | 30.22 | 12.52 | | 3.33 | 6.51 |
| 2017 | 323 374 258 | 0.10 | 31.41 | 1.99 | 22.06 | 2.81 | 4.66 | 68.49 | 2.70 | 10.43 | 24.71 | 15.41 | | 3.67 | 7.09 |
| 2018 | 354 901 622 | 0.09 | 33.38 | 2.94 | 23.04 | 2.63 | 4.77 | 66.53 | 2.98 | 11.35 | 21.78 | 16.24 | | 3.53 | 6.41 |

资料来源：国家税务总局（2002—2019）。

## 5.5 企业所得税制度的改革方向

现行的企业所得税制度存在一些问题，因此需要进一步深化改革。本节讨论企业所得税制度面临的问题，并为未来企业所得税制度改革提出一些政策建议。

### 5.5.1 现行企业所得税制度的问题

现行企业所得税制度存在以下四个问题：

第一，政府从企业所得税中获得的税收收入过多。2021年，中国企业所得税收入占税收总额的24.34%，2022年为26.22%，2023年为22.69%，高于世界上任何一个工业化国家。此外，中国企业所得税收入正逐年增加，这不符合全球企业所得税的变化趋势。如前所述，许多学者认为资本所得税是低效的，建议应该降低甚至取消资本所得税。企业所得实际上是资本所得加利润。

第二，企业间税收负担分配不公平。目前中国的税收制度有利于大企业，不利于小企业。中小型企业在很大程度上是劳动密集型的，雇用了大量工人。其中许多企业不具备高新技术企业资格，需要按照25%的较高税率缴纳企业所得税。国有企业都是在石油、天然气、电信、保险、银行、航空、钢铁、机械、航空航天等重要行业拥有垄断权的大型企业，可以使用高新技术，因此可以按照15%及以下的较低税率缴纳企业所得税。还有，外资企业缴纳的企业所得税份额远远大于其投资份额，这不利于吸引外资。如前所述，2017年外商投资企业缴纳的企业所得税占企业所得税总额的15.60%，而其固定资产投资仅占中国固定资产投资总额的1.76%。

第三，基于技术和产品性质的税收优惠政策过多。根据2007年通过的税法，高新技术企业可享受15%的优惠税率。该政策不利于低技术劳动密集型企业的发展。此外，低技术企业和高新技术企业的区分也非常困难，时常存在一个企业在一个地区被定义为高新技术企业而在另一个地区被定义为普通企业的情况。企业必须向政府申请高新技术企业地位，才能享受低税率。另外，如前所述，近年来政府针对使用特定技术、生产特定产品、特定规模（如小微）、特定区域、特定时期等出台了多项企业所得税优惠政策。这些优惠政策无疑有助于一些企业的发展，使受惠企业处于优势地位。但过多的优惠政策使税制复杂化，容易滋生腐败，不符合政府一直倡导的市场在资源配置中起决定性作用的原则。

第四，偷税漏税。沉重的税收负担使一些企业设法逃避企业所得税。逃税是一个严重的问题。企业逃税的一种方法是签订双合同以避税。企业可以签订一份价值较低的虚假合同，同时签署另一份具有真实价值的合同，以此支付更少的税款。第二种方法是在多家银行开立账户，但仅报告一个银行账户中的收入。当税务机关对企业进行审计时，就只提供一个银行账户的信息，以此来逃避其他银行账户收入的所得税。第三种方法是夸大企业的支出。支出包括差旅费、会议费和商务接待费（张倩，2016）。一些企业会贿赂税务人员以降低税收。而有些税务人员在征税时不进行详细计算，往往无法收取足够的税款。

### 5.5.2 企业所得税制度的改革方向

为了提高经济效益，中国企业所得税制度改革迫在眉睫。然而，政府并没有将企业所得税改革列入首要议程。多年来，经济学家一直呼吁进行企业所得税制度改革，如林双林（2006，2017）。企业所得税制度改革需要注重减轻企业的税负，使企业公平承担税负，减少企业逃税。

第一，降低企业所得税税率。降低企业所得税税率是当今世界的趋势。2008年，中国将企业所得税税率定为25%，当时与其他许多国家相比并不高，但现在显著高于许多发达国家。例如，日本企业所得税的最高边际税率在2010年为30%，而在2023年为22.39%。英国企业所得税的最高边际税率在2010年为28%，而在2023年为19%；美国企业所得税的最高边际税率在2010年为35%，而在2020年为21%，2023年为19.7%。此外，目前中国的企业所得税税率高于亚洲周边国家，例如新加坡、马来西亚、印度尼西亚和泰国。中国内地的企业所得税税率也高于中国香港和中国台湾。因此，仍有降低企业所得税税率的空间。

第二，允许企业从应税收入中扣除更多的生产成本。政府应允许企业从税基中扣除更多的捐款支出、劳动力成本、广告费、商务招待费和折旧。政府还应该允许企业通过延长年限来弥补亏损，并允许企业在本年度遭受亏损时从之前年度的企业所得税中退税。

第三，使税收制度对所有企业更加公平。所有企业都应缴纳其公平份额的企业所得税。政府可以考虑实行以企业收入为基础的累进税制，使大型企业，特别是大型国有企业，缴纳更多的企业所得税，公平分担税负。2017年，国有企业缴纳的企业所得税仅占企业所得税总额的4.42%。此外，缴纳更多税款会给国有企业带来提高效率的压力。另外，2018年，外商投资企业分摊了企业所得税总额的15.42%。由于它们缴纳的企业所得税与其投资规模相比过多，应减轻其企业所得税负担。降低税率和增加税收减免将减少境外企业缴纳的税款，从而吸引更多的外资进入中国。

第四，减少企业所得税繁多的优惠政策，简化企业所得税制度。中国应该减少对特殊企业的企业所得税优惠政策，以促进竞争和提高效率。另外，可采用累进企业所得税制，利润少的中小企业税率低，利润多的企业税率高，政府无须频繁降低小企业的税率和应纳税所得额。同时，通过取消过度优惠的企业所得税政策，税制将更加简单、更加稳定、更加可预测。

第五，减少偷税漏税和税收腐败。所有企业都应提供真实的会计信息，同时税务人员应该有权严格检查公司的会计账簿。政府不仅要对逃税企业进行处罚，而且要追查涉嫌运作逃税的企业人员，增加企业逃税的成本以及个人运作逃税的成本。追究运作逃税的企业人员的个人责任可以有效阻止偷税行为的发生。另外，政府应该提高税务人员的工资，以增加收税中腐败的机会成本。同时，加强执法力度，惩治腐败的税务人员和行贿者。

## 5.6 总　　结

过去四十年里，中国的企业所得税制度发生了重大变革。比如，降低了企业所得税税率，暂行税收法规已被正式税法取代，境内外企业的所得税税率已经统一。现在，企业所得税是中国的第二大税种。

中国企业所得税的标准税率为25%，高新技术企业的优惠税率为15%，企业所得低于30万元的小型和微型劳动密集型企业则无须缴纳20%的税率。应该注意，中国政府从企业所得中收取的税收收入非常高。企业所得税收入占税收总收入的比重从1994年的13.82%增加到2023年的22.69%，企业所得税占GDP的比重从1994年的1.46%增加到2023年的3.26%。在同一时期，其他许多国家也大幅降低了企业所得税税率。税收收入高的主要原因包括税率高、企业应税所得的扣除额有限以及企业收入在国民总收入中所占比重较大。

各地区的企业所得税差异很大，2022年，企业所得税收入占总税收的比重，从北京的29.78%到湖南的11.69%不等，在GDP中所占的比重从上海的4.28%到湖南的0.49%不等。在确定企业所得税税率时，在这些地区注册的公司数量非常重要。地理位置和政府政策会影响公司选择注册地点的决定。企业的盈利能力和税率对企业所得税的影响也很重要，高盈利能力往往会增加企业所得税，而高税率则不一定。

不同所有制企业的企业所得税负担分配不均。2017年，国有企业所得税收入占企业所得税收入总额的4.42%，而占投资总额的21.69%；民营企业所得税收入占企业所得税收入总额的10.83%，占投资总额的31.73%；外商投资企业所得税收入占企业所得税收入总额的 15.60%，占投资总额的 1.76%。显然，国有企业的税收份额远小于其投资份额，而外商投资企业的税收份额远大于其投资份额。盈利能力和税收执法可能会导致国有企业与外商投资企业之间的差异。

企业所得税在不同行业之间分布不均。2018 年，第三产业企业所得税占企业所得税总额的 66.53%，第二产业企业所得税则占 33.38%，第一产业部门企业所得税仅占 0.09%。在过去近二十年中，金融和保险业是企业所得税的最大贡献者。

企业所得税制度存在四个方面的问题，即税负过重、企业间税收负担分配不公平、基于技术和产品性质的税收优惠政策过多以及偷税漏税。企业所得税制度应朝几个方向进行改革。第一，通过降低税率并允许更多的扣除减免来降低企业所得税。第二，增加国有企业的纳税和减少外资企业的纳税，使税收制度对所有企业更加公平。第三，减少繁多的针对特定行业、特定企业、特定区域、特定时期的企业所得税优惠政策，实行普惠式税收政策，促进公平竞争。第四，加强税收执法，减少偷税漏税和腐败行为。

# 第 6 章
# 政府支出的规模与结构

## 6.1 引　　言

　　政府支出是政府实现其经济和社会目标的关键手段。亚当·斯密（Smith，1776）认为，政府有责任创建和维护公共教育系统、交通系统，建设商业、公共安全和国防所需的公共基础设施，以及建立一个能够尽可能地使社会中的每一个成员不受到其他成员不公正对待的司法体系。他提出，政府应该提供服务，支持整个社会的运转。现代公共财政赋予了政府更多的责任，比如保持经济稳定和促进经济增长。

　　政府支出的规模和结构是公共财政中的重要问题。政府支出的规模通常是用政府支出占 GDP 的比重来衡量的，政府支出规模的大小对经济发展至关重要。Barro（1990）将政府支出引入生产函数，他发现，如果政府支出规模较小，政府支出的增加将提高经济增长率；如果政府支出规模已经较大，政府支出的增加则将降低经济增长率。然而，Landau（1983，1986）基于对二战后一百多个国家数据的实证分析发现，政府支出的规模与经济增长负相关，即政府支出规模大的国家经济增长率低，政府支出规模小的国家经济增长率高。政府支出结构也很重要，支出结构是以各类支出占总支出的比重来表示的。Barro（1991）的实证分析显示，政府消费支出与经济增长负相关，而政府投资支出与经济增长的相关性不显著。De Long and Summers（1991）对发达国家的实证分析显示，政府设备投资增长与 GDP 增长正相关。另外，政府支出结构也影响收入再分配，尤其是影响低收入人群的福利水平。如果有更多的政府支出用于公共品、社会保险和社会福利，低收入群体的生活会更好。

学界对中国政府支出的研究尚为有限，大多数研究集中于一般公共预算支出的规模、结构和效果。Wu and Lin（2012）对中国省级政府支出规模的决定因素进行了研究，结果表明，对外贸易和外国直接投资的开放可能会抑制政府支出规模的增大；同时，瓦格纳定律在中国并不成立，即政府支出规模不随着收入增加而增加。Park and Wang（2010）评估了2001年以来的中国扶贫项目，这类项目资助了指定贫困村的公共投资。他们发现，这类项目显著增加了地方政府和当地贫困村的收入和投资额，以及较富裕家庭的收入和消费，但却没有增加较贫困家庭的收入和消费。OECD（2006）指出中国公共支出在提高效率和公平性方面面临着挑战，这些挑战包括如何建立更高效的机构、推行更有效的政策来规划、落实和控制支出，如何调整支出分配，以及改善各级政府之间的关系。

一般公共预算支出比总的政府支出规模要小很多。根据2014年通过的《中华人民共和国预算法》，我国政府支出不仅包括一般公共预算支出，还包括政府性基金支出、国有资本经营预算支出和社会保险基金支出。此外，相当一部分政府支出，如依赖地方政府债务融资的预算外支出，不包括在预算之内。

本章探讨政府总支出的状况，分析中国政府一般公共预算支出的构成，比较中国与其他国家政府支出的规模和结构，探讨我国政府支出存在的问题，提出控制政府支出规模和改善政府支出结构的政策建议。第6.2节分析中国政府支出的规模；第6.3节分析政府支出的构成，包括一般公共预算支出、预算外支出以及其他政府预算支出的构成；第6.4节探讨中国政府支出存在的问题，并提出政策建议。第6.5节对本章进行总结。

## 6.2　中国政府支出的规模

中国的政府总支出包括一般公共预算支出、预算外支出、社会保险基金支出、政府性基金支出、国有资本经营预算支出，以及依赖地方政府债务融资的预算外支出。政府支出的规模通常用政府支出占GDP的比重来衡量。过去四十多年来，中国政府支出规模波动较大，目前政府支出规模已经相当大。

### 6.2.1　一般公共预算支出

一般公共预算支出是政府总支出的最大组成部分，由一般公共预算收入（主要是税收收入）提供资金。1978年经济体制改革后，随着中央政府对地方政府和国有企业的分权让利，一般公共预算收入增长放缓，一般公共预算支出增长率随之大幅下降。但是，1994年税制改革后，一般公共预算支出出现大幅上升。图6.1显示了1978年至2023年的一般公共预算支出水平及其增长率（支出水平以人民币现价衡量，增长率则以1978年的不变价格计算）。一般公共预算支出1978年为1 122亿元，2000年为15 886.5亿元，2010年为89 874.2亿元，2020年为245 679亿元，2021年为245 673亿元，2022年为260 552亿元，2023年为274 623亿元。

按1978年不变价格计算，实际一般公共预算支出1990年为1 819.9亿元，2000年为4 430.3亿元，2010年为16 631.3亿元，2020年为35 767.1亿元，2023年为37 774.9亿元，是1978年的33.66倍。[①] 1994年税制改革以来，我国一般公共预算支出的年增长率一直很高，除2003年和2004年外，1996年至2012年每年的增长率都超过了9%。2007年实际一般公共预算支出增长率达到14.29%，2008年为16.65%，2009年为22.16%。近年来，随着经济增速和一般公共预算收入增速放缓，一般公共预算支出增速有所放缓，2016年为5.27%，2017年为3.77%，2018年为5.10%，2019年为6.75%，2020年为2.32%，2022年为4.16%，2023年为6.01%（见图6.1）。

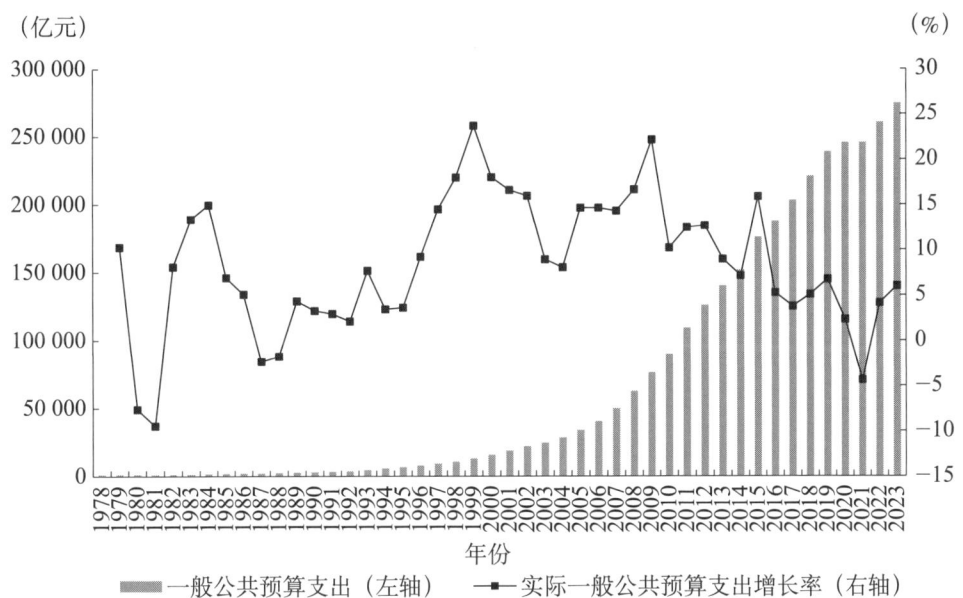

**图6.1　1978—2023年一般公共预算支出与增长率**

数据来源：国家统计局（2024）。

注：年均增长率＝[ln（当年实际一般公共预算支出）－ln（前一年实际一般公共预算支出）]×100%。

---

[①] 国家统计局（2024）。

图 6.2 显示了 1952 年至 2023 年一般公共预算支出占 GDP 的比重。由图 6.2 可看出，在中央计划经济体制下，一般公共预算支出占 GDP 的比重非常高，1960 年达到了 44.16%，1978 年为 30.5%。经济体制改革后，一般公共预算支出占 GDP 的比重有所下降，1980 年为 23.06%，1985 年为 22.03%，1990 年为 16.34%，1993 年为 13.01%，1996 年为 11.05%。1994 年税制改革后，财政收入大幅度增加，这为政府支出增长提供了资金。同时，1997 年亚洲金融危机后，中国政府采取了扩张性财政政策，大幅增加了政府债务融资规模，这使得政府一般公共预算支出大幅增加。20 世纪 90 年代末以来，政府支出增长很快，一般公共预算支出占 GDP 的比重在 2000 年达到 15.84%，2010 年为 21.81%，2015 年为 25.53%，2020 年为 24.24%，2021 年为 21.48%，2022 年为 21.63%，2023 年为 21.79%。

**图 6.2 1952—2023 年一般公共预算支出占 GDP 的比重**

数据来源：1952—1977 年数据来自国家统计局（2010）；1978—2023 年数据来自国家统计局（2024）。

## 6.2.2 预算外支出

预算外支出的资金来源于预算外收入，预算外收入是地方政府、行政单位（政府机构）和事业单位（如公立大学、医院等）获得的非税收入。改革开放前和改革开放初期，受计划经济的影响，国有企业也有预算外收入，包括国有企业及其主管部门掌握的各项专用基金。预算外收入和支出由地方政府、行政单位和事业单位、国有企业直接支配，如果预算外收入增加，预算外支出也会增加。因此，预算外收入的规模直接关系到预算外支出的规模。预算外收入和预算外支出是合法的，并由官方公布统计数据。因资金来源和支出用途不同，预算外支出和预算内支出的管理方式亦不同。由地方各级财政部门管理的预算外支出，资金来源为地方政府各类收费，主要用于城市公用事业的修建维护、固定资产投资、农田水利建设、行政事业单位人员工资和奖金发放等。由国有企业管理的预算外支出主要用于固定资产投资、技术改造、职工福利和奖励。大部分预算外收入是由政府行政和事业单位收取的，主要用于职工福利和奖励。

预算外支出从中华人民共和国成立伊始即已经存在，最开始规模较小，20世纪90年代早期经历了大幅扩张，21世纪初经历了下降，2011年被取消。1982年之前预算外支出的数据没有公布。表6.1展示了1978—2023年的政府总支出及其构成，包括预算外支出。可以算出，预算外支出占GDP的比重1982年为13.67%，1985年为15.11%，1992年为13.42%，而1992年一般公共预算支出占GDP的比重为13.76%。

1993年政府对预算外支出的范围进行了大幅调整，国有企业的创新基金和主要维修基金不再被列为预算外资金。[①] 虽然国有企业的预算外支出数据无法获得，但是国有企业的预算外收入的数据已经正式公布。1992年，国有企业预算外收入为2 878.6亿元，约占预算外收入总额的75%（见第2章表2.2）。因此，1993年将国有企业预算外收支从总额中剔除以后，预算外收支总额大大降低。1993年总的预算外收入为1 432.5亿元（见第2章表2.2），预算外支出为1 314.3亿元（见表6.1）。

但是，1993年以后，预算外收支恢复了增长势头。1996年预算外收入达到3 893亿元，1996年预算外支出达到3 838亿元，再创历史新高。1996年，政府再次调整了预算外收支的范围。从1997年开始，政府管理基金被排除在预算外收支之外，列入一般公共预算中。20世纪90年代末和21世纪初，中国实行了税费改革，以减少预算外收支。改革在很大程度上减缓了预算外收入的增长，也因此减缓了预算外支出的增长。预算外收支覆盖范围的缩小和税费改革导致预算外支出占一般公共预算支出的比重下降。由表6.1计算可得，预算外支出占一般公共预算支出的比重1982年为59.72%，1985年为68.60%，1990年为87.79%，1992年为97.53%。覆盖范围调整后，预算外支出大幅下降。预算外支出占一般公共预算支出的比重1993年为28.31%，1995年为34.16%，2000年为22.21%，2010年为6.40%。预算外支出占GDP的比重也在下降，1993年为3.68%，1995年为3.80%，2000年为3.52%，2010年下降到1.40%。

---

① 国家统计局（1999）。

表 6.1　1978—2023 年政府总支出及其构成

(单位：亿元)

| 年份 | 总支出 | GDP | 一般公共预算支出 | 预算外支出 | 社会保险基金支出 | 政府性基金支出 | 国有资本经营预算支出 | 债务支出 |
| --- | --- | --- | --- | --- | --- | --- | --- | --- |
| 1978 | 1 122.1 | 3 678.7 | 1 122.1 | | | | | |
| 1980 | 1 228.8 | 4 587.6 | 1 228.8 | | | | | |
| 1982 | 1 964.5 | 5 373.4 | 1 230.0 | 734.5 | | | | |
| 1985 | 3 379.3 | 9 098.9 | 2 004.3 | 1 375.0 | | | | |
| 1989 | 5 326.9 | 17 179.7 | 2 823.8 | 2 503.1 | 120.9 | | | |
| 1990 | 5 942.6 | 18 872.9 | 3 083.6 | 2 707.1 | 151.9 | | | |
| 1992 | 7 719.2 | 27 194.5 | 3 742.2 | 3 649.9 | 327.1 | | | |
| 1993 | 6 438.8 | 35 673.2 | 4 642.3 | 1 314.3 | 482.2 | | | |
| 1995 | 10 032.1 | 61 339.9 | 6 823.7 | 2 331.3 | 877.1 | | | |
| 1996 | 12 858.3 | 71 813.6 | 7 937.6 | 3 838.3 | 1 082.4 | | | |
| 1997 | 13 853.8 | 79 715.0 | 9 233.6 | 2 685.5 | 1 339.2 | | | |
| 2000 | 23 772.7 | 100 280.1 | 15 886.5 | 3 529.0 | 2 385.6 | | | 1 971.6 |
| 2005 | 50 462.4 | 187 318.9 | 33 930.3 | 5 242.5 | 5 400.8 | | | 5 888.8 |
| 2006 | 60 205.9 | 219 438.5 | 40 422.7 | 5 867.0 | 6 477.4 | | | 7 438.8 |
| 2007 | 73 178.3 | 270 092.3 | 49 781.4 | 6 112.4 | 7 887.8 | | | 9 396.7 |
| 2008 | 89 453.3 | 319 244.6 | 62 592.7 | 6 346.4 | 9 925.1 | | | 10 589.1 |
| 2009 | 129 312.4 | 348 517.7 | 76 299.9 | 6 228.3 | 12 302.6 | | | 34 481.6 |
| 2010 | 162 146.9 | 412 119.3 | 89 874.2 | 5 754.7 | 15 018.9 | 33 951.2 | 542.0 | 17 005.9 |
| 2011 | 185 549.3 | 487 940.2 | 109 247.8 | | 18 652.9 | 39 946.6 | 769.5 | 16 932.5 |
| 2012 | 221 769.0 | 538 580.0 | 125 953.0 | | 23 331.3 | 36 330.9 | 1 402.8 | 34 751.0 |

第 6 章 政府支出的规模与结构

(续表)(单位: 亿元)

| 年份 | 总支出 | GDP | 一般公共预算支出 | 预算外支出 | 社会保险基金支出 | 政府性基金支出 | 国有资本经营预算支出 | 债务支出 |
|---|---|---|---|---|---|---|---|---|
| 2013 | 262 822.0 | 592 963.2 | 140 212.1 |  | 27 916.3 | 50 500.9 | 1 561.5 | 42 631.2 |
| 2014 | 289 995.4 | 643 563.1 | 151 785.6 |  | 33 002.7 | 51 463.8 | 2 013.7 | 51 729.6 |
| 2015 | 248 587.3 | 688 858.2 | 175 877.8 |  | 38 988.1 | 42 347.1 | 2 066.8 |  |
| 2016 | 293 520.6 | 746 395.1 | 187 755.2 |  | 46 888.4 | 46 878.3 | 2 155.5 |  |
| 2017 | 323 215.0 | 832 035.9 | 203 085.5 |  | 57 145.6 | 60 968.6 | 2 015.3 |  |
| 2018 | 371 451.7 | 919 281.1 | 220 904.1 |  | 67 792.7 | 80 601.6 | 2 153.3 |  |
| 2019 | 408 148.2 | 986 515.2 | 238 858.4 |  | 75 346.6 | 91 647.8 | 2 295.4 |  |
| 2020 | 444 905.0 | 1 013 567.0 | 245 679.0 |  | 78 611.8 | 118 058.0 | 2 556.2 |  |
| 2021 | 448 419.9 | 1 149 237.0 | 245 673.0 |  | 86 734.9 | 113 389.9 | 2 622.1 |  |
| 2022 | 465 273.9 | 1 210 207.2 | 260 552.1 |  | 90 719.1 | 110 607.9 | 3 095.2 |  |
| 2023 | 478 549.0 | 1 260 582.1 | 274 622.9 |  | 99 301.8 | 101 277.8 | 3 346.4 |  |

数据来源: 预算外支出数据来自财政部 (2006, 2011); 政府性基金支出数据和国有资本经营预算支出数据来自 2011—2024 年《中国统计年鉴》; 地方政府债务支出为根据第 10 章表 10.1 地方政府债务数据计算的每年地方政府债务增加量; 其余数据来自国家统计局 (2020, 2024)。

注: (1) 1997 年开始, 预算外支出不再计入一般公共预算支出; (2) 政府总支出不包括国内外债务本金支出和国有企业亏损补贴; (3) 2000 年以前, 政府总支出中不包括国内外债务利息支出; (4) 从 2000 年起, 政府总支出中包括国内外债务利息支出。

139

### 6.2.3 其他政府预算支出

其他政府预算包括政府性基金预算、社会保险基金预算和国有资本经营预算。在取消预算外收入和支出后，政府设立了一个新的预算，称为政府性基金预算。政府性基金支出是政府总支出的重要组成部分，其占 GDP 的比重 2010 年为 8.24%，2015 年为 6.15%，2019 年为 9.25%，2020 年为 11.65%，2023 年为 8.03%（2010 年之前的数据无法获得）。本书第 2 章讨论过政府性基金的来源。

社会保险基金支出包括基本养老保险、失业保险、医疗保险、工伤保险和生育保险基金支出。近几十年，社会保险基金支出增长迅速，1990 年为 151.9 亿元，1995 年为 877.1 亿元，2000 年为 2 385.6 亿元，2005 年为 5 400.8 亿元，2010 年为 15 018.9 亿元，2015 年为 38 988.1 亿元，2018 年为 67 792.7 亿元，2019 年为 75 346.6 亿元，2023 年为 99 301.8 亿元（见表 6.1）。社会保险基金支出占 GDP 的比重 1990 年为 0.80%，1995 年为 1.43%，2010 年为 3.64%，2015 年为 5.66%，2018 年为 7.37%，2019 年为 7.60%，2020 年为 7.76%，2023 年为 7.88%。第 8 章和第 9 章将详细讨论社会养老保险和医疗保险，它们也是社会保险基金预算中占比最大的两个部分。

国有资本经营预算支出是政府总支出中占比最小的组成部分，在 GDP 中所占的比重也很小。国有资本经营预算支出 2010 年为 542.0 亿元，占 GDP 的 0.13%；2015 年为 2 066.8 亿元，占 GDP 的 0.30%；2019 年为 2 295.4 亿元，占 GDP 的 0.23%，2020 年为 2 556.2 亿元，占 GDP 的 0.25%，2023 年为 3 346.4 亿元，占 GDP 的 0.27%（见表 6.1）。2010 年以前这方面支出的统计数据没有公布。

### 6.2.4 依赖地方政府债务融资的预算外支出

地方政府通过融资平台或投资公司借款，为基础设施建设支出和其他支出融资。这部分政府支出很大，但在计算政府总支出时常被忽略。在过去的二十年里，地方政府债务急剧增加，地方政府每年由债务支撑的支出可以通过地方政府债务总额的年度增长量来计算。如表 6.1 所示，地方政府债务支出 1997 年为 595.5 亿元，2000 年为 1 971.6 亿元，2005 年为 5 888.8 亿元，2008 年为 10 589.1 亿元，2009 年为 34 481.6 亿元，2010 年和 2011 年暂时下降到 17 005.9 亿元和 16 932.5 亿元，2012 年又回升至 34 751.0 亿元，并持续上升至 2014 年的 51 729.6 亿元。地方政府债务总额年度增长量用于政府支出，但不包括在四类政府预算的任何一项之中。债务支出占 GDP 的比重 1997 年为 0.75%，2000 年为

1.97%，2005 年为 3.14%，2006 年为 3.39%，2007 年为 3.48%，2008 年为 3.32%，2009 年为 9.89%，2010 年为 4.13%，2011 年为 3.47%，2012 年为 6.45%，2013 年为 7.19%，2014 年为 8.04%。从 2015 年开始，地方政府可以单列预算赤字并发行债券。大部分地方政府债务支出已经被列入地方政府一般公共预算支出。为避免重复计算，地方政府债务支出不再计入政府总支出。第 10 章会深入探讨地方政府债务问题。

### 6.2.5 政府总支出

如表 6.1 所示，在过去四十多年里，中国政府支出总额显著增加。按 1978 年不变价格计算，1982 年政府支出总额为 1 786.3 亿元，1990 年为 5 094.0 亿元，2000 年为 13 062.6 亿元，2010 年为 45 891.1 亿元，2015 年为 70 858.6 亿元，2020 年为 101 986.9 亿元，2023 年为 94 649.7 亿元。1982 年至 2023 年，政府实际支出年均增长率为 10.36%，高于 GDP 年均增长率。

图 6.3 显示了 1978 年至 2023 年政府总支出及其组成部分占 GDP 的比重。1982 年、1985 年、1990 年和 1992 年，政府总支出占 GDP 的比重分别为 36.56%、37.14%、31.49% 和 28.39%。1993 年预算外支出覆盖范围调整后，预算外支出和政府总支出占 GDP 的比重都急剧下降。然而，之后政府总支出占 GDP 的比重逐渐回升，1995 年为 16.35%，2000 年为 23.71%，2010 年为 39.34%，2015 年为 37.64%，2016 年为 38.01%，2017 年为 38.85%，2018 年为 40.41%，2019 年为 41.19%，2020 年为 43.90%，2022 年为 38.62%，2023 年为 37.96%。

中国将企业亏损补贴视为负收入（从政府总收入中扣除），而不是支出，这就缩小了政府总收支的规模。20 世纪 80 年代和 90 年代初，国有企业亏损补贴是非常可观的，但在 21 世纪初大幅下降，并于 2007 年取消。例如，1985 年国有企业亏损补贴占一般公共预算支出的比重为 13.05%，1990 年为 18.77%，2006 年仅为 0.45%。

中国地方政府和行政事业单位的非预算支出不包括在预算内支出和预算外支出范围之内，资金来自非公开的"小金库"，没有人清楚地知道非预算支出规模到底有多大。研究表明，非预算收入相当可观，2000 年占一般公共预算收入的 32.7%（高培勇，2004）。非预算收支的存在严重削弱了中国公共财政问责制、一致性和透明度。随着反腐力度的加大，近年来的非预算支出已经大幅下降。

### 6.2.6 其他国家政府支出规模

表 6.2 展示了部分国家政府支出占 GDP 的份额。从表 6.2 中我们可以发现，

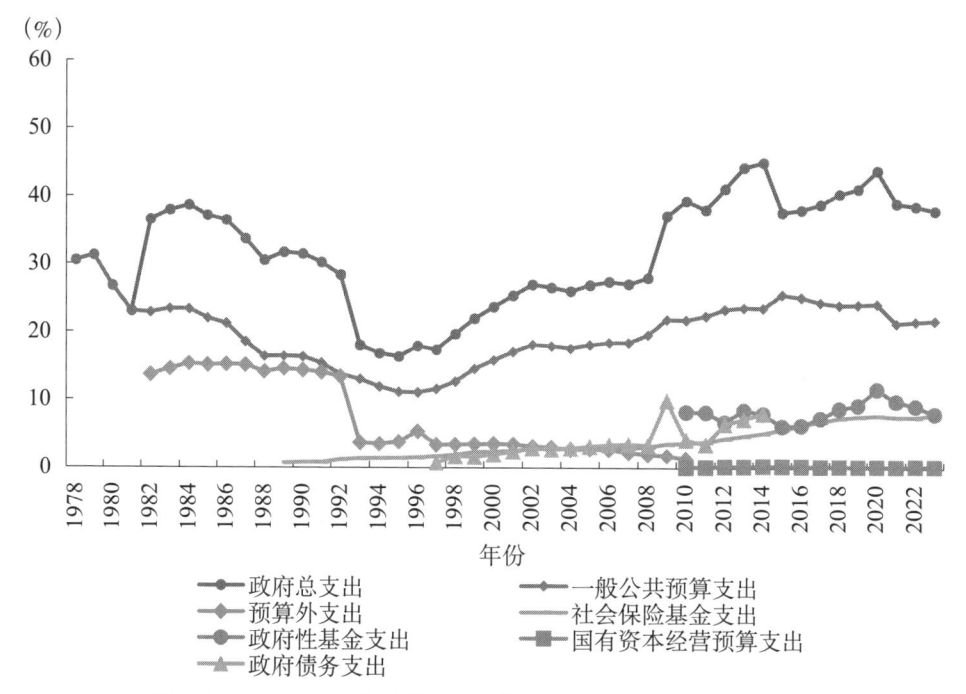

**图 6.3　1978—2023 年政府支出总额及其组成部分占 GDP 的比重**

数据来源：表 6.1。

平均而言，发达国家政府支出占 GDP 的比重更高。例如，2018 年和 2022 年政府支出占 GDP 的比重，法国分别为 55.2% 和 58.3%，丹麦为 50.8% 和 44.9%，奥地利为 48.1% 和 52.8%，比利时为 52.0% 和 53.5%，意大利为 48.7% 和 56.7%，芬兰为 51.9% 和 53.0%。

然而，也有许多发达国家政府支出的规模较小。例如，2018 年政府支出占 GDP 的比重，英国为 40.6%，日本为 37.7%；2019 年，美国为 35.7%，瑞士为 32.2%。疫情期间，这些国家的政府支出急剧增加。2022 年政府支出占 GDP 比重，英国为 44.3%，美国为 36.3%，瑞士为 31.5%。发展中国家的政府支出规模通常较小，例如，2018 年哈萨克斯坦政府支出占 GDP 的比重为 16.4%，2018 年巴拉圭为 14.9%，2019 年亚美尼亚为 22.5%，2022 年智利为 26.8%，2015 年埃及为 32.8%，2019 年俄罗斯为 35.5%。大多数亚洲国家的政府支出占 GDP 的比重较低。例如，2018 年新加坡政府支出占 GDP 的比重为 15.2%，2017 年菲律宾为 16.0%，2018 年印度尼西亚为 16.4%，2018 年泰国为 25.2%，2011 年韩国为 21.6%，2011 年马来西亚为 28.5%（见表 6.2）。当然，疫情期间这些国家的政府支出也大幅提高了。2022 年我国政府支出占 GDP 的比重为 38.6%，这包含了一般公共预算支出、预算外支出、社会保险基金支出、政府性基金支出、国

表 6.2 部分国家政府财政总支出占 GDP 的比重

(单位:%)

| 国家 | 2018年财政总支出占GDP比重 | 2022年财政总支出占GDP比重 | 国家 | 2018年财政总支出占GDP比重 | 2022年财政总支出占GDP比重 |
| --- | --- | --- | --- | --- | --- |
| 奥地利 | 48.1 | 52.8 | 挪威 | 46.5 | 38.5 |
| 比利时 | 52.0 | 53.5 | 圣马力诺 | 44.9 | — |
| 芬兰 | 51.9 | 53.0 | 新加坡 | 15.2 | — |
| 法国 | 55.2 | 58.3 | 瑞士 | 32.2 (2019) | 31.5 |
| 德国 | 43.9 | 49.5 | 英国 | 40.6 | 44.3 |
| 希腊 | 47.6 | 52.5 | 美国 | 35.7 (2019) | 36.3 |
| 爱尔兰 | 24.7 | 21.2 | 日本 | 37.7 | 44.1 |
| 意大利 | 48.7 | 56.7 | 韩国 | 21.6 (2011) | — |
| 卢森堡 | 40.4 | 43.6 | 毛里求斯 | 31.8 | — |
| 马耳他 | 35.3 | — | 摩洛哥 | 38.7 (2017) | 32.2 |
| 荷兰 | 41.3 | 43.5 | 南非 | 40.2 | 32.5 |
| 葡萄牙 | 43.5 | 44.8 | 中国 | 40.4 (2019) | 38.6 |
| 斯洛文尼亚 | 42.4 | 47.0 | 印度尼西亚 | 16.4 | 17.5 |
| 西班牙 | 41.1 | 47.1 | 马来西亚 | 28.5 (2011) | 25.3 |
| 澳大利亚 | 34.1 | 38.1 | 马尔代夫 | 30.3 (2014) | 41.5 |
| 加拿大 | 40.6 (2019) | 41.4 | 菲律宾 | 16.0 (2017) | 25.9 |
| 丹麦 | 50.8 | 44.9 | 泰国 | 25.2 | 24.6 |
| 冰岛 | 40.8 (2019) | 47.5 | 阿尔巴尼亚 | 23.6 (2019) | 30.4 |
| 以色列 | 39.7 | 36.6 | 波斯尼亚和黑塞哥维那 | 38.1 (2019) | 38.9 |
| 新西兰 | 34.1 (2019) | 42.6 | 保加利亚 | 36.8 | 38.2 |

(单位:%)(续表)

| 国家 | 2018年财政总支出占GDP比重 | 2022年财政总支出占GDP比重 | 国家 | 2018年财政总支出占GDP比重 | 2022年财政总支出占GDP比重 |
| --- | --- | --- | --- | --- | --- |
| 克罗地亚 | 44.5 | 45.1 | 摩尔多瓦 | 28.1 (2019) | 36.4 |
| 捷克共和国 | 39.7 | 44.7 | 俄罗斯 | 35.5 (2019) | — |
| 爱沙尼亚 | 36.1 | 39.6 | 埃及 | 32.8 (2015) | — |
| 匈牙利 | 44.3 | 47.8 | 伊朗 | 25.0 (2011) | 12.3 |
| 拉脱维亚 | 35.6 | 40.3 | 科威特 | 38.5 (2011) | 41.9 |
| 立陶宛 | 33.4 | — | 阿根廷 | 40.3 (2011) | 37.3 |
| 波兰 | 39.3 | 43.5 | 玻利维亚 | 35.4 (2011) | 35.5 |
| 罗马尼亚 | 34.5 | 36.8 | 智利 | — | 26.8 |
| 斯洛伐克共和国 | 41.9 | 42.3 | 哥斯达黎加 | 29.0 | 19.4 |
| 亚美尼亚 | 22.5 (2019) | — | 洪都拉斯 | — | 23.8 |
| 白俄罗斯 | 37.2 | — | 巴拉圭 | 14.9 | 23.6 |
| 哈萨克斯坦 | 16.4 | — | | | |

数据来源:中国的数据根据表6.1计算。韩国、玻利维亚、伊朗、科威特、阿根廷和马来西亚的2018年及以前的数据来自国际货币基金组织(IMF,2020a);其余国家2018年、2019年及以前的数据来自国际货币基金组织(IMF,2020b);2022年数据来自国际货币基金组织(IMF,2024b)。

有资本经营预算支出和政府债务支出。如前所述，中国的政府性基金收入非常可观：2019年占GDP的8.53%，其中土地出让收入占政府性基金收入的83.63%；2021年占GDP的8.57%，其中土地出让收入占政府性基金收入的86.67%；2023年占GDP的5.61%，其中土地出让收入占政府性基金收入的80.10%（第2章表2.4）。

## 6.3 政府支出的构成

### 6.3.1 一般公共预算支出的构成

中国政府曾将一般公共预算支出划分为以下五大类：经济建设、社会文教、国防、行政管理和其他支出。图6.4显示了1950年至2006年各类政府支出占一般公共预算支出的比重。2006年以后，政府调整了政府支出的分类。表6.3显示了IMF编制的2005年至2022年中国按功能划分的一般公共预算支出。此外，根据中国政府的新分类，图6.5展示了2023年各类政府支出在一般公共预算支出中所占的比重。

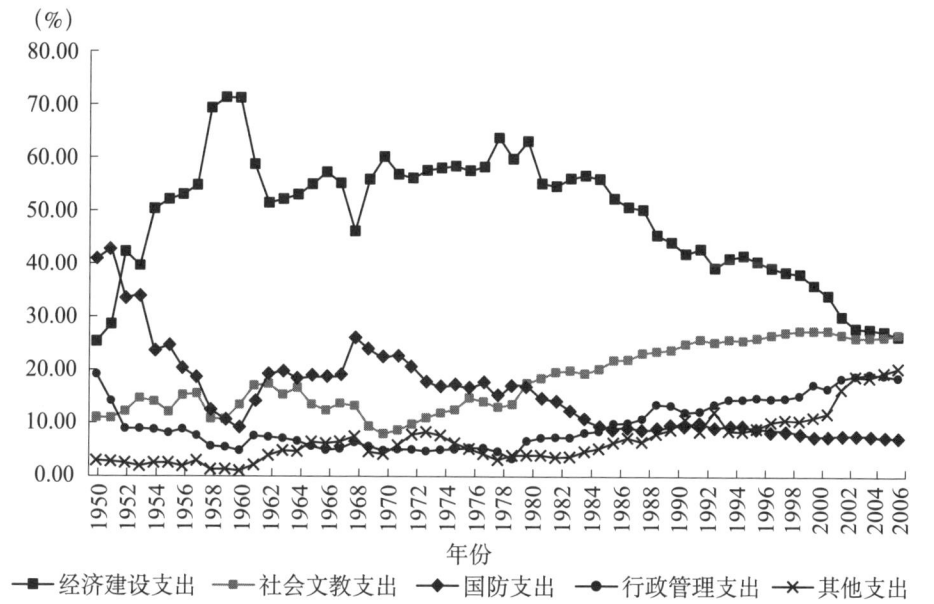

**图6.4 1950—2006年按功能划分的一般公共预算支出各部分占比**

数据来源：财政部（1992，2007）。

表 6.3 中国按功能划分的一般公共预算支出（占总支出的百分比）

| 年份 | 总支出（亿元） | 一般公共服务 | 国防 | 社会秩序及治安 | 经济事务 | 环境保护 | 住房和社区设施 | 卫生 | 娱乐、文化及宗教 | 教育 | 社会保障 |
|---|---|---|---|---|---|---|---|---|---|---|---|
| 2005 | 47 266 | 25.7 | 5.3 | 5.0 | 37.8 | 3.2 | 0.4 | 2.5 | 1.3 | 9.5 | 8.3 |
| 2006 | 57 498 | 18.2 | 5.2 | 5.0 | 37.7 | 3.2 | 0.4 | 2.5 | 1.3 | 9.3 | 17.1 |
| 2007 | 86 814 | 9.4 | 4.1 | 4.0 | 45.2 | 1.1 | 11.4 | 2.4 | 1.1 | 8.4 | 12.9 |
| 2008 | 80 801 | 11.3 | 5.2 | 5.2 | 30.9 | 1.9 | 7.3 | 3.8 | 1.8 | 14.3 | 18.3 |
| 2009 | 96 512 | 10.3 | 5.2 | 5.0 | 31.7 | 2.1 | 6.4 | 4.4 | 1.8 | 13.5 | 19.6 |
| 2010 | 113 178 | 9.9 | 4.7 | 5.0 | 32.1 | 2.2 | 6.5 | 4.5 | 1.7 | 13.6 | 19.7 |
| 2011 | 130 372 | 10.0 | 4.6 | 4.8 | 29.8 | 2.0 | 6.7 | 3.3 | 1.6 | 13.1 | 24.0 |
| 2012 | 152 556 | 9.8 | 4.4 | 4.7 | 28.3 | 1.9 | 6.7 | 3.1 | 1.6 | 14.4 | 25.1 |
| 2013 | 172 539 | 9.5 | 4.3 | 4.5 | 28.4 | 2.0 | 7.4 | 3.0 | 1.6 | 13.3 | 25.9 |
| 2014 | 188 938 | 9.2 | 4.4 | 4.4 | 27.7 | 2.0 | 7.8 | 3.1 | 1.5 | 12.8 | 27.1 |
| 2015 | 215 922 | 8.6 | 4.2 | 4.3 | 27.7 | 2.3 | 8.2 | 8.9 | 1.5 | 12.3 | 22.0 |
| 2016 | 230 650 | 8.9 | 4.3 | 4.8 | 25.1 | 2.2 | 8.6 | 9.7 | 1.4 | 12.3 | 22.9 |
| 2017 | 250 118 | 9.6 | 4.2 | 5.0 | 23.1 | 2.4 | 9.0 | 9.7 | 1.4 | 12.2 | 23.5 |
| 2018 | 283 113 | 9.3 | 4.0 | 4.9 | 22.7 | 2.4 | 8.6 | 9.3 | 1.3 | 11.5 | 26.2 |
| 2019 | 312 485 | 9.8 | 3.9 | 4.4 | 23.0 | 2.5 | 8.7 | 8.5 | 1.3 | 11.2 | 26.6 |
| 2020 | 347 911 | 9.1 | 3.7 | 4.0 | 28.6 | 2.2 | 6.5 | 8.4 | 1.2 | 10.5 | 25.8 |
| 2021 | 348 097 | 9.3 | 4.0 | 4.0 | 26.8 | 1.8 | 6.2 | 10.2 | 1.2 | 10.9 | 25.8 |
| 2022 | 378 358 | 9.1 | 3.9 | 3.8 | 28.6 | 1.6 | 5.5 | 10.6 | 1.0 | 10.5 | 25.2 |

数据来源：IMF（2011，2013，2017，2018，2019，2022a，2024）。

第 6 章 政府支出的规模与结构

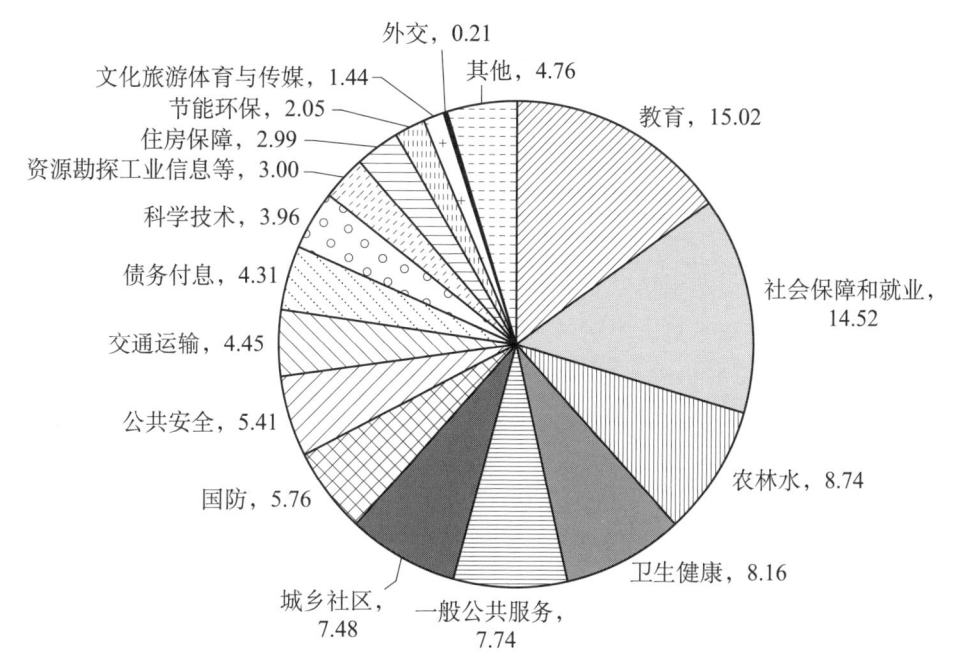

**图 6.5　2023 年各项政府支出占一般公共预算支出的比重（%）**
数据来源：根据国家统计局（2024）计算。

中国政府支出有以下几个特点：第一，政府经济建设支出大。经济建设支出包括基础设施建设投资、企业创新支出、专项建设支出等。在计划经济时期，中国政府的发展战略是"生产第一，消费第二"；在苏联快速工业化的启发下，中国采取了工业优先于农业、重工业优先于轻工业的发展战略。政府在经济建设方面投入了大量资金。"大跃进"时期政府经济建设支出占政府总支出的比重在 1958 年为 69.65%，1959 年为 71.68%，1960 年为 71.57%，创历史最高水平。1978 年经济体制改革后，政府经济建设支出的比重由 1978 年的 64.08% 下降到 1990 年的 44.36%、2000 年的 36.18%、2006 年的 26.56%（见图 6.4）。IMF 报告显示了中国政府在经济事务上的支出（见表 6.3）。需要指出的是，经济事务支出并不等同于经济建设支出。经济事务支出范围更广，包括交通运输，一般经济、商务和劳工事务，与经济事务有关的研究与开发，燃料和能源，农业、林业和渔业，矿业、制造业和建筑业，以及其他产业等方面的支出。[①]

从表 6.3 可以看出，2009 年和 2022 年，政府经济事务支出分别占政府总支出的 31.7% 和 28.6%。

第二，过去几十年里中国的国防支出占一般公共预算支出的比重下降。过去

---

① Eurostat（2000）。

四十多年是中国近代史上最久的和平时期，因此国防支出占政府总支出的比重逐步下降，从1950年的41.16%逐步降至2006年的7.37%（见图6.4）。国防支出占GDP的比重也有所下降，从1952年的8.52%逐步降至2021年的1.21%。[①]

然而，中国政府在公共安全方面投入了越来越多的资金。一些年份，例如2019年，公共安全支出高于国防支出。2023年，公共安全支出占一般公共预算支出的5.41%（见图6.5）。值得一提的是，我国企业、大学、住宅小区中也有很多安全保卫人员，所以民营企业和个人的安全支出也很高。

第三，政府行政管理支出偏高。行政支出包括员工薪酬和其他行政支出。20世纪50年代初，政府行政管理支出的相对规模很大，但随后逐渐下降。根据图6.4，行政管理支出占总支出的比重1950年为19%，1951年为14%，1970年为4.93%，1978年为4.7%。1978年以后，政府行政管理支出显著增加，占总支出的比重1990年为13.4%，2000年为17.42%，2004年为19.38%，2006年为18.7%。行政管理支出占GDP的比重也大幅上升，从1978年的1.5%上升到2006年的3.6%。

行政管理支出增加的主要原因是行政人员工资以及政府行政管理费用的增加。我国曾长期实行中央计划经济，需要大量的政府行政人员来制定和执行计划。有人认为，在转变为市场经济体制后，中国政府规模将缩小，即所需的行政人员将减少。然而，中国的政府人员在经济体制改革后不但没有减少，反而显著增加。表6.4显示了行政单位的政府人员（公共管理、社会保障和社会组织的工作人员）的数量。社会组织包括全国性的社会组织，如中华全国妇女联合会、共青团、中华全国总工会等，以及地方各级社会组织。与许多其他国家的社会组织不同，中国的这些组织并不独立于政府。这些组织的一部分工作人员必须通过公务员录用考试，工资由政府发给（主要来自税收），有行政级别。

中国政府人员由1978年的467万人增加到2023年的1 986万人，年均增长3.3%。而同一时期的中国人口由96 259万人增加到140 967万人，年均增长0.85%。政府人员数量占总人口的比重从1978年的0.49%上升到2000年的0.87%，2020年为1.35%，2023年为1.41%。政府人员快速增加主要是由地方政府行政人员增加引起的。在一些地方，政府机关人浮于事是一个严重的问题。随着行政人员数量的增加，政府需要在工资和其他补贴上花费更多的资金。不少地方财政成了"收税（费）养人，养人收税（费）"的"吃饭财政"。

---

① 国家统计局（1981，1984，1991，2001，2011，2020，2022）。

表6.4　1978—2023年政府人员数量及占比

| 年份 | 总人口数（百万） | 政府人员数量（百万） | 政府人员数量占总人口比重（%） |
| --- | --- | --- | --- |
| 1978 | 962.59 | 4.67 | 0.49 |
| 1980 | 987.05 | 5.27 | 0.53 |
| 1985 | 1 058.51 | 7.99 | 0.75 |
| 1990 | 1 143.33 | 11.36 | 0.99 |
| 1995 | 1 211.21 | 10.42 | 0.86 |
| 2000 | 1 267.43 | 11.04 | 0.87 |
| 2005 | 1 307.56 | 12.41 | 0.95 |
| 2010 | 1 340.91 | 14.29 | 1.07 |
| 2015 | 1 374.62 | 16.38 | 1.19 |
| 2018 | 1 395.38 | 18.18 | 1.30 |
| 2019 | 1 400.05 | 19.90 | 1.42 |
| 2020 | 1 412.12 | 19.10 | 1.35 |
| 2021 | 1 412.60 | 19.86 | 1.41 |
| 2022 | 1 411.75 | 19.86 | 1.41 |
| 2023 | 1 409.67 | 19.86 | 1.41 |

数据来源：1978—2000年的数据来源于国家统计局（2001），2000年后的数据来源于国家统计局（2020，2022，2024）。

注：事业单位（如公立大学或医院）职工未统计在内。

第四，社会文教支出偏低。政府在社会文教方面的支出占一般公共预算支出总额的比重，1950年为11.09%，1957年为15.69%，1959年为10.79%，1970年为8.04%，1978年为13.10%（见图6.4）。当经济体制改革开始时，政府认识到过去在民生方面的支出并没有达到应有的水平，当时的流行说法是，"在人民生活方面欠了账"。1978年以后，社会文教支出稳步增长。1980年、1990年、2000年和2006年，社会文教支出占一般公共预算支出总额的比重分别为16.20%、23.92%、27.60%和26.83%。从重新分类的政府支出类别可以看出，政府在教育和医疗方面的支出一直在增加。2023年，教育支出占一般公共预算支出的比重为15.02%，卫生健康支出为8.16%，社会保障和就业支出为14.52%（见图6.5）。但是，政府在社会福利和教育方面的支出仍然不足。例如，据统计，政府一般公共预算教育支出占GDP的比重在2010年为3.36%，2023年为3.27%，仍有待提高。[1]

---

[1] 国家统计局（2011，2024）。

### 6.3.2 预算外支出的构成

预算外支出分为基础建设支出、城市维护费支出、行政管理支出、专项支出、乡镇自筹或统筹支出和其他支出。1982年以前的预算外支出数据无法获得。表6.5显示了1982年至2010年的预算外支出。2011年政府取消了预算外支出。

表6.5　1982—2010年预算外支出构成

| 年份 | 预算外支出（亿元） | 预算外支出/GDP（%） | 基础建设支出 | 城市维护费支出 | 行政管理支出 | 专项支出 | 乡镇自筹、统筹支出 | 其他支出 |
|---|---|---|---|---|---|---|---|---|
| 1982 | 734.5 | 13.67 | 49.83 | 3.32 | 6.01 | | | |
| 1983 | 875.8 | 14.55 | 42.75 | 3.27 | 4.43 | | | |
| 1984 | 1 114.7 | 15.32 | 40.31 | 2.61 | 4.07 | | | |
| 1985 | 1 375.0 | 15.11 | 41.55 | 2.07 | 4.71 | | | |
| 1986 | 1 578.4 | 15.21 | 36.52 | 1.98 | 5.15 | | | |
| 1987 | 1 840.8 | 15.12 | 40.22 | 2.11 | 5.84 | | | |
| 1988 | 2 145.3 | 14.13 | 38.00 | 2.11 | 6.29 | | | |
| 1989 | 2 503.1 | 14.57 | 33.83 | 1.35 | 6.14 | | | |
| 1990 | 2 503.1 | 13.26 | 36.99 | 1.42 | 7.47 | | | |
| 1991 | 3 092.3 | 14.05 | 34.10 | 1.26 | 7.16 | | | |
| 1992 | 3 649.9 | 13.42 | 36.81 | 1.37 | 7.55 | | | |
| 1993 | 1 314.3 | 3.68 | 22.07 | 5.21 | 28.14 | | | |
| 1994 | 1 710.4 | 3.52 | 35.34 | 5.00 | 32.38 | | | |
| 1995 | 2 331.3 | 3.80 | 38.41 | 4.50 | 31.85 | | | |
| 1996 | 3 838.3 | 5.34 | 38.83 | | 32.68 | 8.01 | 3.55 | 16.94 |
| 1997 | 2 685.5 | 3.37 | 18.69 | | 47.67 | 11.60 | 10.75 | 11.28 |
| 1998 | 2 918.3 | 3.43 | 13.50 | | 54.42 | 14.52 | 11.49 | 6.07 |
| 1999 | 3 139.1 | 3.47 | 17.20 | 4.06 | 57.85 | | 11.16 | 9.73 |
| 2000 | 3 529.0 | 3.52 | 12.08 | 4.15 | 63.05 | | 10.98 | 9.75 |
| 2001 | 3 850.0 | 3.47 | 9.09 | 3.90 | 64.94 | | 10.39 | 11.69 |
| 2002 | 3 831.0 | 3.15 | 6.79 | 4.18 | 69.30 | | 7.00 | 12.74 |
| 2003 | 4 156.4 | 3.02 | 6.49 | 4.87 | 68.25 | | 6.81 | 13.57 |
| 2004 | 4 351.7 | 2.69 | 6.60 | 4.45 | 72.01 | | 4.71 | 12.22 |

(续表)

| 年份 | 预算外支出（亿元） | 预算外支出/GDP（%） | 主要项目占预算外支出的比重（%） ||||||
|---|---|---|---|---|---|---|---|---|
| | | | 基础建设支出 | 城市维护费支出 | 行政管理支出 | 专项支出 | 乡镇自筹、统筹支出 | 其他支出 |
| 2005 | 5 242.5 | 2.80 | 6.61 | | 73.75 | | 3.78 | 15.86 |
| 2006 | 5 867.0 | 2.67 | 7.27 | | 70.97 | | 3.54 | 18.23 |
| 2007 | 6 112.4 | 2.26 | | | | | | |
| 2008 | 6 346.4 | 1.99 | | | | | | |
| 2009 | 6 228.3 | 1.79 | | | | | | |
| 2010 | 5 754.7 | 1.40 | | | | | | |

数据来源：财政部（1996，2009，2011）。

注：预算外支出所覆盖科目在1996年和2007有较大调整，数据可能在调整前后不可比。此处科目分类以1996年调整后的为准。

1982年至1996年，基础建设支出是政府预算外支出的主要组成部分。基础建设支出占预算外支出的比重在1982年为49.83%，1990年为36.99%，1996年为38.83%。1996年以后，政府对预算外收入的范围进行了调整，预算外收入不再包括政府性基金，预算外收入总额也因此大幅下降。与此同时，基础建设支出也大幅下降，占比在1997年为18.69%，2000年为12.08%，2006年为7.27%。显然，预算外收入下降时，首先减少的就是投资支出。

在预算外支出中，行政管理支出急剧增加。行政管理支出占预算外支出的比重在1982年为6.01%，1990年为7.47%，1996年为32.68%。1996年预算外收支范围调整后，行政管理支出继续增长，占预算外支出的比重在1997年为47.67%，2000年为63.05%，2005年为73.75%，2006年为70.97%。前面讨论过，1978年至2006年行政管理支出在一般公共预算收入中所占的比重也大幅增加。

## 6.3.3 其他政府预算支出的构成

其他政府预算包括社会保险基金预算、政府性基金预算、国有资本经营预算。社会保险包括基本养老保险、失业保险、基本医疗保险、工伤保险和生育保险。每项社会保险基金都只用于特定支出。在五项保险支出中，养老保险支出占比最大，2018年占社会保险支出总额的70.14%，医疗保险支出第二，占26.29%，失业保险支出占1.35%，工伤保险支出占1.09%，生育保险支出占1.12%。[①] 2019年，政府将生育保险与医疗保险合并，医疗保险规模随之扩大，基本养老保险占社会保险支出总额的69.47%，医疗保险占27.68%，失业保险占1.77%，工伤保险占1.08%。2020年，基本养老保险占社会保险支出总额的69.53%，医疗保险占26.75%，失业保险占2.68%，工伤保险占1.04%。2023年，基本养老保险占社会保险支出总额的68.85%，医疗保险占28.41%，失业保险占1.50%，工伤保险占1.25%。[②]

目前，以国有资本经营收入为筹资来源的支出规模较小。表6.6为2016—2023年国有资本经营决算支出的构成情况。可以看出，国有资本经营收入主要用于国有企业发展。2023年，对国有企业注资支出占支出总额的60.02%；解决历史遗留问题和改革成本支出占5.72%；国有企业政策性补贴比例为23.98%。

此外，如前所述，地方政府债务支撑的政府支出也很大。这些支出基本上都用于基础设施建设。中国政府在基础设施建设方面投入了大量资金，这些资金主要来自一般公共预算收入、政府性基金收入和地方政府债务融资。

## 6.3.4　其他国家政府支出的结构

其他国家的政府收入是如何支配的？表6.7显示了部分国家2020年按职能划分的政府支出。可以看出，一般来说，政府支出中最大的项目是社会保障、医疗保健（卫生）、教育、一般公共服务和经济事务。

发达国家政府的社会保障支出占总支出的比重很大。例如，2020年政府社会保障支出占政府支出总额的比重，德国为42.96%，法国为44.23%，日本为38.04%。这一比重在中国为25.76%。许多发达国家的卫生支出占比也很高。例如，2020年美国、日本、德国和法国的政府卫生支出占政府总支出的比重分别为22.03%、18.44%、16.76%和14.58%。在中国，2017年这一比重为8.43%。教育也是一项巨大的支出项目。2020年新加坡、美国、法国和德国的政府教育支出占政府支出总额的比重为11.22%、12.65%、8.93%和9.18%；2020年摩尔多瓦、以色列、冰岛和瑞士的政府教育支出占政府支出总额的比重为17.17%、15.60%、15.88%和14.24%。2020年中国政府教育支出占政府支出总额的比重为10.53%。

2020年，新加坡、法国、美国和德国的政府经济事务支出占政府总支出的

---

① 国家统计局（2019）。
② 国家统计局（2024）。

第6章 政府支出的规模与结构

表6.6 2016—2023年国有资本经营决算支出

(单位：亿元)

| 项目 | 2016 | 2017 | 2018 | 2019 | 2020 | 2021 | 2022 | 2023 |
| --- | --- | --- | --- | --- | --- | --- | --- | --- |
| 一、国有资本经营预算补充社保基金支出 | 59.61 | 34.86 | 13.29 | 0.43 | 0.21 | 187.57 | 100 | 191.35 |
| 二、解决历史遗留问题及改革成本支出 | 684.91 | 800.16 | 662.44 | 740.01 | 298.64 | 7.54 | 243.12 | 0.46 |
| 其中：厂办大集体改革支出 | 29.98 | 4.96 | −19.59 | 56.38 | 16.0 | 66.76 | −0.46 | 11.83 |
| "三供一业"移交补助支出 | 365.43 | 528.60 | 486.09 | 569.05 | 139.88 | 4.26 | 36.33 | 3.55 |
| 国有企业办职教幼教补助支出 | 0.97 | 1.92 | 2.41 | 3.84 | 3.39 | 1.38 | 4.43 | 14.18 |
| 国有企业办公共服务机构移交补助支出 | 0 | 0.37 | 0.29 | 1.01 | 1.01 | 15.52 | 4.80 | 27.54 |
| 国有企业退休人员社会化管理补助支出 | 5.31 | 2.79 | 1.36 | 1.95 | 9.37 | 0.49 | 28.33 | −1.42 |
| 国有企业棚户区改造支出 | 38.36 | 9.05 | 1.92 | −8.93 | 3.09 | 32.01 | 3.24 | 14.26 |
| 国有企业改革成本支出 | 190.26 | 143.69 | 124.91 | 55.76 | 68.10 | 2.34 | 23.51 | 1.79 |
| 离休干部医药费补助支出 | 6.49 | 5.30 | 4.01 | 3.29 | 2.83 | 0.25 | 1.99 | 62.11 |
| 金融企业改革性支出 | | | | | | | | |
| 其他解决历史遗留问题及改革成本支出 | 48.11 | 103.48 | 61.04 | 57.66 | 54.97 | 57.02 | 69.49 | 57.05 |
| 三、国有企业资本金注入 | 887.04 | 798.05 | 932.84 | 1 110.41 | 1 400.17 | 1 818.73 | 1 986.73 | 2 008.56 |
| 其中：国有经济结构调整支出 | 387.35 | 315.77 | 369.52 | 509.05 | 521.92 | 529.70 | 697.26 | 725.26 |
| 公益性设施投资支出 | 106.61 | 117.31 | 82.42 | 96.89 | 73.54 | 221.60 | 70.34 | 105.90 |
| 前瞻性战略性产业发展支出 | 158.92 | 114.30 | 133.39 | 102.64 | 210.68 | 240.61 | 419.67 | 248.53 |
| 生态环境保护支出 | 10.22 | 3.72 | 4.28 | 13.59 | 14.89 | 15.28 | 25.39 | 19.80 |
| 支持科技进步支出 | 46.90 | 41.49 | 46.64 | 58.64 | 47.25 | 46.86 | 66.72 | 47.39 |

（续表）

（单位：亿元）

| 项目 | 2016 | 2017 | 2018 | 2019 | 2020 | 2021 | 2022 | 2023 |
|---|---|---|---|---|---|---|---|---|
| 保障国家经济安全支出 | 0.06 | 0.11 | 0.69 | 0.25 | 12.31 | 0.92 | 26.55 | 17.58 |
| 对外投资合作支出 | 44.66 | 9.68 | 10.11 | -9.90 | 27.0 | 20.0 | 15.0 | — |
| 金融企业资本性支出 | — | — | — | — | — | 115.11 | 123.49 | 88.71 |
| 其他国有企业资本金注入 | 132.32 | 195.67 | 285.79 | 339.25 | 492.58 | 628.65 | 542.31 | 755.39 |
| 四、国有企业政策性补贴 | 121.98 | 112.74 | 121.20 | 142.0 | 231.52 | 301.50 | 706.38 | 802.49 |
| 五、其他国有资本经营预算支出 | 401.95 | 269.50 | 423.51 | 302.56 | 625.67 | 314.30 | 359.0 | 344.03 |
| 全国国有资本经营支出 | 2 155.49 | 2 015.31 | 2 153.28 | 2 295.41 | 2 556.21 | 2 622.10 | 3 395.23 | 3 346.43 |

数据来源：国家统计局（2017—2024）。

表 6.7 2020年部分国家按职能划分的政府支出（占总支出的百分比）

(单位：%)

| 国家 | 一般公共服务 | 国防 | 公共秩序与安全 | 经济事务 | 环境保护 | 住房和公共设施 | 卫生 | 娱乐文化和宗教 | 教育 | 社会保障 |
|---|---|---|---|---|---|---|---|---|---|---|
| 法国 | 9.35 | 3.11 | 2.88 | 11.03 | 1.70 | 1.82 | 14.58 | 2.37 | 8.93 | 44.23 |
| 德国 | 11.91 | 2.17 | 3.38 | 9.11 | 1.34 | 0.95 | 16.76 | 2.24 | 9.18 | 42.96 |
| 意大利 | 15.29 | 2.43 | 3.54 | 9.38 | 1.71 | 0.83 | 13.78 | 1.47 | 7.47 | 44.11 |
| 卢森堡 | 10.68 | 1.54 | 2.75 | 12.29 | 2.24 | 1.13 | 12.45 | 2.60 | 10.55 | 43.77 |
| 荷兰 | 8.59 | 2.78 | 4.12 | 13.89 | 3.06 | 1.02 | 16.67 | 2.70 | 11.02 | 36.13 |
| 西班牙 | 10.79 | 1.81 | 4.03 | 12.23 | 1.78 | 0.86 | 14.48 | 2.41 | 8.89 | 42.72 |
| 澳大利亚 | 9.10 | 5.25 | 4.77 | 16.89 | 2.11 | 1.39 | 17.88 | 2.08 | 14.43 | 26.10 |
| 丹麦 | 11.73 | 2.18 | 1.87 | 9.53 | 0.75 | 0.28 | 16.70 | 3.16 | 11.94 | 41.86 |
| 冰岛 | 14.71 | 0.16 | 3.13 | 12.29 | 1.58 | 1.29 | 16.85 | 6.79 | 15.88 | 27.32 |
| 以色列 | 7.73 | 11.86 | 3.80 | 13.69 | 1.32 | 0.06 | 13.55 | 3.03 | 15.60 | 29.36 |
| 日本 | 7.86 | 1.95 | 2.76 | 18.61 | 2.69 | 1.47 | 18.44 | 0.87 | 7.31 | 38.04 |
| 挪威 | 8.80 | 3.50 | 2.23 | 13.68 | 1.78 | 1.58 | 16.55 | 3.42 | 10.14 | 38.32 |
| 新加坡 | 5.97 | 10.39 | 4.35 | 16.28 | 4.92 | 4.77 | 11.90 | 1.89 | 11.22 | 28.30 |
| 瑞士 | 12.31 | 2.40 | 4.40 | 12.16 | 1.60 | 0.55 | 6.89 | 2.94 | 14.24 | 42.51 |
| 美国 | 12.12 | 7.46 | 4.24 | 14.36 | 0.00 | 1.11 | 22.03 | 0.59 | 12.65 | 25.45 |
| 中国 | 9.11 | 3.73 | 3.98 | 28.56 | 2.16 | 6.50 | 8.43 | 1.22 | 10.53 | 25.76 |
| 保加利亚 | 8.40 | 3.69 | 6.54 | 20.44 | 1.75 | 2.05 | 14.08 | 2.08 | 9.55 | 31.42 |
| 克罗地亚 | 11.42 | 2.02 | 4.49 | 20.70 | 1.52 | 4.47 | 13.48 | 3.18 | 9.98 | 28.75 |
| 捷克 | 10.82 | 2.17 | 4.53 | 15.33 | 1.92 | 1.39 | 19.51 | 3.06 | 10.77 | 30.50 |

(续表)

(单位：%)

| 国家 | 一般公共服务 | 国防 | 公共秩序与安全 | 经济事务 | 环境保护 | 住房和公共设施 | 卫生 | 娱乐文化和宗教 | 教育 | 社会保障 |
|---|---|---|---|---|---|---|---|---|---|---|
| 拉脱维亚 | 9.18 | 5.90 | 5.27 | 16.27 | 1.32 | 2.73 | 11.02 | 3.24 | 13.76 | 31.30 |
| 立陶宛 | 8.12 | 5.34 | 3.55 | 13.06 | 1.25 | 1.48 | 13.87 | 3.31 | 12.03 | 37.99 |
| 波兰 | 9.07 | 3.58 | 4.82 | 18.69 | 1.14 | 1.00 | 11.08 | 2.65 | 10.66 | 37.31 |
| 罗马尼亚 | 12.17 | 5.62 | 6.02 | 14.87 | 1.61 | 2.65 | 13.11 | 2.46 | 8.76 | 32.72 |
| 白俄罗斯 | 13.69 | 2.78 | 5.60 | 11.57 | 0.25 | 5.29 | 12.68 | 2.56 | 12.87 | 32.70 |
| 格鲁吉亚 | 10.23 | 5.10 | 8.26 | 18.20 | 1.97 | 4.48 | 10.13 | 3.23 | 12.07 | 26.34 |
| 哈萨克斯坦 | 8.64 | 6.69 | 3.85 | 7.83 | 2.00 | 9.94 | 11.70 | 2.92 | 19.81 | 26.63 |
| 摩尔多瓦 | 9.00 | 0.89 | 6.51 | 12.13 | 0.35 | 2.43 | 13.63 | 2.37 | 17.17 | 35.53 |
| 乌克兰 | 10.66 | 6.33 | 8.39 | 13.55 | 0.48 | 1.69 | 9.26 | 1.67 | 13.27 | 34.69 |
| 萨尔瓦多 | 34.31 | 2.42 | 9.35 | 10.94 | 0.47 | 1.88 | 14.00 | 0.42 | 11.87 | 14.34 |

数据来源：IMF（2020）。

比重分别为16.28%、11.03%、14.36%和9.11%。中国政府经济事务支出所占比重远高于其他国家，2020年占政府支出总额的28.56%。如前所述，IMF统计时不包含主要由土地出让收入支持的政府性基金支出。如果包含该部分支出，中国政府经济事务支出所占的比重会高很多。

在表6.7所列的许多国家，一般公共服务方面的政府支出所占的份额很大，而其他政府支出规模相对较小，如国防支出、住房和公共设施支出、娱乐文化和宗教支出。中国政府一般公共服务支出所占比重也较高。需要指出的是，中国政府的住房和公共设施支出较高，2017年占政府总支出的9%，居世界首位。十多年来，中国政府一直致力于棚户区的改造。

## 6.4 问题与改革前景

### 6.4.1 财政支出体系存在的问题

我国从中央计划经济体制向市场经济体制的转变，导致了财政支出体系的巨大变化。虽然改革取得很大成就，但我国的财政支出规模和结构仍存在一些问题，因此需要进一步深化财政支出体系改革。

第一，相比其他处于同一发展阶段的国家来说，我国政府支出规模过大。2022年中国政府支出（未包括地方政府通过融资平台举债的支出）占GDP的38.6%，甚至高于美国等一些发达国家，高于阿根廷、智利等大多数发展中国家，也远高于菲律宾、马来西亚、印度尼西亚、泰国等许多亚洲国家（见表6.2）。2020年，新冠疫情流行，各国都加大了政府支出，同时，GDP缩小，许多发达国家政府支出占GDP的比重大大上升。需要强调的是，当关注政府支出规模时，我们不能忽视我国存在大量的国有企业，政府往往通过这些企业来影响经济。大量的政府支出可能造成资源浪费、腐败和政府支出回报率低等问题。实证研究也表明，政府支出规模大会减缓经济增长（Landau, 1983, 1986; Barro, 1991）。

第二，经济建设支出过多，很大一部分政府支出都用于经济建设，在2006年达到了26.56%（见图6.4）。根据IMF的统计，中国政府的经济事务支出占政府支出总额的份额在2007年为45.2%，2010年为32.1%，2015年为27.7%，2017年为23.1%，2020年为28.6%（见表6.3）。2020年这一数据在法国、德国、美国、日本、波兰分别为11.03%、9.11%、14.36%、18.61%、18.69%（见表6.7）。中国大部分政府性基金和地方政府债务都用于经济建设。如果把政府性基金支出特别是土地出让金支出，以及地方政府债务融资的支出都算进去，中国政府经济事务支出就会更高。大量的政府投资可能造成投资回报率下降、资源浪费和腐败等问题。

第三，行政管理支出过高，尤其是地方政府的行政管理支出过高。各级政府都有许多政府机构，如党委、人大、政府、政协和纪检委，还有共青团、工会和妇联等。很多部门也设置了相应的职能，如教育、医疗、工商、公共交通、水利、电力、食品药品监督管理、电信和邮政等，并配备了相应的人员。人事上的开支的确是巨大的。如前所述，1978年行政管理支出占总支出的比重为4.71%，2006年为18.7%（见图6.4）。同时，很大一部分预算外收入流向了行政管理支出。1997年，行政管理支出占预算外总支出的比重为47.67%，2006年为70.97%（见表6.5）。2007年以后，有关政府行政管理支出的数据不再单列。但从表6.4可以看出，自2007年以来，政府行政人员迅速增加，更多的行政人员就需要更多的行政费用。随着城乡职工收入的增加，政府相应提高了政府行政单位职工的薪酬。稳定的工作和较高的薪酬吸引了大量年轻人报考公务员。参加公务员考试的人数1994年为4 400人，2005年为31万人，到2020年增加到143.7万人。政府工作已经成为许多本科、硕士、博士毕业生的第一选择。通过严格的考试，政府招募了最优秀的人才为政府工作，这样其他行业可利用的优秀人才就少了。人才在各行各业的有效配置已经成为我国的一个重要问题。

第四，教育支出不足。政府教育支出仍存在总额偏低、分配不合理的问题。教育支出占政府总支出的比重2020年为10.53%（见表6.7）。一般公共预算教育经费支出占GDP的比重2010年为3.36%，2023年为3.27%（国家统计局，2024），国家财政性教育经费（包括一般公共预算教育经费、政府性基金预算安排的教育经费、国有企业及国有控股企业办学中的企业拨款、校办产业和社会服务收入用于教育的经费等）占GDP的比重2022年为4.01%，低于2020年4.3%的世界平均水平。不像世界上包括美国、俄罗斯、德国和法国在内的许多国家一样，中国尚未实行十二年及以上的免费教育。由于政府在教育上的支出偏低，家庭必须在教育上投入更多。教育支出对低收入家庭来说是一个沉重的负担。

第五，社会福利支出不足。政府的重点是通过补贴生产来提高低收入家庭的生产力，从而达到减贫的效果。这种做法在原则上并没有错，但有些家庭可能无法有效利用政府的生产补贴来增加收入。研究表明，这些补贴可能只会惠及那些生产能力较高的人，而不是那些技术不熟练、真正贫穷的人（Park and Wang，2010）。2022年国家规定的城乡居民最低基础养老金仅为每月98元，2023年为103元/日，2024年为123元/日。世界银行认为，从2022年10月起，中高收入国家每人每天的最低生活费应为6.85美元。此外，中国的现金和实物转移支付有限。整体较低的政府社会福利支出使低收入群体，特别是农村的低收入群体，处于弱势地位。

第六，政府支出透明度不够。一些项目的支出数据没有公开，比如经济建设支出和行政管理支出的总额，对各种不同群体的医疗保健支出以及政府对一些行业和企业的财政补贴，等等。此外，地方政府的或有债务支出，包括地方政府负有担保责任和负有救助责任的债务，2013 年后也不再公布。缺乏足够的透明度可能导致人民代表大会和公众的监督无法到位。

第七，中央政府没有承担足够的支出责任。2023 年，中央政府一般公共预算支出占全国财政支出总量的比重仅为 13.9%，地方政府一般公共预算支出占 86.1%（表 11.1）。各级政府财政责任不平衡扭曲了政府支出体系。第 11 章将详细讨论中央与地方的财政关系。

### 6.4.2 改革前景

财政支出体系改革的目标是缩小政府规模，减少行政管理支出和过多的政府投资支出，增加公共品供给和扶贫支出，提高政府支出的透明度。

第一，缩小政府支出规模，提高政府支出效率。如前所述，我国政府支出规模过大。政府应当通过减少行政管理支出和经济事务支出来压缩支出规模。此外，政府还应简化政府部门，减少行政人员数量。这将优化资源配置，提高工作效率。同时，政府应减少经济建设支出，减少重复投资项目，提高政府投资效率。政府应当尽量从民营企业愿意和有能力进入的生产领域撤出。

第二，增加政府在教育、社会福利和扶贫方面的支出。例如，我国应该尽快实施十二年义务教育，这不仅会增加人力资本积累（人力资本对经济发展至关重要），还会帮助低收入家庭。此外，政府还应增加社会福利和扶贫支出，向有子女和老人的贫困家庭，特别是农村贫困家庭提供更多现金或实物补助。政府还应大幅提高农村老年人的养老金水平。另外，应该根据通货膨胀率和平均收入增长情况，每年适当提高贫困线。

第三，提高政府支出的透明度。所有政府支出都应该被纳入政府预算。各级政府预算应当认真编制，并给予各级人民代表大会足够时间进行审查、质询和批准。各级人民代表大会应当在监督预算执行中发挥重要作用。各级政府应当向纳税人提供详细的财政预算和决算，并接受公众监督，倾听公众的呼声。这可以减少政府支出的滥用，优化政府支出分配。其实，在《商君书》里，商鞅就提到了被领导者监督领导者的有效性。

## 6.5 总　　结

中国政府支出包括一般公共预算支出、政府性基金支出和国有资本经营预算支出、社会保险基金支出这四项预算支出。2011年以前有预算外支出，也有地方政府债务融资的支出，这两项支出都没有被列入上述四项正式预算范围内，以前的研究也忽略了这些支出。

1994年税制改革后，政府支出规模急剧增长。一般公共预算支出是政府支出的最大组成部分，2023年占GDP的21.79%左右。第二大组成部分是政府性基金支出，2023年约占GDP的8.03%；社会保险基金支出居第三位，2023年占GDP的7.88%；国有资本经营预算支出规模最小，2023年仅占GDP的0.27%。20世纪80—90年代的预算外支出很大，但到21世纪开始有所下降，2011年政府取消了预算外支出。近二十年来，地方政府债务融资的支出规模较大，2009年占GDP的比重接近10%，2014年占GDP的比重仍在8%以上。2023年，中国的政府总支出占GDP的37.96%，超过了美国，也超过了新加坡、印度尼西亚、菲律宾、泰国等亚洲国家。

中国政府在经济建设和行政管理上投入了大量资金。目前，政府将大约25%的一般公共预算用于经济事务，并将大部分政府性基金用在基础设施建设方面。此外，几乎所有的地方政府债务融资都用于基础设施建设和维护。因此，中国政府在经济建设方面的支出是巨大的。政府在行政管理上也花费了大量资金。2006年，行政管理支出占一般公共预算支出的比重达到18.7%。2006年以后，中国政府对政府支出进行了重新分类，政府行政管理支出不再单列。政府在教育、医疗、社会保障和扶贫方面的投入仍然不足。2023年，政府一般公共预算教育支出占GDP的3.27%，低于世界平均水平，仍有待提高。在社会保障方面，政府对有小孩和老人的贫困家庭的现金或实物转移支付非常有限。

综上，我国财政支出体系存在的问题主要有：政府支出规模过大，用于经济建设的支出过多，教育、医疗、社会福利等方面的支出不足。同时，各级政府财政责任的不平衡也扭曲了财政支出体系。中央政府没有承担足够的支出责任。此外，政府支出透明度不够，监管部门很难确定或监管用于关键职能领域的支出。公众对政府预算的具体情况不够了解，也缺乏对政府的监督。

未来我国财政支出体系应该进行以下改革：一是缩减财政支出总量，压缩行政支出和用于经济建设的支出，提高财政支出效率。二是调整财政支出结构，加大对教育、医疗、社会福利、扶贫等方面的投入。三是推进财政支出公开透明，发挥各级人大决定财政支出水平和支出结构方面的重要作用，加强社会监督。最后，加大中央政府的支出责任，对此我们将在第11章深入讨论。

# 第 7 章

# 基础设施的发展与融资方式

## 7.1 引　　言

公共基础设施建设在中国的经济发展中发挥了重要的作用。过去二十多年中，中国在基础设施建设方面取得了长足的进步，修建了许多高速公路、铁路、机场、天然气和石油管道，以及通信设施等。2013 年，中国政府提出了"一带一路"，以建立跨国基础设施网络，促进贸易、投资和经济发展。本章将对中国公共基础设施的发展历程加以分析，讨论过去二十多年来中国公共基础设施快速发展的原因，探讨公共基础设施建设的融资渠道，考察中国的"一带一路"，审视基础设施发展中的问题，并提出政策建议。

公共基础设施对经济发展至关重要。Ashauer（1989）发现基础设施方面的支出带来很高的生产率，而美国劳动生产率的放缓主要是由公共基础设施投资的减少造成的。Munnell（1990）发现，在美国，对基础设施建设投资更多的州通常伴随着更多的私人投资、更多的产出以及更快的就业增长。Eisner（1991）认为，公共基础设施不只是生产的要素，也是最终消费产品。例如，供水和下水道系统的建设有利于维护生态环境，良好的交通系统可以节约通行时间，公园可以使人们愉悦，等等。Canning，Fay and Perotti（1994）通过国际数据发现基础设施对促进经济发展有显著的作用。Easterly and Rebelo（1993）认为，在交通与通信方面的公共投资数量与经济增长是正相关的。纵观美国历史，基础设施的作用堪称巨大无比。如 19 世纪初期的伊利运河、19 世纪后半期的铁路网、20 世纪 50 年代的公路网等基础设施，无不对经济发展至关重要。

中国的基础设施建设及其对于经济发展的影响也引起了广泛的关注。Lin

（2001b）发现，中国的基础设施在 20 世纪 50 年代初期到 1978 年增长较快，在 1978—1998 年增速减缓，并讨论了中国基础设施发展起伏的主要原因，建议加快基础设施建设。Bai and Qian（2010）研究了中国的电力、公路以及铁路部门的发展，发现电力和公路的发展远快于铁路，且铁路部门的投资回报率较低，铁路部门仍然主要由中央政府运营，而另外两个部门的私有化程度更高。D'emurger（2001）利用 1985—1998 年中国 24 个省份的面板数据，发现地理位置和基础设施禀赋显著影响了各省份的增长绩效。Fan and Zhang（2004）强调了农村基础设施和其他公共资本在解释地区间生产率差异中的作用。Lin and Song（2002）通过一组城市层面的数据发现交通基础设施与经济增长正相关。Li，Wu and Chen（2017）对中国公路投资回报率进行了估计，发现虽然有些投资可能是低效率的，但中国公路投资总体过度的说法并不成立。

研究还表明，基础设施的融资方式也十分重要。Wong et al.（2013）基于 2003—2007 年在中国的一项调查发现，当建设计划的资金来自上层政府机构时，道路的质量更高；而当由村一级来组织道路的建设时，每公里的建设成本更低。Wong et al.（2017）考察了中国农村的交通基础设施建设项目管理改革对乡村道路项目的质量的影响，发现改革提高了道路的质量。Ansar et al.（2016）认为，基础设施投资管理不善是中国经济和金融问题出现的主要原因。Lin（2016a）分析了中国为城市基础设施融资的方式，并指出其他发展中国家可以从中吸取的经验。

本章将探讨如下问题：中国的基础设施建设取得了哪些成就？中国的基础设施是如何融资的，主要资金来源是什么？"一带一路"有什么收益与风险？中国的基础设施发展面临着什么问题？应该如何解决中国基础设施发展面临的问题？

本章第 7.2 节讲述中国的城市基础设施发展历程及现状。第 7.3 节分析基础设施融资的方式。第 7.4 节阐述一些关键基础设施的资金来源。第 7.5 节讨论"一带一路"下的基础设施投资。第 7.6 节分析中国基础设施建设发展迅速的原因，探讨基础设施建设过程中存在的问题和解决问题的途径。第 7.7 节为本章的总结。

## 7.2　中国的基础设施发展

我国现代基础设施建设开始于铁路建设。1876 年 7 月，怡和集团（Jardine Matheson）投资修建了中国第一条铁路——吴淞铁路（吴淞—上海），这条铁路只有 14.5 公里。1894 年中国铁路总长为 360 公里（其中 79% 为外资所有），1911 年为 9 600 公里（其中 95% 为外资所有），并在 1927 年达到了 13 000 公里（其中 92% 为外资所有）。进入 20 世纪上半叶，连年的战争阻碍了中国基础设施的发展。

在中央计划经济体制下，中国的基础设施建设从 20 世纪 50 年代初期到 1978 年发展迅速。在这一时期，基础设施建设的资金主要来自政府收入、从事基础设施建设的国有企业收入，以及人民公社动员的农村资源。1978 年改革开放以后，国有企业转为以利润为导向，人民公社被取消，政府收入占 GDP 的比重下降，用于建设基础设施的资金大幅缩减，基础设施建设也因此放缓。1994 年，中国通过引入新税种，扩大增值税和营业税的税基，对税制进行了重大改革。政府收入开始快速增长。1997 年亚洲金融危机后，中国政府采取了扩张性的财政政策，多年来预算一直处于赤字状态。随着政府的大量投资，包括公路、铁路、机场、油气管道和通信设施在内的许多基础设施得以快速发展。表 7.1 显示了 1980 年至 2023 年中国交通运输、信息通信、能源、卫生等主要基础设施的发展情况。

## 7.2.1 交通运输

交通运输基础设施包括民用航空线路、高速公路、公路和铁路。自 1985 年中期以来，中国民航路线迅速增加，许多新机场已经建成。例如，1990 年民用机场数量为 94 个，2020 年超过 240 个。由表 7.1 可知，民航线路里程由 1980 年的 19.5 万公里增加到 2023 年的 876.0 万公里，年均增长率为 8.85%。具体而言，1980 年至 1990 年，民航线路的平均增长率为 9.56%，1990 年至 2000 年为 10.87%，2000 年至 2010 年为 6.10%，2010 年至 2020 年为 12.26%，2020 年至 2023 年为 -2.44%。

1997 年亚洲金融危机后，公路建设开始迅速发展。1980 年至 2000 年，公路里程年增长率为 2.29%，2000 年至 2023 年为 6.07%。中国的公路里程（含高速公路）1980 年为 88.8 万公里，1990 年为 102.8 万公里，2010 年为 400.8 万公里，2020 年为 519.8 万公里，2023 年达到 543.7 万公里。

第一条开工建设的高速公路——沈大（沈阳—大连）高速公路于 1984 年开始建设。从那时起，其他几条高速公路也开始修建。1990 年，沈大高速公路建成，全长 375 公里。1994 年，中国高速公路的总里程为 1 603 公里。截至 2010 年年底，中国的高速公路总里程达到 7.4 万公里。到 2011 年年底，中国的高速公路总里程达到 8.5 万公里。2020 年年底，中国高速公路总里程已经达到 16.1 万公里，2021 年增加到 16.9 万公里，2023 年为 18.4 万公里（见表 7.1）。

表 7.1　1980—2023 年主要基础设施基本统计数据

| | 1980 | 1990 | 2000 | 2005 | 2010 | 2015 | 2017 | 2020 | 2021 | 2022 | 2023 |
|---|---|---|---|---|---|---|---|---|---|---|---|
| 铁路（万公里） | 5.3 | 5.8 | 6.9 | 7.5 | 9.1 | 12.1 | 12.7 | 14.6 | 15.1 | 15.5 | 15.9 |
| 复线铁路（万公里） | 0.8 | 1.3 | 2.1 | 2.5 | 3.0 | 6.5 | 7.2 | 8.7 | 9.0 | | |
| 公路（万公里） | 88.8 | 102.8 | 140.3 | 334.5 | 400.8 | 457.7 | 477.4 | 519.8 | 528.1 | 535.5 | 543.7 |
| 高速公路#（万公里） | | 0.1 | 1.6 | 4.1 | 7.4 | 12.4 | 13.6 | 16.1 | 16.9 | 17.7 | 18.4 |
| 民航线路（万公里） | 19.5 | 50.7 | 150.3 | 199.9 | 276.5 | 531.7 | 748.3 | 942.6 | 689.8 | 699.9 | 876.0 |
| 固定电话用户（万户） | 214.1 | 685.1 | 14 482.9 | | 29 434.2 | 23 099.6 | 19 375.7 | 18 190.8 | 18 070.1 | 17 941.4 | 17 332.6 |
| 移动电话用户（亿人） | | | 0.845 | 3.934 | 8.590 | 12.714 | 14.175 | 15.941 | 16.428 | 16.834 | 17.266 |
| 移动互联网用户（亿户） | | | | | | 12.715 | 12.748 | 13.485 | 14.156 | 14.539 | 15.244 |
| 电力供给（亿千瓦时） | 3 006 | 6 212 | 13 556 | 24 940 | 42 072 | 58 146 | 64 951 | 77 620 | 852 001 | 883 580 | |
| 输油（气）管道（万公里） | 0.8 | 1.6 | 2.5 | 4.4 | 8.3 | 10.9 | 11.9 | 12.9 | 13.1 | 13.6 | 14.8 |
| 城市每万人公共汽电车辆（标台） | | 2.2 | 5.3 | 10.9 | 11.2 | 13.3 | 14.7 | 12.9 | 11.3 | 14.1 | |
| 城市人均路面（平方米） | | 3.1 | 6.1 | | 13.2 | 15.6 | 16.1 | 18.0 | 18.8 | 19.3 | 19.7 |
| 城市天然气供应量（亿立方米） | | 64.0 | 82.0 | 211.0 | 488.0 | 1 041.0 | 1 264.0 | 1 563.7 | 1 721.0 | 1 768.0 | 1 837.0 |
| 城市供气管道（万公里） | | 2.4 | 8.9 | 9.2 | 25.6 | 49.8 | 62.3 | 85.1 | 92.9 | 99.0 | 104.7 |
| 城市天然气覆盖率（%） | 11.6* | 19.1 | 45.4 | 82.1 | 92.0 | 95.3 | 96.3 | 97.9 | 98.0 | 98.1 | 98.3 |
| 城市自来水覆盖率（%） | 53.7* | 48.0 | 63.9 | 93.8 | 96.7 | 98.1 | 98.3 | 99.0 | 99.4 | 99.4 | 99.4 |
| 城市排污管道（万公里） | | 5.8 | 14.2 | 24.1 | 37.0 | 54.0 | 63.0 | 80.3 | 87.2 | 91.4 | 95.2 |
| 城市污水处理率（%） | | 14.9* | 34.3 | 52.0 | 82.3 | 85.2 | 87.4 | | | | |
| 城市生活垃圾清运量（万吨） | | 6 767 | 11 819 | 15 577 | 15 805 | 19 142 | 21 521 | 23 512 | 24 869 | 24 445 | 25 408 |
| 城市每万人公厕数量（个） | | 3.0 | 2.7 | 2.9 | 3.0 | 2.8 | 2.8 | 3.1 | 3.3 | 3.4 | 3.5 |

数据来源：国家统计局（2010，2024）。

注：*表示数据来源滞后一年。#表示高速公路的里程数已包含在"公路"中。

铁路建设也取得长足进展。新一轮的铁路建设是由经济发展推动的。1983年，国务院做出了修建大秦（大同—秦皇岛）铁路的决策，并于1991年建成。根据表7.1的数据，铁路总里程1980年为5.3万公里，1990年为5.8万公里，2000年为6.9万公里，2005年为7.5万公里，2010年为9.1万公里，到2015年达到了12.1万公里。到2020年，中国铁路总里程达到了14.6万公里，2023年增加到15.9万公里。与此同时，铁路的质量也有了很大提高。1980年中国复线铁路为0.8万公里，2000年为2.1万公里，到了2020年，复线铁路达到了8.7万公里，2021年为9.0万公里。复线铁路在1980—2000年的年均增长率为4.83%，在2000—2020年的年增长率达到7.24%。

从2005年开始，中国开始建设高速铁路（简称高铁）。高铁的建设得到了巨额的政府投资，因此发展十分迅速。中国的高铁总里程在2008年时为672公里，只占铁路总里程的0.8%；2017年，高铁总里程达到了25 164公里，并占铁路总里程的19.8%；2020年，高铁总里程为37 929万公里，占铁路总里程的25.9%；2023年，高铁总里程达到45 036万公里，占铁路总里程的28.3%。[①]

## 7.2.2　信息通信

固定电话用户数量从1980年的214.1万户增加到2000年的1.448亿户，并在2007年达到3.678亿户。[②] 由于手机和互联网的普及，固定电话的用户数量在2020年下降到1.819亿户，2023年又降到1.733亿户（见表7.1）。

2000年移动电话用户数量为0.85亿人，占总人口的6.7%；2010年为8.59亿人，占总人口的64.4%；2014年增长到12.86亿人，占人口的94.5%。2020年，全国移动电话用户数量达到15.94亿人，占总人口的112.9%。2023年，全国移动电话用户数量达到17.27亿人，占总人口的122.5%。全国31个省、自治区、直辖市中有27个省、自治区、直辖市手机保有量超过100%，即人均拥有一部以上手机。[③]

2015年，中国移动互联网用户达到12.715亿户，2020年为13.485亿户，2021年为14.156亿户，2022年为14.539亿户，2023年增加到15.244亿户（见表7.1）。

中国的线上支付系统非常先进。人们可以通过手机完成金融转账等几乎所有

---

① 国家统计局（2024）。
② 国家统计局（2002，2008，2010）。
③ 工业和信息化部（2019）。

的支付活动。2010 年，移动支付的用户数量为 2 543 万人，而截至 2020 年 6 月，移动支付的用户数量达到 8.05 亿人。[①]

### 7.2.3 能源

电力、石油和天然气是经济发展和人们日常生活中的三大关键能源。电力供给从 1980 年的 3 006 亿千瓦时提高到 1990 年的 6 212 亿千瓦时、2000 年的 13 556 亿千瓦时、2010 年的 42 072 亿千瓦时以及 2020 年的 77 620 亿千瓦时（见表 7.1）。由表 7.1 给出的数据可以计算出，电力在 1980 年至 2000 年的年均增长率为 7.53%，从 2000 年到 2020 年，这一增长率为 8.73%。

1980 年至 2000 年，石油和天然气管道长度年均增长率为 5.7%，2000 年至 2020 年年均增长率为 8.55%。城市天然气供应量从 1990 年的 64.0 亿立方米增加到 2020 年的 1 563.7 亿立方米，年均增长率为 11.2%。城市供气管道长度从 1990 年的 2.4 万公里增加到 2020 年的 85.1 万公里，年均增长率为 11.95%。2023 年，城市供气管道达到 104.7 万公里。

城市天然气覆盖率，即城市可获得天然气的人口比率，从 1981 年的 11.6% 上升到 1990 年的 19.1%、2000 年的 45.4%、2010 年的 92.0%、2015 年的 95.3%，2020 年为 97.9%，2023 年为 98.3%（见表 7.1 和图 7.1）。

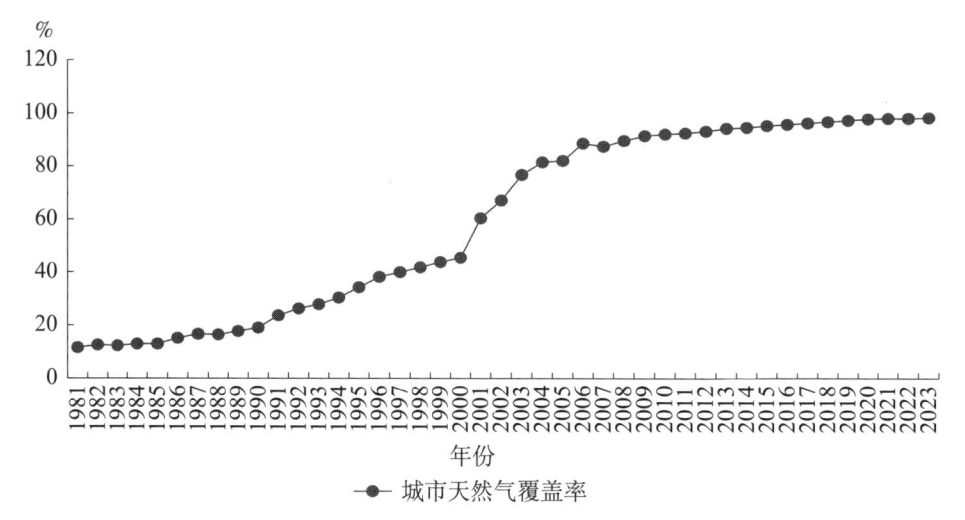

**图 7.1　1981—2023 年城市天然气覆盖率**

数据来源：国家统计局（2002，2008，2010，2011，2015，2018，2019，2020，2021，2023，2024）。

---

① 中国互联网信息中心（2020）。

## 7.2.4 卫生

卫生设施包括自来水、城市污水、固体废弃物和公共厕所，它们与人民生活息息相关。城市的自来水供应显著增加。城市自来水覆盖率（使用自来水的城市居民数量与城市居民总人口的比率）在1981年为53.7%，1990年降至48.0%，2000年上升到63.9%，2010年为96.7%，2015年为98.1%，并在2020年上升到99.0%（见表7.1）。

城市排污管道长度从1990年的5.8万公里增加到2020年的80.3万公里，年增长率为9.15%。城市污水处理率从1991年的14.9%上升到2019年的93.6%（见图7.2）。

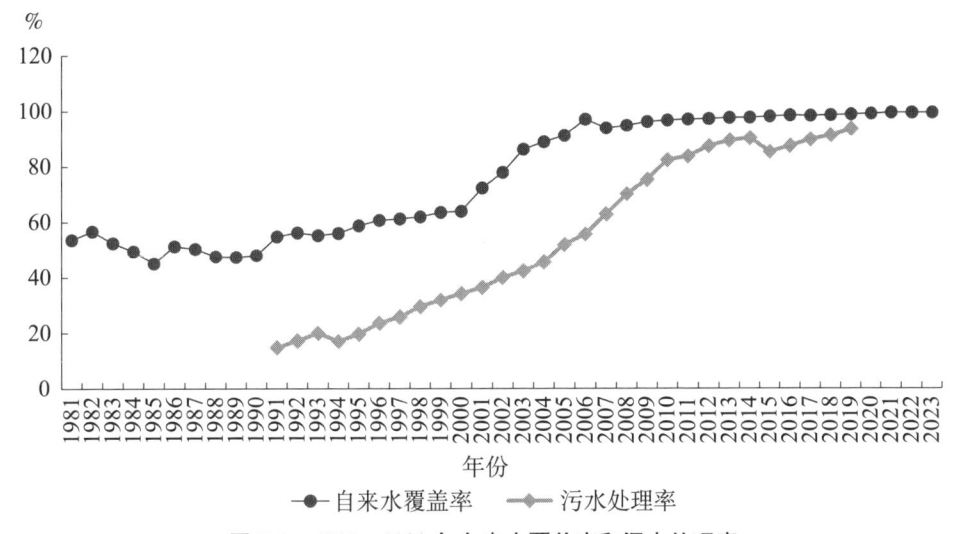

**图 7.2　1981—2023 年自来水覆盖率和污水处理率**

数据来源：国家统计局（2002，2008，2010，2011，2015，2018，2019，2020，2021，2024）。

城市生活垃圾清运量1990年为6 767万吨，2000年为11 819万吨，2010年为15 805万吨，2015年为19 142万吨，2020年为23 512万吨，2023年为25 408万吨（见表7.1）。从1980年到2020年，城市生活垃圾清运量的年均增速为4.15%。

令人惊讶的是，2009年到2016年城市平均每万人使用的公共厕所数量下降了，从1982年的3.99个减少到1990年的3.0个，2020年为3.1个，2023年为3.5个（见图7.3）。不得不说，这是中国基础设施建设的薄弱环节。即使在我国的机场，厕所的密度也比发达国家低。当然，近年来开展"厕所革命"，公共厕所的质量有了显著提高。

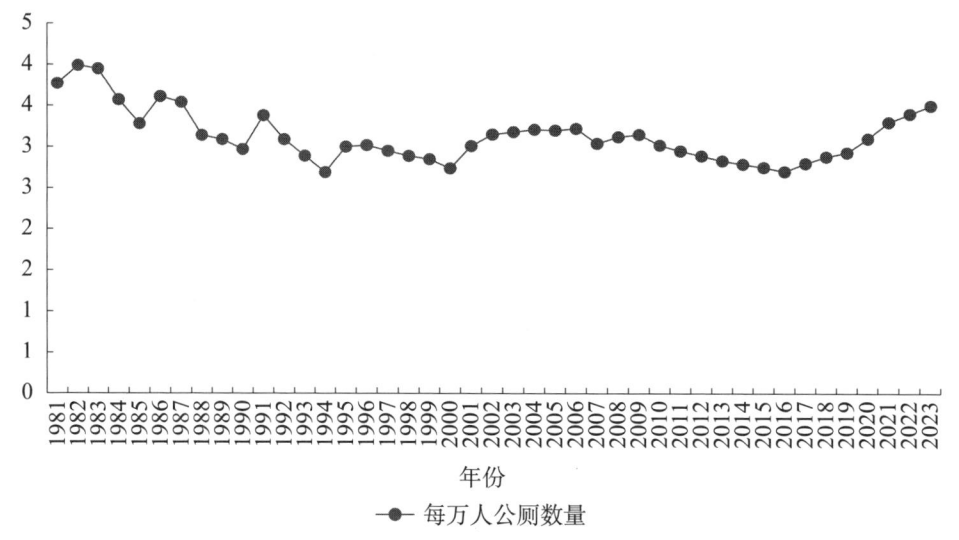

图 7.3　1981—2023 年每万人公厕数量

数据来源：国家统计局（2002，2008，2010，2011，2015，2018，2019，2020，2021，2022，2023，2024）。

## 7.3　中国的基础设施融资

1949 年到 1978 年，中国实行的是计划经济体制。基础设施的发展依赖于政府税收、国有企业上缴的利润以及征调的农村劳动力。在 20 世纪八九十年代，中国城市基础设施融资的主要来源是税收和政府收费，但是这些远远不够。1994 年的分税制改革后，特别是亚洲金融危机之后，基础设施建设的资金主要来自税收、向使用者收费、国有土地使用权出让金收入以及国内贷款（包括地方政府通过融资平台取得的银行借款）。此外，国有企业和民营企业也投资于基础设施建设。

### 7.3.1　土地出让金收入

土地出让金收入（出售固定期限为 40—70 年的土地使用权）是基础设施建设资金的重要来源。土地出让金收入包含在政府性基金的收入之中，属于政府预算收入之一。在中国，城市土地由各级政府所有，农村土地一般由自然村庄的农民集体所有。①

---

① 通常每个村庄约有 300 人，拥有约 300 亩的农田。通常约 5 个自然村组成一个拥有少量农田的村委会。大约 10 个建制村组成一个镇。

所有城镇的基础设施建设资金都严重依赖土地出让金收入。政府以高昂的费用将土地出让给房地产开发商，租赁期为40—70年。除出让城市土地外，地方政府还通过以低价从农民购买土地，并以极高的价格出让给房地产开发商来获取高额利润。从土地出让中获得的财政收入相当大（这一收入被称为"国有土地使用权出让金"，见第2章中表2.3）。据官方统计，土地出让金收入在2010年为28 198亿元，占政府性基金收入的76.66%，占GDP的6.83%；2015年为30 784亿元，占政府性基金收入的76.87%，占GDP的4.72%；2020年为82 159亿元，占政府性基金收入的87.88%，占GDP的8.10%；2023年为56 633.7亿元，占政府性基金收入的80.10%，占GDP的4.49%（见第2章表2.4）。土地出让金收入主要用于基础设施建设。

除土地出让金收入外，中国还有许多其他政府性基金，包括铁路建设基金、民航发展基金、旅游发展基金等。自2008年以来，政府性基金收入大幅增加。2010年政府性基金收入为36 785.0亿元，2015年为42 338.1亿元，2020年为93 491.3亿元，2021年为98 024.2亿元（见第2章表2.4）。2020年政府性基金占一般公共预算收入的51.11%，占GDP的9.22%；2023年政府性基金占一般公共预算收入的32.61%，占GDP的5.61%。大多数政府性基金收入被用于基础设施建设。

## 7.3.2 政府债务

自1978年经济改革以来，中国的政府债务一直在增加。尽管如此，与许多发达国家相比，中国债务占GDP的比重并不高。2005年，中央政府债务占GDP的17.0%，2007年占GDP的19.0%，2010年占GDP的16.2%，2015年占GDP的16.0%，2020年占GDP的20.76%，2021年占GDP的20.37%，2023年占GDP的23.82%。[1]

地方政府通过它们的融资平台（或城投公司）从商业银行和政策性银行借入了大量资金，用于基础设施建设。据估计，包括或有债务在内，2000年地方政府债务占GDP的比重为7.87%，2005年为15.09%，2008年为17.44%，2009年为25.87%，2011年为27.26%，2012年为29.50%，2013年为33.98%。[2] 显然，地方政府债务的规模一直在增加，近年来地方政府债务占GDP的比重要高

---

[1] 国家统计局（2022）。
[2] 2011年以前的数据以审计署（2011）为基础计算，2012年和2013年的数据以审计署（2013）为基础计算；GDP数据来自国家统计局（2017）。

于 2013 年。第 10 章将会详细讨论中国的地方政府债务。根据 2014 年预算法，省级政府具有有限的债券发行的权力，债券的发行需要经过国务院的批准，并且收入只能用于公共基础设施的建设。

外国借款也是基础设施融资的一种方式。国际组织（如世界银行、IMF、区域开发银行）和发达国家政府多年以来向中国提供低利率贷款。其中大部分贷款都用于扶贫和基础设施建设。[①] 2018 年中国政府负责偿还的外债仅占 GDP 的 0.16%。这一比例 2019 年为 0.20%，2020 年为 0.26%，2023 年为 0.27%（见第 10 章表 10.7）。并且，大多数外债为长期借贷。因此，中国外债的风险程度仍低于许多发展中国家。

### 7.3.3 税收

税收包含在一般公共预算收入中，是基础设施融资的重要来源。中国的主要税种是增值税、企业所得税、消费税和个人所得税。按 1978 年不变价格指数计算，中国的税收收入以非常高的速度增长，从 1994 年到 2023 年的平均年增长率为 9.15%。疫情前的 2019 年，增值税占税收总额的 39.46%，企业所得税占 23.61%，消费税占 7.95%，个人所得税仅占 6.57%；2023 年，增值税占税收总额的 38.28%，企业所得税占 22.69%，消费税占 8.90%，个人所得税仅占 8.16%（见第 2 章表 2.1）。

多年来，中国各级政府把很大一部分财政收入用于经济建设。1995 年以前，用于经济建设的支出占一般公共预算支出的 40% 以上。近年来，政府用于经济建设的支出占比有所下降。2006 年以后政府不再公布经济建设支出数据。IMF 提供了一种统计数据，称作经济事务支出，其范围比经济建设支出更广（见第 6 章）。根据 IMF 的统计，2010 年、2016 年和 2022 年中国政府经济事务支出占一般公共预算支出总额的比重分别为 32.1%、25.1% 和 28.6%（见第 6 章表 6.3）。

中国还设立了基础设施建设专项税费。其中一种税被称为城市维护建设税，这是一种基于增值税、消费税和营业税税收总额的间接税收。2016 年取消营业税后，城市维护建设税的税基改为增值税和消费税之和。城市企业的税率为 7%，乡镇企业的税率为 5%，其他地方企业的税率为 1%。[②] 另一种是 1994 年开

---

[①] 1981 年，世界银行（World Bank，2006）向中国提供了第一笔贷款，用于支持中国大学的发展。截至 2006 年 6 月底，世界银行对中国的累计贷款总额为 405.34 亿美元，共计 274 个开发项目，其中 75 个项目正在实施中。这使中国的投资组合成为世界银行中最大的投资组合之一。世界银行支持的项目遍布中国各个地区和许多经济部门，目前的投资组合集中在交通、城市发展、农村发展、能源和人力资源开发。

[②] 国务院（1985c）。

征的成品油消费税，其收入大部分用于公路建设和养护。自1994年以来，政府已经数次提高该税种的税率。[①]

## 7.3.4 使用者交费

各级地方政府还通过让使用者交费来为道路、水、煤气、电力、排污和城市交通等基础设施提供资金。对于一些基础设施，如自来水，政府设定低价以补贴低收入家庭；但对于其他基础设施，如机场高速公路，其收费一般较高。

20世纪80年代末和90年代，许多政府机构、国有企业和地方政府存在过度收费和随意收费等问题，收费额度与公共物品供给成本没有密切关系。当时，使用者所交的费用包含在预算外收入中。第2章中的表2.2展示了预算外收入的数额，可以看出，当时预算外收入的数额非常庞大。部分预算外收入被用于基础设施建设。例如，1990年，约37%的预算外支出用于基础建设，1996年这一占比为38.83%（见第6章表6.5）。中国政府在20世纪90年代末启动了一项名为"费改税"的改革，2011年取消了预算外收入。现在，使用者的交费都包含在政府的一般公共预算收入中。

## 7.3.5 政策性银行贷款

1994年，中国成立了三大政策性银行，即中国国家开发银行、中国进出口银行和中国农业发展银行。国家开发银行是一家开发性金融机构，主要支持国家重大基础设施建设和民生工程建设等。中国进出口银行专注于支持中国的进出口。中国农业发展银行的重点是支持农村基础设施发展。

下面仔细分析一下中国国家开发银行的贷款和累积贷款，表7.2展示了国家开发银行未偿还贷款的构成。2012年，国家开发银行（含附属机构）未偿还贷款额为8 907.05亿元，2015年未偿还贷款额为12 653亿元，2018年未偿还贷款额5 216亿元，占GDP的0.53%。

2011年，国家开发银行累计发放贷款55 259亿元；2012年，累计发放贷款64 176亿元；2013年，累计发放贷款71 483亿元。在积累的贷款总额中，大部分贷款用于基础设施建设。例如，截至2019年，城市美化贷款占25.49%，绿色金融贷款占17.21%，高速公路贷款占16.30%，电力贷款占7.80%，铁路贷款占7.00%，水资源贷款占3.68%，其他公共基础设施贷款占17.65%（见图7.4）。

---

① 国务院（2008b）。

截至 2015 年年底，中国进出口银行贷款总额增加至 520 亿元。这些贷款支持了共建"一带一路"的 49 个国家的 1 000 个基础设施项目。[①] 截至 2019 年 4 月，新增贷款已超过 1 万亿元。[②]

表 7.2　2012—2018 年国家开发银行未偿还贷款：按行业划分

| | 2012 | 2013 | 2014 | 2015 | 2016 | 2017 | 2018 |
|---|---|---|---|---|---|---|---|
| 电力（%） | 11.42 | 10.94 | 10.07 | 8.80 | 8.46 | 8.20 | 8.23 |
| 公路（%） | 17.23 | 18.05 | 18.09 | 17.53 | 16.23 | 16.05 | 16.14 |
| 铁路（%） | 7.15 | 7.89 | 8.10 | 8.10 | 7.51 | 7.31 | 7.28 |
| 石油化工（%） | 7.26 | 6.96 | 6.84 | 6.63 | 6.14 | | |
| 煤炭（%） | 1.26 | 1.53 | 1.40 | | | | |
| 邮电（%） | 1.42 | 1.31 | 1.04 | | | | |
| 农业（%） | 2.18 | 2.78 | 3.11 | | | | |
| 公共基础设施（%） | 20.56 | 19.31 | 16.97 | 13.40 | 11.30 | 11.12 | 11.35 |
| 城市重建（%） | | | | 14.68 | 21.87 | 25.83 | 27.40 |
| 战略性新兴产业（%） | | | | 8.94 | 8.46 | 6.15 | 10.13 |
| 其他（%） | 31.52 | 31.23 | 34.38 | 21.92 | 20.03 | 25.34 | 19.47 |
| 贷款余额（亿元） | 8 907.05 | | | 12 653 | 11 112 | 7 187 | 5 216 |

数据来源：国家开发银行（2013—2019）。

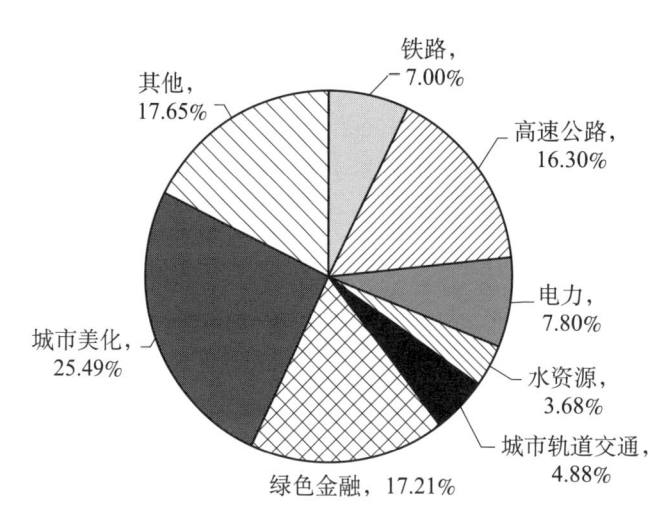

图 7.4　2019 年国家开发银行未偿还贷款余额：按行业划分

数据来源：国家开发银行（2019）。

饼图数据：
- 其他，17.65%
- 铁路，7.00%
- 高速公路，16.30%
- 电力，7.80%
- 水资源，3.68%
- 城市轨道交通，4.88%
- 绿色金融，17.21%
- 城市美化，25.49%

---

①　参见：《进出口银行支持"一带一路"建设》，中国经济网，2016，http：//finance.ce.cn/rolling/201601/14/t20160114_ 8285553.shtml，访问日期：2024 年 8 月 20 日。

②　参见：《进出口银行"一带一路"贷款余额超万亿元》，新华社，2019，http：//www.xinhuanet.com/2019-04/18/c_ 1124385705，访问日期：2024 年 8 月 20 日。

## 7.3.6 国有企业

国有企业参与了中国的公共基础设施建设和维护。例如，2013年成立的中国铁路总公司负责铁路建设、运营和维护。截至2023年年底，中国铁路总运营里程15.9万公里（见表7.1），其中高速铁路4.5万公里，高速铁路里程数为世界第一。① 铁路公司向乘客收取低价，并承担一些政府紧急运输任务。该公司有大量债务，截至2019年年底，其债务余额为54 859亿元，占GDP的5.5%以上。② 参与公共基础设施发展的其他国有企业包括中国电力工程总公司和地方政府所有的水、天然气和公共交通公司。

## 7.3.7 公私合作

中国政府在基础设施建设方面大力推动公私合作（PPP）模式的发展。例如，北京地铁4号线是与香港地铁和北京首都创业集团（地方国有企业）的PPP项目，到目前为止该项目一直保持盈利。面对经济增长放缓、地方政府债务增加和政府收入增长放缓的情况，政府尝试吸引更多私人资本用于基础设施建设。2015年，政府发布文件，要求地方政府鼓励民营企业参与基础设施建设项目。2015年年底，PPP项目总投资超过65 800亿元；2016年年底，总投资达到135 000亿元；2017年年底，总投资为108 000亿元；③ 2019年年底，总投资为151 110亿元。④ 但是，出于以下两个原因，近来PPP项目进展缓慢。一是民营企业的投资积极性不高。经过多年的基础设施建设，有利可图的项目（如通往机场的高速公路等）已经完成，剩下的是市内基础设施，如道路、街道、供水系统、污水处理系统和地方公共交通系统等。这些服务于公众的项目难以获得足够回报，难以盈利，民营企业缺乏投资积极性。而且，民营企业担心地方领导换届，担心政府对PPP政策的变化，因此，对PPP的热情不高。二是中央政府担心PPP会使地方政府债务增加，对PPP施加了更多限制。为了吸引民营企业参与基础设施建设，许多地方政府向民营企业提供银行贷款担保，这些贷款最终可能成为地方政府债务。中央政府担心地方债务的扩张，要求地方政府放慢PPP的步伐。

---

① 国家统计局（2024）。
② 中国国家铁路集团有限公司（2020）。
③ 财政部（2016—2019）。
④ 财政部政府与社会资本合作中心（2020）。

## 7.4 关键基础设施的资金来源

表 7.3 显示了 2003—2023 年铁路运输、公路运输、水路运输、航空运输、城市公共交通、电信及其他信息传输业务、能源和水资源（电力、热力、天然气及水的生产和供应）等固定资产的总投资。可以看出，每个行业的投资额都有显著增长。例如，铁路投资从 2003 年的 616.4 亿元增加到 2023 年的 8 993.3 亿元；公路投资从 2003 年的 3 162.0 亿元增加到 2023 年的 49 230.1 亿元；电力、热力、天然气及水的生产和供应的投资从 2003 年的 2 964.7 亿元增加到 2023 年的 47 637.7 亿元。

那么这些投资是如何筹集资金的呢？本节讨论了一些关键基础设施（如交通、电信、能源和水利设施）的融资来源。资金一般包括国内贷款（包括从政策性银行和商业银行借款）、自筹资金（包括预算外收入、土地出让金收入和各种政府性基金收入）以及一般公共预算收入，而外资对基础设施的投资一直很少。

### 7.4.1 交通运输

这里的交通运输包括航空运输、铁路运输、公路运输、水路运输和城市公共交通。下面讨论每种运输形式的资金来源。

对于航空运输，固定资产投资资金主要是自筹资金和国内贷款。图 7.5 显示了航空运输中用于固定资产的自筹资金、国内贷款、国家预算、外国投资和其他资金占资金总额的百分比。自筹资金是固定资产投资资金的主要来源，2003 年占资金总额的 43.08%，2010 年占 44.42%，2015 年占 49.30%，2020 年占 43.88%，2023 年占 38.37%。国内贷款是第二大来源，2003 年占资金总额的 12.55%，2010 年占 41.55%，2015 年占 31.97%，2020 年占 19.66%，2023 年占 18.67%。国家预算是第三大资金来源，2003 年占资金总额的 10.88%，2010 年占 9.71%，2015 年占 15.79%，2020 年占 29.73%，2023 年占 31.64%。航空运输领域的外国投资大幅下降，2003 年占资金总额的 32.32%，2010 年占 1.72%，2015 年仅占 0.07%，之后几乎可以忽略不计。

对于铁路运输来说，自筹资金是最为重要的资金来源，其次是国内贷款和国家预算。图 7.6 展示了铁路运输固定资产投资中各项资金的占比，2003 年自筹资金在资金总额中的占比为 33.14%，2010 年为 24.64%，2020 年为 47.66%，2023 年为 18.80%。国内贷款占比 2003 年为 28.82%，2010 年为 47.48%，2020 年为 23.68%，2023 年为 21.99%。2003 年、2010 年和 2020 年，国家预算支出

表 7.3 2003—2023 年部分行业固定资产投资

(单位：亿元)

| 年份 | 铁路运输 | 公路运输 | 水路运输 | 航空运输 | 城市公共运输 | 电信及其他信息传输业务 | 电力、热力、天然气及水的生产和供应 |
|---|---|---|---|---|---|---|---|
| 2003 | 616.4 | 3 162.0 | 299.1 | 180.7 | 360.1 | 479.1 | 2 964.7 |
| 2004 | 846.3 | 4 665.5 | 534.6 | 272.4 | 391.3 | 1 589.9 | 5 525.1 |
| 2005 | 1 267.7 | 5 581.4 | 779.3 | 302.4 | 531.1 | 1 490.2 | 7 286.6 |
| 2006 | 1 966.5 | 6 481.6 | 995.1 | 463.1 | 800.6 | 1 661.1 | 8 260.7 |
| 2007 | 2 492.7 | 6 926.6 | 1 109.5 | 607.6 | 1 073.0 | 1 702.0 | 9 088.9 |
| 2008 | 4 073.2 | 7 411.5 | 1 204.1 | 590.5 | 1 274.9 | 1 930.9 | 10 489.1 |
| 2009 | 6 660.9 | 10 557.6 | 1 670.7 | 604.9 | 2 034.1 | 2 278.9 | 13 545.4 |
| 2010 | 7 622.2 | 12 764.5 | 2 080.4 | 892.5 | 2 250.7 | 2 007.0 | 14 591.3 |
| 2011 | 5 915.0 | 13 856.4 | 1 921.7 | 835.8 | 2 225.3 | 1 680.3 | 14 659.2 |
| 2012 | 6 128.8 | 17 466.4 | 2 008.4 | 1 124.0 | 2 858.2 | 1 598.2 | 16 671.9 |
| 2013 | 6 690.7 | 20 502.9 | 2 123.3 | 1 314.1 | | 1 696.1 | 19 628.9 |
| 2014 | 7 707.2 | 24 513.2 | 2 434.6 | 1 430.4 | | 2 065.3 | 22 825.0 |
| 2015 | 7 729.9 | 28 614.1 | 2 352.3 | 1 839.9 | | 2 444.7 | 26 709.6 |
| 2016 | 7 748.1 | 32 937.3 | 2 163.3 | 2 219.6 | | 2 647.0 | 29 736.0 |
| 2017 | 8 006.2 | 40 303.6 | 1 886.4 | 2 394.9 | | 2 489.3 | 29 794.1 |
| 2018 | 7 597.9 | 43 608.5 | 1 705.3 | 2 509.9 | | 2 220.5 | 26 129.5 |
| 2019 | 7 347.1 | 47 533.3 | 1 321.6 | 2 063.1 | | 2 615.7 | 27 305.3 |
| 2020 | 7 185.5 | 48 388.9 | 1 447.2 | 1 751.6 | | 3 225.2 | 32 111.0 |
| 2021 | 7 056.1 | 47 808.2 | 1 687.4 | 2 080.9 | | 2 999.4 | 32 464.3 |
| 2022 | 7 183.1 | 49 577.1 | 2 166.7 | 2 180.8 | | 3 071.4 | 38 729.9 |
| 2023 | 8 993.3 | 49 230.1 | 2 552.3 | 2 270.2 | | 3 157.4 | 47 637.7 |

数据来源：国家统计局（2004—2024）。

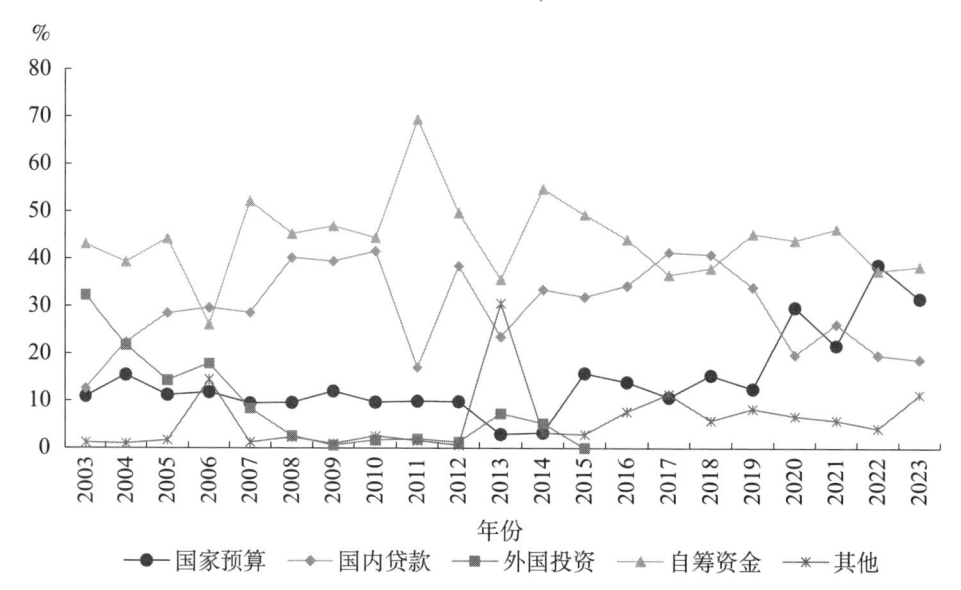

**图 7.5  2003—2023 年航空运输固定资产投资（占资金总额的百分比）**

数据来源：国家统计局（2004—2024）。

的占比分别为 32.12%、14.18% 和 15.02%，2023 年为 22.12%。外国投资占比 2003 年为 2.64%，2010 年为 0.4%，2020 年仅为 0.03%。多年来，自筹资金的比例一直比较大，而且比较稳定；国内铁路运输贷款时涨时跌；国家用于道路运输的预算大幅减少。

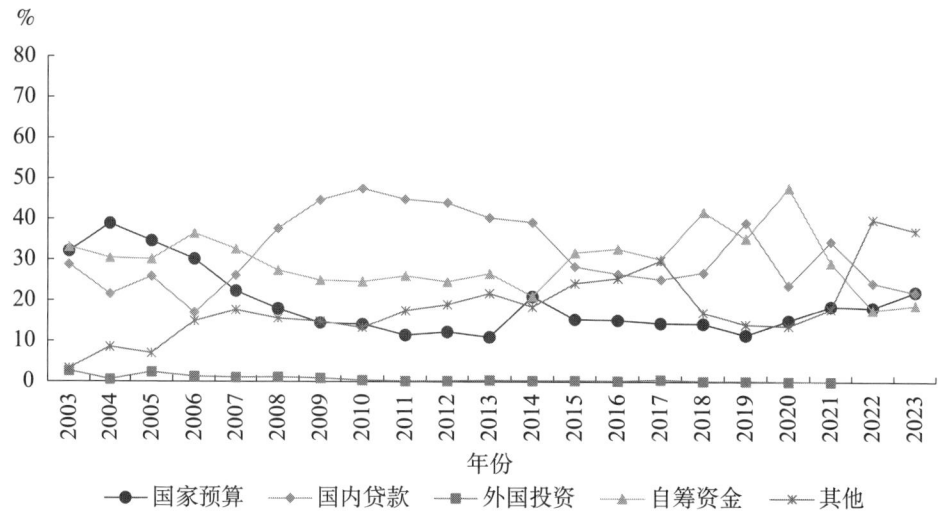

**图 7.6  2003—2023 年铁路运输固定资产投资（占资金总额的百分比）**

数据来源：国家统计局（2014—2024）。

对于公路运输来说，自筹资金是最重要的资金来源，其次是国内贷款和国家预算。图 7.7 显示了公路运输固定资产投资中各项资金的占比。自筹资金在资金总额中的占比 2003 年为 40.72%，2010 年为 41.41%，2020 年为 39.29%，2023 年为 40.42%。国内贷款占比 2003 年为 42.54%，2010 年为 35.03%，2020 年为 22.34%，2023 年为 23.24%。2003 年、2010 年和 2020 年，国家预算资金占比分别为 9.51%、15.88% 和 26.07%，2023 年为 25.50%。外国投资占比 2003 年为 1.78%，2010 年仅为 0.25%，2020 年为 0.12%，2023 年为 0.08%。多年来，公路自筹资金占比稳定，国内贷款占比下降，国家预算占比明显上升。

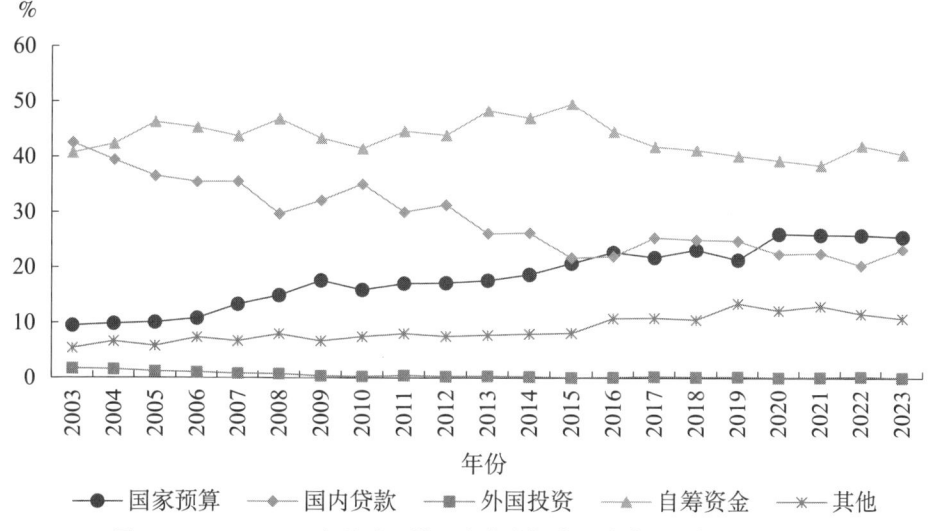

图 7.7 2003—2023 年公路运输固定资产投资（占资金总额的百分比）

数据来源：国家统计局（2004—2024）。

在城市公共交通方面，2006 年前自筹资金是最重要的融资来源，2006 年后国内贷款成为最重要的融资来源。国家预算资金的占比一直很低。图 7.8 为城市公共交通固定资产投资中各项资金的占比。自筹资金在资金总额中的占比 2003 年为 49.86%，2005 年为 51.31%，2010 年为 28.7%，2012 年为 25.37%。国内贷款占比 2003 年为 35.56%，2005 年为 34.99%，2010 年为 59.32%，2012 年为 48.91%。2003 年、2005 年、2010 年和 2012 年的国家预算资金占比分别为 2.54%、5.72%、6.23% 和 12.25%。外国投资的占比在 2003 年为 1.54%，2005 年为 2.46%，2010 年仅为 0.89%，2012 年为 0.13%。2012 年后的数据无法获得。可以看出，自筹资金的占比有所下降，而国内贷款和国家预算的占比有所上升。

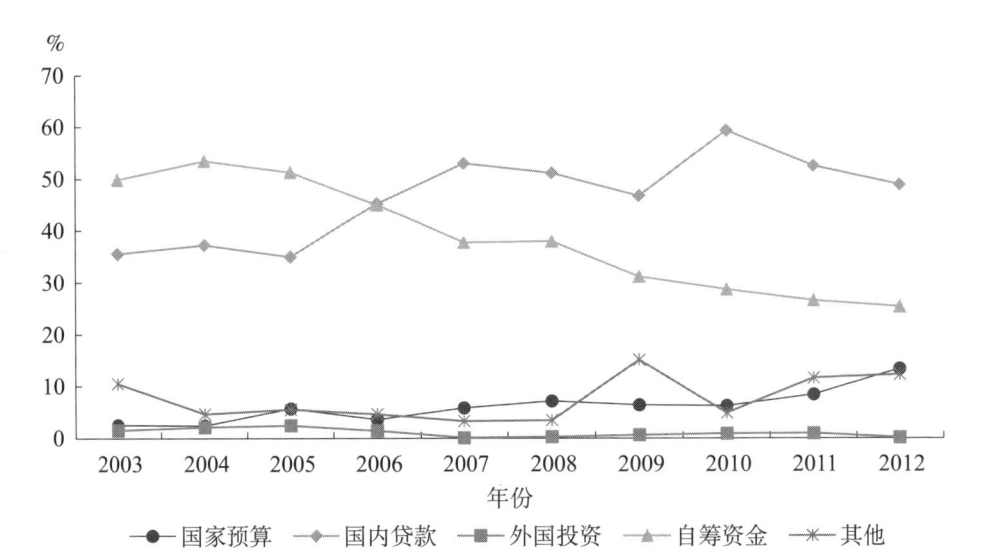

图 7.8　2003—2012 年城市公共交通固定资产投资（占资金总额的百分比）

数据来源：国家统计局（2004—2013）。

## 7.4.2　电信

在电信方面，自筹资金一直是主要的资金来源。2023 年，自筹资金占资金总额的 94.84%，国内贷款占资金总额的 1.58%，国家预算占资金总额的 0.52%，外国投资仅占 0.02%。表 7.4 为电信固定资产投资资金情况。显然，自筹资金是电信投资的主要来源。

表 7.4　2003—2023 年电信固定资产投资资金（占总投资的比重）　（单位：%）

| 年份 | 外国投资 | 国家预算 | 国内贷款 | 自筹资金 | 其他 |
| --- | --- | --- | --- | --- | --- |
| 2003 | 0.88 | 1.12 | 8.61 | 87.63 | 1.70 |
| 2004 | 0.59 | 0.84 | 6.54 | 90.25 | 1.78 |
| 2005 | 1.23 | 1.13 | 6.56 | 88.71 | 2.38 |
| 2006 | 1.11 | 1.46 | 3.71 | 91.15 | 2.58 |
| 2007 | 0.90 | 1.47 | 1.94 | 92.90 | 2.79 |
| 2008 | 0.65 | 2.27 | 2.61 | 90.95 | 3.51 |
| 2009 | 0.52 | 2.24 | 1.93 | 92.63 | 2.69 |
| 2010 | 0.43 | 4.38 | 2.19 | 90.92 | 2.09 |
| 2011 | 0.22 | 1.66 | 4.06 | 92.70 | 1.36 |

(单位：%)（续表）

| 年份 | 外国投资 | 国家预算 | 国内贷款 | 自筹资金 | 其他 |
|---|---|---|---|---|---|
| 2012 | 0.20 | 3.58 | 2.75 | 92.52 | 0.95 |
| 2013 | 0.33 | 2.74 | 2.74 | 93.27 | 0.92 |
| 2014 | 0.29 | 2.72 | 2.39 | 93.56 | 1.04 |
| 2015 | 0.00 | 2.68 | 2.40 | 93.49 | 1.44 |
| 2016 | 1.09 | 2.07 | 0.03 | 92.35 | 2.43 |
| 2017 | 1.10 | 3.31 | 0.05 | 90.57 | 2.38 |
| 2018 | 0.42 | 2.80 | 1.82 | 90.28 | 4.68 |
| 2019 | 0.82 | 1.44 | 1.46 | 94.01 | 2.27 |
| 2020 | 0.90 | 1.62 | 2.29 | 93.48 | 2.01 |
| 2021 | 0.19 | 0.58 | 3.73 | 93.48 | 2.01 |
| 2022 | 0.07 | 0.54 | 1.77 | 94.87 | 2.75 |
| 2023 | 0.02 | 0.52 | 1.58 | 94.84 | 3.03 |

数据来源：国家统计局（2004—2024）。

### 7.4.3 能源

图7.9显示了电力和热力的生产和供应业固定资产投资占资金总额的比例。对于电力和热力行业，自筹资金在资金总额中的占比不断增加，从2003年的32.6%上升到2010年的49.94%，2020年占资金总额的64.01%，2023年占资金总额的66.77%，成为电力和热力行业融资的主要来源。国内贷款在资金总额中的占比从2003年的44.93%下降到2010年的36.59%，2020年下降到24.22%，2023年为25.15%。国家预算资金的占比稳定，2020年为5.17%，2023年为3.68%。

在天然气生产与供应方面，自筹资金在资金总额中的占比从2003年的50.29%大幅上升到2010年的71.98%和2020年的78.17%，2023年为77.58%，成为压倒性的资金来源。天然气生产与供应融资来源中的国内贷款占比已经下降，从2003年占资金总额的25.14%下降到2010年的14.58%和2020年的7.29%，2023年占10.18%。国家预算占比稳定，2003年为4.01%，2010年为3.52%，2020年为7.69%，2023年为6.34%。图7.10显示了2003—2023年天然气固定资产投资资金占资金总额的百分比。

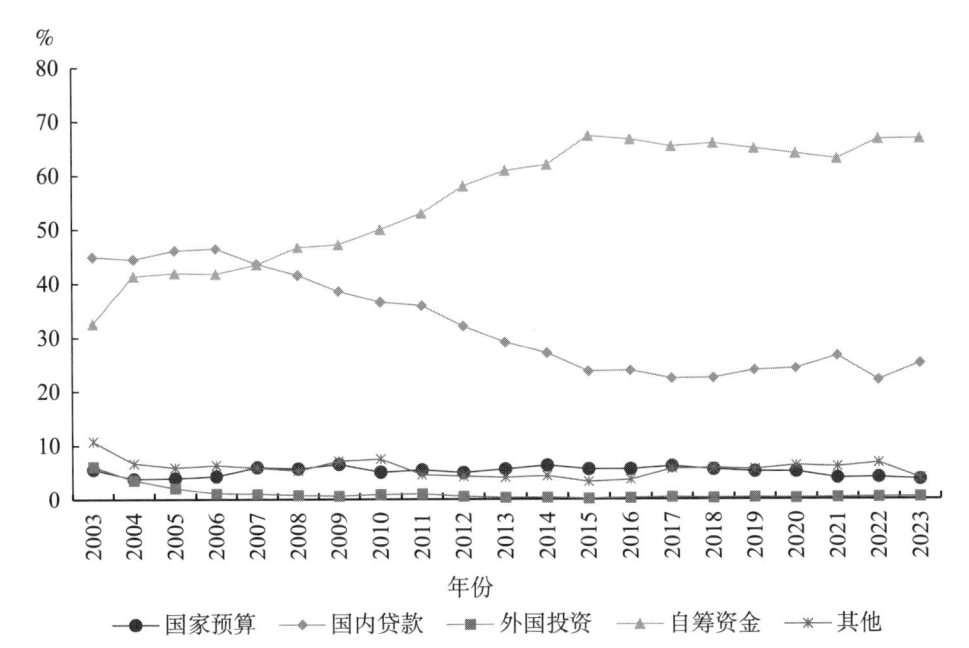

**图 7.9　2003—2023 年电力、热力的生产和供应业固定资产投资（占资金总额的百分比）**

数据来源：国家统计局（2004—2024）。

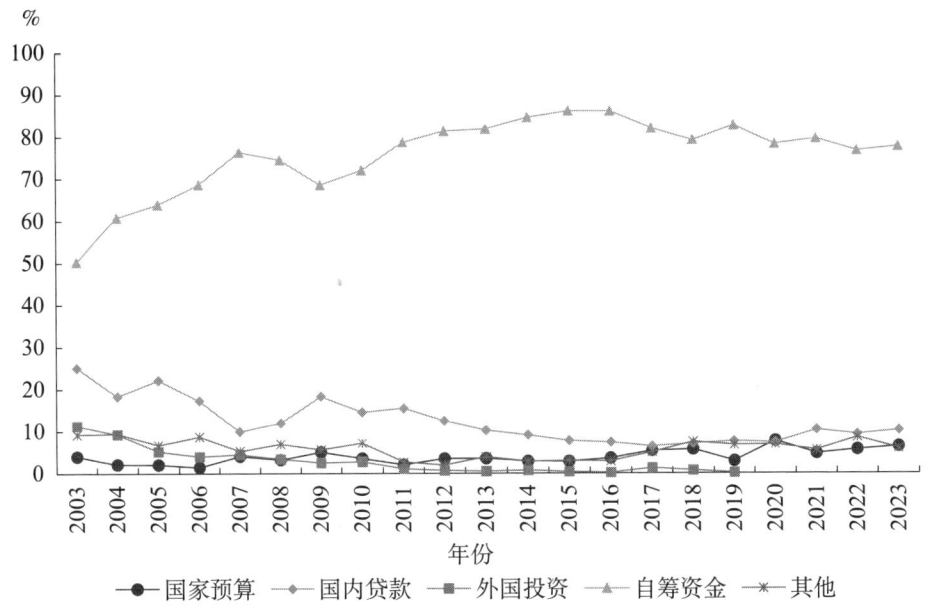

**图 7.10　2003—2023 年天然气生产与供应业固定资产投资（占资金总额的百分比）**

数据来源：国家统计局（2004—2024）。

### 7.4.4 自来水

在自来水生产与供应方面，自筹资金一直是资金的主要来源。图 7.11 显示了自来水生产和供应业的固定资产投资来源占总资金的百分比。自筹资金在资金总额中的占比 2003 年为 44%，2010 年为 63.16%，2020 年为 57.41%，2023 年为 50.49%。国家预算占比稳定，2003 年为 17.3%，2010 年为 14.26%，2020 年为 21.23%，2023 年为 29.98%。国内贷款在资金总额中的占比有所下降，2003 年为 25.84%，2010 年为 14.37%，2020 年为 7.49%，2023 年为 7.2%。

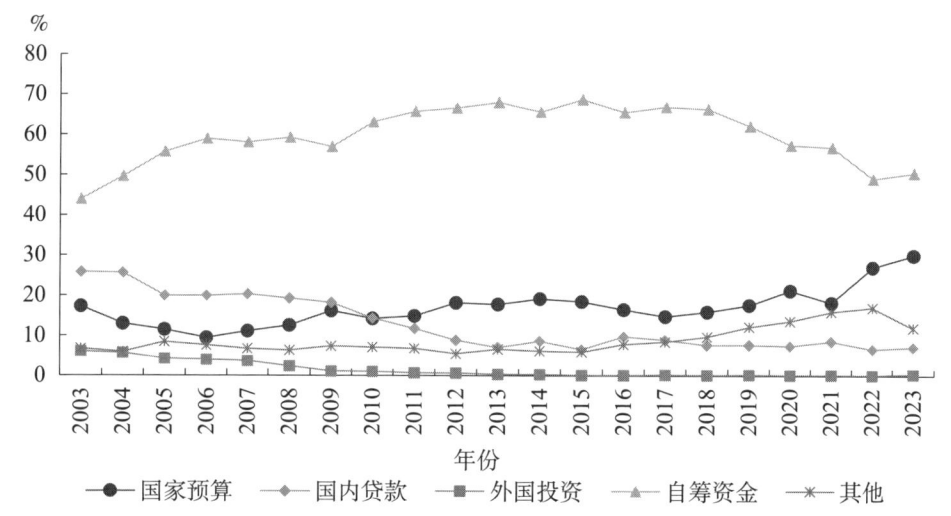

**图 7.11　2003—2023 年自来水的生产与供应业固定资产投资（占资金总额的百分比）**
数据来源：国家统计局（2004—2024）。

以上分析表明，基础设施建设资金主要来源于自筹资金和国内贷款，源自国家预算的建设资金远小于来自自筹资金和国内贷款的资金。而如第 6 章所述，我国财政支出总量很大，而且经济建设支出占财政总支出的比重较高。但是，与其他资金相比，源自国家预算的资金占资金总额的比重并不高。可见，中国在基础设施方面的投资量是巨大的。

## 7.5　中国在"一带一路"下的基础设施投资

除了大规模的国内基础设施投资，中国政府推出了在世界其他地区建设基础设施的宏伟计划。2013 年 9 月 7 日，国家主席习近平在哈萨克斯坦纳扎尔巴耶夫大学发表演讲时提出建设"丝绸之路经济带"的倡议。同年 10 月 3 日，习近平在印度尼西亚国会发表演讲时又提出共同建设"21 世纪海上丝绸之路"的设想。这样，"一带一路"的理念就正式出现。"丝绸之路经济带"以中国中部古都西安为起点，经哈萨克斯坦、俄罗斯、阿富汗、伊朗、土耳其等国，到达意大利。"21 世纪海上丝绸之路"从中国东海岸出发，途经泰国、菲律宾、印度尼西亚、马来西亚、印度、斯里兰卡、索马里、埃塞俄比亚、埃及、意大利、法国等国，最后到达英国。该倡议旨在加强区域基础设施建设，促进贸易和投资，刺激区域经济增长。

## 7.5.1 成立金融机构支持共建"一带一路"

共建"一带一路"的基础设施建设项目主要通过银行贷款融资。中国为共建"一带一路"设立了若干个金融机构，包括丝路基金、亚洲基础设施投资银行和金砖国家新开发银行。

丝路基金于 2014 年 12 月 29 日在北京正式成立，由国家外汇管理局、中国投资有限责任公司、中国进出口银行和国家开发银行投资。基金的总资本为 400 亿美元，初始投资为 100 亿美元。基金的资本构成如表 7.5 所示。可以看出，国家外汇管理局的投资份额为 65%。国家外汇管理局负责中国超过 3 万亿美元的外汇储备，这可以成为丝路基金的稳定资金来源。丝路基金是面向市场的中长期项目投资基金，聚焦"一带一路"共建基础设施建设、资源能源开发、产业合作、金融合作等重点项目。该基金的第一个投资项目于 2015 年 4 月 20 日在巴基斯坦首都伊斯兰堡公布。丝路基金的管理团队——丝路基金有限责任公司与中国长江三峡集团公司（以下简称中国三峡公司）、巴基斯坦私营电力基础设施委员会签署了一份谅解合作备忘录，为巴基斯坦杰赫勒姆河（Jhelum River）上建设的卡洛特（Karot）水电站提供资金。根据备忘录，该基金将提供资金，并作为中国三峡公司子公司中国三峡南亚投资有限公司的主要股东，为巴基斯坦的清洁能源项目提供支持。卡洛特水电站将由中方运营 30 年，然后转移给巴基斯坦政府。[①]卡洛特水电站是更广泛的中巴经济走廊计划中的一个重要项目，中国力图建设一条价值 460 亿美元、长达 3 000 公里的经济走廊，从中国新疆到巴基斯坦俾路支省，贯穿喀喇—昆仑山脉，直到瓜达尔港，连接中国、巴基斯坦和阿拉伯世界。

---

① Chen（2015）。

表 7.5　丝路基金的资本构成

|  | 投资（亿美元） | 占比（%） |
| --- | --- | --- |
| 国家外汇管理局 | 260 | 65 |
| 中国投资有限责任公司 | 60 | 15 |
| 中国进出口银行 | 60 | 15 |
| 国家开发银行 | 20 | 5 |

数据来源：丝路基金（2019）。

2014 年 10 月，亚洲基础设施投资银行（AIIB，简称亚投行）在北京成立。银行初始法定股本 1 000 亿美元，分 100 万股，仅供成员认缴。新成员可加入银行，现有成员可随时向银行发出书面通知退出银行。截至 2020 年 9 月底，亚投行已有 80 多个成员，认缴资本总额为 9674.39 亿美元。中国是亚投行最大的投资者，认缴总额为 297.804 亿美元，占认缴总额的 30.78%；其次是印度，占认缴总额的 8.65%；俄罗斯占 6.76%，韩国占 3.86%，澳大利亚占 3.82%，印度尼西亚占 3.47%。域外成员也投资了该银行。德国认缴资本占总认缴额的 4.64%，法国占 3.49%，英国占 3.16%，意大利占 2.66%。[1] 截至 2023 年年底，亚投行已经批准了 504.68 亿美元的项目。大多数项目在印度、巴基斯坦、印度尼西亚、孟加拉国、斯里兰卡、阿塞拜疆、土耳其和菲律宾。[2]

金砖国家新开发银行（NDB，简称新开发银行）由巴西、俄罗斯、印度、中国和南非于 2014 年 7 月 15 日成立，总部设在上海，初始资本为 500 亿美元，计划增加到 1 000 亿美元。[3] 最初认缴的资本在创始成员国中平均分配。每个国家都有一票，任何国家都没有一票否决权。新开发银行旨在促进成员国基础设施建设和经济可持续增长。2016 年，新开发银行批准了 7 个项目 15 亿美元贷款，2017 年批准了 6 个项目 18 亿美元贷款，2018 年批准了 17 个项目 47 亿美元贷款，2019 年批准了 22 个项目 72 亿美元贷款。截至 2024 年 11 月底，新开发银行共批准了 96 个项目 328 亿美元贷款。[4] 贷款涵盖交通、清洁能源、灌溉、水管理和卫生、城市发展、环境保护和其他基础设施领域。

## 7.5.2　共建"一带一路"的益处和潜在风险

共建"一带一路"旨在使所有参与国受益。对中国的经济利益包括通过参

---

[1] Asian Infrastructure Investment Bank（2024）。
[2] Asian Infrastructure Investment Bank（2024）。
[3] BRICS New Development Bank（2019）。
[4] BRICS New Development Bank（2024）。

与地区基础设施建设释放过剩的制造业产能,增加对"一带一路"共建国家的货物出口与投资,并带动中国较为落后的西部地区的经济发展。中国在全球金融危机后进行了大规模的投资,以此积累了大量的钢铁、混凝土、板材以及其他建筑材料。同时,地方政府积累了大量债务,中央政府开始限制地方政府借款。因此,地方政府无法为大规模基础设施建设借到足够资金,来利用这些巨大的产能。中国迫切需要解决产能过剩的问题。共建"一带一路"为中国提供了一个产能出口的机会。此外,中国还可以从"一带一路"共建国家获得所需资源。长期来看,国际贸易与投资可以使中国获益。

"一带一路"共建国家的受益同样可观。这些欠发达国家缺乏储蓄和资金,同时缺乏陆路运输道路。通过共建"一带一路",这些国家有望获得资金和技术援助。首先,共建"一带一路"直接促进了区域基础设施的发展。在丝路基金、亚投行和新开发银行的支持下,共建"一带一路"侧重于基础设施发展。其次,基础设施建设可以增加这些国家的就业率,并带动私人投资。再次,共建"一带一路"会促进这些国家的国际贸易,以及增加这些国家的外国直接投资。最后,基础设施建设能刺激经济增长,减少贫困并改善当地人民的生活水平。

"一带一路"对共建国家潜在的主要风险有以下几点。一是经济损失的风险。一些项目缺乏很好的成本收益分析。例如,在斯里兰卡,中国投入资金建设年客流量 100 万人的机场。但由于客流量增长缓慢,目前该机场被认为是世界上最空荡的国际机场。低效的项目给借贷双方都带来了损失。

二是外债风险。与"一带一路"有关的基础设施建设可能增加有关国家的外债。基础设施建设需要相关国家向亚投行等金融机构借款。这笔债务必须连本带息偿还。一些国家已经外债累累。例如,2022 年老挝的外债占 GNI(Gross National Income,国民总收入)的比率达到 131.91%,哈萨克斯坦为 80.49%,莫桑比克为 426%,蒙古国为 222%。① 最近,斯里兰卡、赞比亚等国已经发生严重的债务危机(Lin,2024)。出于对债务问题的担心,一些国家已经退出了一些项目,中国也大幅降低了对非洲的贷款。

三是环境风险。随着基础设施建设和工业化的进行,共建"一带一路"在促进基础设施发展和贸易的同时,可能会增加污染。钢铁生产、混凝土生产、煤炭开采和使用将导致空气污染。环境风险也与水力发电有关。水力发电为经济提供可再生能源,但水力发电的水库会破坏森林、野生动物栖息地、农田、风景区和水域生态系统。

"一带一路"对中国的潜在风险同样不可忽视。基础设施建设可能会耗费大

---

① World Bank(2024b)。

量资金，但可能无法为投资者提供充足的回报。若债务人无法还款，企业无法收回投资成本，这将对中国造成巨大的经济损失，损害中国的金融系统，并导致经济的进一步放缓。[1] 因此，风险管理对于"一带一路"基础建设投资来说是十分重要的。

## 7.6 中国基础设施建设成功的原因、当前的挑战和经验教训

近二十年来中国的基础设施建设为何发展如此迅速？中国的基础设施发展存在哪些问题？中国的基础设施发展过程中有哪些经验教训？

### 7.6.1 中国基础设施快速发展的原因

中国基础设施迅速发展的原因包括稳固的税收制度，扩张性的财政政策，地方政府拥有通过土地出让、银行贷款和收取费用等方式筹措资金的自由。

第一，中国建立了稳固的税收制度，税收收入快速增长，政府在经济建设方面的支出也很大。中国的税收来源主要是消费型税收，如增值税和消费税。2019年，消费型税收，如增值税、消费税、出口增值税和消费税（减去出口退税）以及城市维护建设税，占税收总额的49.99%，2020年为48.17%，2023年为51.36%。（见第3章表3.6）。中国税收收入增长速度惊人，1994年至2023年，按1978年不变价格计算，年均增长9.15%。[2] 与此同时，中国将很大一部分税收用于基础设施建设。2006年，政府财政用于经济建设的支出占一般公共预算支出的比重为26.56%（见第6章图6.4）。政府用于经济事务的支出占政府总支出的比重高于许多国家。2006年，中国政府用于经济事务的支出占政府总支出的比重为37.7%，法国为5.4%，德国为7.2%，新加坡为9.8%，美国为10%。[3]

第二，扩张性财政政策和政府债务的增加对基础设施融资至关重要。亚洲金融危机后，中国采取了扩张性财政政策，并将政府债务用于为基础设施建设融资。在过去的二十年里，公路、铁路和高铁等基础设施迅速增加。政府债务主要

---

[1] Kennedy and Parker（2015）。
[2] 国家统计局（2024）。
[3] IMF（2007）。

用于为基础设施建设融资，中央政府债务占 GDP 的比重由 1996 年的 6.07% 上升到 2007 年的 19.28%（见第 10 章表 10.7）。2019 年，这一比重降至 16.96%，但 2020 年这一比重上升到 20.61%，2023 年为 23.82%。

第三，地方政府的土地出让收入、银行借款和收费在城市基础设施融资中发挥了重要作用。在 20 世纪 80 年代和 90 年代初期，地方政府依靠预算外收入（例如收费）来为基础设施建设提供资金。自 20 世纪 90 年代末以来，地方政府依靠出让政府拥有的城市土地和征用的农田来为基础设施建设提供资金。地方政府仍严重依赖土地租赁为基础设施建设融资。此外，地方政府成立了许多投资公司，从银行贷款，为大规模基础设施投资筹措资金。从银行借款获得的资金量是非常可观的（见第 10 章）。充足的资金使得中国基础设施建设获得飞速发展。

### 7.6.2　中国基础设施发展面临的挑战

当前，中国的基础设施发展面临着许多挑战。第一，中国的基础设施仍不足以支持快速增长的城市经济和人口。尽管城市自来水覆盖率由 2000 年的 63.9% 提高到 2019 年的 98.8%，但人均用水量 2000 年为 435.4 吨，2019 年降至 427.7 立方米，2020 年为 411.9 立方米，2021 年为 419.2 立方米，2023 年为 418.7 立方米。[①] 中国许多城市（特别是北方城市）仍然面临着供水短缺。根据北京市水务局的数据，2012 年北京市人均可用水量降至 100 立方米，远低于国际公认的 1 000 立方米人均量。[②] 2021 年北京市人均用水量为 186.4 立方米。交通堵塞也是一个严重的问题。据估计，2015 年，在高峰时段，北京车辆平均速度为 22.6 公里/小时，山东济南和浙江杭州为 21.2 公里/小时，辽宁大连为 21.6 公里/小时。[③] 2019 年，黑龙江省哈尔滨市、重庆市和吉林省长春市的拥堵延误指数（实际出行时间与畅通出行时间的倍数）分别为 1.935、1.920 和 1.865。[④] 城市污水和垃圾处理设施迫切需要改进。污染一度成为中国的一个严重问题。另外，基础设施发展在地域上不平衡：西部地区的发展落后于东部沿海地区。在欠发达地区，公共交通、公路、街道、自来水以及废物处理等地方基础设施仍相当缺乏。

第二，中国的城市基础设施发展缺乏长期规划。由于城市土地归政府所有，农田归集体所有，因此城市地区占据了中国过多的良田。政府可以以低成本征用

---

① 国家统计局（2020，2024）。
② *China Daily*（2012）。
③ 高德公司（2015）。
④ 高德公司（2020）。

农田。在几乎所有城市中，街道都非常宽阔，商业区域并不集中。同时，绿地和树木非常有限。在土地为私有财产的国家，土地非常昂贵，城市地区高度集中，城中都是高层建筑和较狭窄的街道；许多住宅区的土地质量较差（例如山丘和沟壑）。在中国，地方政府官员由中央政府任命，他们不断从一个地区调至另一个地区，因此很多政府官员倾向于投资短期内能获得成效的项目。同时，有些新任地方政府官员也倾向于改变前任的城市规划。因此，制定长期的城市规划是中国城市发展面临的挑战。

第三，基础设施的质量和现有基础设施的维护有待提升。部分道路、桥梁、建筑物和管道等基础设施的质量低下是一个重要问题。削减劳动力和材料成本以及腐败是部分基础设施质量低的主要原因。在建设基础设施时，政府通常不会在预算中纳入足够的维护资金。缺乏维护会缩短基础设施的使用寿命。由于质量低并缺乏维护，许多基础设施（如建筑物、设备、设施等）很快就会折旧。

第四，基础设施投资的效率存在问题。中国在基础设施建设上投入了大量资金，资金来源包括国内贷款、政府资金（包括土地出让收入）和一般公共预算收入。但是过度投资、重复建设、形象工程、规划不周、质量不高、腐败等现象造成了大量资源浪费。此外，如果不重视成本收益分析和监管，"一带一路"的基础设施投资也有可能给中国造成经济损失。因此，提高政府投资的效率是一项具有挑战性的任务。

第五，现有的基础设施建设融资方式不可持续。政府不能永远依靠出售土地和发行新债来为基础设施建设融资。随着城市地区的可售土地变得稀缺，城市扩张将达到极限。农民也开始要求提高农田价格，导致政府土地出让收入减少。同时，中国的地方政府通过它们的投资公司向商业银行贷款，从而积累了大量的债务，如果出现债务违约，金融的稳定性将受到威胁。地方政府的债务缺乏透明度，并且很难确切知道债务总额究竟有多少。中央政府已禁止地方政府随意向银行贷款。所以，中国需要可持续的基础设施建设资金来源。

## 7.6.3　中国基础设施发展的经验教训

中国的基础设施建设及融资可通过以下方式改善。第一，提高城市规划和基础设施建设的质量。城市规划对城市发展很重要。中国城市需要长远的基础设施发展规划。当地百姓应该同政府官员和专家一同参与到基础设施建设的规划中，保证基础设施真正符合百姓的利益。中国需要在基础设施发展中引入先进技术并减少腐败，以提高基础设施的质量。同时，需要密切关注基础设施的维护。当开始一个新的建设项目时，维护费用应该被纳入预算，并且已完成的建设项目需要进行周期性的检查与维护。新加坡提供了城市规划的良好范例，值得中国学习。

第二，发行政府债券用于基础设施建设，避免政府利用融资平台过度借贷。在很长的一段时间内，中国的地方政府没有发行债券的权力。直到 2014 年，地方政府可以合法地发行债券，但其数量仍然被中央政府限制。地方政府应该在债券发行方面享有更多自由。能否有效地使用通过债券发行筹措的资金是问题的核心。地方政府应该谨慎选择投资项目并确保收益大于成本。基础设施建设有利于刺激经济增长，随着 GDP 的增长，债务与 GDP 的比率最终会下降。

第三，利用私人资本并采用 PPP 来为基础设施建设融资。许多国家及国际组织推崇 PPP 模式。近年来，中国也鼓励 PPP 模式的运用，并取得了一定的成功。然而，在许多情况下，民营企业并不愿参与到基础设施建设中。这是因为基础设施项目通常需要大量的初始投资，收回投资成本的时间较长，很难从基础设施开发中获利。事实上，许多地方基础设施，如地方公用事业，都是地方自然垄断产品，供应商有可能获得正常利润（总收入等于总成本）。但是，出于再分配的考虑，政府通常限制价格。政府的过度限价行为会使民营企业的利益在公共基础设施的建设中受损。政府应通过提高基础设施产品和服务的价格，并通过其他方式补贴穷人，为民营企业参与公共基础设施建设提供激励。

第四，建立为基础设施建设融资的税种和使用者收费项目。财产税被认为是地方政府的稳定收入来源。许多国家通过征收财产税来为地方基础设施建设融资。在中国，个人房产税尚未建立。中国的房价极高，因此个人房产税能为地方政府提供一大笔收入。另外，中国的城市交通拥堵问题严重，地方政府可以考虑像新加坡那样建立道路电子收费系统，以减少道路拥堵。新设立的税费将帮助地方政府为地方基础设施建设提供资金。

第五，对每个基础设施项目进行全面的成本收益分析，确保项目的经济总收益大于项目的总成本。政府应当投资于需求高、成本合理的基础设施，杜绝重复建设和形象工程。中国正处于城市化进程中，城市基础设施还较为匮乏，政府应该优先考虑投资国内基础设施建设。而对于"一带一路"共建国家的基础设施投资，必须定期对每个项目的技术和资金方面进行评估，以降低投资风险。

## 7.7 总　　结

中国在基础设施建设方面取得了巨大进展。基础设施建设在 20 世纪 50 年代至 1978 年发展迅速。在 1978 年前的中央计划经济体制下，基础设施建设的资金来源主要是政府的财政收入、国有企业上缴的利润，以及由人民公社支配的农村资源（粮食和劳动力）。从1978年到90年代末，随着以放权让利为导向的经济改革的进行，政府财政收入减少；国有企业开始追求利润，基础设施投资减少；人民公社解散，政府对农村资源的动员能力减弱。这致使中国的基础设施建设速度放缓。1994年税制改革后，特别是1997年亚洲金融危机后，由于一般公共预算收入迅速增加，中央和地方政府债务大幅上升，土地出让收入大幅增加，基础设施建设加快。

中国在交通运输、信息通信、能源、公共卫生等关键基础设施建设方面取得了重大进展。近几十年来，中国新建了许多道路、桥梁、港口和机场。中国现在拥有世界上最长的高速铁路。手机的数量超过了人口数量，这意味着每个人拥有不止一部手机。中国的网络支付系统相当先进，几乎所有的金融转账都可以通过手机完成。电力、石油和天然气迅速增长。中国城市天然气覆盖率和自来水覆盖率已达到近100%。然而，中国仍需改进的一个领域是公共卫生领域。

中国的基础设施建设的资金来源是土地出让收入、国内外债务、税收、规费及使用费，以及众多基础设施发展基金。另外，国有企业和民营企业也参与了基础设施建设。交通运输、信息通信、能源及公共卫生这些主要基础设施的资金来源是自筹资金（包括众多基金）、国内贷款以及国家预算。基础设施领域的外国直接投资占比很小。

中国政府提出的"一带一路"旨在建设一个区域性基础设施网络，以促进贸易、投资和区域经济融合。为此，中国建立或推动建立了包括丝路基金、亚洲基础设施投资银行和金砖国家新开发银行在内的一些专门的金融机构，支持共建"一带一路"。共建"一带一路"有助于使中国消化过剩产能、增加贸易和投资，使共建国家获得更多基础设施建设资金，扩大国际贸易，实现经济发展。然而，项目也存在风险。例如，基础设施投资项目可能亏损，共建国家在基础设施建设过程中可能出现环境污染和过度负债的情况。

中国近二十年来基础设施建设快速发展的主要原因包括：第一，建立了有效的税收体系，税收收入迅速增加；而支出体系则将大量的资金用到基础设施建设上。第二，扩张性财政政策和政府债务的增加对基础设施建设融资起到了重要作用。第三，地方政府的土地出让金和银行贷款为城市基础设施建设提供了巨额的资金。

中国在基础设施的建设和融资方面仍面临着严峻挑战。其一，中国的基础设施还不足以支持迅速增长的城市经济和城市人口，地方性基础设施建设需求仍很大。其二，中国的城市基础设施发展缺乏长期规划，存在重复建设的问题。其三，基础设施的质量和已有基础设施的维护未受到足够重视，导致很多基础设施折旧过快。其四，基础设施投资的效率存在问题。其五，中国需要开拓基础设施建设的稳定资金来源。

　　解决中国的基础设施发展和融资存在问题应从以下几个方面入手。其一，改善城市规划，提高基础设施建设的质量。其二，发行政府债券为基础设施发展融资，同时避免地方政府过度的银行贷款。其三，吸引私人资本，并采用公私合作的基础设施融资模式。其四，建立新税种与新规费（如地方财产税及地方拥堵费）来为基础设施融资。其五，对每一个项目进行全面的成本收益分析，确保总收益大于总成本，并使各方公平分配收益和分担成本。

# 第8章
# 社会保障制度改革

## 8.1 引　　言

　　社会保障制度在这里指的是养老保障制度，可以分为基金制和非基金制。在基金制下，个人所获收益的现值应该与其缴费相一致。也就是说，在完全的基金制下，政府会在一个职工年轻时征收税费，代表他们进行投资，并将积累的本金和利息在多年之后支付给退休后的该职工。在非基金制下，一个人所获收益的现值可能并不与其缴费一致。现收现付制就是一种非基金制度，政府向年轻人收费，马上支付给退休者，这一制度涉及代际的收入再分配问题。

　　中国的社会保障体系包括两个主要部分：城镇职工社会保障、农村和城市非就业居民社会保障（即城乡居民社会保障）。城镇职工社会保障是中国社会保障体系中最主要的部分，它包括社会统筹账户（政府通过该账户向年轻人收费并支付给退休者）和个人账户（个人在年轻时被强制进行储蓄并在退休后在该储蓄账户取得本金和利息）。社会统筹账户是主要的部分，因此我国的社会保障体系基本上属于现收现付制。城乡居民的社会保障制度还很不完善。农村老年人只能获得少量由政府财政提供的养老金，农村年轻人在个人账户的积累也很少。城市中没有加入城镇职工社会保障体系的居民，也跟农村居民一样。

　　关于中国社会保障体系改革已有许多讨论，主要围绕中国应该采纳哪一种社会保障制度展开。周小川等（1994）提出，中国应该建立将个人账户和社会统筹账户相结合的养老金体系，但个人账户应该是主要的部分。Feldstein（1999）提出中国应该从非基金制的现收现付制度转向基金制的固定缴费体系，使个体在退休时得到和缴费相同的收益。Lau（2003）设计了一个包括政府提供的基础养老金（社会保障安全网）和个人账户（由雇主和雇员平摊工资的 16%）的养老金体系。

如果现收现付制的社保体系变为完全基金制，政府将会产生一大笔隐性社保债务，即需要支付给现存退休人员和已经在现收现付制度下交过费的职工的养老金。据 World Bank（1997）估计，1994 年中国的养老金隐性债务占 GDP 的 46%～68%。根据 Dorfman and Sin（2000）的研究，1998 年中国的养老金隐性债务占 GDP 的 94%，而根据 Wang et al.（2004）的研究结果，这一比例在 2000 年是 68%。Kotlikoff，Lin，and Woo（2010）认为，为了解决人口老龄化问题，中国可考虑建立一个完全积累式的个人账户养老保障体系，并将所有积累的资金投资到一个全球指数基金，以获得高回报率。

最近的研究主要集中在现有社会保障体系的可持续性问题上。城镇职工的社会统筹账户出现了赤字，因此地方政府挪用了个人账户资金，这导致了个人账户的资金短缺。Li and Lin（2019）对中国全国和各省的社保债务进行了评估，评估结果发现将近四分之一的个人账户基金被用来平衡现收现付制的社会统筹账户。随着老龄化趋势的增强，社会保障债务问题将会加剧。Li and Lin（2016）考察了不同情况下社会保障制度改革对于资本积累和代际福利的影响，包括在保持缴款率不变的情况下调整替代率，在保持当前替代率（养老金与工资的比率）的情况下提高缴款率，在缴款率不变的情况下提高退休年龄，在替代率不变的情况下提高退休年龄，以及通过使用政府资产来支付隐性社会保障债务从而转向完全基金制。

本章将讨论中国社会保障体系的改革，分析现行的社会保障体系及其问题，并对社会保障改革提出政策建议。第 8.2 节对中国社会保障体系的改革历程进行评述。第 8.3 节讨论中国现行的社会保障体系，包括城镇职工社会保障、城乡居民社会保障体系。第 8.4 节对中国现行社会保障体系面临的问题进行分析。第 8.5 节提出中国社会保障体系改革的建议。第 8.6 节进行总结。

## 8.2　中国的养老金体系改革

每个社会都有其老年人的保障体系。与其他传统社会一样，在很长一段时间内，中国家庭中的几代人生活在一起，人们为了能老有所养而抚育子女。这可以称为"家庭养老"①。这种类型的老年保障体系对中国文化有很大的影响。人们

---

① 这种体系也可以被认为是一种投资安排，即父母先对子女进行投资，然后从子女那里获得回报。

希望能有更多的儿子来为他们养老。① 随着工业化的发展，这种传统的家庭养老体系逐渐变得缺乏可持续性，现代社会养老保障体系应运而生。本节将对中国现代社会保障体系的发展进行回顾。

### 8.2.1 1984年以前的养老保障体系

中国的社会保障体系始于20世纪50年代。当时中国进行了社会主义改造，取消了工业部门的所有私营企业，建立了国有企业和集体企业，并在农村建立人民公社。一个全国性的现收现付制社会保障体系在所有的国有企业、集体企业和政府部门中建立起来了。每个企业将工资总额的3%存入政府管理的社会保障账户。1966年后，由于经济发展停滞，政府无法支付承诺的养老金，因此将支付职工养老金的责任转移给了国有企业（财政部，1969a），政府只使用财政收入为行政和事业单位的雇员支付养老金。那时，农村没有建立社会养老保障体系。

这时的社会保障体系有以下特征：第一，企业根据国家规定为退休职工发放养老金。国有企业和集体所有制企业完全承担养老金支付，雇员不需要缴费。第二，政府和行政事业单位的社会保障体系由政府管理，其退休人员的养老金来自政府的财政收入。第三，养老金支付金额取决于工作年限和职工退休前的工资。由于职工的工资很低，所以养老金替代率（养老金和工资的比率）很高。

### 8.2.2 1984—1994年的养老保障体系

社会保障改革开始于20世纪80年代中期。1984年10月，党的十二届三中全会通过了《中共中央关于经济体制改革的决定》。从那时起，国有企业开始被允许从事营利性活动并留存一部分利润，企业间开始竞争。这一改革也对养老金体系有着很大的影响。一些老的国有企业开始难以负担它们的养老金支出。

为了帮助亏损的国有企业解决养老金支付问题，中国在20世纪80年代中期开始实行国有企业统筹账户的尝试。辽宁、江苏等地的县级或市级政府将所有国有企业的养老基金集中到一起，形成一个名为"国有企业统筹账户"的社会保障账户。

1986年，政府开始对社会保障体系进一步改革。国家第七个五年计划要求

---

① 农村普遍存在"养儿防老""多子多福"的观念。孩子们在尊重老人和照顾父母方面受到了道德观念的约束。这种养老保障是劳动力不流动的结果，反过来又进一步制约了劳动力的流动。

社会保障必须从企业转移向社会。1986年7月，国务院发布《国营企业实行劳动合同制暂行规定》，该规定要求为短期雇员建立养老金账户。根据这一规定，短期工人和企业都要为养老基金账户缴费。四川、江苏、广东和辽宁等省启动了全市社会保障统筹。雇员将工资的3%存入社会保险账户。为应对日益严重的社会保障支付财务问题，用人单位的缴费比例逐步提高到税前工资的15%。

1991年6月，国务院发布《国务院关于企业职工养老保险制度改革的决定》，该决定旨在建立国家基本养老保险、补充性职业养老保险和个人退休储蓄相结合的多支柱养老保险制度。1991年的这一决定为三支柱体系奠定了基础：第一支柱是所有职工强制性的基础养老金，由职工、企业和国家共同筹资。社会统筹主要是在市和县级层面。第二支柱是补充性职业养老保险，由职工自己缴费进行筹资。第三支柱是个人自愿的养老金储蓄。

这一改革虽然解决了新老企业养老金支付不平衡问题，但并没有为新企业加入该制度提供必要的激励。退休员工较少的企业缺乏加入这一体系的激励。拖延或拒绝缴费的情况时有发生。另外，在20世纪80年代中期之后，国有企业中的职工增长减缓，退休职工的比率急剧上升。养老金支付成为一个突出的问题。在很多地区，缴费率从20世纪50年代时总工资的3%上升到了八九十年代的20%。在一些老工业基地，如天津、重庆等地，养老金缴费率则更高。除此之外，快速增长的民营企业没有被社会保障体系覆盖。因此，不同所有制的企业在不公平的基础上竞争。

### 8.2.3 1995—2004年的养老保障体系

1993年11月14日，党的十四届三中全会通过了《中共中央关于建立社会主义市场经济体制若干问题的决定》，要求建立强制性的职工个人账户。1995年3月，国务院发布《国务院关于深化企业职工养老保险制度改革的通知》，对十四届三中全会提出的方案进行了补充，旨在建立养老金个人账户，使之与社会统筹账户同时存在。该文件还提出了将养老金的覆盖面扩大到所有城镇职工，不再对企业所有制进行区分，主要目的是筹集更多资金以满足养老金支付需求。

国务院允许地方政府自行选择一种社会保障体系。有两种社会保障制度可供地方政府选择并做出适当的改变。第一种叫作"大个人账户，小社会统筹账户"。在这一体系中，职工缴纳3%的个人工资到个人账户中，企业缴纳8%的总工资到职工个人账户、5%的总工资到社会统筹账户。改革前退休的职工（称为"老人"）完全从社会统筹账户中获得养老金。改革后加入企业的职工（称为"新人"）将同时从社会统筹和个人账户中获得养老金。改革前参加工作、改革后退休的职工（被称为"中人"）的养老金则部分从社会统筹账户获得，部分从个人账户中获得，当然，社会统筹部分比"新人"多，比"老人"少。该体系基本上是固定缴费基金积累式的养老保障体系。第二种制度称为"小个人账户，大社会统筹账户"。在这一体系下，职工的缴费被储存在个人账户中，但企业的缴费全部储存在社会统筹账户中。退休职工可以从社会统筹账户和个人账户中同时获得养老金。可见，这一改革旨在从完全的现收现付制的社会保障体系向部分积累制的转变。

所有地区都选择了第二种体系，因为这样就不用担心现有退休者的养老金支付问题。由于地方政府被允许选择个人账户和社会统筹账户的规模大小，各个地区的养老金体系有很大的区别。在老国有企业较多的地区，缴费率达到了很高的水平，以至于一些新的企业拒绝对养老基金交费。11个有着大量年轻工人的工业行业从社会养老体系中退出，并建立了它们自己的全行业养老金体系。此外，非国有企业，特别是民营企业和合资企业，也不愿意参加到社会养老金体系中。结果，养老金体系的参与率由1992年的95.7%下降到了1993年的92.4%，1994年则下降到了90.5%，1995年和1996年进一步下降为90%和87%（杨宜勇，1997）。面对社会统筹账户的资金短缺问题，一些地区开始从个人账户挪用资金以弥补社会统筹账户的资金缺口，从而导致了个人账户的资金短缺问题。

1997年7月，国务院发布《国务院关于建立统一的企业职工基本养老保险制度的决定》。根据新规定，个人和雇主必须把工资的11%存入个人账户。个人的缴费率应该为4%~8%，差额由企业来填补，即企业缴存雇员工资的3%~7%到雇员个人账户中。中央政府允许省政府决定企业对社会统筹账户的缴费率，并规定缴费率应该低于总工资的20%。

根据该规定，每月的养老金由两部分组成：一是数额为当地平均工资的20%~25%的基础养老金。二是本人账户储存额除以120。参保人员死亡后，个人账户中剩余的资金可用于遗属抚恤金。个人缴费年限累计不满15年的，退休后不享受基础养老金待遇，其个人账户储存额在退休后一次支付给本人。对于已缴费一段时间的中年群体而言，他们根据工作年限领取过渡性养老金。对于已经退休的人来说，他们的养老金将从社会统筹账户中支付，并且将会维持和之前一样的水平。新的养老金体系的推行，一定程度上提高了缴费率，但社会统筹账户的资金仍不足以支付高额的基础养老金。因此，个人账户的资金被用于基础养老金的支付。

1998年8月，国务院发布《国务院关于实行企业职工基本养老保险省级统筹和行业统筹移交地方管理有关问题的通知》。该通知决定将11个工业行业的养老保险交由省、自治区、直辖市管理，并要求将筹集养老金的管理责任上升至省级层面。

另外，20世纪90年代末，政府决定成立全国社会保障基金理事会。1999年，财政部、劳动和社会保障部（现人力资源和社会保障部）共同制定了《社会保险基金财务制度》，详细规定了基金的管理方式。资金来源为中央一般公共预算收入、国有股出售等。到2019年年底，该基金累计24 225.6亿元，占GDP的2.44%。[①]

个人账户的资金挪用问题已经成为困扰公众和政府的一大问题，政府最终决定解决这个问题。2000年国务院发布《国务院关于印发完善城镇社会保障体系试点方案的通知》，旨在做实个人账户。2001年，辽宁省开始新的社会保障体系试点，个人账户资金由中央政府承担75%、地方政府承担25%。2004年上半年，辽宁省的这一试点计划被扩展应用于黑龙江省和吉林省。

## 8.3　中国目前的养老保障体系

中国的养老保障体系由两部分组成，一部分是为城镇职工设计的，另一部分则是为农民和城镇非就业居民设计的。这两个部分在缴费和收益方面是完全不一样的。

### 8.3.1　城镇职工养老保障体系

2005年12月国务院颁布《国务院关于完善企业职工基本养老保险制度的决定》。这一决定旨在解决个人账户资金短缺的问题。

根据这项决定，从2006年1月1日开始，个人账户缴费标准由个人工资的11%降低至8%，全部由职工缴纳，企业不再将职工工资的3%存入个人账户。企业缴纳职工工资的20%到社会统筹账户中。个人不给社会统筹账户缴费。

如果一个职工的工资高于该城市或地区的平均工资的三倍，那么养老保险的缴费基础就是该城市或地区的平均工资的三倍；如果一个职工的工资低于该城市或地区的平均工资的60%，那么养老保险的基础缴费率就是该城市或地区平均工资的60%。

城镇个体工商户和灵活就业人员，应当将收入的20%左右存入社会保障账户，社会统筹账户占4%左右，个人账户占16%左右。

城镇个体工商户和灵活就业人员的缴费率在各个省份之间是不同的。在山西

---

[①] 全国社会保障基金理事会（2020）。

省，原来来自国有企业的失业工人和灵活就业人员，缴纳前一年当地平均工资的18%，其中11%缴纳到个人账户，7%缴纳到社会统筹账户。在河南省，灵活就业人员缴纳前一年当地平均工资的20%，其中11%缴纳到个人账户，9%缴纳到社会统筹账户。

近年来，面临经济增速放缓的情况，政府逐渐降低了社保缴费率。2016年，政府允许企业在两年内将缴费率从20%降至19%。[①] 2018年，政府决定将降低的缴费率再延长一年。2019年4月，政府宣布将企业缴费率降低至16%，减轻企业税负（国务院，2019）。

根据2005年的规定，退休前连续15年缴纳社保的个人，将获得当地上年度平均工资的20%。如果一个人在连续15年缴纳社保后再多工作一年，那么他多获得当地上年度平均工资的一个百分点。例如，一个连续30年缴纳社保的人将获得当地上年度平均工资的35%。从社会统筹账户得到的退休金叫作基础养老金。社会统筹账户和个人账户的养老金合起来叫基本养老金。

不同地区的社会保障制度略有不同。例如，职工所在单位在其退休前已缴纳北京市社保10年，则该职工退休后可获得北京市上年度平均工资的20%。其他省份，比如山西，也有类似的规定。在河南省，社会保障由地级市管理。缴款率和收益在全省统一。但是，省级政府直接管理一些特定企业和单位的社会保障。

根据2005年的规定，退休人员每个月可以从自己的个人账户中得到的养老金数额取决于个人账户中已积累的金额和预期寿命。例如，在北京，有些单位的退休人员享受同在职职工同样的每月几百元的副食品补贴、理发补贴等。

在美国，已婚者不管退休前是否工作过，至少都能在退休后从国家的社会统筹养老账户得到相当于配偶养老金一半的养老金。与此不同，在中国只有工作一定年限的城镇职工才能获得养老金。因此，城镇女性的劳动参与率非常高。

如前文所述，我国的社会保障体系主要覆盖城镇居民。随着城镇化速度的加快，中国养老保障体系一直在扩大，但和人口规模比起来仍然较小。表8.1显示了中国的就业总人数、城镇就业人数、城镇职工参保人数以及城镇离退休人员数。1990年，城镇职工参保人数占国家就业总人数的比率为8.03%，2020年这一数字上升到43.77%，2021年为46.77%，2022年为50.05%，2023年为51.22%。城镇离退休人数占参加养老保险的城镇职工总数的比率也从1990年的18.56%上升到2020年的38.84%。2021年这一比率为37.68%，2022年为37.17%，2023年为37.43%。这一比例非常高，意味着2023年平均2.67名城镇职工负担一名离退休工人的养老金。值得注意的是，许多农民工没有参加城镇的

---

① 人力资源和社会保障部、财政部（2016）。

社会保障体系。据国家统计局发布的《2023年农民工监测调查报告》，2023年，农民工数量达到了2.97亿。如果农民工加入城镇社会保障体系，上述的负担率将会降低。

表8.1 1990—2023年城镇职工参加养老保险人数

| 年份 | 国家就业总人数（百万） | 城镇就业人数（百万） | 城镇职工参保人数（百万） | 城镇离退休人数（百万） | 城镇职工参保人数占城镇就业人数的比率（%） | 城镇职工参保人数占国家就业总人数的比率（%） |
| --- | --- | --- | --- | --- | --- | --- |
| 1990 | 647.49 | 170.41 | 52.007 | 9.653 | 30.52 | 8.03 |
| 1991 | 654.91 | 174.65 | 56.537 | 10.866 | 32.37 | 8.63 |
| 1992 | 661.52 | 178.61 | 77.747 | 16.815 | 43.53 | 11.75 |
| 1993 | 668.08 | 182.62 | 80.082 | 18.394 | 43.85 | 11.99 |
| 1994 | 674.55 | 186.53 | 84.941 | 20.794 | 45.54 | 12.59 |
| 1995 | 680.65 | 190.40 | 87.378 | 22.412 | 45.89 | 12.84 |
| 1996 | 689.50 | 199.22 | 87.584 | 23.583 | 43.96 | 12.70 |
| 1997 | 698.20 | 207.81 | 86.709 | 25.330 | 41.73 | 12.42 |
| 1998 | 706.37 | 216.16 | 84.758 | 27.273 | 39.21 | 12.00 |
| 1999 | 713.94 | 224.12 | 95.018 | 29.836 | 42.40 | 13.31 |
| 2000 | 720.85 | 231.51 | 104.475 | 31.699 | 45.13 | 14.49 |
| 2001 | 727.97 | 241.23 | 108.019 | 33.806 | 44.78 | 14.84 |
| 2002 | 732.80 | 251.59 | 111.288 | 36.078 | 44.23 | 15.19 |
| 2003 | 737.36 | 262.30 | 116.465 | 38.602 | 44.40 | 15.79 |
| 2004 | 742.64 | 272.93 | 122.503 | 41.026 | 44.88 | 16.50 |
| 2005 | 746.47 | 283.89 | 131.204 | 43.675 | 46.22 | 17.58 |
| 2006 | 749.78 | 296.30 | 141.309 | 46.354 | 47.69 | 18.85 |
| 2007 | 753.21 | 309.53 | 151.832 | 49.537 | 49.05 | 20.16 |
| 2008 | 755.64 | 321.03 | 165.875 | 53.036 | 51.67 | 21.95 |
| 2009 | 758.28 | 333.22 | 177.430 | 58.069 | 53.25 | 23.40 |
| 2010 | 761.05 | 346.87 | 194.023 | 63.050 | 55.94 | 25.49 |
| 2011 | 764.20 | 359.14 | 215.650 | 68.262 | 60.05 | 28.22 |
| 2012 | 767.04 | 371.02 | 229.811 | 74.457 | 61.94 | 29.96 |
| 2013 | 769.77 | 382.40 | 241.773 | 80.410 | 63.23 | 31.41 |
| 2014 | 772.53 | 393.10 | 255.310 | 85.934 | 64.95 | 33.05 |

(续表)

| 年份 | 国家就业总人数（百万） | 城镇就业人数（百万） | 城镇职工参保人数（百万） | 城镇离退休人数（百万） | 城镇职工参保人数占城镇就业人数的比率（%） | 城镇职工参保人数占国家就业总人数的比率（%） |
|---|---|---|---|---|---|---|
| 2015 | 774.51 | 404.10 | 262.192 | 91.419 | 64.88 | 33.85 |
| 2016 | 776.03 | 414.28 | 278.263 | 101.034 | 67.17 | 35.86 |
| 2017 | 776.40 | 424.62 | 292.676 | 110.257 | 68.93 | 37.70 |
| 2018 | 775.86 | 434.19 | 301.040 | 117.977 | 69.33 | 38.80 |
| 2019 | 774.71 | 442.47 | 311.775 | 123.104 | 70.46 | 40.24 |
| 2020 | 750.64 | 462.71 | 328.587 | 127.623 | 71.01 | 43.77 |
| 2021 | 746.52 | 467.73 | 349.171 | 131.570 | 74.65 | 46.77 |
| 2022 | 733.51 | 459.31 | 367.110 | 136.440 | 79.92 | 50.05 |
| 2023 | 740.41 | 470.32 | 379.250 | 141.960 | 80.64 | 51.22 |

数据来源：1990—2018年数据来源于国家统计局（2020a）。其余数据来源于国家统计局（2022，2023，2024）。

注：参保总人数为参加社会保障养老保险的城镇职工、城镇离退休人员、农村基本养老保险缴费人员和农村退休人员的总人数减去退出、转移和死亡人数。

尽管中央政府已经花费很多年的努力尝试建立全国统筹的基本养老保障体系，但都存在来自地方政府的阻力，因为各地的养老保险账户收支状况差别很大。即使省级统筹也遇到了许多困难，因为市级之间和县级之间的养老保障账户收支状况差别很大。目前，只有包括山西、福建和北京在内的少数省市建立了省级的社会养老保障体系。

表8.2显示了1990—2023年城镇职工基本养老保险基金收入、支出和累计结余，以及城镇离退休人员的平均养老金和城镇职工平均工资。可以看出，养老保险账户收入和支出都增长很快。收入从1990年的178.8亿元上升到2023年的70 506.3亿元，与此同时，支出也从1990年的149.3亿元上升到2023年63 756.6亿元。值得注意的是，这里的收入是指个人账户和社会统筹账户的收入总额，支出也是如此。因此，养老保险账户总体来说还有积累，积累的资金已经从1990年的97.9亿元上升到2023年63 639.1亿元。目前，社会统筹账户和个人账户各自的收入、支出和公积金数据尚未公布。社会统筹账户实际上已经有了很大的赤字和债务，个人账户的资金已经被用来填补这一亏空。因此，很多地方的个人账户是不实的，即个人账户中的资金被挪用支付基础养老金。

表 8.2 1990—2023 年城镇职工基本养老保险基金收入、支出和累计结余

| 年份 | 基金收入（亿元） | 基金支出（亿元） | 基金盈余（亿元） | 累计结余（亿元） | 城镇离退休人员平均养老金（元/人/年） | 城镇职工平均工资（元/人/年） | 替代率（%） |
| --- | --- | --- | --- | --- | --- | --- | --- |
| 1990 | 178.8 | 149.3 | 29.5 | 97.9 | 1 547 | 2 140 | 72.3 |
| 1991 | 215.7 | 173.1 | 42.6 | 144.1 | 1 593 | 2 340 | 68.1 |
| 1992 | 365.8 | 321.9 | 43.9 | 220.6 | 1 914 | 2 711 | 70.6 |
| 1993 | 503.5 | 470.6 | 32.9 | 258.6 | 2 558 | 3 371 | 75.9 |
| 1994 | 707.4 | 661.1 | 46.3 | 304.8 | 3 179 | 4 538 | 70.1 |
| 1995 | 950.1 | 847.6 | 102.5 | 429.8 | 3 782 | 5 500 | 68.8 |
| 1996 | 1 171.8 | 1 031.9 | 139.9 | 578.6 | 4 376 | 6 210 | 70.5 |
| 1997 | 1 337.9 | 1 251.3 | 86.6 | 682.8 | 4 940 | 6 470 | 76.4 |
| 1998 | 1 459.0 | 1 511.6 | -52.6 | 587.8 | 5 542 | 7 479 | 74.1 |
| 1999 | 1 965.1 | 1 924.9 | 40.2 | 733.5 | 6 452 | 8 346 | 77.3 |
| 2000 | 2 278.5 | 2 115.5 | 163.0 | 947.1 | 6 674 | 9 371 | 71.2 |
| 2001 | 2 489.0 | 2 321.3 | 167.7 | 1 054.1 | 6 867 | 10 870 | 63.2 |
| 2002 | 3 171.5 | 2 842.9 | 328.6 | 1 608.0 | 7 880 | 12 422 | 63.4 |
| 2003 | 3 680.0 | 3 122.1 | 557.9 | 2 206.5 | 8 088 | 14 040 | 57.6 |
| 2004 | 4 258.4 | 3 502.1 | 756.3 | 2 975.0 | 8 536 | 16 024 | 53.3 |
| 2005 | 5 093.3 | 4 040.3 | 1 053.0 | 4 041.0 | 9 251 | 18 364 | 50.4 |
| 2006 | 6 309.8 | 4 896.7 | 1 413.1 | 5 488.9 | 10 564 | 21 001 | 50.3 |
| 2007 | 7 834.2 | 5 964.9 | 1 869.3 | 7 391.4 | 12 041 | 24 932 | 48.3 |
| 2008 | 9 740.2 | 7 389.6 | 2 350.6 | 9 931.0 | 13 933 | 29 229 | 47.7 |
| 2009 | 11 490.8 | 8 894.4 | 2 596.4 | 12 526.1 | 15 317 | 32 736 | 46.8 |
| 2010 | 13 419.5 | 10 554.9 | 2 864.6 | 15 365.3 | 16 741 | 37 147 | 45.1 |
| 2011 | 16 894.7 | 12 764.9 | 4 129.8 | 19 496.6 | 18 700 | 42 452 | 44.0 |
| 2012 | 20 001.0 | 15 561.8 | 4 439.2 | 23 941.3 | 20 900 | 47 593 | 43.9 |
| 2013 | 22 680.4 | 18 470.4 | 4 210.0 | 28 269.2 | 22 970 | 52 388 | 43.8 |
| 2014 | 25 309.7 | 21 754.7 | 3 555.0 | 31 800.0 | 25 316 | 57 361 | 44.1 |
| 2015 | 29 340.9 | 25 812.7 | 3 528.2 | 35 344.8 | 28 236 | 62 029 | 45.5 |
| 2016 | 35 057.5 | 31 853.8 | 3 203.7 | 38 580.0 | 31 528 | 67 569 | 46.7 |
| 2017 | 43 309.6 | 38 051.5 | 5 258.1 | 43 884.6 | 34 512 | 74 318 | 46.4 |
| 2018 | 51 167.6 | 44 644.9 | 6 522.7 | 50 901.3 | 37 842 | 82 413 | 45.9 |
| 2019 | 52 918.8 | 49 228.0 | 3 690.8 | 54 623.3 | 39 989 | 90 501 | 44.0 |
| 2020 | 44 375.7 | 51 301.4 | -6 925.7 | 48 316.6 | 40 198 | 97 379 | 41.3 |
| 2021 | 60 454.7 | 56 481.5 | 3 973.2 | 52 573.6 | 42 929 | 106 837 | 40.2 |
| 2022 | 63 323.8 | 59 034.7 | 4 289.1 | 56 889.6 | 43 268 | 114 029 | 37.9 |
| 2023 | 70 506.3 | 63 756.6 | 6 749.7 | 63 639.1 | 44 913 | 120 698 | 37.2 |

数据来源：1990—2018 年数据来源于国家统计局（2020a）。2019—2023 年数据来源于国家统计局（2020—2024）。

表8.3显示了2023年各地区城镇职工基本养老保险的参保人数以及基本养老保险基金收入、支出和累计结余。经济改革前国有经济规模较大、城镇化率较低的地区，其退休人员与参保人数的比率较高。较大的国有经济部门意味着较多的国有企业和较多的退休工人；较低的城市化率则代表着城镇地区有较少的年轻职工。例如，2023年黑龙江、吉林、辽宁、内蒙古参保离退休人数与参保职工人数的比率分别为79.2%、76.3%、71.7%、59.4%。也就是说，黑龙江省平均只有1.26个工人供养1名退休人员，而吉林省平均只有1.31个工人供养1名退休人员。另外，从表8.3可以看出，黑龙江省2023年基本养老保险基金累计结余为每个参保人员2 910元，说明个人账户积累的资金几乎被用完。一些省份没有足够的社会保障收入来支付当前的退休人员养老金，严重依赖中央政府的转移支付。

表8.3 2023年各地区城镇职工基本养老保险参保人数以及基本养老保险基金收入、支出和累计结余

| 省份 | 参保职工年末人数（万人） | 参保离退休人员年末人数（万人） | 参保离退休人数/参保职工年末人数 | 基本养老保险基金收入（亿元） | 基本养老保险基金支出（亿元） | 基本养老保险基金累计结余（亿元） | 累计结余/参保人数（万元/人） |
|---|---|---|---|---|---|---|---|
| 北京 | 1 567.18 | 337.76 | 0.216 | 4 009 | 2 378 | 8 614 | 5.497 |
| 天津 | 576.67 | 249.53 | 0.433 | 1 311 | 1 288 | 442 | 0.767 |
| 河北 | 1 428.90 | 520.93 | 0.365 | 2 435 | 2 428 | 620 | 0.434 |
| 山西 | 777.85 | 324.25 | 0.417 | 1 681 | 1 650 | 1 552 | 1.996 |
| 内蒙古 | 584.92 | 347.25 | 0.594 | 1 422 | 1 538 | 481 | 0.822 |
| 辽宁 | 1 252.58 | 897.78 | 0.717 | 3 101 | 3 858 | 399 | 0.318 |
| 吉林 | 540.98 | 412.80 | 0.763 | 1 652 | 1 881 | 299 | 0.552 |
| 黑龙江 | 850.20 | 673.67 | 0.792 | 2 030 | 2 744 | 247 | 0.291 |
| 上海 | 1 146.53 | 542.83 | 0.473 | 4 226 | 3 680 | 1 951 | 1.701 |
| 江苏 | 2 645.98 | 1 106.01 | 0.418 | 5 183 | 4 505 | 5 341 | 2.018 |
| 浙江 | 2 583.99 | 989.63 | 0.383 | 3 908 | 4 276 | 1 381 | 0.535 |
| 安徽 | 1 271.37 | 416.61 | 0.328 | 2 174 | 1 715 | 2 692 | 2.118 |
| 福建 | 1 543.57 | 245.32 | 0.159 | 1 367 | 1 094 | 1 006 | 0.652 |
| 江西 | 1 027.70 | 407.88 | 0.397 | 1 523 | 1 475 | 925 | 0.900 |
| 山东 | 2 559.76 | 864.36 | 0.338 | 3 995 | 3 965 | 1 345 | 0.525 |
| 河南 | 1 987.70 | 590.48 | 0.297 | 2 566 | 2 367 | 1 591 | 0.801 |
| 湖北 | 1 379.11 | 668.86 | 0.485 | 3 159 | 2 993 | 1 135 | 0.823 |

(续表)

| 省份 | 参保职工年末人数（万人） | 参保离退休人员年末人数（万人） | 参保离退休年末人数/参保职工年末人数 | 基本养老保险基金收入（亿元） | 基本养老保险基金支出（亿元） | 基本养老保险基金累计结余（亿元） | 累计结余/参保人数（万元/人） |
|---|---|---|---|---|---|---|---|
| 湖南 | 1 453.99 | 564.56 | 0.388 | 2 210 | 2 151 | 1 895 | 1.303 |
| 广东 | 4 518.22 | 850.65 | 0.188 | 7 037 | 3 950 | 17 549 | 3.884 |
| 广西 | 775.29 | 294.27 | 0.380 | 1 468 | 1 315 | 874 | 1.127 |
| 海南 | 291.95 | 81.70 | 0.280 | 499 | 362 | 485 | 1.660 |
| 重庆 | 1 003.95 | 471.41 | 0.470 | 1 639 | 1 596 | 1 512 | 1.506 |
| 四川 | 2 379.16 | 1 047.13 | 0.440 | 4 050 | 3 708 | 4 101 | 1.724 |
| 贵州 | 616.96 | 177.37 | 0.287 | 1 014 | 802 | 1 285 | 2.082 |
| 云南 | 680.98 | 202.60 | 0.298 | 1 246 | 1 026 | 1 822 | 2.675 |
| 西藏 | 55.93 | 11.41 | 0.204 | 215 | 144 | 291 | 5.196 |
| 陕西 | 1 044.42 | 302.35 | 0.289 | 1 911 | 1 575 | 1 282 | 1.228 |
| 甘肃 | 352.43 | 180.12 | 0.511 | 845 | 870 | 350 | 0.993 |
| 青海 | 133.77 | 54.24 | 0.405 | 337 | 339 | 44 | 0.327 |
| 宁夏 | 216.06 | 75.94 | 0.351 | 391 | 361 | 275 | 1.274 |
| 新疆 | 621.77 | 246.11 | 0.396 | 1 567 | 1 330 | 1 815 | 2.919 |

数据来源：国家统计局（2024）。

## 8.3.2 行政和事业单位工作人员的社会保障

政府雇员包括行政单位和事业单位的工作人员，也包括公立学校、医院、剧团和研究机构的工作人员。2014 年，事业单位的工作人员共有 3 153 万人，其中 1 602.7 万人在教育相关单位工作，703.9 万人在卫生保健相关单位工作。[1] 目前还没有行政单位工作人员的数量。据统计，2021 年年底，公共管理、社会保障和社会组织（国有单位）从业人员为 1 973 万人。[2]

很长一段时间内，政府直接管理行政和事业单位人员的养老保障，从政府财政收入中支付退休人员的养老金。从 20 世纪 90 年代开始，政府行政单位和事业单位开始加入城镇职工养老保障体系。2014 年 5 月 15 日，国务院发布《事业单

---

[1] 周素雅、杨迪（2014）；国家统计局（2015）。
[2] 国家统计局（2022）。

位人事管理条例》，宣布一项政府雇员的养老保障改革计划，将城镇职工和政府雇员的养老保障体系进行整合。从 2014 年 7 月 1 日开始，政府行政和事业单位雇员开始向个人账户缴纳应税工资的 8%，与此同时，行政和事业单位应向城镇职工社会统筹账户缴纳雇员工资的 20%。

基础养老金以当地平均工资为基础。退休时的基础养老金月标准以当地上年度在岗职工月平均工资和本人指数化月平均缴费工资的平均值为基数，达到最低退休年限要求后，缴费每增加一年，退休金增加这个基数的 1%。个人账户的收益基于个人缴费、利率和退休年龄。这项政策适用于在职的政府公务员，而不适用于已经退休的公务员。那些已经退休的公务员以及在中央政府机关工作的人员将继续采用旧的公务员社保支付方式，养老金用财政收入支付。已退休的高级干部将继续享受和以前一样的待遇。

2014 年国务院出台相关规定后，几乎所有的行政和事业单位都加入了当地的职工社会保障体系。例如，加入这个体系的行政和事业单位城镇职工在 1999 年为 762.5 万人，2005 年为 1 772 万人，2010 年为 2 072.9 万人，2015 年为 2 237.9 万人，2018 年达到 5 418.6 万人。但是，中央一级行政事业单位的职工仍然由一般公共预算收入支付养老金。2018 年，机关事业单位基本养老保险基金收入为 13 775.5 亿元，支出为 13 144.3 亿元，基金积累为 314 亿元。[①] 据财政部（2022）数据，2020 年，机关事业单位基本养老保险基金收入为 13 926.97 亿元，保费收入为 8 081.18 亿元，财政补贴为 5 448.35 亿元，利息收入为 60.73 亿元。

## 8.3.3 农村社会保障和城市非就业居民社会保障

2009 年，我国建立了农村社会保障网，也就是农村养老保障体系。16 岁及以上的人（非学生）有资格参加，加入这个体系是自愿的。该体系由政府基础养老金和个人账户组成。

农村养老保险由个人和政府共同出资：最初建立时每个 16 岁到 60 岁之间的农民每年向个人账户缴纳固定金额（100 元、200 元、300 元、400 元或 500 元），地方政府向其个人账户至少补助 30 元（国务院，2009）。村委会作为集体组织可以为个人账户提供更多补贴。个人可以在退休后使用积累的资金，如果个人死亡，其亲属将得到剩余的资金。

60 岁以上的农村居民享受养老金，其中包括两部分：一部分是政府提供的

---

[①] 国家统计局人口和就业统计司、人力资源和社会保障部规划财务司（2019）。

基础养老金，另一部分来自退休人员自己的个人账户。2009 年，国家基础养老金标准为每月 55 元，即每年 660 元。中央政府对中西部地区提供 100% 的资金补贴，对东部地区提供 50% 的资金补贴。地方政府可根据地方经济发展情况调整基础养老金标准。

国务院（2011）决定建立城镇非就业居民养老保障制度。这一制度与农村的制度非常相似。不同之处在于缴费额的选择多一些。城镇居民可选择每年存入个人账户 100 元、200 元、300 元、400 元、500 元、600 元、700 元、800 元、900 元、1 000 元、1 500 元或者 2 000 元。地方政府可以增加可供居民选择的缴费档次。城镇居民养老保障的政府补贴不低于 30 元，并随着缴费的增加而增加。基础养老金为每月 55 元，地方政府可自主增加基础养老金的发放。

2014 年，国务院（2014a）决定在 2015 年年底前实现城乡社会保障制度并轨。通过合并，农村居民现在可以像城市居民一样，有 12 个个人账户缴费档次的选择。选择缴纳 500 元以上的，政府补贴不低于 60 元。人力资源和社会保障部、财政部（2016）宣布，城乡居民基本养老金由每月 55 元提高到 70 元。中央对中西部地区的补贴保持在 100%，对东部地区的补贴维持在 50%。2018 年，政府宣布，全国城乡居民基本养老保险基础养老金最低标准提高至每人每月 88 元，即在 2017 年每人每月 70 元的基础上增加 18 元。为了提高标准，中央政府对中西部地区给予全额补助，对东部地区给予 50% 的补助。[①]

2022 年，城乡居民社会保障参保人数达到 54 952.3 万人。全年社会保障收入 5 609.3 亿元，支出 4 044.3 亿元，累计结余 12 961.7 亿元。[②]

由于中央政府允许地方政府根据当地的经济发展情况提供更多的养老金，因此地方政府对个人账户的补贴和养老金福利在各省之间以及省内存在很大差异。例如，山东省济南市规定，从 2023 年 1 月 1 日起，城乡居民养老保险缴费标准全省统一设为每年 100 元、350 元、500 元、800 元、1 000 元、3 000 元、5 000 元、8 000 元等八个档次。政府补贴标准为：缴费 100 元补贴 30 元，350 元补贴 40 元，500 元补贴 60 元，800 元、1 000 元补贴 80 元，3 000 元补贴 90 元，5 000 元补贴 100 元，8 000 元补贴 120 元。[③]

广东省规定，从 2020 年 1 月 1 日起，个人缴费标准设为每年 180 元、240 元、360 元、600 元、900 元、1 200 元、1 800 元、3 600 元、4 800 元九个档次；各级人民政府对参保人缴费给予补贴，对选择低档次标准（每年 180 元、240

---

[①] 财政部、人力资源和社会保障部（2018）。
[②] 国家统计局人口与就业统计司、人力资源和社会保障部规划财务司（2023）。
[③] 济南市人力资源和社会保障局、济南市财政局、国家税务总局济南市税务局（2022）。

元、360元）缴费的，补贴标准不低于每人每年30元；对选择较高档次标准（每年600元及以上）缴费的，补贴标准不低于每人每年60元；有条件的地区可适当增加政府缴费补贴。[①] 2019年云南省共有13个缴费档次，最高缴费额为3 000元，政府补贴最高为130元。[②]

与此同时，中国也为居民提供了最低生活保障。由地方政府运作的低保制度下的保障水平在不同地区间有很大差异。表8.4展示了2022年第一季度中国31个地区的最低生活保障标准。2022年第一季度上海城市居民和农村居民的最低生活保障标准为1 330元，北京城市居民和农村居民的最低生活保障标准为1 245元，天津城市居民和农村居民的最低生活保障标准1 010元，浙江城市居民和农村居民的最低生活保障标准948.5元。然而，其他省、自治区、直辖市的城市居民最低生活标准高于农村居民。例如，海南城市居民最低生活保障标准为576.8元，农村居民的标准为504元；新疆的城市居民最低生活保障标准为586.2元，农村居民的标准为456.4元；湖南城市居民的标准为596.7元，农村居民的标准为450.6元；吉林城市居民最低生活开支标准为612.4元，农村居民的标准为444.6元；河南城市居民最低生活开支标准为618.5元，农村居民的标准为414.4元。

表8.4 2022年第一季度31个地区最低生活保障标准（单位：元/人/月）

| 地区 | 城市低保标准 | 农村低保标准 | 地区 | 城市低保标准 | 农村低保标准 |
| --- | --- | --- | --- | --- | --- |
| 北京 | 1 245.0 | 1 245.0 | 湖北 | 674.2 | 504.8 |
| 天津 | 1 010.0 | 1 010.0 | 湖南 | 596.7 | 450.6 |
| 河北 | 710.6 | 463.4 | 广东 | 917.0 | 735.1 |
| 山西 | 615.3 | 476.0 | 广西 | 767.4 | 449.9 |
| 内蒙古 | 764.9 | 556.7 | 海南 | 576.8 | 504.0 |
| 辽宁 | 707.3 | 505.7 | 重庆 | 636.0 | 524.1 |
| 吉林 | 612.4 | 444.6 | 四川 | 633.4 | 452.6 |
| 黑龙江 | 655.2 | 441.1 | 贵州 | 655.6 | 402.0 |
| 上海 | 1 330.0 | 1 330.0 | 云南 | 667.9 | 411.3 |
| 江苏 | 803.9 | 791.2 | 西藏 | 987.8 | 430.0 |
| 浙江 | 948.5 | 948.5 | 陕西 | 651.6 | 446.5 |
| 安徽 | 686.3 | 684.9 | 甘肃 | 658.4 | 415.2 |

---

① 广东省人力资源和社会保障厅（2020）。
② 云南省人力资源和社会保障厅、云南省财政厅（2019）。

(单位：元/人/月)（续表）

| 地区 | 城市低保标准 | 农村低保标准 | 地区 | 城市低保标准 | 农村低保标准 |
|---|---|---|---|---|---|
| 福建 | 714.6 | 711.3 | 青海 | 669.0 | 418.8 |
| 江西 | 830.7 | 626.1 | 宁夏 | 647.4 | 487.6 |
| 山东 | 898.6 | 721.1 | 新疆 | 586.2 | 456.4 |
| 河南 | 618.5 | 414.4 | | | |

数据来源：民政部（2022）。

## 8.4 中国现行社会养老保障体系存在的问题

许多研究表明，现收现付制社会保障制度对私人储蓄和资本积累有不利影响（Feldstein，1974，1996；Kotlikoff，1979）。新加坡的公积金制度的成功，让许多学者和决策者看到了基金制下个人账户式的养老保障体系的优越性。经济学家认为，由于人口增长率在最近几十年的下降，如果不改变当前系统，美国和其他工业化国家将在不久的将来面临社会保障账户巨大的赤字和债务。Kotlikoff（1996），Gruber and Wise（1997）以及 Feldstein and Samwick（1996）呼吁将现收现付制社会保障体系变为个人账户式的养老保障体系。

中国现行的社会保障体系不仅面临着发达国家遇到的问题，而且还存在着其他许多问题。第一类问题与可持续性有关。由于多年来社会统筹账户的收不抵支，养老保障体系已经积累了大量的债务。由于20世纪80年代起实行的严格的计划生育政策，中国面临着严重的人口老龄化问题，预示着未来债务将继续增加。此外，中国的社会保险费率已经很高，难以继续增加。第二类问题涉及社会保障基金的管理。该基金由地方政府管理，社会保障基金的回报率很低。第三类问题与公平有关。农村养老保障水平与城市养老保障水平差距较大，农民基本养老金很低，农民的个人账户缴费远远不足以维持他们未来的退休生活。

### 8.4.1 高额的养老保障债务

中国的养老保障体系是不可持续的。养老保障个人账户的缺口越来越大。在许多省份，社会统筹账户的收入小于支出。由于社会统筹账户资金短缺，许多地区开始从个人账户挪用资金，导致个人账户缺口很大。Li and Lin（2019）对中国的社会保障债务进行了详细的估测。如表8.5所示，1998年个人账户缺口占

GDP 的 0.39%，2005 年占 GDP 的 2.17%，2010 年占 GDP 的 1%，2015 年占 GDP 的 1.59%。2000 年个人账户的缺口已经达到了预期资金的 58.69%，2010 年这一比率降至 21.15%，2015 年为 23.58%。也就是说，在 2015 年，个人账户预期资金的将近 1/4 被用来平衡现收现付账户的收支。2019 年 4 月，政府宣布将社会保险费率降低至 16%，以刺激放缓的经济。这会使社会保障赤字和债务更大。随着人口出生率下降，人口老龄化加剧，社会保障债务预计将继续增长。

表 8.5　1997—2015 年养老保障个人账户缺口

| 年份 | 预期的个人账户资金（亿元） | 养老保障体系累计资金（亿元） | 个人账户缺口（亿元） | 个人账户缺口/预期资金（%） | 个人账户缺口占 GDP 比重（%） |
| --- | --- | --- | --- | --- | --- |
| 1997 | 432.4 | 683.0 | -250.4 | -57.90 | -0.31 |
| 1998 | 919.1 | 588.0 | 331.3 | 36.05 | 0.39 |
| 1999 | 1 563.9 | 734.0 | 830.4 | 53.10 | 0.92 |
| 2000 | 2 292.4 | 947.0 | 1 345.3 | 58.69 | 1.34 |
| 2001 | 3 096.3 | 1 054.0 | 2 042.2 | 65.96 | 1.84 |
| 2002 | 4 066.0 | 1 608.0 | 2 458.0 | 60.45 | 2.02 |
| 2003 | 5 200.7 | 2 207.0 | 2 994.2 | 57.57 | 2.18 |
| 2004 | 6 522.5 | 2 975.0 | 3 547.5 | 54.39 | 2.19 |
| 2005 | 8 109.2 | 4 041.0 | 4 068.2 | 50.17 | 2.17 |
| 2006 | 9 558.2 | 5 489.0 | 4 069.3 | 42.57 | 1.85 |
| 2007 | 11 376.1 | 7 391.0 | 3 984.7 | 35.03 | 1.47 |
| 2008 | 13 793.9 | 9 931.0 | 3 862.9 | 28.00 | 1.21 |
| 2009 | 16 419.6 | 12 526.0 | 3 893.5 | 23.71 | 1.12 |
| 2010 | 19 487.2 | 15 365.0 | 4 122.2 | 21.15 | 1.00 |
| 2011 | 23 412.4 | 19 497.0 | 3 915.4 | 16.72 | 0.80 |
| 2012 | 28 231.0 | 23 941.0 | 4 290.0 | 15.20 | 0.79 |
| 2013 | 33 603.3 | 28 269.0 | 5 334.3 | 15.87 | 0.90 |
| 2014 | 39 573.9 | 31 800.0 | 7 773.9 | 19.64 | 1.21 |
| 2015 | 46 251.8 | 35 345.0 | 10 906.8 | 23.58 | 1.59 |

数据来源：Li and Lin（2019）。

其实，我国现在没有理由背负如此沉重的社会保障债务。中国正在经历工业化和城市化，成千上万的年轻人从农村迁移到城市，成为城市工人，可以为城镇职工的社会统筹账户作出贡献，尽管该账户并不为他们在农村的父母提供养老保障。因此，现在缴费者比受益者多得多。另外，我国城镇职工养老保障缴费率较高。企业对社会统筹账户的缴费率多年来一直是 20%，最近为了应对经济增长放缓才降低到 16%，而个人向个人账户的缴费率为其工资的 8%，总缴费率相当高。2020 年，美国养老保险的养老金缴费率为 GDP 的 12.4%。[①] 2019 年养老金缴费率，加拿大为 10.2%，日本为 18.3%，法国为 17.8%，德国为 18.6%，芬兰为 24.1%，韩国为 9%，爱尔兰为 14.8%，澳大利亚为 9.5%，比利时为 16.4%，奥地利为 22.8%，立陶宛为 8.7%，卢森堡为 16%，巴西为 31%，墨西哥为 8.7%。2018 年养老金缴费率，印度尼西亚为 9%，印度为 24%，泰国为 6%，俄罗斯为 22%，荷兰为 24.3%，智利为 12.8%。[②] 在美国，政府从 20 世纪 80 年代初开始提高社会保障缴费率，降低发放水平，以防止未来出现社会保障支付危机。因此，直到最近几年前，其社会保障账户一直存有盈余。2020 年，美国社会保障税率为 12.4%，资金积累为 29 080 亿美元，占 GDP 的 13.3%。[③] 美国经济学家担心美国社会保障的社会统筹账户的积累十多年后将被用完。

中国各省份的社会保障债务水平参差不齐。表 8.6 显示，各省份（不包含港澳台地区）社会保障债务占 GDP 的比重差别很大。2015 年社会保障债务占 GDP 的比重，黑龙江为 10.84%，上海为 6.80%，辽宁为 6.15%，北京为 -2.43%，广东为 -2.34%。退休人员与职工的比率是一个重要因素。黑龙江、辽宁、上海等地区国有企业较多，离退休人员较多；一些省份，如广东，则吸引了大量的年轻劳动力。劳动人口较多的省份社会保障账户存在盈余，而离退休人口较多的省份则存在赤字和债务。当然，对年轻人吸引力较大的省份也具有较高的经济增长率和较高的人均收入。

表 8.6　1997—2015 年各省份社会保障债务占 GDP 比重　　（单位：%）

|  | 1997 | 2000 | 2003 | 2006 | 2009 | 2012 | 2014 | 2015 |
| --- | --- | --- | --- | --- | --- | --- | --- | --- |
| 北京 | -0.30 | 2.10 | 3.56 | 3.13 | 2.34 | 0.41 | -1.31 | -2.43 |
| 天津 | 0.67 | 2.65 | 3.78 | 3.15 | 2.58 | 2.78 | 3.28 | 3.74 |
| 河北 | -0.28 | 0.65 | 1.56 | 1.44 | 1.31 | 1.45 | 2.59 | 3.60 |
| 山西 | -0.31 | 0.84 | 1.24 | 0.12 | -1.18 | -1.75 | -1.37 | -0.36 |
| 内蒙古 | -0.29 | 1.22 | 2.28 | 1.69 | 0.89 | 0.77 | 1.58 | 2.29 |
| 辽宁 | -0.30 | 2.29 | 3.41 | 3.32 | 2.97 | 3.19 | 4.43 | 6.15 |
| 吉林 | 0.05 | 2.36 | 3.92 | 2.30 | 1.36 | 2.14 | 3.45 | 4.62 |
| 黑龙江 | -0.22 | 1.52 | 3.28 | 2.78 | 2.49 | 4.64 | 8.01 | 10.84 |

---

① The United States Social Security Administration（2020）。
② OECD（2020）。
③ The United States Social Security Administration（2021）。GDP 数据来自 IMF（2021）。

(单位：%)（续表）

| | 1997 | 2000 | 2003 | 2006 | 2009 | 2012 | 2014 | 2015 |
|---|---|---|---|---|---|---|---|---|
| 上海 | -0.21 | 2.07 | 4.85 | 5.51 | 4.91 | 5.49 | 6.01 | 6.80 |
| 江苏 | 0.05 | 0.99 | 1.72 | 1.42 | 0.54 | -0.07 | 0.18 | 0.43 |
| 浙江 | -0.37 | 0.82 | 1.40 | 0.91 | 0.42 | -0.21 | 0.13 | 0.53 |
| 安徽 | -0.27 | 0.97 | 2.13 | 1.96 | 1.09 | 0.57 | 0.51 | 0.54 |
| 福建 | -0.10 | 0.39 | 1.16 | 1.31 | 1.23 | 1.57 | 1.10 | 1.18 |
| 江西 | -0.63 | 0.80 | 1.69 | 1.56 | 1.26 | 1.05 | 1.56 | 1.86 |
| 山东 | -0.24 | -0.80 | 1.49 | 1.37 | 0.97 | 0.89 | 1.55 | 1.86 |
| 河南 | -0.47 | 0.79 | 1.12 | 0.96 | 0.98 | 1.04 | 1.45 | 1.83 |
| 湖北 | -0.48 | 1.28 | 2.45 | 2.41 | 1.74 | 1.25 | 2.35 | 2.94 |
| 湖南 | -0.27 | 0.98 | 1.70 | 1.92 | 1.37 | 1.03 | 1.48 | 1.91 |
| 广东 | -0.21 | 0.12 | 0.18 | -0.21 | -0.72 | -1.68 | -1.99 | -2.34 |
| 广西 | -0.68 | 0.32 | 1.28 | 1.32 | -0.38 | 0.15 | 1.27 | 1.78 |
| 海南 | -0.49 | 1.56 | 3.13 | 3.56 | 2.80 | 3.01 | 4.03 | 4.57 |
| 重庆 | -0.21 | 1.35 | 2.44 | 2.46 | 1.38 | 1.12 | 1.52 | 1.86 |
| 四川 | -0.23 | 0.86 | 1.47 | 1.43 | 0.14 | -0.09 | 0.40 | 1.13 |
| 贵州 | -0.41 | 0.27 | 1.37 | 1.50 | 0.72 | 0.03 | 0.07 | 0.04 |
| 云南 | -0.22 | 1.41 | 2.10 | 2.23 | 1.61 | 0.37 | 0.43 | 0.53 |
| 西藏 | -0.59 | 2.00 | 3.31 | 3.45 | 3.11 | 0.52 | -0.17 | -0.44 |
| 陕西 | -0.51 | 1.45 | 2.89 | 2.21 | 1.95 | 1.74 | 2.28 | 2.97 |
| 甘肃 | -0.62 | 1.54 | 3.18 | 2.69 | 1.84 | 1.06 | 1.75 | 2.76 |
| 青海 | -0.33 | 2.67 | 5.16 | 3.71 | 2.53 | 2.00 | 3.22 | 4.39 |
| 宁夏 | -1.14 | 0.16 | 0.81 | 0.51 | -0.26 | -1.00 | 0.84 | 1.67 |
| 新疆 | -0.38 | 2.06 | 3.13 | 2.35 | 0.68 | 0.49 | 0.79 | 1.01 |

数据来源：Li and Lin（2019）。

年轻人现在向社会统筹账户缴纳费用，退休后必须领取养老金。目前大量的缴费者意味着未来将有大量的退休人员。我国养老保障制度面临着人口老龄化、城乡人口流动放缓、退休人员增多等问题。来自个人账户的资金将被用来填补社会统筹账户的赤字。因此，未来个人账户债务将会增加，若不采取有效措施，中国未来可能面临社会保障债务危机。

值得一提的是，目前，财政除了补贴城乡居民基本养老保险基金，还在补贴企业职工基本养老保险基金和机关事业单位基本养老保险基金，而且补贴的数量比前者大得多。财政部（2022）资料显示，2020年，企业职工基本养老保险基金收入为 30 706.45 亿元，其中保险费收入为 20 886.65 亿元，财政补贴收入为 6 271.31 亿元，利息收入为 1 128.66 亿元，委托投资收益为 1 486.40 亿元。城乡居民基本养老保险基金收入为 4 944.14 亿元，其中保险费收入为 1 262.12 亿元，财政补贴收入为 3 134.59 亿元，利息收入为 182.23 亿元，委托投资收益为 134.08 亿元，集体补助收入为 10.77 亿元。机关事业单位基本养老保险基金收入为 13 926.97 亿元，其中保险费收入为 8 081.18 亿元，财政补贴收入为 5 448.35 亿元，利息收入为 60.73 亿元。财政补贴收入占企业职工基本养老保险基金收入的 20.42%，占城乡居民基本养老保险基金收入的 63.40%，占机关事业单位基本养老保险基金收入的 39.12%。对基本养老保险基金的补助无疑是财政的一大负担。

## 8.4.2　人口老龄化

由于严格的计划生育政策，中国的人口老龄化问题比其他国家更为严重。20 世纪 70 年代初，政府开始推行计划生育政策，80 年代初，政府开始实施独生子女政策。[①] 在最近几十年间，人口增长放缓。1980 年，中国人口增长率为 1.2%，1990 年为 1.4%，2000 年为 0.76%，2010 年为 0.48%，2019 年为 0.33%，2020 年为 1.45%，2021 年为 0.34%，2022 年为 -0.6%，2023 年为 -1.48%。[②] 据国家统计局 2023 年 1 月 17 日发布的数据，2022 年年末全国人口为 141 175 万人，比上年末减少 85 万人，中国人口出现近 61 年来的首次负增长。

1982 年 0—14 岁人口占总人口的 33.6%，2021 年这一比率为 17.5%。1982 年，65 岁及以上人口占总人口的 4.9%，2019 年这一比率为 12.6%，2020 年为 13.9%，2021 年为 14.2%，2023 年为 15.4%。老年人占比在逐年增加。1982 年的总抚养比为 62.6%，其中未成年人抚养比为 54.6%，老年抚养比为 8.0%；2019 年总抚养比为 41.5%，其中未成年人抚养比 23.8%，老年抚养比 17.8%；2020 年总抚养比为 45.9%，其中未成年人抚养比 26.2%，老年抚养比 19.7%；2021 年总抚养比为 46.3%，其中未成年人抚养比 25.6%，老年抚养比 20.8%；

---

① 1971 年 7 月 8 日，国务院转发卫生部等《关于做好计划生育工作的报告》，要求地方政府加强对计划生育工作的领导。1973 年 7 月 16 日，国务院成立计划生育领导小组，推动晚婚、分散生育、少生（"晚、稀、少"）。1980 年 9 月 25 日，中共中央发表了《关于控制人口增长问题致全体共产党员、共青团员的公开信》，号召一对夫妇生育一个孩子。从那时起，除了中国的少数民族，所有的家庭必须遵守独生子女政策。但是有一些夫妇可以得到特许生两个孩子。

② 国家统计局（2024）。

2023年总抚养比为46.5%，其中未成年人抚养比24.0%，老年抚养比22.5%。[1] 老年抚养比已经大大提高。

中国未来将面临严重的人口老龄化问题。图8.1显示了中国、印度、日本、英国、美国和俄罗斯65岁及以上人口占比的变化趋势。中国65岁及以上人口占总人口的比重，2015年为10.02%，预计2025年将为14.88%，2030年将为18.23%，2035年将为22.52%，2040年将为26.25%，2050年将为30.09%，2065年将为36.26%。

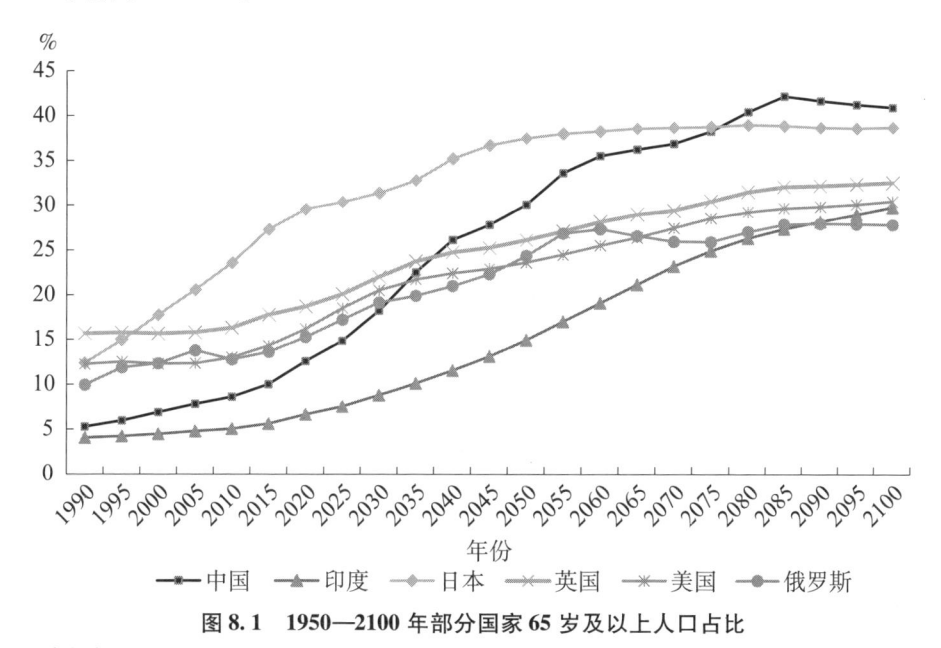

**图8.1　1950—2100年部分国家65岁及以上人口占比**

资料来源：United Nations（2022）。

美国65岁及以上人口占总人口的比重，2015年为14.33%，预计2025年将为18.54%，2030年将为20.53%，2035年将为21.73%，2040年将为22.43%，2050年将为23.63%，2065年将为26.43%。相比之下，预计2035年中国65岁及以上人口比例将比美国高0.79个百分点，2065年这一差距将达到9.83个百分点！

1999年，我国60岁以上人口占总人口的10%以上，标志着我国已进入人口老龄化时期。[2] 截至2019年年底，60岁及以上人口达到2.54亿，占总人口的18.1%。[3] 在目前的社会保障制度下，只有后代缴纳更多的社会保障税，中国才

---

[1] 国家统计局（2024）。
[2] 一般来说，如果一个国家60岁以上的人口占总人口的10%以上，这个国家的人口就被称为老龄化。
[3] 国家统计局（2020b）。

有足够的收入来支付养老金。

近些年，我国已经放弃了独生子女政策。2011年，政府宣布，夫妻双方均为独生子女的家庭可以生育两个孩子。2013年，如果夫妻双方中有一方是独生子女的，则可以生育两个孩子。2015年，每对夫妇可以生育两个孩子。这一政策的改变使出生率在几年内有所提高，但随后政策效果下降。2010年、2012年、2014年和2016年的生育率分别为1.19%、1.457%、1.383%和1.357%，但2018年降至1.086%，2019年为1.041%，2020年为0.852%，2021年为0.752%，2022年为0.677%。人口自然增长率开始变负，2022年为-0.6%，2023年为-1.48%。[①] 最近，政府开始在东北三省试点，允许生育任意数量的孩子。这项政策的效果还有待观察。抚养子女的费用一直在增加，包括营养、医疗服务和教育。在中国，妇女必须工作才能获得养老和医疗保险，这与美国不同。这些都是中国家庭不愿多生孩子的原因。因此，中国的人口老龄化趋势难以改变，公共财政需要发挥更大的作用。

## 8.4.3　分散化的管理和低水平的社会保障基金回报率

社会保障制度不是全国统一的，在大多数省份，社会保障甚至没有在全省范围内统一。大多数地区的社会保障由地级市政府负责运作，甚至有一部分由县级政府负责运作。这就导致不同地区之间存在着不同的社会保障负担。老工业基地，如黑龙江、吉林和辽宁，面临着沉重的社会保障负担；而新兴城市，如广东省的深圳、浙江省的台州等，社会保障支付的问题较少。

由于社会统筹账户的资金不易从一个地区转移到另一个地区，分散的体系阻碍了劳动力从一个地区向另一个地区的流动。例如，政策允许员工在离开某城市前往其他地区就业时转移个人账户资金，但转移雇主在社会统筹账户中缴纳的资金很困难。新地区不愿意承认来自低工资地区的职工过去为社会统筹账户所做的贡献。

在分散的体系下，社会保障基金的回报率很低。社会保障基金（个人账户积累的资金）以低于2%的收益率投资国债或者存在商业银行。例如，广东省2016年度全省城乡居民社会养老保险个人账户综合记账利率为1.5%，低于当年3%的通货膨胀率。[②]

此外，社会保障基金经常被挪用。截至2006年，全国共有71亿元（2000年

---

[①] 国家统计局（2023）。
[②] 广东省社会保险基金管理局（2015）。

以前 23 亿元，2000 年以后 48 亿元）社会保障基金违规使用，占基金积累资金的 2.4%，涉及退休养老基金、医疗保险基金、失业保险基金等。[①] 社保基金的挪用导致了腐败和社会保障基金损失。

## 8.4.4 不完备的农村养老保障体系和不平等的福利

根据中国人力资源和社会保障部 2020 年发布的数据，2010 年、2015 年和 2019 年城镇企业退休人员替代率分别为 45.1%、45.5% 和 44.0%。城镇离退休人员平均养老金 2010 年为 16 741 元，2015 年为 28 236 元，2019 年为 39 989 元，2020 年为 40 198 元，2021 年为 42 929 元，2023 年为 44 913 元（见表 8.2）。按 1978 年不变价格计算，城镇退休人员养老金平均增长率 2015 年为 10.8%，2016 年为 10.3%，2017 年为 8%，2018 年为 7.3%，2019 年为 3.5%，2020 年为 -0.8%，2021 年为 5%。长期以来，政府行政和事业单位的工作人员退休后享受的社会保障待遇比城镇职工要高。

农民和城镇非就业居民的社会保障待遇远远低于城镇职工及政府行政和事业单位的人员。老年农民每月只能从政府领取微薄的养老金。如前所述，2019 年农民每月的最低养老金仅为 88 元，而 2019 年城镇退休人员平均每月养老金为 3 332 元。2021 年农民每月的最低养老金在有的地区只有 108 元，而城镇退休人员平均每月养老金为 3 577 元。2023 年农民每月的最低养老金为 123 元，而城镇退休人员平均每月养老金为 3 743 元，是农民最低养老金的 30 倍。

另外，农村的家庭保障体系已经无法有效运作。面临着不断增加的生活开支所带来的巨大压力（养育孩子和在城镇地区购置房产），农村年轻人没有足够的工资赡养年迈的父母。由于生活费用不足，许多年迈的农民无法退休，而一直工作到不能再工作。对于许多步入老年的农民来说，生活是十分艰难的。

而且，对于农村的年轻人来说，现行农村社保体系也是不完善的。年轻农民向个人账户缴纳的费用过低。每年的规定最低缴费额仅为 100 元。如果一位农民按此缴费率缴纳 50 年社保费用，不计微不足道的利率，其也只能在个人账户中积累 5 000 元，而这对于退休生活来说是远远不够的。如果政府不提高缴费率，那么将来只能使用一般公共预算收入来对退休农民进行补贴。因此，如果不对现行制度做出调整，政府未来的财政负担将是巨大的。

---

[①] 参见：《审计署审出 71 亿违规社保基金》，新浪财经，2006 年 11 月 24 日，http://www.dooland.com/magazine/article_ 188729.html，访问日期：2024 年 8 月 20 日。

### 8.4.5 养老保障体系下不公平的转移支付

中国现行的社会保障制度还涉及刚从农村进城的职工参保者向城市退休人员的转移支付。来自农村的职工有双重的养老保障负担。他们在向个人账户缴费的同时，还需要通过雇主向社会统筹账户缴费。此外，他们也必须赡养年迈的农村父母。而父母是城镇户口的职工则没有这个问题，因为他们的父母能够从城镇职工社会保障体系中领取退休金。他们向自己的个人账户缴纳养老保险，并向社会账户缴费作为父母的养老金。

社会保障制度还涉及年轻一代和未来几代人向当前的老年一代转移支付的问题。社会保障制度的建立给当代的老人带来了丰厚的收入。根据 Samuelson (1958) 的交叠模型，如果这个世界没有尽头（即虽然每一代人的寿命是有限的，但一代又一代会不断延续下去），引入现收现付的社会保障制度可以提高整个社会的福利。但如果人口增长率下降，赡养老人的年轻人将会越来越少，老年人的生活水平可能会一代不如一代。如前所述，许多地区将资金从个人账户转移到社会统筹账户，导致个人账户资金缺口。这显然是年轻人向老年人的一种不公平的转移支付。

社会保障体系还包括新企业对国有企业的补贴。如前所述，各地区实行社会统筹大账户和个人小账户相结合的制度，并努力推进企业养老在省级统筹。这种统筹方式最初是为了减轻国有企业的社会保障负担。在改革前，国有企业除面临其他问题外，还承受着向退休人员发放巨额养老金的沉重负担。通过社会保障制度的改革，新企业（劳动力较年轻，养老金负担较轻）向老国有企业（退休人员多，有较重的养老金负担）进行了隐性转移支付。

中国的社会保障支付体系被过度简化了。当前，缴纳社保 15 年以上的职工可以拿到相当于地区平均工资 20% 的基础养老金（每多工作 1 年，基础养老金增加平均工资的 1%）。缴纳社保少于 15 年的退休职工将不会从社会账户中领取到任何养老金，他们退休时将从政府获得一次性补贴。这对于这些职工来说显然是不公平的，而且与社会保障的目的相悖。在美国，一个人在工作 10 年后就可以享受社会保障的福利，拿到国家的养老金。

## 8.5 中国养老保障制度改革的出路

我国现行的社会保障制度是不可持续的，而且存在着许多不公平的方面。改革社会保障制度势在必行。必须采取有效措施保持社会保障制度可持续，包括通过降低部分人员的过高的养老金和增加缴费来消除个人账户债务、延长退休年龄、改善基金管理、提高年轻农民个人账户的缴费等。同时，必须提高老年农民的社会保障待遇。

### 8.5.1 平衡城镇职工社会统筹账户

城镇职工社会保障账户是一个独立的账户，意味着其收入仅用于社会保障支出。该账户本身应该保持收支平衡，并且本身应该可持续。不幸的是，多年来，社会统筹账户一直存在赤字，并积累了大量债务。

我国社会保障账户债务的根源在于，部分城镇退休人员的养老金过高，尤其是职位较高的退休人员。不同退休人员养老金的发放情况尚未公布。但从观察中可以清楚地发现，不同的退休人员在养老金方面存在巨大差异。一些退休人员特别是行政机关和事业单位的退休人员享受的社会保障待遇远远高于平均工资。而且，多年来养老金按比例增加，使得养老金的差距越来越大。政府需要通过减缓高级别退休人员养老金的增长来减少社会养老保障支出。此外，政府应该使养老金的增长与通货膨胀率保持一致，避免社会保障基金支出的过度增长。中国是一个尊老的社会，退休的城市老人很有影响力。为了稳定，政府往往通过提高养老金来安抚他们，但这会造成养老保障账户债务的加重。

与此同时，政府需要获得更多的社会保障收入。随着社会保障缴费率的降低，政府需要通过减少社会保障漏缴来扩大税基、增加收入。在中国，许多企业根据最低工资水平缴纳养老保障基金。也就是说，缴费基数是最低工资乘以职工人数。因此，工资收入的一部分是没有缴费的。如果所有企业都按照实际支付的工资缴纳社会保险，养老保障基金收入将会增加。此外，在中国，许多农民工没有参加城镇职工社会保障计划。如果他们都加入社会保障计划，社会保障收入将会大大增加。

### 8.5.2 消除个人账户债务

首先，中国应该拒绝把现有的个人账户变成名义个人账户制度的建议。Diamond and Barr（2006）主张用名义个人账户制度取代现有的现收现付制度，以提高当代人缴费的积极性。在名义个人账户制度下，每个人都向自己的账户缴费，政府承诺个人在退休后将获得个人账户积累的资金和利息。然而，该账户是名义上的，是空账，没有资金积累，因为政府立即将个人的缴费支付给当前的退休人员，实质上还是现收现付制。一些国家，如瑞典，已经用名义个人账户制取代了政府运营的现收现付制。

然而，到目前为止，还没有任何国家用名义个人账户取代其真正的个人账户。在中国，一些人对名义个人账户制度存在误解，建议政府将个人账户名义化，这是非常危险的。虽然个人账户负债巨大，占2015年预期资金的23.58%，但账户仍远未完全掏空。如果个人账户成为名义账户，所有积累的资金都可能被用来支付当代人的退休金，给后代留下更大的社会保障负担。

我国必须做实个人账户。在美国，不仅个人账户是实的，即资金未被挪用，而且多年来社会统筹账户都有盈余，并积累了大量的资金，以防范未来的养老保障危机。这种制度被称为改良的现收现付制度（Li and Lin，2024）。中国未来面临比美国更严重的人口老龄化问题，应该减小个人账户的缺口，尽早做实个人账户。首先，应该努力提高社会统筹账户的收入并缩小支出，尽可能使社会统筹账户产生盈余，并利用盈余偿还以往的债务，弥补个人账户的资金缺口。其次，可以考虑利用国有企业的净资产来减少社会统筹账户的债务，弥补个人账户上的资金缺口。这是政府资产的重新配置，如果政府资产在国有企业里的回报率低于养老保险账户的资金回报率，那么政府资产的再配置将促使效率的提高。许多研究表明，国有企业效率较低，资产收益率低。最后，政府应该为个人账户的资金寻找更好的投资机会。Kotlikoff，Lin and Woo（2010）提出，可以将养老保险账户的资金投向全球以获得高回报率，这个建议可以纳入决策考虑范围。其实，美国的个人账户资金是可以投向国际基金的。

### 8.5.3 增加老年农民的养老金

如前所述，当前对老年农民的社会保障支出太少，老年农民应该得到更好的待遇。他们年轻时在户籍制度的限制下，无法自由迁移至城市地区，而是从事长时间的、繁重的体力劳动。由于生产计划的不合理以及农业技术和机械的落后，他们的收入很低。此外，他们还必须将生产的很大一部分粮食通过"公粮"和"购粮"的形式交给政府，以支持国有企业和工业的发展。他们的税后收入只能勉强维持生活。与之对比，出生在城市的人被分配到国有企业或政府行政和事业单位工作，工作压力较小，收入较高。目前，国有企业退休人员及政府行政和事业单位退休人员享受着较高的社会保障待遇，而老年农民只能得到微薄的养老金。Cheng et al.（2016）基于中国数据进行研究，发现农村养老金会影响老年农民的健康状况。因此，政府需要提高农村老年人的基础养老金水平。与此同时，政府可以考虑为农村基本社会养老保障设立特别税。目前，农民基础养老金由一般公共预算负担。出于可持续性，可以考虑征收特别税来为农村基础养老金提供资金，例如，可以考虑对国有企业征收农村养老保障附加税，因为农民曾通过工农业产品"剪刀差"为国有企业做过贡献。

## 8.5.4 增加年轻农民的个人账户缴费

农村社会保障制度对年轻的农民来说是个人储蓄制度。在这种制度下，每个人都为自己存钱，每个人将来都可以领取养老金。因此，该体系是可持续的。然而，由于目前缴费率太低，该体系起不了多大作用。2023 年，农村居民人均可支配收入为 21 690.9 元，最低缴费标准为每年 100 元，仅占总收入的 0.46%。[①] 如果继续保持如此少的投入，农民将没有足够的养老金。鉴于目前农村收入已经大幅增加，应该提高向个人账户的缴费，比如每年至少缴纳 1 000 元。2023 年，我国 51.22% 的劳动力参加了城镇职工养老保险，剩余劳动力大部分参加了农村养老保险（见表 8.1）。所以，农村养老保险体系的完善非常重要。政府应该取消一次性现金补贴，转而补贴个人账户储蓄利息，鼓励农民为个人账户多缴费（林双林，2024a）。当然，个人账户的资金状况应该保证透明。另外，为了保障高回报率，政府应该委托金融机构来管理养老保障基金。

## 8.5.5 延迟退休年龄

随着人口老龄化问题的加重，我国应该延迟退休年龄以减轻社保支付压力。提高退休年龄可以增加养老保障缴费，降低养老保障支出，平衡养老保障账户。人们预期寿命的增加使得延长退休年龄已经成为必然。许多国家已经提高了退休年龄。我国 2025 年以前的退休年龄是 1978 年设定的。职工的标准退休年龄为：①国有企业男职工 60 岁，女职工 50 岁；②从事重体力劳动的男职工 55 岁，女职工 45 岁；③政府机关男职工 60 岁，女职工 55 岁。[②] 根据 OECD（2024c）的数据，中国出生人口的预期寿命从 1978 年的 66 岁增加到 2021 年的 78.1 岁，增加了 12.1 岁。原人力资源和社会保障部部长尹蔚民（2015）表示，我国的平均退休年龄低于 55 岁，是世界上最低的退休年龄之一。一些女性甚至在正式退休后还生育子女。最近，我国决定延迟退休年龄，从 2025 年 1 月 1 日起，用 15 年时间，逐步将男职工的法定退休年龄从原 60 周岁延迟到 63 周岁，将女职工的法定退休年龄

---

① 国家统计局（2024）。
② 国务院（1978）。

从原 50 周岁、55 周岁，分别延迟到 55 周岁、58 周岁。新的退休年龄还是低于美国等发达国家的退休年龄，例如，美国退休年龄为 67 岁，不分男女。

### 8.5.6　建立全国统一的社会保障制度

我国应该建立一个由中央政府或其机构管理的全国统一的社会保障制度，以实现几个目标。第一，促进劳动力的流动。在目前分散的社会保障体制下，职工从一个地区流动到另一个地区，很难将社会保障账户上的资金一同转移。统一社会保障制度将解决这些问题。第二，缩小养老金差距，避免地区养老保障支付危机。如前所述，劳动力外流的地区往往存在养老保险账户赤字，而劳动力流入较多的地区往往存在养老保险账户盈余。因此，建立统一的社会保障制度，用一些劳动力净流入省份的盈余来弥补其他省份的赤字应该是合理的。第三，全国统一的制度可以降低基金管理成本，提高基金回报率。目前，每个地区都有一个社会保障基金和一个基金管理团队，成本高，回报率低。全国统一后，运营成本将大大降低。此外，在统一制度下，基金的回报率可能会更高。2006 年 12 月 20 日，中国 9 个省、自治区、直辖市（天津、山西、吉林、黑龙江、山东、河南、湖北、湖南和新疆）与全国社会保障基金理事会签订了一份年收益率为 3.5% 的合同。这标志着统一的社会保障基金管理的开始。如前所述，政府可以考虑将基金投资于一个全球多元化的投资组合，以最小的风险和成本获取全球市场高额回报。当然，由中央政府管理全国社会保障体系也有利于国家的团结统一和稳定。

## 8.6　总　　结

社会保障制度的改革是中国经济改革的一部分。改革开放以来，中国的养老保障体系经历了从企业运作的养老金体系到地区养老保障体系的转变，但全国统一的社会保障制度尚未建立。中国目前的城镇职工养老保障体系的特点是大社会统筹账户和小个人账户。2005 年，政府规定，每个雇主缴纳工资的 20% 到社会统筹账户中，每个雇员缴纳 8% 的工资到个人账户中。2019 年社会统筹账户缴费率下调到 16%。地方政府对社会统筹账户和个人账户实行统一管理。2023 年该体系覆盖了 80.64% 的城镇职工，占全国总劳动人口的 51.22%（见表 8.1）。政府行政和事业单位雇员的养老金原来由一般公共预算收入负担，现在一部分已经转入地区性的城镇职工养老保障体系。2008 年，中国建立起了农村地区的养老保障体系。政府为 60 岁及以上的农民提供有限的养老金，2018 年每人每月不低于88元，2023年农民养老金最低的也就每月123元。政府要求年轻农民缴纳少量费用到其个人账户中，每年最低缴纳100元。

当前的社会保障体系面临诸多挑战。由于多年来的社会统筹账户的赤字，该体系已经积累了大量债务。多年来，地方政府从个人账户中挪用资金，填补社会统筹账户的赤字。据测算，目前个人账户中约四分之一的资金被挪用。由于20世纪80年代初实行严格的计划生育政策，中国面临着严重的人口老龄化问题，未来社会保障债务将继续增加。中国的社会保障缴费率已经很高，很难再提高。因此，现行的体系是不可持续的。目前，社会保障体系由地方政府管理，社会保障基金的回报率很低。此外，城乡之间养老金差距较大，给老年农民的养老金远远不够，而年轻农民个人账户的缴费不足以支持他们未来的退休生活。

改革社会养老保障制度势在必行。第一，政府应该通过降低社会保障支出的增长率，缩小不同退休人员的养老金差别，来平衡城镇职工的社会统筹账户。第二，用国有资产和社会统筹账户的盈余来消除个人账户的缺口。第三，适当延长退休年龄，并尽早宣布政策的变化，让人们有准备。第四，增加对老年农民的基础养老金，同时增加年轻农民的个人账户缴费。第五，建立全国统一的社会保障体系，解决地区社会保障不平衡问题、劳动力流动问题和低回报率问题。

需要注意的是，由于城镇正规部门职工参加社会保障制度的劳动力约为51%，中国仍有机会转向以个人账户为主的社会保障制度。在新制度下，个人账户是养老金的主要来源，政府为退休人员提供最低生活费用。新制度具有解决社会保障长期可持续性问题、统筹城乡养老保障体系等优点。国有企业的资产可以为养老保障体系转型提供资金。不使用现收现付制社会保障体系进行收入再分配后，政府可以通过提供更多的公共品来进行再分配，比如中小学和幼儿园免费教育、更多的公共文体设施（公共图书馆、公园、公共体育设施等）、更好的城市交通和更完善的社会福利体系。

# 第 9 章

# 医疗体制改革

## 9.1 引　　言

医疗领域是我国改革最少的领域之一，目前面临着许多问题。在中国，医疗服务主要由公立医院提供，医疗保险主要由地方政府运作。随着公众对于医疗服务要求的提高，深化医疗体制改革虽然困难，但势在必行。

中国曾经针对城镇职工、国家行政和事业单位工作人员、农村居民、城镇居民分别建立了四种不同的医疗保险制度。城镇地区实行三种医疗保险制度：城镇职工基本医疗保险，由企业职工和用人单位共同出资；政府为行政单位（如政府机构）和事业单位（如公立大学和公立医院）的工作人员提供的公费医疗，由政府一般公共预算提供资金；城镇居民医疗保险，由政府和居民共同出资。农村地区建立了新型农村合作医疗制度（简称新农合），由中央政府、地方政府和农民共同出资。在所有的医疗保险项目中，国家工作人员的公费医疗报销水平最高，而城乡居民医疗保险是最薄弱的。近年来，公费医疗逐渐并入城镇居民医疗保险制度，2016 年，城镇居民医疗保险和新农合合并为城乡居民基本医疗保险。

在医疗服务方面，政府拥有近一半的医院，它们是公立医院，其余为民营医院。相对于其他医院，公立医院规模大，有更好的医生和更好的设备。公立医院为我国 90% 的患者提供医疗服务。[①] 长期以来，政府对公立医院存在过度干预的现象。政府规定了门诊服务的价格以及医生、护士和其他医务工作者的工资。这些价格和工资都较低。为了筹措资金补贴医生和其他员工，一些医院便提供不必

---

① 庄一强、方敏（2014）。

要的医疗检查，过量开药，收取高额的住院服务费用，这导致了病人和家属的不满。低报酬和高风险（主要来自紧张的医患关系）使得人们不愿意上医学院，导致了我国缺少足够的高质量的医生。

公众将中国医疗体系的主要问题概括为"看病难，看病贵"。事实上，中国的医生和医院有很多，但多数质量较低。因此，人们很难获得高质量的医院和医生的医疗服务。很多人赶往北京、上海等大城市看病，导致这些地方的医院每天都非常拥挤。"看病难"，实际上是进高质量医院难，找高水平的医生看病难。由于医疗保险没有得到很好的发展，个人必须承担很大一部分医疗支出，这就导致"看病贵"，进而出现"因病致贫"和"因病返贫"的现象。

Arrow et al.（2010）估计，2000年至2005年，中国的健康资本增长了0.53%，而美国的健康资本增长了0.90%，巴西增加了1.36%，印度增加了0.75%。健康资本是人力资本存在和发挥作用的基础。根据 World Bank（2011）的数据，非传染性慢性病是中国的主要死亡原因，占比近70%。因此，中国人的预期寿命增长缓慢。根据 Maddison（2001）的报告，1950年中国新生儿预期寿命为41岁。中国的新生儿预期寿命从1980年的65.86岁增加到2018年的76.7岁，而韩国的新生儿预期寿命从1980年的65.2岁增加到2018年的82.63岁（World Bank，2019）。

近年来，对我国医疗卫生的研究主要集中在完善医疗保险制度、控制医疗成本、改革公立医院和发展民营医院等方面。Bairoliya et al.（2017）在研究了中国农村医疗保险和养老金改革对宏观经济和福利的影响后发现，如果医疗保险改革能够减少自费医疗支出，就可能会改善福利。Liu and Zhang（2018）发现2009年为城镇无正式职业居民建立的城镇居民基本医疗保险制度使得他们的创业率提高了至少8.73%。Atella, Brugiavini and Pace（2015）发现1998年医疗改革后，只有健康状况良好的高收入人群的自付费用下降，只有健康状况良好的低收入人群的储蓄率上升。Yip and Hsiao（2009）建议，中国应考虑将医疗保险的支付方式从按服务项目付费改为预付制，如按病种或按人头支付费用，以控制医疗成本。在供给侧，Chow（2006）认为中国应该鼓励民营医院的发展，以增加医疗服务的供给。Liu et al.（2009）的研究表明，基于中国的总体数据，民营营利性医院并没有增加医疗支出。

本章讨论中国各种医疗保险制度的发展，分析医疗服务的供给，研究当前医疗体系存在的问题，包括不完善的医疗保险制度和较高的个人支出、政府过度干预、医疗保险地方化、城乡医疗差距、医疗保险制度的潜在债务，最后提出进一步的医疗改革政策建议。第9.2节讨论农村医疗服务和医疗保险。第9.3节考察城镇医疗保险制度。第9.4节讨论我国医疗服务体系。第9.5节分析我国现有医疗体系的问题。第 9.6 节提供政策建议。第 9.7 节进行总结。

## 9.2 农村医疗保险制度

在 20 世纪上半叶，中国经历了一系列战争，大多数人陷入贫困，医疗体系瘫痪。1949 年，中华人民共和国成立。和平时期为中国提供了一个改善医疗体制的机会。政府迅速建立了中央计划经济体制，同时建立了严格的城乡户籍制度，将城乡分隔开来，并逐步建立起各种医疗服务和医疗保险制度。

### 9.2.1 农村合作医疗制度

1958 年，乡镇政府被人民公社取代，小村庄被称为生产队，几个小村庄组成一个生产大队。每个生产队是一个生产单位，农民集体劳动，缴纳公粮和"购粮"（政府向农民低价购买的粮食），分享作物。那时建立了医疗保健站，一个医疗保健站为数个生产大队服务，并收取费用。1965 年 6 月 26 日，毛泽东号召"把医疗卫生工作的重点放到农村去"。很快中国农村建立了农村合作医疗制度。每个生产大队都建立了一个合作医疗站，由农民及所属生产队共同提供资金，由受过一定医疗培训的农民当"赤脚医生"，为农村居民提供基本医疗服务。对于重大疾病，农民不得不到人民公社、县、市、省的政府所拥有的医院进行治疗，并自行支付所有医疗费用。

1949 年以后，中国建立起的公共卫生体系，通过疫苗接种、改善卫生条件和控制疾病媒介（包括传播疟疾的蚊子和传播血吸虫病的钉螺），在控制传染病上发挥了重要作用。

### 9.2.2 农村合作医疗制度的崩溃

20 世纪 80 年代初，中国农村的人民公社解体，农村开始实施家庭联产承包责任制。农民开始在村集体分配给他们的土地上独立劳动。人民公社下的生产大队改为村委会，生产小队改称小组。村委会和小组没有收入，调动农村资源的权力也很小。农村合作医疗制度随即失效，医疗站被私有化，赤脚医生成了私人医疗从业者。

没有农村合作医疗制度，农民失去了最基本的医疗保障。私人医疗从业者很快发现，销售药品是维持运营的最好方式之一，农村地区的药品销量和价格都呈爆炸式增长。此外，农村合作医疗制度的失效导致了中国农村各种迷信活动的活跃。在"文化大革命"期间受到压制的男女巫师重新出现在中国农村。中国政府最终意识到农村医疗保障体系大规模中断带来的问题。

## 9.2.3　新型农村合作医疗制度

2002年，中国政府决定在2010年前建立基本覆盖农村居民的新型农村合作医疗制度（简称新农合）。2003年1月6日，国务院批准了几个部委提出的建议，即各省、自治区、直辖市应立即在两三个县试点建立新农合。新农合的资金来自政府补贴和个人缴费。一开始，每个参与者每年必须缴纳不少于10元。省、市、县各级政府共同出资不低于10元（省级政府决定地方各级政府之间的出资比例）。中央财政对中西部地区新农合补助标准为每人每年10元。那些无力支付的农村贫困人口，将在经过经济情况调查后，由当地民政部门代为支付。

新农合实行县级统筹。贫困地区可以建立镇级新农合。预算必须平衡，即支出应与收入相等。农民以家庭为单位参加新农合，参与是自愿的。政府计划建立县、乡、村三级医疗服务体系，保证每个乡镇都有一所卫生院，每个村都有一个卫生室。

2004年，国务院发布了由卫生部、民政部、财政部等八部委起草的《关于进一步做好新型农村合作医疗试点工作的指导意见》。根据这项意见，新农合的大病报销率得到提高。2008年，新农合覆盖率到90%以上。

新农合的缴费水平及来自中央和地方政府的补贴也逐步提高。2011年每个农村居民应缴纳50元，每人的政府补贴应不少于200元，其中中央政府出资在西部地区是124元，在中部地区是108元，在包括北京、天津和上海的东部地区略低一点。西部地区的地方政府出资76元，中部地区92元，东部地区固定比例。[①] 政府每年都在提高补助标准。例如，政府规定2024年居民医保人均财政补助标准新增30元，达到每人每年不低于670元，个人缴费每年400元。[②]

新农合的报销比例在不断提高。2012年，新农合住院费用报销比例提高到75%，报销额上限提高到农民平均纯收入的8倍，最低报销额度上限设置在6万元。[③] 2012年8月，政府决定对于重大疾病，新农合和城镇居民医疗保险应该至少支付50%的费用。[④]

---

① 国务院办公厅（2011）。
② 国家医疗保障局、财政部、国家税务总局（2024）。
③ 国务院办公厅（2012）。
④ 国家发展和改革委员会等（2012）。

各省报销率不同。例如，河北省 2015 年乡镇医院住院费用起付线为 100 ~ 150 元，报销率为 85% ~ 95%；县医院住院费用起付线为 300 ~ 400 元，报销率为 70% ~ 85%；市医院住院费用起付线为 800 ~ 2 000 元，报销率为 60% ~ 65%；省医院住院费用起付线为 2 000 ~ 2 500 元，报销率为 50% ~ 55%。[①] 河北省医疗报销标准在不断提高，但各地存在差异。从 2020 年 12 月 26 日起，河北省石家庄市城乡居民报销标准大幅提高。县一级及以下医疗机构住院费用的起付线为 100 元，报销率为 92%；县域二级医疗机构住院费用的起付线为 400 元，报销率为 80%。市一级医疗机构住院费用的起付线为 200 元，报销率为 90%；市二级医疗机构住院费用的起付线为 800 元，报销率为 75%；市三级医疗机构，起付线为 1 000 元，报销率为 65%；省属三级医疗机构，起付线为 1 500 元，报销率为 60%。[②] 重病患者通常去更高级别的医院就医，可见，大病报销率低于小病报销率。

多年来，重大疾病的报销率在不断提高。大病保险基金按比率从新农合基本医疗保险基金中提取。2017 年辽宁省大病医疗费用小于或等于 5 万元的，报销率为 50%；5 万元至 10 万元的，报销率为 55%；超过 10 万元的，报销率为 60%。[③] 2020 年，中央规定起付线为城乡居民可支配收入的一半，允许报销的费用，报销率为 60%（部分费用不允许报销）。[④] 各地区可以有自己的政策，但报销比例不能低于中央规定的比例。

在政府补贴下，新农合在我国发展迅速。表 9.1 显示了 2004 年至 2015 年参加新农合的县的数量、参保人数以及医疗系统的收支情况。2004 年的参保覆盖率为 75.2%，2008 年为 91.5%，2015 年为 98.8%。2017 年参保覆盖率已达到 100%。[⑤] 目前，新农合每年都有盈余，即基金总收入大于基金总支出。

2016 年，国务院决定将新农合与城镇居民基本医疗保险统一。[⑥] 新的制度被称为城乡居民基本医疗保险。2016 年，政府补贴每人每年 420 元，个人缴费为每人每年 150 元。政府补贴和个人缴费每年都在增长。2019 年，政府补贴每人每年不低于 520 元，个人缴费为 250 元。[⑦] 每个地区都有自己的政策。例如，2019 年大连市政府补贴每人每年不低于 550 元，个人缴费不低于 180 元。[⑧] 2020 年，中

---

[①] 河北省卫生和计划生育委员会、河北省财政厅（2015）。
[②] 石家庄市医疗保障局、石家庄市财政局（2020）。
[③] 辽宁省卫生和计划生育委员会、辽宁省财政厅（2017）。
[④] 国家医疗保障局、财政部、国家税务总局（2020）。
[⑤] 国家卫生健康委员会（2018）。
[⑥] 国务院（2016a）。
[⑦] 国家医疗保障局、财政部（2019）。
[⑧] 大连市人民政府办公厅（2017）。

央要求政府补贴每人每年不低于 550 元,个人缴费不低于 280 元。2024 年,政府补贴每人每年不低于 670 元,个人缴费不低于 400 元。① 2023 年,城乡居民基本医疗保险总收入 10 569.71 亿元,总支出 10 457.65 亿元,累计结余资金达到 7 663.70 亿元。②

表9.1 新型农村合作医疗制度建设

| 年份 | 实施新农合的县数目(个) | 参保人数(亿人) | 覆盖率(%) | 人均筹资(元) | 年度总收入(亿元) | 年度总支出(亿元) | 受益人数(亿人次) |
| --- | --- | --- | --- | --- | --- | --- | --- |
| 2004 | 333 | 0.80 | 75.2 | 50.36 | 40.3 | 26.37 | 0.76 |
| 2005 | 678 | 1.79 | 75.7 | 42.09 | 75.4 | 61.75 | 1.22 |
| 2006 | 1451 | 4.10 | 80.7 | 52.10 | 213.6 | 155.80 | 2.72 |
| 2007 | 2 451 | 7.26 | 86.2 | 58.95 | 428.0 | 346.63 | 4.53 |
| 2008 | 2 729 | 8.15 | 91.5 | 96.30 | 784.6 | 662.30 | 5.85 |
| 2009 | 2 716 | 8.33 | 94.2 | 113.40 | 944.4 | 922.90 | 7.59 |
| 2010 | 2 678 | 8.36 | 96.0 | 156.60 | 1 308.3 | 1 187.80 | 10.87 |
| 2011 | 2 637 | 8.32 | 97.5 | 246.21 | 2 047.6 | 1 710.19 | 13.15 |
| 2012 | 2 566 | 8.05 | 98.3 | 308.50 | 2 484.7 | 2 408.00 | 17.45 |
| 2013 | 2 489 | 8.02 | 98.7 | 370.59 | 2 972.5 | 2 972.48 | 19.42 |
| 2014 | 2 854 | 7.36 | 98.9 | 410.89 | 3 025.3 | 2 890.40 | 16.52 |
| 2015 | 2 850 | 6.70 | 98.8 | 490.30 | 3 286.6 | 2 933.41 | 16.53 |

数据来源:2004—2014 年的数据来源于国家统计局(2010,2015);2015 年的数据来源于国家卫生和计划生育委员会(2016);实施新农合的县数及总收入和总支出数据来自国家统计局(2016)。

## 9.3 城镇医疗保险制度

### 9.3.1 职工医疗保险和政府医疗保险

20 世纪 50 年代初,中国建立了面向国有企业和部分集体企业职工的劳动保险制度(或称为"劳保",包括医疗保险和养老、伤残等保险)和面向政府机关事业单位雇员的政府医疗保险制度(政务院,1951,1952)。

---

① 国家医疗保障局、财政部、国家税务总局(2024)。
② 国家统计局(2024)。

政府医疗保险覆盖了政府行政单位和事业单位、政党和其他组织的员工以及残疾军人。政府医疗保险的资金来自税收,被称为"公费医疗"。公费医疗是中国保障程度最高的医疗保险,退休人员根据级别享受不同的医疗服务。

劳动保险制度覆盖国有企业和集体企业职工的医疗费用。劳动保险由各劳动部门管理,资金来自企业。从1951年到1956年,企业的劳动保险金都是基于企业员工工资的总额计算的。① 纺织和其他轻工业、贸易、邮政和电信、零售、食品、银行和国有农场的提取范围在工资的5%~7%。重工业、服务业、林业、铁路和运输部门为7%。从1957年到1968年,政府改变了标准。将传统行业,如纺织等轻工业、铁路、交通、邮电、农业、建筑业等行业的比率调整为5%,贸易和零售行业调整为4.5%。②

国有企业和政府行政、事业单位的雇员没有选择医院的权利。通常情况下,病人需要先去工作单位定点医院。如果所在单位医院无法治疗或治愈病人,则将病人转诊到另一家与工作单位有合同关系的医院。员工每次去看指定医生只需要支付少量的挂号费。如果员工到单位外的医院就诊,员工需先支付费用,然后在工作单位报销。这种医疗体系持续了近20年。

## 9.3.2 企业医疗保险制度

从1969年到1977年,每个企业都建立独立的医疗保险,不再参加统一的企业医疗保险(财政部,1969b)。这样,医疗保险就成为单个企业医疗保险。企业将医疗保险基金与企业的其他福利基金合在一起,叫作企业福利基金;每个企业缴存其总工资的11%到企业福利基金,作为企业总生产成本的一部分。在1978年实施经济改革之前,国有企业,包括国有医院在内,会将全部收入上缴到政府,而政府支付包括医疗费用在内的企业全部成本。所有国有企业都有自己的医疗诊所或医院。每个企业,尤其是大企业,都是一个小社会,有自己的幼儿园、学校、医院和商店。

从1978年开始,中国开始了经济改革,允许企业在发放基本工资的基础上,向劳动者发放奖金和其他福利待遇。1983年,政府开始了以税收代替利润上缴的改革(即"利改税")。国有企业的目标从产出最大化变为利润最大化。问题很快出现了。第一,由于国有企业所处的行业不同,盈利机会也不同,盈利能力较差的国有企业没有能力支付员工的医疗费用。第二,退休人员比例较大的国有

---

① 国家财政经济委员会(1953)。

② 国务院(1957)。

企业支付医疗费用存在困难。第三，小型国有企业面临更高的风险，因为一些严重疾病可能会耗尽企业的医疗保险基金。第四，由于医院变得以利润为导向，医生倾向于开出价格更高的药品，这导致了医疗成本的增加。

那些亏损国有企业的员工的抱怨很快出现并不断增加。巨大的压力迫使政府建立一个新的医疗体系。与此同时，经济改革导致了政府收入在GDP中的所占份额的显著下降。如第2章所述，1978年一般公共预算收入占GDP的比重为30.78%，1995年这一比重仅为10.18%。而政府收入的下降则导致了其履行政府医疗保险承诺、为政府雇员支付医疗费用的能力的下降。

## 9.3.3 区域性城镇职工基本医疗保险

一个新的区域性医疗保险制度——城镇职工基本医疗保险，最终取代了单个企业医疗保险制度。从1995年开始，政府进行了一系列的医疗改革尝试。最初的试点始于江苏省镇江市和江西省九江市。很快这一尝试扩展到许多城市，包括下属的县。1996年，政府宣布中国将建立新的城镇职工基本医疗保险制度。[①] 在这一新的制度下，每个城市都将为所有参与者提供医疗保险。

1997年，中共中央和国务院公布了《中共中央 国务院关于卫生改革与发展的决定》。1998年，国务院发布了一份新文件，《国务院关于建立城镇职工基本医疗保险制度的决定》，公布了城镇医疗改革的具体政策。总缴费率为每名雇员工资的8%（雇主缴费6%，雇员缴费2%）。雇员的全部缴费存入个人账户，雇主缴费的30%存入雇员的个人账户，70%放在社会统筹账户。付费规则如表9.2所示，个人通过个人账户上的金额支付门诊费用和部分住院费用。对于低于当地年平均工资10%的住院费用，个人需要支付全部费用；而对于超过当地年平均工资10%的住院费用，个人需要承担部分费用。该保险报销绝大部分超过当地年平均工资10%的住院费用。保险可支付的最高费用在当地平均工资的4倍以内。

表9.2 城镇职工基本医疗保险支付规则

| 基金类型 | 付款范围 | 付款人 |
| --- | --- | --- |
| 个人账户：年平均工资的3.8%（2%+6%×30%） | 门诊费用和个人分担的住院费用 | 员工 |
| 社会统筹账户：年平均工资的4.2%（6%×70%） | 住院费用占当地年平均工资10%以上的保险份额；最高限额是当地年平均工资的4倍 | 医疗保险 |

数据来源：国务院（1998）。

---

① 劳动部（1996）。

依照当时的规定，一些群体不必参加城镇职工基本医疗保险。这些群体包括参加公费医疗的员工、老红军、全额领取工资的退休人员、伤残军人和大学生等。政府公务员在加入这个新体系时得到政府补贴。

随着城镇职工基本医疗保险制度的建立，即使是那些来自经营状况较差的企业的职工和退休人员也可以得到医疗服务。同时，根据新的规定，患者有更多的选择医院和医生的自由，这促进了医疗服务提供者之间的竞争，从而提高了服务质量。

然而，这一制度仍然存在一些问题。首先，这一体系不包含农民工、失业人员、儿童和在校学生。农民工没有城市户口，一般在没有工作保障、没有与工作相关的福利（如病假、失业保险和医疗保险）的非正规部门工作。其次，医疗成本飙升。从1995年到2005年，城镇居民可支配收入增长为2.4倍，农村居民纯收入增长2倍，综合医院门诊病人人均医疗费用增长为3.2倍，[①] 出现了"看病难，看病贵"的问题。2005年，国务院发展研究中心发布了一份研究报告，结论是自1978年经济改革以来，中国的医疗改革已经失败。这一结论是基于城乡医疗服务不平等、政府医疗支出不足、医保覆盖不足、个人支付医疗费用高等因素得出的。

2009年，中共中央和国务院发布《中共中央 国务院关于深化医药卫生体制改革的意见》（以下简称《意见》），呼吁深化医疗体制改革。新医疗改革的目标是逐步建立覆盖城乡居民的基本医疗卫生制度。《意见》呼吁政府减少对医院业务的干预，将医疗服务和药品采购分离，即给予患者选择在哪里购买药品的权利。当时，大多数医院虽然对医疗服务定价较低，但患者不得不在医院内以高价购买药品，导致个人负担过重。

此外，政府还强调初级医疗的作用。初级医疗通常使患者得到最初的医疗服务，通常由全科医生或家庭医生、牙医、药剂师、助产士等提供。初级医疗可以实现大多数预防性医疗并进行早期诊断，防止更昂贵的医院治疗。World Health Organization（2008）估计，更好地利用现有预防措施可以将全球疾病治疗负担减少多达70%。

与此同时，公费医疗的改革也开始了。2009年，全国人均医疗卫生费用为4 180元，而公费医疗下政府工作人员人均医疗卫生费用为11 000元（吴建华，2012）。这样的差异令人惊讶！公众对公费医疗不公平的抱怨越来越多。2013年，北京市政府决定将公费医疗并入城镇职工基本医疗保险。现在，所有省份都把公费医疗并入了城镇职工基本医疗保险。然而，公费医疗仍然覆盖着中央政府

---

① 可支配收入根据国家统计局（2007）数据计算，医疗费用依据是卫生部（2007）数据计算。

机关工作人员和一些高级别地方政府官员。

### 9.3.4 城镇居民医疗保险

2007年，国务院发布《国务院关于开展城镇居民基本医疗保险试点的指导意见》，号召建立为城镇居民服务的基本医疗保险，并且立刻在每个省、自治区的两三个城市以及直辖市中展开了试点；2010年，该方案在全国范围内实施。城镇居民医疗保险的参与者包括不在城镇职工基本医疗保险范围内的城镇居民。具体而言，它包括：①儿童和在校学生（小学生、初中生和高中生）；②大学生；③没有参加城镇居民医疗保险的个体劳动者；④没有工作的城市居民。

个人和政府都为城镇居民医疗保险缴费。最开始，政府补贴很少。对于中西部地区，政府补贴每人每年不得低于40元，其中中央政府补贴20元；对于贫困家庭或有残疾儿童的家庭和学生，政府额外补贴不少于10元，其中中央政府补贴5元；对于特困人员、残疾人和低收入老年人，政府补贴应不少于60元，中央政府补贴应不少于30元。东部地区的政府补贴相对较少。

如前所述，2016年，政府统一了新农合和城镇居民医疗保险，建立了城乡居民基本医疗保险的新制度。在新制度下，城镇居民的缴费比率、报销比率和政府补贴与农村居民相同。通过这次合并，城镇居民医疗保险得到改善。

2012年8月，政府推出了城乡居民大病保险。目前，商业保险公司经营保险业务，保费来源于城乡居民基本医疗保险的保险费。城乡居民无须缴纳额外的大病保险费。大病保险支付超出城乡居民基本医疗保险最高报销金额的医疗费用，报销比率不低于50%。

为什么要允许商业保险公司参加大病保险？答案很有趣。商业保险公司都在竞争一个地区的大病保险，这种竞争降低了大病保险费，提高了大病保险的报销范围和水平。此外，商业保险公司在竞争到大病医疗保险后，会派出专人进驻医院对医院的医疗服务进行监控，以预防大病的发生。这的确是一种创新。一些地区考虑让商业保险公司管理它们的城镇居民基本医疗保险，以提高医疗保险制度的运行效率。

## 9.4 医疗卫生服务的提供

在经济改革之前，所有的城市医院都是国有或集体所有，农村医疗站由农村生产大队所有。经济改革后，民营医院迅速发展，现在我国已有很多民营医院。

2022年，公立医院数量占医院总数的30%以上（见表9.3）。虽然公立医院的数量没有民营医院多，但规模较大。因此，公立医院接待的患者占患者总数的90%（庄一强、方敏，2014），是我国医疗服务的主力。

### 9.4.1 公立医院

表9.3为2022年全国公立医院和民营医院数量。2022年，全国共有公立医院11 746家，其中84.23%由各级政府经营，其余由事业单位和国有企业管理；民营医院有25 230所，占全国医院总数的68.23%。东部沿海地区的民营医院占比高于中西部地区。例如，2022年，江苏省有437家公立医院和1 650家民营医院；青海省共有111家公立医院，101家民营医院；西藏有128所公立医院，只有54家民营医院。

表9.3 2022年全国公立医院和民营医院数量

| 地区 | 公立医院 总计（家） | 政府开办的医院（家） | 政府开办的医院所占份额（%） | 民营医院（家） | 公立医院在医院总数中所占份额（%） |
|---|---|---|---|---|---|
| 总计 | 11 746 | 9 894 | 84.23 | 25 230 | 31.77 |
| 东部地区 | 4 418 | 3 618 | 81.89 | 10 096 | 30.44 |
| 中部地区 | 3 520 | 2 915 | 82.81 | 7 586 | 31.69 |
| 西部地区 | 3 808 | 3 361 | 88.26 | 7 548 | 33.53 |
| 北京 | 189 | 136 | 71.96 | 473 | 28.55 |
| 天津 | 127 | 96 | 75.59 | 308 | 29.20 |
| 河北 | 712 | 558 | 78.37 | 1 711 | 29.39 |
| 山西 | 446 | 347 | 77.80 | 930 | 32.41 |
| 内蒙古 | 328 | 300 | 91.46 | 482 | 40.49 |
| 辽宁 | 436 | 359 | 82.34 | 1 041 | 29.52 |
| 吉林 | 258 | 222 | 86.05 | 567 | 31.27 |
| 黑龙江 | 549 | 434 | 79.05 | 663 | 45.30 |
| 上海 | 162 | 149 | 91.98 | 281 | 36.57 |
| 江苏 | 437 | 365 | 83.52 | 1 650 | 20.94 |
| 浙江 | 446 | 404 | 90.58 | 1 073 | 29.36 |
| 安徽 | 359 | 306 | 85.24 | 979 | 26.83 |
| 福建 | 287 | 259 | 90.24 | 432 | 39.92 |

(续表)

| 地区 | 公立医院 总计（家） | 公立医院 政府开办的医院（家） | 公立医院 政府开办的医院所占份额（%） | 民营医院（家） | 公立医院在医院总数中所占份额（%） |
|---|---|---|---|---|---|
| 江西 | 317 | 280 | 88.33 | 647 | 32.88 |
| 山东 | 768 | 590 | 76.82 | 1 898 | 28.81 |
| 河南 | 732 | 594 | 81.15 | 1 738 | 29.64 |
| 湖北 | 395 | 321 | 81.27 | 787 | 33.42 |
| 湖南 | 464 | 411 | 88.58 | 1 275 | 26.68 |
| 广东 | 736 | 642 | 87.23 | 1 077 | 40.60 |
| 广西 | 353 | 337 | 95.47 | 497 | 41.53 |
| 海南 | 118 | 60 | 50.85 | 152 | 43.70 |
| 重庆 | 218 | 174 | 79.82 | 639 | 25.44 |
| 四川 | 680 | 615 | 90.44 | 1 785 | 27.59 |
| 贵州 | 289 | 255 | 88.24 | 1 167 | 19.85 |
| 云南 | 447 | 391 | 87.47 | 953 | 31.93 |
| 西藏 | 128 | 128 | 100.00 | 54 | 70.33 |
| 陕西 | 443 | 305 | 68.85 | 837 | 34.61 |
| 甘肃 | 284 | 254 | 89.44 | 420 | 40.34 |
| 青海 | 111 | 100 | 90.09 | 101 | 52.36 |
| 宁夏 | 66 | 65 | 98.48 | 145 | 31.28 |
| 新疆 | 461 | 437 | 94.79 | 468 | 49.62 |

数据来源：国家卫生健康委员会（2023）。

注：公立医院包括政府（中央或地方政府）所有的医院、国有企业和国有机构管理的医院。

公立医院质量较高，提供的医疗服务也多。在我国，医院分为一级、二级和三级，三级医院是质量最高的医院。2018年，全国只有1.4%的民营医院被认定为三级医院，18.8%的公立医院被认定为三级医院；民营医院占医疗服务总量的14.8%，而公立医院则占85.2%。[1] 显然，目前，公立医院是我国医疗服务的主要提供者。然而，民营医院的数量和质量正在迅速提高，医疗已成为一个对私人投资者具有吸引力的领域。

政府通过向公立医院支付一些新建工程和设备采购的费用、支付医院人员的工资以及替穷人支付公立医院的欠费等方式来支持公立医院。表9.4显示了

---

[1] 国家卫生健康委员会（2018）。

2010—2023年地方政府对公立医院的补贴。公立医院得到的补贴是最多的。地方政府利用自己的财政收入和中央政府的转移支付补贴公立医院。2010年，地方政府医疗卫生与计划生育总支出为4 730.62亿元，对公立医院和基层医疗卫生机构的补贴为1 284.17亿元，占地方政府医疗总支出的27.15%；2018年，地方政府医疗卫生与计划生育总支出为15 412.9亿元，对公立医院和基层医疗卫生机构的补贴为3 593亿元，占地方政府医疗总支出的23.31%；2023年，地方政府医疗卫生与计划生育总支出22 099.29亿元，对公立医院和基层医疗卫生机构的补贴4 374.83亿元，占地方政府医疗总支出的19.8%（见表9.4）。政府补贴也占了公立医院收入的很大一部分。

2018年，全国公立医院总收入36 046亿元，其中政府补贴6 016.8亿元，占公立医院总收入的16.69%；2021年，全国公立医院收入46 113.53亿元，其中政府补贴9 045.87亿元，占公立医院总收入的19.62%。[①]

## 9.4.2 民营医院

现代化的民营医院是19世纪到20世纪初期由西方的传教士建立的，如著名的北京协和医院和北京同仁医院。中华人民共和国成立后，所有的教会医院和其他民营医院都变成了公立医院。今天，这些医院仍然属于中国最好的医院。中央计划经济体制下没有民营医院。1978年经济改革后，小型民营医院开始出现。20世纪90年代初，中国决定建立社会主义市场经济体制，民营企业和民营医院开始蓬勃发展。

自2010年以来，国务院（2013，2015c）在几份重要文件中，鼓励投资私人诊所、养老院和民营医院，要求政府经营的医疗保险项目在报销医疗费用时对民营医院和公立医院一视同仁。政府还允许公立医院医生在民营医院兼职，以提高民营医院的服务质量和增加这些医生的收入。结果，民营医院的数量急剧增加。由表9.3可知，2022年全国民营医院数量超过公立医院，占医院总数的68.23%。

民营医院面临许多困难。首先，许多民营医院属于营利性医院，它们必须缴纳所得税和其他税。而公立医院是非营利组织，它们不需要缴税。税收是民营医院发展壮大的沉重负担。其次，民营医院很难找到最好的医生、护士和技术人员，这是因为在民营医院缺乏医务人员个人专业发展的机会。最后，许多病人仍然不信任民营医院，而更愿意到公立医院就医。这一问题需要通过提高服务质量和降低服务价格来解决。教会兴办的医院，像协和医院，在中国存在了一个多世

---

① 国家卫生健康委员会（2019，2022）。

表 9.4 2010—2023 年地方政府对公立医院的补贴

(单位:亿元)

| | 2010 | 2011 | 2016 | 2017 | 2018 | 2019 | 2020 | 2021 | 2022 | 2023 |
|---|---|---|---|---|---|---|---|---|---|---|
| 公立医院 | 836.54 | 901.66 | 2 036.36 | 2 143.66 | 2 222.26 | 2 436.72 | 2 680.07 | 2 521.16 | 2 651.50 | 2 809.83 |
| 综合医院 | 572.65 | 560.91 | 1 233.14 | 1 293.63 | 1 293.55 | 1 410.83 | 1 527.06 | 1 443.32 | 1 515.79 | 1 636.39 |
| 中医院 | 139.57 | 151.64 | 304.32 | 306.86 | 301.91 | 330.56 | 341.51 | 335.74 | 345.16 | 385.28 |
| 隔离医院(适用于传染病) | 22.35 | 28.10 | 45.12 | 50.20 | 56.08 | 60.99 | 95.06 | 89.36 | 105.73 | 107.57 |
| 职业病防治医院 | 1.45 | 2.08 | 6.53 | | 5.78 | 6.79 | 6.07 | 7.65 | 6.59 | 6.10 |
| 精神病医院 | 22.24 | 25.43 | 52.29 | 60.58 | 63.81 | 66.44 | 62.95 | 70.06 | 72.73 | 75.85 |
| 妇产医院 | 12.01 | 11.85 | 40.47 | 51.13 | 48.33 | 62.03 | 73.27 | 81.41 | 97.60 | 94.96 |
| 儿童医院 | 11.54 | 12.86 | 35.30 | 31.44 | 40.30 | 40.23 | 41.52 | 51.77 | 56.57 | 62.47 |
| 其他专科医院 | 20.83 | 27.05 | 58.38 | 52.98 | 64.28 | 75.38 | 100.57 | 82.65 | 72.18 | 95.08 |
| 福利医院 | 0.50 | 0.61 | 1.47 | 1.51 | 1.76 | 1.73 | 1.74 | 1.33 | 1.51 | 1.83 |
| 行业医院 | 3.02 | 3.95 | 6.66 | 8.36 | 8.26 | 6.44 | 5.8 | 5.82 | 6.85 | 7.71 |
| 医疗欠费的处理(病人的未付费用) | 0.86 | 1.15 | 0.94 | 0.64 | 1.04 | 1.59 | 0.69 | 0.37 | 0.33 | 0.28 |
| 其它公立医院支出 | 29.52 | 76.03 | 251.74 | 280.20 | 337.15 | 373.73 | 422.00 | 347.83 | 356.98 | 324.35 |
| 基层医疗卫生机构 | 447.63 | 613.46 | 1 209.84 | 1 324.99 | 1 370.74 | 1 487.69 | 1 480.91 | 1 441.87 | 1 513.77 | 1 565.00 |
| 城市社区卫生机构 | 94.15 | 97.75 | 210.13 | 224.88 | 232.23 | 261.25 | 264.58 | 270.75 | 299.35 | 327.79 |
| 乡镇卫生院 | 254.73 | 332.45 | 693.60 | 722.38 | 739.17 | 842.24 | 837.62 | 826.98 | 886.06 | 914.70 |

（续表）

（单位：亿元）

| | 2010 | 2011 | 2016 | 2017 | 2018 | 2019 | 2020 | 2021 | 2022 | 2023 |
|---|---|---|---|---|---|---|---|---|---|---|
| 其他基层医疗卫生机构 | 98.75 | 183.26 | 306.10 | 377.73 | 339.34 | 384.21 | 378.71 | 344.14 | 328.36 | 322.51 |
| 地方政府医疗卫生与计划生育总支出 | 4 730.62 | 6 358.19 | 13 067.61 | 14 343.03 | 15 412.90 | 16 417.62 | 18 873.41 | 18 919.17 | 22 316.16 | 22 099.29 |
| 公立医院和基层医疗卫生机构的补贴 | 1 284.17 | 1 515.12 | 3 246.2 | 3 468.65 | 3 593.00 | 3 924.41 | 4 160.98 | 3 963.03 | 4 165.27 | 4 374.83 |
| 公立医院和基层医疗卫生机构的补贴在政府医疗总支出中的比率（%） | 27.15 | 23.83 | 24.84 | 24.18 | 23.31 | 23.90 | 22.05 | 20.95 | 18.67 | 19.80 |

数据来源：财政部（2024）。

纪，这些医院的发展经验，对于现在中国的一些民营医院来说，有很多值得借鉴之处。

## 9.5 医疗体系存在的问题

由于缺乏高质量的医生和医疗设备，患者不得不长途跋涉，等待很长时间到大医院就医，这就造成"看病难"。医院提供不必要的医疗检查，过量开药，将医疗服务与药品销售捆绑在一起，以高价销售药品，而医疗保险报销少，这就造成"看病贵"，使患者因重病而陷入贫困。本节主要探讨我国医疗卫生体制存在的问题，包括医疗保险制度不完善和高额个人支出、政府对医疗领域的过度干预、医疗保险的地方化、城乡医疗差距、医疗保险制度的潜在债务等。

### 9.5.1 不完善的医疗保险制度和高额个人支出

农村医疗保险制度比较落后，支付的医疗费比较少，保险水平低。2010年人均医疗保险费为156.6元，2015年为477.24元，2020年为833元，2021年为900元，2023年为1 010元。[①] 保险水平低，报销起点（起付线）高，报销率低。此外，每人每年报销有限额，因此，对于患有重病的人来说，医疗费用非常昂贵。由于医疗保险水平不高，医疗保险报销比例低，一些重病患者因负担不起医疗费用而陷入贫困。

从表9.5中可以看出，2019年城乡居民基本医疗保险实际支付住院费用的比率，即实际报销率，一级医院为69.9%，二级医院为64.1%，三级医院为53.5%；城镇职工基本医疗保险实际支付住院费用的比率，一级医院为85.2%，二级医院为80.9%，三级医院为73.7%。最近几年没有公布实际报销率。2023年城乡居民政策内医保住院费用报销率，一级医院为80.8%，二级医院为72.4%，三级医院为63.2%；城镇职工政策内医保住院费用报销率，一级医院为89.4%，二级医院为87.4%，三级医院为83.5%。通常人们去更高级别的医院是因为低级别的医院不能治疗他们的疾病。因此，去三级医院的人通常都有严重的疾病，花费通常较高。但是，高级别医院的报销率却更低。需要说明的是，住院费用的实际报销率与医保政策住院费用的报销率不同。这是因为有些住院费用不在保险范围内。例如，患者可能需要自己雇用护工。因此，实际支出会高于保

---

① 国家卫生健康委员会（2019，2022，2024）。

险所涵盖的支出。住院费用的报销是有上限的，一般说来，发达地区报销上限高，欠发达地区报销上限低。

表9.5 2019年和2023年住院费用报销标准　　　　　　（单位：%）

|  | 2019年 |  |  |  | 2023年 |  |
|---|---|---|---|---|---|---|
|  | 城镇职工基本医疗保险 |  | 城乡居民基本医疗保险 |  | 城镇职工政策内医保住院费用报销率 | 城乡居民政策内医保住院费用报销率 |
|  | 医保住院费用报销率 | 住院费用实际报销率 | 医保住院费用报销率 | 住院费用实际报销率 |  |  |
| 全国平均 | 85.8 | 75.6 | 68.8 | 59.7 | 84.6 | 68.1 |
| 三级医院 | 85.0 | 73.7 | 63.6 | 53.5 | 83.5 | 63.2 |
| 二级医院 | 87.2 | 80.9 | 72.1 | 64.1 | 87.4 | 72.4 |
| 一级医院 | 89.3 | 85.2 | 77.5 | 69.9 | 89.4 | 80.8 |

数据来源：国家医疗保障局（2020，2024）。

城镇职工基本医疗保险的情况要好一些，但个人医疗支出仍然较高。个人必须首先将其个人账户中的基金用于门诊和住院服务。个人账户用完后，保险开始生效，用社会统筹账户的基金支付约75%的费用。社会统筹账户的基金使用上限是平均工资的4倍。如果费用超过这个限额，患者必须自掏腰包。

另外，药品支出也是一些患者的重大负担。政府制定了国家医保药品目录，目录以外的药品不能报销。根据国家医疗保障局、人力资源和社会保障部的通知，《国家基本医疗保险、工伤保险和生育保险药品目录（2020年）》（简称《2020年药品目录》）收载西药和中成药共2 800种，其中西药部分1 264种，中成药部分1 315种，协议期内谈判药品221种。另外，还有基金可以支付的中药饮片892种。中国设定了医疗器械、医疗矫正材料的报销目录，只有在目录上的才能报销。根据药智网（2021）提供的信息，我国现有药品18 519种，可报销药品2 800类，相当于5 113种药品。目录上的药品占全部药品的27.61%。而大量进口药品、医疗器械和医疗矫正材料不能报销，全部自费。这对重症患者来说是巨大开销。

总体而言，我国政府和保险项目支付的医疗支出较低，个人自付的医疗支出较高。表9.6显示了1978—2023年政府、社会及个人的医疗支出。政府支出占医疗支出总额的比率，1978年为32.16%，1980年为36.24%，1990年为25.06%，2000年为15.47%，2010年为28.69%，2020年为30.40%，2022年为28.17%，2023年为26.66%。社会（或保险）支出占医疗支出总额的比重，1978年为47.41%，1980年为42.57%，1990年为39.22%，2000年为25.55%，2010年为36.02%，2020年为41.94%，2022年为44.94%，2023年为46.01%。

表 9.6 1978—2023 年政府、社会及个人的医疗支出

| 年份 | 医疗支出（亿元） 总额 | 政府 | 社会（或保险） | 个人 | 占比（%） 政府 | 社会（或保险） | 个人 | GDP（亿元） | 医疗支出总额/GDP（%） | 政府医疗支出/GDP（%） |
|---|---|---|---|---|---|---|---|---|---|---|
| 1978 | 110.21 | 35.44 | 52.25 | 22.52 | 32.16 | 47.41 | 20.43 | 3 678.70 | 3.00 | 0.96 |
| 1979 | 126.19 | 40.64 | 59.88 | 25.67 | 32.21 | 47.45 | 20.34 | 4 100.50 | 3.08 | 0.99 |
| 1980 | 143.23 | 51.91 | 60.97 | 30.35 | 36.24 | 42.57 | 21.19 | 4 587.60 | 3.12 | 1.13 |
| 1981 | 160.12 | 59.67 | 62.43 | 38.02 | 37.27 | 38.99 | 23.74 | 4 935.80 | 3.24 | 1.21 |
| 1982 | 177.53 | 68.99 | 70.11 | 38.43 | 38.86 | 39.49 | 21.65 | 5 373.40 | 3.30 | 1.28 |
| 1983 | 207.42 | 77.63 | 64.55 | 65.24 | 37.43 | 31.12 | 31.45 | 6 020.90 | 3.44 | 1.29 |
| 1984 | 242.07 | 89.46 | 73.61 | 79.00 | 36.96 | 30.41 | 32.64 | 7 278.50 | 3.33 | 1.23 |
| 1985 | 279.00 | 107.65 | 91.96 | 79.39 | 38.58 | 32.96 | 28.46 | 9 098.90 | 3.07 | 1.18 |
| 1986 | 315.90 | 122.23 | 110.35 | 83.32 | 38.69 | 34.93 | 26.37 | 10 376.20 | 3.04 | 1.18 |
| 1987 | 379.58 | 127.28 | 137.25 | 115.05 | 33.53 | 36.16 | 30.31 | 12 174.60 | 3.12 | 1.05 |
| 1988 | 488.04 | 145.39 | 189.99 | 152.66 | 29.79 | 38.93 | 31.28 | 15 180.40 | 3.21 | 0.96 |
| 1989 | 615.50 | 167.83 | 237.84 | 209.83 | 27.27 | 38.64 | 34.09 | 17 179.70 | 3.58 | 0.98 |
| 1990 | 747.39 | 187.28 | 293.10 | 267.01 | 25.06 | 39.22 | 35.73 | 18 872.90 | 3.96 | 0.99 |
| 1991 | 893.49 | 204.05 | 354.41 | 335.02 | 22.84 | 39.67 | 37.50 | 22 005.60 | 4.06 | 0.93 |
| 1992 | 1 096.86 | 228.61 | 431.55 | 436.70 | 20.84 | 39.34 | 39.81 | 27 194.50 | 4.03 | 0.84 |
| 1993 | 1 377.78 | 272.06 | 524.75 | 580.97 | 19.75 | 38.09 | 42.17 | 35 673.20 | 3.86 | 0.76 |
| 1994 | 1 761.24 | 342.28 | 644.91 | 774.06 | 19.43 | 36.62 | 43.95 | 48 637.50 | 3.62 | 0.70 |
| 1995 | 2 155.13 | 387.34 | 767.81 | 999.98 | 17.97 | 35.63 | 46.40 | 61 339.90 | 3.51 | 0.63 |
| 1996 | 2 709.42 | 461.61 | 875.66 | 1 372.15 | 17.04 | 32.32 | 50.64 | 71 813.60 | 3.77 | 0.64 |

第 9 章 医疗体制改革

（续表）

| 年份 | 医疗支出（亿元） ||||  占比（%） ||| GDP（亿元） | 医疗支出总额/GDP（%） | 政府医疗支出/GDP（%） |
|---|---|---|---|---|---|---|---|---|---|---|
| | 总额 | 政府 | 社会（或保险） | 个人 | 政府 | 社会（或保险） | 个人 | | | |
| 1997 | 3 196.71 | 523.56 | 984.06 | 1 689.09 | 16.38 | 30.78 | 52.84 | 79 715.00 | 4.01 | 0.66 |
| 1998 | 3 678.72 | 590.06 | 1 071.03 | 2 017.63 | 16.04 | 29.11 | 54.85 | 85 195.50 | 4.32 | 0.69 |
| 1999 | 4 047.50 | 640.96 | 1 145.99 | 2 260.56 | 15.84 | 28.31 | 55.85 | 90 564.40 | 4.47 | 0.71 |
| 2000 | 4 586.63 | 709.52 | 1 171.94 | 2 705.17 | 15.47 | 25.55 | 58.98 | 100 280.10 | 4.57 | 0.71 |
| 2001 | 5 025.93 | 800.61 | 1 211.43 | 3 013.88 | 15.93 | 24.10 | 59.97 | 110 863.10 | 4.53 | 0.72 |
| 2002 | 5 790.03 | 908.51 | 1 539.38 | 3 342.14 | 15.69 | 26.59 | 57.72 | 121 717.40 | 4.76 | 0.75 |
| 2003 | 6 584.10 | 1 116.94 | 1 788.50 | 3 678.67 | 16.96 | 27.16 | 55.87 | 137 422.00 | 4.79 | 0.81 |
| 2004 | 7 590.29 | 1 293.58 | 2 225.35 | 4 071.35 | 17.04 | 29.32 | 53.64 | 161 840.20 | 4.69 | 0.80 |
| 2005 | 8 659.91 | 1 552.53 | 2 586.41 | 4 520.98 | 17.93 | 29.87 | 52.21 | 187 318.90 | 4.62 | 0.83 |
| 2006 | 9 843.34 | 1 778.86 | 3 210.92 | 4 853.56 | 18.07 | 32.62 | 49.31 | 219 438.52 | 4.49 | 0.81 |
| 2007 | 11 573.97 | 2 581.58 | 3 893.72 | 5 098.66 | 22.31 | 33.64 | 44.05 | 270 092.30 | 4.29 | 0.96 |
| 2008 | 14 535.40 | 3 593.94 | 5 065.60 | 5 875.86 | 24.73 | 34.85 | 40.42 | 319 515.50 | 4.55 | 1.12 |
| 2009 | 17 541.92 | 4 816.26 | 6 154.49 | 6 571.16 | 27.46 | 35.08 | 37.46 | 349 081.40 | 5.03 | 1.38 |
| 2010 | 19 980.39 | 5 732.49 | 7 196.61 | 7 051.29 | 28.69 | 36.02 | 35.29 | 412 119.30 | 4.85 | 1.39 |
| 2011 | 24 345.91 | 7 464.18 | 8 416.45 | 8 465.28 | 30.66 | 34.57 | 34.77 | 487 940.20 | 4.99 | 1.53 |
| 2012 | 28 119.00 | 8 431.98 | 10 030.70 | 9 656.32 | 29.99 | 35.67 | 34.34 | 538 579.95 | 5.22 | 1.57 |
| 2013 | 31 668.95 | 9 545.81 | 11 393.79 | 10 729.34 | 30.14 | 35.98 | 33.88 | 592 963.23 | 5.34 | 1.61 |
| 2014 | 35 312.40 | 10 579.23 | 13 437.75 | 11 295.41 | 29.96 | 38.05 | 31.99 | 643 563.10 | 5.49 | 1.64 |
| 2015 | 40 974.64 | 12 475.28 | 16 506.71 | 11 992.65 | 30.45 | 40.29 | 29.27 | 688 858.22 | 5.95 | 1.81 |

(续表)

| 年份 | 医疗支出（亿元） |||| 占比（%） ||| GDP（亿元） | 医疗支出总额/GDP（%） | 政府医疗支出/GDP（%） |
|---|---|---|---|---|---|---|---|---|---|---|
| | 总额 | 政府 | 社会（或保险） | 个人 | 政府 | 社会（或保险） | 个人 | | | |
| 2016 | 46 344.88 | 13 910.31 | 19 096.68 | 13 337.90 | 30.01 | 41.21 | 28.78 | 746 395.06 | 6.21 | 1.86 |
| 2017 | 52 598.28 | 15 205.87 | 22 258.81 | 15 133.60 | 28.91 | 42.32 | 28.77 | 832 035.95 | 6.32 | 1.83 |
| 2018 | 59 121.91 | 16 399.13 | 25 810.78 | 16 911.99 | 27.74 | 43.66 | 28.61 | 919 281.13 | 6.43 | 1.78 |
| 2019 | 65 841.39 | 18 016.95 | 29 150.57 | 18 673.87 | 27.36 | 44.27 | 28.36 | 986 515.20 | 6.67 | 1.83 |
| 2020 | 72 175.00 | 21 941.90 | 30 273.67 | 19 959.43 | 30.40 | 41.94 | 27.65 | 1 016 549.30 | 7.10 | 2.16 |
| 2021 | 76 844.99 | 20 676.06 | 34 963.26 | 21 205.67 | 26.91 | 45.50 | 27.60 | 1 143 526.64 | 6.72 | 1.81 |
| 2022 | 85 327.49 | 24 040.89 | 38 345.67 | 22 940.94 | 28.17 | 44.94 | 26.89 | 1 210 207.2 | 7.05 | 1.99 |
| 2023 | 90 575.81 | 24 147.89 | 41 676.80 | 24 751.13 | 26.66 | 46.01 | 27.33 | 1 249 990.6 | 7.25 | 1.93 |

数据来源：国家统计局（2020，2022，2023，2024）。

注：医疗支出总额是指一个国家或地区在一定时期内从全社会筹集的用于医疗卫生的货币资源总额。

与此同时，个人医疗支出占医疗支出总额的比重，1978 年为 20.43%，1980 年为 21.19%，1990 年为 35.73%，2000 年为 58.98%，2010 年为 35.29%，2020 年为 27.65%，2022 年为 26.89%，2023 年为 27.33%。在英国、法国、美国和日本等发达国家，个人支付的医疗费用比率远远低于中国。[①] 例如，2019 年在美国个人支付的医疗费用仅占 11%。[②]

### 9.5.2 政府的过度干预

中国存在着政府对医疗服务干预过度的问题，政府一直在补贴公立医院，以提高服务能力和降低服务价格。近年来，政府对公立医院的补贴正在下降，但仍然很高。表 9.4 显示了地方政府对公立医院的补贴。2023 年，政府对公立医院的补贴达到了 2 809.83 亿元，占地方政府医疗卫生与计划生育支出总额的 12.7%；对公立医院和基层医疗卫生机构的补贴达到了 4 374.83 亿元，占地方政府医疗卫生与计划生育支出总额的 19.8%。这些巨额补贴容易降低公立医院在增加服务和提高服务质量方面与民营医院竞争的动力。

政府为公立医院制定了相当低的医疗服务价格。例如，北京市人民政府（2017）宣布了一项新的医疗改革计划，从 2017 年 4 月 8 日起，设置一级、二级和三级医院的门诊费：一级医院的门诊费为 20～100 元。医生和护士的工资及医疗服务价格也是由政府制定的，而且较低。在国外尤其是美国，医生收入很高。例如，2020 年的医生平均收入，美国为 316 000 美元，德国为 183 000 美元，英国为 138 000 美元，法国为 98 000 美元（Loguidice，2021）。在中国，医生的工资水平与教师和其他公务员相当。医院领导人由组织部门任命，他们是政府官员，负责决定聘用医务人员、购买设备、建设基础设施和日常医院管理。

政府对工资和服务价格的过度干预造成了许多问题。首先，为了补充员工的收入，医院必须提高收入，由于医疗服务价格较低，医院不得不依靠高价出售药物。因此，它们将医疗服务与药物销售绑定，让病人从医院买药，而不是在价格较低的药店买药。一些医生和护士则接受病人的红包。此外，很多医院经常为病人提供不必要的医疗检查和服务以获取收入。昂贵的药品销售和高科技医疗服务的使用在不断增长。在美国，2019 年处方药零售支出占医疗总支出的 10%，[③] 而在中国，2010 年和 2018 年药品支出分别占医疗总支出的 41.6% 和 32.7%，2022 年为 26.9%（见表 9.7）。

---

[①] 北京大学中国公共财政研究中心课题组（2014）。
[②] U. S. Centers for Medicare & Medicaid Services（2020）。
[③] U. S. Centers for Medicare & Medicaid Services（2020）。

表 9.7 药品支出

(单位：亿元)

| | 2010 | 2013 | 2014 | 2015 | 2016 | 2017 | 2018 | 2019 | 2020 | 2021 | 2022 |
|---|---|---|---|---|---|---|---|---|---|---|---|
| 药品总支出 | 8 835.9 | 13 113.2 | 13 925 | 16 166.3 | 17 345.9 | 18 203.0 | 19 149.0 | 21 116.82 | 20 699.9 | 20 395.63 | 21 275.81 |
| 医疗机构药品支出 | 6 324.3 | 9 146.2 | 9 290.3 | 10 739.9 | 11 268.3 | | | | | | |
| 门诊药品支出 | 3 270.3 | 4 102.7 | 4 203.4 | 5 065.8 | 5 214.8 | 5 960.0 | 6 286.2 | 7 227.06 | 7 093.89 | 7 848.64 | 8 303.04 |
| 住院药品支出 | 3 054.0 | 5 043.5 | 5 086.9 | 5 674.1 | 6 053.6 | 6 037.8 | 6 074.3 | 6 490.3 | 5 769.35 | 6 242.58 | 5 848.79 |
| 零售药品支出 | 2 511.6 | 3 967.0 | 4 634.7 | 5 426.4 | 6 077.6 | 6 205.2 | 6 788.5 | 7 399.46 | 7 836.66 | 6 304.41 | 7 123.98 |
| 人均药品支出 | 658.9 | 963.7 | 1 018.0 | 1 176.1 | 1 261.9 | 1 309.5 | 1 372.3 | 1 508.29 | 1 466.23 | 1 444.67 | 1 507.02 |
| 药品支出占医疗总支出的比例 (%) | 41.6 | 39.4 | 37.8 | 37.7 | 35.8 | 34.4 | 32.7 | 33.31 | 30.98 | 28.67 | 26.91 |

数据来源：国家卫生健康委员会（2018，2022）；2017—2018 年的资料来自翟铁民等（2020）。2022 年数据来源于柴培培等（2024）。

高昂的药价、过量的处方药和不必要的医疗服务导致了患者和医院之间的紧张关系。

其次，低工资和紧张的医患关系导致了高质量的医生和护士的短缺。许多医生不希望自己的孩子成为医生。据报道，近年来，一些顶尖的医学院在招生方面遇到了困难，不得不降低标准来吸引学生。我国医生的平均水平较低。在许多乡镇医院工作的医生，绝大多数是大专毕业，即高中毕业后只接受过三年的医学院培训。在县级医院，四年制的医学院毕业生也很少。高水平的医生及其他医疗资源不足，令病人们难以获得高质量医疗服务。城市医疗服务比农村好得多，而大城市的医院比小城市的医院好得多。因此，许多人前往大城市，排长队等待就医。大城市的医院总是很拥挤，高水平的医生总是很忙，导致公众抱怨他们很难获得高质量医疗服务。

政府还为公立医院设定了人员配额。公立医院是政府的事业单位，因此员工人数由政府控制。根据OECD（2024c）统计，2021年，奥地利每千人中执业医师数为5.41人，捷克为4.26人，法国为3.36人，德国为4.53人，瑞士为4.44人，英国为3.18人，美国为2.67人，而中国则为2.52人。奥地利每千人中护士数为10.60人，捷克为8.95人，法国为9.65人，德国为12.03人，瑞士为3.77人，英国为8.68人，美国为11.98人，而2021年中国仅为3.52人。显然，中国护士严重短缺。因此，许多住院病人雇用自己的护工。表9.8显示了1975年至2023年中国按城市、乡村划分的每千人医疗机构中的医生和护士等卫生技术人员的人数。每千人中执业医师和执业助理医师的人数，2019年为2.77人，2020年为2.90人，2021年为3.04人，2023年为3.40人。每千人中注册护士的人数，2019年为3.18人，2020年为3.34人，2021年为3.56人，2023年为4人。

表9.8　按城市、农村划分的卫生技术人员　　　　（单位：人/千人）

| 年份 | 执业医师+执业助理医师 ||| 注册护士 ||| 医疗技术人员 |||
| --- | --- | --- | --- | --- | --- | --- | --- | --- | --- |
| | 总计 | 城市 | 农村 | 总计 | 城市 | 农村 | 总计 | 城市 | 农村 |
| 1975 | 0.95 | 2.66 | 0.65 | 0.41 | 1.74 | 0.18 | 2.24 | 6.92 | 1.41 |
| 1978 | 1.08 | 2.99 | 0.73 | 0.42 | 1.74 | 0.18 | 2.57 | 7.73 | 1.63 |
| 1980 | 1.17 | 3.22 | 0.76 | 0.47 | 1.83 | 0.20 | 2.85 | 8.03 | 1.81 |
| 1985 | 1.36 | 3.35 | 0.85 | 0.61 | 1.85 | 0.30 | 3.28 | 7.92 | 2.09 |
| 1990 | 1.56 | 2.95 | 0.98 | 0.86 | 1.91 | 0.43 | 3.45 | 6.59 | 2.15 |
| 1995 | 1.62 | 2.39 | 1.07 | 0.95 | 1.59 | 0.49 | 3.59 | 5.36 | 2.32 |
| 2000 | 1.68 | 2.31 | 1.17 | 1.02 | 1.64 | 0.54 | 3.63 | 5.17 | 2.41 |
| 2005 | 1.60 | 2.46 | 1.26 | 1.06 | 2.10 | 0.65 | 3.57 | 5.82 | 2.69 |
| 2010 | 1.79 | 2.97 | 1.32 | 1.52 | 3.09 | 0.89 | 4.37 | 7.62 | 3.04 |
| 2011 | 1.83 | 2.62 | 1.10 | 1.67 | 2.62 | 0.79 | 4.61 | 6.68 | 2.66 |
| 2012 | 1.94 | 3.19 | 1.40 | 1.85 | 3.65 | 1.09 | 4.94 | 8.55 | 3.41 |

（单位：人/千人）（续表）

| 年份 | 执业医师+执业助理医师 ||| 注册护士 ||| 医疗技术人员 |||
|---|---|---|---|---|---|---|---|---|---|
| | 总计 | 城市 | 农村 | 总计 | 城市 | 农村 | 总计 | 城市 | 农村 |
| 2013 | 2.04 | 3.39 | 1.48 | 2.04 | 4.00 | 1.22 | 5.27 | 9.18 | 3.64 |
| 2014 | 2.12 | 3.54 | 1.51 | 2.20 | 4.30 | 1.31 | 5.56 | 9.70 | 3.77 |
| 2015 | 2.22 | 3.72 | 1.55 | 2.37 | 4.58 | 1.39 | 5.83 | 10.21 | 3.90 |
| 2016 | 2.31 | 3.79 | 1.61 | 2.54 | 4.75 | 1.50 | 6.12 | 10.42 | 4.08 |
| 2017 | 2.44 | 3.97 | 1.68 | 2.74 | 5.01 | 1.62 | 6.47 | 10.87 | 4.28 |
| 2018 | 2.59 | 4.01 | 1.82 | 2.94 | 5.08 | 1.80 | 6.83 | 10.91 | 4.63 |
| 2019 | 2.77 | 4.10 | 1.96 | 3.18 | 5.22 | 1.99 | 7.26 | 11.10 | 4.96 |
| 2020 | 2.90 | 4.25 | 2.06 | 3.34 | 5.40 | 2.10 | 7.57 | 11.46 | 5.18 |
| 2021 | 3.04 | 3.73 | 2.42 | 3.56 | 4.58 | 2.64 | 7.97 | 9.87 | 6.27 |
| 2022 | 3.15 | 3.84 | 2.53 | 3.71 | 4.74 | 2.79 | 8.27 | 10.20 | 6.55 |
| 2023 | 3.40 | 4.13 | 2.74 | 4.00 | 5.08 | 3.05 | 8.87 | 10.89 | 7.07 |

数据来源：1975年和1978年数据来自卫生部（1991），1980—2023年数据来自国家统计局（2024）。

## 9.5.3 地方化的医疗保险制度

在我国，医疗保险由地方政府管理。而我国的医疗保险制度是"量入为出"的。因此，年轻职工较多的地区和外来务工人员较多的地区，有更多的医保缴费收入，医疗保险账户就有盈余；而年轻工人较少和退休人员较多的地区，医保账户则会有赤字。此外，在本地区以外的医疗费用报销很困难。

地方政府几乎要为整个医疗卫生支出负责。中央政府医疗卫生支出较低。1991年，中央医疗卫生支出占全国医疗卫生支出的比重为2.6%，地方医疗卫生支出占全国医疗卫生支出的比重为97.4%。2023年，一般公共预算中，医疗卫生支出为22 396.01亿元，中央财政医疗卫生支出为296.72亿元，仅占全国医疗卫生支出的1.32%；地方财政医疗卫生支出为22 099.29亿元，占全国医疗卫生支出的98.68%。[1] 1994年的税制改革增强了中央政府的财政能力，削弱了地方政府的财政能力。与此同时，中央政府把为医疗服务提供资金的大部分责任交给了地方各级政府。尽管中央政府向地方政府转移医疗保险，但转移的数额仍然不够。表9.9显示了近年来中央政府向地方政府的医疗转移支付。2016年，中央财政转移支付3 385.15亿元，约占地方政府医疗卫生支出总额的25.90%。2023

---

[1] 财政部（1992，2024）。

表 9.9 中央政府向地方政府的医疗转移支付

(单位：亿元)

| | | 2014 | 2015 | 2016 | 2017 | 2018 | 2019 | 2020 | 2021 | 2022 | 2023 |
|---|---|---|---|---|---|---|---|---|---|---|---|
| 一般性转移支付 | 城乡居民医疗保险 | 1 880.46 | 2 123.24 | 2 363.24 | 2 512.57 | 2 724.69 | 3 327.38 | 3 467.58 | 3 587.65 | 3 704.76 | 3 839.88 |
| 专项转移支付 | 公立医院 | 46.99 | 95.6 | 130.21 | | | | | | | |
| | 基本公共服务 | 458.24 | 497.61 | 544.42 | 587.25 | 629.26 | 559.24 | 603.3 | 653.94 | 684.5 | 725.09 |
| | 医疗救助 | | 129.21 | 141.13 | 141.13 | 261.11 | 271.01 | 286.09 | 283.64 | 296.51 | 296.51 |
| | 优抚对象医疗保险 | 23.72 | 23.71 | 23.72 | 23.72 | 23.71 | 23.71 | 23.71 | 23.71 | 23.80 | 23.80 |
| | 基本药物 | 90.65 | 90.96 | 90.95 | 90.95 | 90.95 | 90.96 | 90.96 | 90.96 | 91.15 | 91.15 |
| | 计划生育 | 70.71 | 77.17 | 91.48 | 74.61 | 89.05 | 117.52 | 124.96 | 132.39 | 154.14 | 178.62 |
| | 医疗服务与保障能力提升 | | | | 129.21 | 185.5 | 283.45 | 299.78 | 304.83 | 351.87 | 381.86 |

数据来源：财政部 (2024)。

年，中央财政转移支付 5 536.91 亿，占地方政府医疗卫生支出总额的 25.05%。在中央财政转移支付中，城乡居民基本医疗保险占 69.35%。

## 9.5.4 城乡地区差距

中国也存在城乡医疗资源分布不均的问题。与城市地区相比，农村地区的医生和护士少得多。根据表 9.8，2023 年，每千人中执业医师和执业助理医师数，城市为 4.13 人，而农村仅为 2.74 人；每千人中注册护士数，城市为 5.08 人，农村为 3.05 人。

城市地区的医疗卫生支出远高于农村地区。表 9.10 显示了 1978—2023 年城镇和农村地区的医疗卫生支出，包括政府、医疗保险和个人支出。1990 年，城镇居民人均医疗卫生支出为 158.8 元，农村为 38.8 元。2000 年，城镇居民人均医疗卫生支出为 813.7 元，农村为 214.7 元。2010 年，城镇居民人均医疗卫生支出为 2 315.5 元，农村仅为 666.3 元。2014 年，城镇居民人均医疗卫生支出为 3 558.3 元，农村为 1 412.2 元。

表 9.10 1978—2023 年城乡医疗卫生支出

| 年份 | 城乡医疗卫生支出（亿元） |  |  | 城乡人均医疗卫生支出（元） |  |  |
|---|---|---|---|---|---|---|
|  | 总计 | 城镇 | 农村 | 总计 | 城镇 | 农村 |
| 1978 | 110.21 |  |  | 11.5 |  |  |
| 1980 | 143.23 |  |  | 14.5 |  |  |
| 1990 | 747.39 | 396 | 351.39 | 65.4 | 158.8 | 38.8 |
| 1991 | 893.49 | 482.6 | 410.89 | 77.1 | 187.6 | 45.1 |
| 1992 | 1 096.86 | 597.3 | 499.56 | 93.6 | 222 | 54.7 |
| 1993 | 1 377.78 | 760.3 | 617.48 | 116.3 | 268.6 | 67.6 |
| 1994 | 1 761.24 | 991.5 | 769.74 | 146.9 | 332.6 | 86.3 |
| 1995 | 2 155.13 | 1 239.5 | 915.63 | 177.9 | 401.3 | 112.9 |
| 1996 | 2 709.42 | 1 494.9 | 1 214.52 | 221.4 | 467.4 | 150.7 |
| 1997 | 3 196.71 | 1 771.4 | 1 425.31 | 258.6 | 537.8 | 177.9 |
| 1998 | 3 678.72 | 1 906.92 | 1 771.8 | 294.9 | 625.9 | 194.6 |
| 1999 | 4 047.5 | 2 193.12 | 1 854.38 | 321.8 | 702 | 203.2 |
| 2000 | 4 586.63 | 2 624.24 | 1 962.39 | 361.9 | 813.7 | 214.7 |
| 2001 | 5 025.93 | 2 792.95 | 2 232.98 | 393.8 | 841.2 | 244.8 |
| 2002 | 5 790.03 | 3 448.24 | 2 341.79 | 450.7 | 987.1 | 259.3 |
| 2003 | 6 584.1 | 4 150.32 | 2 433.78 | 509.5 | 1 108.9 | 274.7 |

(续表)

| 年份 | 城乡医疗卫生支出（亿元） ||| 城乡人均医疗卫生支出（元） |||
|---|---|---|---|---|---|---|
| | 总计 | 城镇 | 农村 | 总计 | 城镇 | 农村 |
| 2004 | 7 590.29 | 4 939.21 | 2 651.08 | 583.9 | 1 261.9 | 301.6 |
| 2005 | 8 659.91 | 6 305.57 | 2 354.34 | 662.3 | 1 126.4 | 315.8 |
| 2006 | 9 843.34 | 7 174.73 | 2 668.61 | 748.8 | 1 248.3 | 361.9 |
| 2007 | 11 573.97 | 8 968.7 | 2 605.27 | 876 | 1 516.3 | 358.1 |
| 2008 | 14 535.4 | 11 251.9 | 3 283.5 | 1 094.5 | 1 861.8 | 455.2 |
| 2009 | 17 541.92 | 13 535.61 | 4 006.31 | 1 314.3 | 2 176.6 | 562 |
| 2010 | 19 980.39 | 15 508.62 | 4 471.77 | 1 490.1 | 2 315.5 | 666.3 |
| 2011 | 24 345.91 | 18 571.87 | 5 774.04 | 1 807 | 2 697.5 | 879.4 |
| 2012 | 28 119 | 21 280.46 | 6 838.54 | 2 076.7 | 2 999.3 | 1 064.8 |
| 2013 | 31 668.95 | 23 644.95 | 8 024 | 2 327.4 | 3 234.1 | 1 274.4 |
| 2014 | 35 312.4 | 26 575.6 | 8 736.8 | 2 581.7 | 3 558.3 | 1 412.2 |
| 2015 | 40 974.64 | | | 2 980.8 | | |
| 2016 | 46 344.88 | | | 3 351.7 | | |
| 2017 | 52 598.28 | | | 3 783.8 | | |
| 2018 | 59 121.91 | | | 4 237.0 | | |
| 2019 | 65 841.39 | | | 4 702.8 | | |
| 2020 | 72 175.00 | | | 5 112.34 | | |
| 2021 | 76 844.99 | | | 5 439.97 | | |
| 2022 | 85 327.49 | | | 6 044.09 | | |
| 2023 | 90 575.81 | | | 6 425.32 | | |

数据来源：1978—2015 年数据来自国家卫生和计划生育委员会（2016）；2016—2018 年数据来自国家卫生健康委员会（2019）；2019—2023 年数据来自国家统计局（2020—2024）。

注：自 2001 年起，政府的医疗卫生支出总额不包括给予医学院校的开支。从 2006 年起，政府医疗卫生支出总额中包括城镇医疗救助补助支出。2014 年后，城镇和农村分开的卫生支出资料尚未公布。

虽然参加医疗保险的人数达到农村总人口的 100%，但医疗保险制度覆盖的医疗支出仍然有限。如前所述，目前纳入城乡居民基本医疗保险的新农合的偿付率远低于城镇职工基本医疗保险。城乡居民保险支出的上限值也远低于城镇职工保险支出的上限值。

除了薄弱的医疗保险制度，农村地区的医疗服务也较差。城乡地区医生的水平差别很大。如前所述，乡镇医院医生接受过的医疗培训比城市大医院医生少得多。此外，城市地区的医疗设施和设备比农村地区要好很多。因此，农村居民经常长途跋涉到城市地区就医。

## 9.5.5 医疗保险制度的潜在债务

我国的医疗保险制度是量入为出的。目前，由于有个人账户，加上报销率低，医疗保险账户有盈余。1995—2023 年城镇职工基本医疗保险、城乡居民基本医疗保险的收入、支出和累计资金情况见表 9.11。2023 年城镇职工基本医疗保险累计资金为 40 287.3 亿元，城乡居民基本医疗保险累计资金为 7 663.7 亿元，整个医保体系累计资金为 47 951.0 亿元，占 GDP 的 3.84%。2023 年各地区（省、自治区、直辖市）城镇职工医保、城乡居民医保的收入、支出和资金积累情况如表 9.12 所示。可以看出，各地区之间存在着很大的差异。

然而，目前的医疗保险制度是不可持续的。众所周知，中国人口正在迅速老龄化。按照目前的缴费和报销率，中国的医疗保险账户将出现赤字，并在未来出现债务。

医疗保险的报销率普遍在提高。根据目前的报销率、缴费率、人口增长率、收入增长率、对医疗服务的需求弹性，北京大学中国公共财政研究中心课题组（2014）测算，医疗保险账户赤字将在 2030 年出现，债务将在 2041 年出现。为了填补城镇职工基本医疗保险的收支缺口，到 2050 年，政府的医疗保险补贴总额将占到 GDP 的 2% 左右。

根据 World Bank（2016）的研究结论，如果中国继续维持现有的医疗保险制度，不进行改革，将导致医疗卫生总支出占 GDP 的比例从 2015 年的 5.6% 增长到 2035 年的 9.1%，实际平均每年增长 8.4%。城乡居民医疗保险的报销率今后必然提高，医疗保险账户赤字也不可避免。由于医疗保险账户严重依靠政府的补贴，政府对医疗保险的补贴在未来将大幅增加，这无疑将成为我国的一大财政负担。

## 9.6 改革医疗体系

中国已基本实现全民医保。为了让公众及时获得医疗服务及负担得起医疗支出，并且使医疗保险制度可持续发展，医疗保险制度迫切需要更多的改革。

一是提高医疗保险水平。目前，城乡居民基本医疗保险所报销的医疗费用还远远不够，实际报销比例很低。城镇职工基本医疗保险的报销比例也不够高，尤其对重大疾病来说。此外，很多高质量的药品和医疗设备使用未被纳入医保目录，因此不能报销。为了解决这一问题，保险缴费将不得不提高。随着缴费的提

表 9.11　1995—2023 年医疗卫生收支总额及累计资金

| 年份 | 基本医疗保险收入（亿元） |||  基本医疗保险支出（亿元） |||  累计资金（亿元） |||  年末参保人数（百万） | 人均累计资金（元） |
|---|---|---|---|---|---|---|---|---|---|---|---|
|  | 合计 | 城镇职工 | 城乡居民 | 合计 | 城镇职工 | 城乡居民 | 合计 | 城镇职工 | 城乡居民 |  |  |
| 1995 | 0.97 |  |  | 7.3 |  |  | 3.1 |  |  | 7.46 | 41.56 |
| 2000 | 17.00 |  |  | 124.5 |  |  | 109.8 |  |  | 37.87 | 289.95 |
| 2001 | 38.36 |  |  | 244.1 |  |  | 253.0 |  |  | 72.86 | 347.25 |
| 2002 | 60.78 |  |  | 409.4 |  |  | 450.7 |  |  | 94.01 | 479.41 |
| 2003 | 89.00 |  |  | 653.9 |  |  | 670.6 |  |  | 109.02 | 615.13 |
| 2004 | 114.05 |  |  | 862.2 |  |  | 957.9 |  |  | 124.04 | 772.28 |
| 2005 | 140.53 |  |  | 1 078.7 |  |  | 1 278.1 |  |  | 137.83 | 927.31 |
| 2006 | 174.71 | 1 747.1 |  | 1 276.7 | 1 276.7 |  | 1 752.4 | 1 752.4 |  | 157.32 | 1 113.92 |
| 2007 | 225.72 | 2 214.2 | 43.0 | 1 561.8 | 1 551.7 | 10.1 | 2 476.9 | 2 440.8 |  | 223.11 | 1 110.16 |
| 2008 | 304.04 | 2 885.5 | 154.9 | 2 083.6 | 2 019.7 | 63.9 | 3 431.7 | 3 303.6 |  | 318.22 | 1 078.42 |
| 2009 | 367.19 | 3 420.3 | 251.6 | 2 797.4 | 2 630.1 | 167.3 | 4 275.9 | 4 055.2 |  | 401.47 | 1 065.06 |
| 2010 | 430.89 | 3 955.4 | 353.5 | 3 538.1 | 3 271.6 | 266.5 | 5 047.1 | 4 741.2 |  | 432.63 | 1 166.61 |
| 2011 | 553.92 | 4 945.0 | 594.2 | 4 431.4 | 4 018.3 | 413.1 | 6 180.0 | 5 683.2 |  | 473.43 | 1 305.36 |
| 2012 | 693.87 | 6 061.9 | 876.8 | 5 543.6 | 4 868.5 | 675.1 | 7 644.5 | 6 884.2 | 36.1 | 536.41 | 1 425.11 |
| 2013 | 824.83 | 7 061.6 | 1 186.7 | 6 801.0 | 5 829.9 | 971.1 | 9 116.5 | 8 129.3 | 128.1 | 570.73 | 1 597.35 |
| 2014 | 968.72 | 8 037.9 | 1 649.3 | 8 133.6 | 6 696.6 | 1 437.0 | 10 644.8 | 9 449.8 | 220.7 | 597.47 | 1 781.65 |
| 2015 | 1 119.29 | 9 083.5 | 2 109.4 | 9 312.1 | 7 531.5 | 1 780.6 | 12 542.8 | 10 997.1 | 305.9 | 665.82 | 1 883.82 |
| 2016 | 1 308.43 | 10 273.7 | 2 810.6 | 10 767.1 | 8 286.7 | 2 480.4 | 14 964.3 | 12 971.7 | 496.8 | 743.92 | 2 011.56 |
| 2017 | 1 793.13 | 12 278.3 | 5 653.0 | 14 421.8 | 9 466.9 | 4 954.9 | 19 385.6 | 15 851.0 | 760.3 | 1 176.81 | 1 647.30 |
| 2018 | 2 138.44 | 13 538.0 | 7 846.6 | 17 823.0 | 10 707.0 | 7 116.0 | 23 440.0 | 18 750.0 | 987.2 | 1 344.59 | 1 743.29 |
| 2019 | 2 442.09 | 15 845.4 | 8 575.5 | 20 854.2 | 12 663.2 | 8 191.0 | 27 696.7 | 22 554.1 | 1 195.0 | 1 354.07 | 2 045.43 |
| 2020 | 24 846.12 | 15 731.6 | 9 114.5 | 21 032.1 | 12 867.0 | 8 165.1 | 31 500.0 | 25 423.5 | 1 545.7 | 1 361.31 | 2 313.94 |
| 2021 | 28 731.99 | 19 007.5 | 9 724.5 | 24 048.2 | 14 751.8 | 9 296.4 | 36 178.3 | 29 461.8 | 1 992.6 | 1 362.97 | 2 654.38 |
| 2022 | 30 922.20 | 20 793.3 | 10 128.9 | 24 597.2 | 15 243.8 | 9 353.4 | 42 639.9 | 35 105.8 | 3 534.6 | 1 345.93 | 3 168.06 |
| 2023 | 33 504.90 | 22 935.1 | 10 569.7 | 28 210.5 | 17 752.8 | 10 457.7 | 47 951.0 | 40 287.3 | 4 954.0 | 1 333.89 | 3 594.82 |

数据来源：总参保人数数据来自国家统计局（2024），城镇职工和城乡居民数据来自国家统计局（2007—2024）。

## 第 9 章　医疗体制改革

表 9.12　2023 年各地区医疗卫生收支及累计资金

| | 收入（亿元） | | | 支出（亿元） | | | 积累资金（亿元） | | | 年末参保人数（百万） | 人均累计资金（元） |
|---|---|---|---|---|---|---|---|---|---|---|---|
| | 总计 | 城镇职工 | 城乡居民 | 总计 | 城镇职工 | 城乡居民 | 总计 | 城镇职工 | 城乡居民 | | |
| 全国 | 33 504.9 | 22 935.1 | 10 569.7 | 28 210.5 | 14 751.8 | 9 296.4 | 47 951.0 | 40 287.3 | 7 663.7 | 1 333.9 | 3 594.8 |
| 北京 | 2 062.7 | 1 947.1 | 115.5 | 1 250.7 | 1 138.7 | 112.0 | 3 095.8 | 3 015.7 | 80.1 | 19.1 | 16 208.4 |
| 天津 | 539.3 | 480.4 | 58.8 | 418.8 | 347.3 | 71.5 | 662.3 | 596.4 | 65.9 | 11.8 | 5 612.7 |
| 河北 | 1 268.9 | 713.3 | 555.6 | 1 122.9 | 559.8 | 563.1 | 1 750.7 | 1 401.4 | 349.3 | 69.3 | 2 526.3 |
| 山西 | 663.1 | 409.9 | 253.2 | 550.9 | 329.1 | 221.8 | 897.3 | 668.3 | 229.0 | 31.9 | 2 812.9 |
| 内蒙古 | 529.7 | 357.5 | 172.3 | 493.4 | 318.0 | 175.4 | 774.7 | 620.3 | 154.4 | 21.6 | 3 586.6 |
| 辽宁 | 931.4 | 725.1 | 206.4 | 901.0 | 666.9 | 234.2 | 1 005.0 | 820.4 | 184.6 | 37.2 | 2 701.6 |
| 吉林 | 445.3 | 268.2 | 177.1 | 407.1 | 241.9 | 165.3 | 619.1 | 475.3 | 143.8 | 22.4 | 2 763.8 |
| 黑龙江 | 605.6 | 404.4 | 201.2 | 620.8 | 400.4 | 220.5 | 853.8 | 651.3 | 202.5 | 27.5 | 3 104.7 |
| 上海 | 2 317.2 | 2 213.2 | 104.0 | 1 374.1 | 1 255.7 | 118.4 | 5 482.6 | 5 463.5 | 19.1 | 20.0 | 27 413.0 |
| 江苏 | 2 456.2 | 1 874.2 | 582.1 | 2 392.8 | 1 788.9 | 603.9 | 3 092.9 | 2 832.6 | 260.3 | 81.3 | 3 804.3 |
| 浙江 | 2 255.7 | 1 747.4 | 508.2 | 1 951.3 | 1 434.0 | 517.3 | 3 668.3 | 3 384.4 | 283.9 | 56.2 | 6 527.2 |
| 安徽 | 1 087.1 | 548.9 | 538.2 | 924.8 | 391.0 | 533.8 | 1 205.6 | 939.1 | 266.5 | 63.8 | 1 889.7 |
| 福建 | 867.6 | 576.9 | 290.8 | 741.2 | 446.6 | 294.5 | 1 227.3 | 1 101.0 | 126.3 | 38.3 | 3 204.4 |
| 江西 | 719.2 | 321.9 | 397.3 | 690.1 | 278.8 | 411.2 | 865.9 | 537.5 | 328.4 | 45.3 | 1 911.5 |
| 山东 | 2 139.5 | 1 406.2 | 733.4 | 2 009.0 | 1 259.8 | 749.2 | 2 181.7 | 1 761.5 | 420.2 | 96.5 | 2 260.8 |
| 河南 | 1 579.4 | 700.1 | 879.3 | 1 454.6 | 612.9 | 841.8 | 1 468.7 | 1 081.4 | 387.3 | 99.3 | 1 479.1 |
| 湖北 | 1 206.3 | 763.6 | 442.7 | 1 070.7 | 634.4 | 436.4 | 1 379.0 | 1 055.7 | 323.3 | 55.6 | 2 480.2 |
| 湖南 | 1 133.9 | 590.6 | 543.3 | 959.2 | 452.3 | 507.0 | 1 434.9 | 1 043.9 | 391.0 | 63.6 | 2 256.1 |

（续表）

| | 收入（亿元） | | | 支出（亿元） | | | 积累资金（亿元） | | | 年末参保人数（百万） | 人均累计资金（元） |
|---|---|---|---|---|---|---|---|---|---|---|---|
| | 总计 | 城镇职工 | 城乡居民 | 总计 | 城镇职工 | 城乡居民 | 总计 | 城镇职工 | 城乡居民 | | |
| 广东 | 3 198.6 | 2 464.3 | 734.4 | 2 422.5 | 1 715.8 | 706.7 | 5 583.7 | 4 704.2 | 879.5 | 110.4 | 5 057.7 |
| 广西 | 863.9 | 388.7 | 475.2 | 795.6 | 345.2 | 450.4 | 1 064.7 | 632.8 | 431.9 | 51.6 | 2 063.4 |
| 海南 | 229.8 | 159.6 | 70.3 | 172.5 | 96.3 | 76.1 | 392.3 | 328.9 | 63.4 | 93.7 | 418.7 |
| 重庆 | 733.2 | 483.8 | 249.5 | 631.2 | 381.8 | 249.4 | 838.0 | 665.0 | 173.0 | 31.4 | 2 668.8 |
| 四川 | 1 817.6 | 1 170.5 | 647.1 | 1 491.9 | 858.1 | 633.8 | 2 961.8 | 2 412.9 | 548.9 | 81.3 | 3 643.1 |
| 贵州 | 683.6 | 305.4 | 378.2 | 598.0 | 252.2 | 345.8 | 847.3 | 498.5 | 348.8 | 41.8 | 2 027.0 |
| 云南 | 813.0 | 399.3 | 413.7 | 704.2 | 321.2 | 383.1 | 1 066.4 | 769.6 | 296.8 | 45.6 | 2 338.6 |
| 西藏 | 108.2 | 76.2 | 32.0 | 72.5 | 45.7 | 26.8 | 276.5 | 243.6 | 32.9 | 3.4 | 8 132.4 |
| 陕西 | 848.8 | 547.1 | 301.7 | 771.7 | 447.5 | 324.2 | 1 107.6 | 908.2 | 199.4 | 37.3 | 2 969.4 |
| 甘肃 | 437.1 | 220.5 | 216.6 | 392.4 | 189.3 | 203.2 | 535.7 | 349.3 | 186.4 | 25.1 | 2 134.3 |
| 青海 | 159.2 | 112.3 | 46.9 | 123.8 | 78.3 | 45.5 | 298.3 | 239.4 | 58.9 | 5.7 | 5 233.3 |
| 宁夏 | 163.6 | 107.9 | 55.6 | 113.4 | 68.4 | 45.0 | 296.6 | 238.4 | 58.2 | 6.7 | 4 426.9 |
| 新疆 | 639.8 | 450.8 | 189.0 | 587.4 | 396.6 | 190.7 | 1 016.6 | 846.8 | 169.8 | 23.3 | 4 363.1 |

数据来源：国家统计局（2024）。

高，报销率就可以提高，患者的自付费用就能减少，患者也就不会因病致贫。并且，在未来，中国应该提高重大疾病的保险水平，防止患者因重大疾病倾家荡产。我国应该允许私人保险公司参与医疗保险，促进市场竞争，提高医疗保险的效率。

二是增加政府对贫困人口的医疗保险补贴，减少政府对公立医院的补贴。一般而言，政府对生产和交换的直接干预在经济上是低效的。在过去，政府对国有企业进行了大量的补贴，随着经济改革的推进，对国有企业的补贴已经很少了。政府现在应该逐步减少对公立医院的补贴。高额补贴会扭曲医疗服务价格，导致医疗资源配置不当，另外在分配补贴的过程中会造成腐败。与此同时，政府应该增加对医疗保险的补贴，以达到公平分配的目的，就像在许多其他国家，如英国、美国、德国和日本一样。也就是说，政府应由原来主要补贴医疗服务的供给方转向补贴医疗服务的需求方。

三是允许公立医院自行做出经营决策。为了提高医疗服务的效率，政府应该对公立医院进行改革，允许医院成立理事会，由理事会选择医院的领导人，给予医院在设定服务费用和价格、雇用员工和设定员工工资等方面的自主权。政府应该让公立医院彻底分离医疗服务和药品销售。这样做可以减少腐败，缓解医生和病人之间的紧张关系。政府应该取消对医生的工资限制来吸引更多的人才进入医疗行业。在美国，医生的高薪吸引了最有天赋的学生到医学院学习。

四是鼓励发展私人诊所和民营医院。这将增加医疗服务的供给，并增加医疗领域的竞争。政府应该允许医生在多家医院执业。目前，私人诊所和民营医院很难在医疗服务市场上与公立医院竞争，主要原因之一是政府规定下公立医院门诊服务价格低廉。随着医疗改革的推进，私人诊所和民营医院应该发挥更重要的作用。当然，对所有诊所和医院制定一些规章和标准是完全必要的。

五是加强医生的培养。如前所述，中国的一个重要医疗问题是普通人很难得到好医生的服务，即"看病难"。中国需要提高医学院的教育水平，整体上提升医生的技能。在美国培养一名医生需要很长时间。想要进入医学院，一个人必须接受四年的本科教育；然后在医学院学习四年；毕业后，必须在医院或诊所的正式执业医师监督下做三年住院医生；要成为一个领域的专家，还需要再接受三年的训练。因此，在美国，医生通常受到过良好的训练。在我国，医学院招收高中毕业生，培养一名医生的时间较短，好多基层医院的医生是大专毕业。这就是很多人不信任基层医院的医生，选择去大城市看病的原因之一。

六是建立一种全国性医疗保险制度。随着工业化和城市化进程的推进，人口流动将加快，全国性医疗保险制度将变得必要。这将促进劳动力和人口流动，并减少医疗保险方面的地区差异。包括美国、英国、日本在内的许多国家都建立了全国性的医疗保险制度。

七是缩小城乡医疗差距。应该提高城乡居民基本医疗保险水平。如前所述，应增加政府对城乡居民基本医疗保险的补贴，特别是对欠发达地区。此外，随着农村收入的增加，城乡居民应该缴纳更多的医疗保险费用，以便提高报销比例。目前的缴费率对一些较发达的农村地区来说太低。此外，政府应该要求城镇企业为更多的农民工缴纳城镇职工基本医疗保险。这不仅对农民工来说更加公平，而且可以减少农村医疗保险的政府补贴。同时，要进一步提高农村卫生服务质量，包括医生素质和设施设备质量。

八是控制医疗成本，使医疗体系可持续发展。世界各国的医疗费用都在迅速上涨。长期以来，医疗保险系统使用的是补偿性给付制度，即医院在医疗服务结束后将账单提交给保险公司实报实销，花多少钱就报销多少。这种制度加剧了医疗费用的迅速增加。最近几十年出现了多种新的支付方式。一种是"按病种付费"，即在医院提供卫生服务之前，保险公司按病种设定一个固定的付费标准。在美国、德国、日本和许多其他国家，疾病被分为许多病种组。例如，在美国，2019年财政年度有761个病种。[①] 每个病人在入院时被分配到一个组，保险公司根据组的分类确定支付款项。这种支付方式为医院节约医疗成本提供了动力。发达国家使用的另一种成本控制方法被称为"按人头付费"，也叫作总额预付。根据这种报销方式，医院每年从保险公司得到的报销额度与对病人所提供的服务多少无关，而是按照所服务的病人数量进行计算。美国、德国和其他国家的私人医疗保险体系采取这种方法。中国应该采用病种组和总额预算的报销制度来控制医疗成本。随着保费的增加和有效成本控制方法的采用，我国的医疗体系在财政上应该是可持续的。

## 9.7 总　　结

经济体制改革前，中国有三种医疗保险制度[②]：城镇职工的劳动医疗保险、行政和事业单位职工的公费医疗和农民的农村合作医疗。经济体制改革后，城镇职工基本医疗保险取代了劳动医疗保险，旧的农村合作医疗瓦解多年后，新农合出现，同时引入了城镇居民医疗保险。最近，公费医疗已基本并入城镇职工基本医疗保险，新农合和城镇居民医疗保险已合并为城乡居民基本医疗保险。城乡居民基本医疗保险和城镇职工基本医疗保险都由地方政府运营管理。

---

① U. S. Centers for Medicare & Medicaid Services（2018）。
② 城镇居民医疗保险始自2007年。

在城镇职基本工医疗保险制度中，雇员缴纳工资的2%，全部存入其个人账户；雇主缴纳工资的6%，其中30%存入雇员个人账户，70%存入社会统筹账户。因此，4.2%的工资进入社会统筹账户，3.8%的工资进入个人账户。个人先用个人账户中的资金支付门诊和部分住院费用，然后再使用社会统筹账户中的资金。医疗费用报销比率根据不同层次的医院而不同，2019年全国平均实际报销率为75.6%。保险支付上限为当地平均工资的4倍。

城乡居民基本医疗保险现在得到中央和地方政府的大量补贴。根据中央规定，2024年，政府最低补贴每人670元，个人最低缴费400元；各省可上调补贴和缴费比率。城乡居民基本医疗保险的报销率远不如城镇职工基本医疗保险高。低层次医院报销比率较高，高层次医院报销比率较低；省内医院报销比率较高，省外医院较低。2019年全国平均实际报销率为59.7%。2024年，城乡居民基本医疗保险叠加大病保险的最高支付限额可达到上年当地居民人均可支配收入的6倍左右。各省可以调整报销比率和报销比率上限，地区报销比率差异较大。

改革开放以来，我国民营医院不断涌现，发展迅速。目前，数量上，超过60%的医院是民营的，相比之下，政府拥有的公立医院已经不到35%。一般来说，公立医院的规模很大，因此，它们为大约90%的患者提供服务。政府对公立医院的补贴是巨大的。2023年，地方政府对基层医疗卫生机构的补贴占地方政府医疗卫生支出总额的19.8%。

中国的医疗体系存在若干问题。第一，医疗保险水平低，个人支付医疗费用比率高，报销比率低。对于城镇职工，保险报销范围仍然有限，医治重大疾病的相关药品很多不在报销目录里。目前，城乡居民基本医疗保险还很薄弱，保险报销的费用比率低于城镇职工基本医疗保险。第二，对公立医院的过度补贴。2021年，政府对公立医院的补贴占政府医疗卫生支出总额的近20%。第三，政府对公立医院的管理、医疗服务价格和医护人员工资的干预过度，导致我国医生短缺、药价高、过度医疗（如过度检查、过度用药、过度住院、滥用手术等）。第四，城乡医疗资源分配相当不均，城市的医疗资源远多于农村。第五，随着人口老龄化，现有的医疗保险体制如不改革，将是不可持续的。

对我国医疗改革的建议有以下几个方面。第一，提高城乡居民基本医疗保险缴费率，提高重大疾病和伤害的保险水平。此外，我国应该允许私人保险公司参与医疗保险市场的竞争，提高医疗保险的效率。第二，增加政府对医疗保险的补贴，减少政府对公立医院的补贴，从补供方改变为补需方。第三，允许公立医院自行做出经营决策。特别是，给予公立医院在制定服务价格、雇用员工和设定员工工资等方面更多的自主权。第四，鼓励发展私人诊所和民营医院，增加医疗服务的供给。第五，提高医生的待遇，吸引更多优秀的学生进入医疗行业，提高医生的质量。第六，建立全国性的医疗保险制度，促进劳动力自由流动，缩小地区医疗保障差距。第七，加大政府对农村医疗卫生的补贴力度，缩小城乡医疗保障差距。第八，控制医疗成本，采用在世界上广泛使用的"总额预付"和"按病种付费"的支付方式，实现医疗体系的可持续发展。

# 第 10 章

# 地方政府债务

## 10.1 引 言

我国自 1997 年亚洲金融危机以来采取的扩张性财政政策极大地刺激了基础设施建设，促进了经济的快速增长，但同时也大大增加了地方政府债务，引起了全球经济学家、投资者和政策制定者对中国财政可持续性和金融安全的密切关注。本章探讨了中国地方政府债务的规模、债务快速积累的原因、政府债务的短期影响和潜在问题以及控制地方政府债务所需的财政改革。

近二十年来，地方政府债务，主要是隐性政府债务，一直是一个热门话题。21 世纪初，中国政府债务已经成为一个举世瞩目的问题，债务主要包括拖欠工资、粮食购买与分配的累积损失（指政府为了保障农民的利益，按照高于市场价收购粮食造成的亏损）、国有银行的不良贷款、社会保障债务以及显性的财政债务（贾康、赵全厚，2001）。Lin（2003）发现，那时的中国政府债务主要为国有企业亏损所带来的国有银行不良贷款，并认为这些债务尽管规模庞大但依旧在可控范围内。得出这一结论的原因很简单，在经济改革之前，国有企业必须将所有利润全部交给国家，国家也会承担其所有支出。经济改革后，政府不再负担国有企业的所有支出，并逐步减少对亏损的国有企业的补贴。因此，一些国有企业开始向银行借款。当国有企业无法偿还贷款时，不良贷款便由此产生，在 21 世纪初达到了 GDP 的 40% 以上。可见，不良贷款是伴随国有企业改革而产生的。中国最终通过成立国有资产公司，出售一些亏损的国有企业解决了不良贷款问题。

近年来，中国政府债务急剧增加，债务主要来自地方政府投资公司或融资平台的银行借款。审计署（2011，2013）审计了地方政府性债务，并于2011年年底发布了《全国地方政府性债务审计结果》，于2013年发布了《全国政府性债务审计结果》。根据这些报告，到2013年6月底，我国地方政府债务总额接近GDP的30%。2008年金融危机后，希腊债务危机出现，引起人们对于债务的担忧。保罗·克鲁格曼认为中国经济基于不可持续的投资，存在严重的内债问题（Haas and Tost，2016）。IMF警告称，由于中国与世界其他地区具有紧密联系，中国如果发生经济危机，可能会导致全球经济衰退。Lin（2016b）评估了地方政府债务的规模，分析了政府为削减地方政府债务而采取的措施，提出了削减债务的具体建议。国际机构也纷纷估测中国政府债务的规模。S&P Global（2019）估计，2017年政府债务（其中包括地方政府融资平台的债务）占GDP的比重远高于60%，融资平台的违约风险正在增加。林双林（2024c）发现，2023年中央政府显性债务占GDP的23.82%，地方政府显性债务占GDP的32.32%，共占GDP的56.14%；地方融资平台的债务（简称城投债）占GDP的比重为57.68%；加起来占GDP的比重为113.82%，这还不算中国铁路总公司的债务（约占GDP的5%）。IMF（2024d）发布的报告预测中国政府显性债务占GDP的比重2023年为55.3%（略低于实际数字，即56.14%），2024年为58.7%，2025年为62.1%，2026年为65.7%，2027年为69.4%，2028年为73.4%。根据财政部数据，2024年显性债务占GDP的比重已经超过GDP的60%。

目前我国的地方政府债务规模究竟有多大？是什么导致了巨额的地方政府债务？地方政府债务所带来的直接影响和潜在问题是什么？我国应如何解决地方政府债务问题？需要哪些财政改革来维持地方财政可持续性？本章旨在对上述问题进行探讨。

本章第10.2节研究中国地方政府债务的规模。第10.3节分析地方政府债务快速积累的原因。第10.4节探讨高额地方政府债务的短期影响和潜在问题。第10.5节讨论最近为减少地方政府债务而采取的措施，以及为维持地方财政可持续性所需的进一步财政改革。第10.6节为本章的总结。

## 10.2 地方政府债务的累积

政府往往为基础设施建设融资而举债。与税收、收费和其他收入不同，债务融资可以迅速筹集大量收入，并可以将基础设施的生产成本分摊给未来的服务使用者或受益者。许多国家，包括英国和美国，都在不同时期因为基础设施建设而积累了大量债务。例如19世纪与20世纪初，美国的联邦、州和地方政府发行债券，为包括银行、学校、道路、桥梁、运河以及供水和下水道系统在内的公共基础设施建设筹资（Wallis，2000）。

中国的政府债务发行经历了起起落落。20世纪初，中国政府债务泛滥，中央政府和地方政府都发行内债和外债。1941年，国民政府禁止地方政府发债。在20世纪50年代，中华人民共和国政府不仅发行了大量的国内债券，而且还从苏联大量贷款为基础设施建设筹资。此后，中苏关系恶化，政府停止向苏联借款，采取自力更生的政策。从1958年到1978年，中国没有发行新债，并在1965年还清了所有外债。1968年政府宣布，中国既无内债也无外债，但政府依然有财政赤字，而所有这些赤字都通过印钞来解决了。20世纪80年代初，中央政府开始举债，但规模很小。从20世纪90年代末开始，中央和地方政府开始大规模发债。

## 10.2.1　地方政府债务规模

根据1994年通过的第一部《预算法》，地方政府无权发行债券。多年来，地方政府债务主要来自地方政府所拥有的城投公司等融资平台的银行借贷。因此，地方政府债务是在预算之外。2014年，中央政府对《预算法》进行了修订，规定从2015年开始，地方政府有权发行债券，但其数量和用途需要得到中央政府的批准。

目前尚缺乏关于地方政府债务的完整统计数据。表10.1显示了1996—2023年中国的地方政府债务。1996—2009年地方政府债务是根据审计署（2011）给出的2010年债务数据和1997年以来的债务增长率计算的。2010年地方政府债务总额为107 174.9亿元，其中地方政府负有偿还责任的债务为67 109.51亿元，占地方政府债务总额的62.62%；地方政府负有担保责任的债务为23 369.47亿元，占地方政府债务总额的21.80%；地方政府负有救助责任的债务为16 695.66亿元，占地方政府债务总额的15.58%，最后两种类型的债务被称为或有债务。截至2013年6月底，地方政府债务总额为178 908.66亿元，其中地方政府负有偿还责任的为108 859.17亿元，占地方政府债务总额的60.85%；负有担保责任的为26 655.77亿元，占地方政府债务总额的14.90%；负有救助责任的债务43 393.72亿元，占地方政府总债务额的24.25%（审计署，2013）。包括或有债务在内，地方政府债务与GDP的比率，2000年为7.87%，2005年为15.09%，2010年为26.00%，2020年为41.51%，2021年为43.78%，2023年为53.11%（见图10.1）。显然，地方政府债务规模总体上一直在上升。

表 10.1 1996—2023 年中国地方政府债务

| 年份 | 官方公布的地方政府债务（亿元） | 测算的地方政府债务总额（亿元） | 增长率（%） | 地方一般公共预算收入（亿元） | GDP（亿元） | 债务占GDP比率（%） | 债务占地方一般公共预算收入的比率（%） |
|---|---|---|---|---|---|---|---|
| 1996 | | 2 399.3 | | 3 746.92 | 71 813.6 | 3.34 | 64.03 |
| 1997 | | 2 994.8 | 24.82 | 4 424.22 | 79 715.0 | 3.76 | 67.69 |
| 1998 | | 4 438.3 | 48.20 | 4 983.95 | 85 195.5 | 5.21 | 89.05 |
| 1999 | | 5 917.2 | 33.32 | 5 594.87 | 90 564.4 | 6.53 | 105.76 |
| 2000 | | 7 888.8 | 33.32 | 6 406.06 | 100 280.1 | 7.87 | 123.15 |
| 2001 | | 10 517.3 | 33.32 | 7 803.30 | 110 863.1 | 9.49 | 134.78 |
| 2002 | | 14 021.7 | 33.32 | 8 515.00 | 121 717.4 | 11.52 | 164.67 |
| 2003 | | 17 712.2 | 26.32 | 9 849.98 | 137 422.0 | 12.89 | 179.82 |
| 2004 | | 22 374.0 | 26.32 | 11 893.37 | 161 840.2 | 13.82 | 188.12 |
| 2005 | | 28 262.9 | 26.32 | 15 101.00 | 187 318.9 | 15.09 | 187.16 |
| 2006 | | 35 701.6 | 26.32 | 18 304.00 | 219 438.5 | 16.27 | 195.05 |
| 2007 | | 45 098.3 | 26.32 | 23 573.00 | 270 232.3 | 16.69 | 191.31 |
| 2008 | | 55 687.4 | 23.48 | 28 650.00 | 319 244.6 | 17.44 | 194.37 |
| 2009 | | 90 169.0 | 61.92 | 32 603.00 | 348 517.7 | 25.87 | 276.57 |
| 2010 | | 107 174.9 | 18.86 | 40 613.00 | 412 119.3 | 26.00 | 263.89 |
| 2011 | | 133 016.7 | 24.11 | 52 547.00 | 487 940.2 | 27.26 | 253.14 |
| 2012 | | 158 858.4 | 28.00 | 61 078.29 | 538 580.0 | 29.50 | 260.09 |
| 2013 | | 201 489.6 | 26.84 | 69 011.16 | 592 963.2 | 33.98 | 257.45 |
| 2014 | 154 074.3 | 253 219.2 | 25.67 | 75 876.58 | 641 280.6 | 39.49 | 317.15 |

258

第10章　地方政府债务

（续表）

| 年份 | 官方公布的地方政府债务（亿元） | 测算的地方政府债务总额（亿元） | 增长率（%） | 地方一般公共预算收入（亿元） | GDP（亿元） | 债务占GDP比率（%） | 债务占地方一般公共预算收入的比率（%） |
| --- | --- | --- | --- | --- | --- | --- | --- |
| 2015 | 147 568.4 | 242 526.7 | −4.22 | 83 002.04 | 685 992.9 | 35.35 | 289.74 |
| 2016 | 153 557.6 | 252 369.9 | 4.06 | 87 239.35 | 740 060.8 | 34.10 | 289.28 |
| 2017 | 165 099.8 | 271 339.4 | 7.52 | 91 469.41 | 820 754.3 | 33.06 | 296.64 |
| 2018 | 184 618.7 | 303 418.6 | 11.82 | 97 903.38 | 900 309.5 | 33.70 | 309.92 |
| 2019 | 213 097.8 | 336 370.8 | 10.86 | 101 080.6 | 990 965.1 | 33.95 | 332.77 |
| 2020 | 256 610.8 | 421 719.0 | 25.37 | 100 124 | 1 015 986.0 | 41.51 | 421.20 |
| 2021 | 304 700.5 | 437 797.9 | 26.64 | 111 077.1 | 1 143 670.0 | 43.78 | 394.14 |
| 2022 | 350 651.0 | 576 290.7 | 31.63 | 108 762.2 | 1 210 207.2 | 47.62 | 529.86 |
| 2023 | 407 372.9 | 669 512.5 | 16.18 | 117 218.6 | 1 260 582.0 | 53.11 | 571.17 |

数据来源：GDP和地方财政收入数据来自国家统计局（2020，2022）。1996—2009年地方政府债务是根据审计署（2011）给出的2010年地方政府债务数据和1997年以来的债务增长率计算的，2010年数据来源于审计署（2011），2011年数据并未被官方披露，此处用2010年和2012年数据的算数平均值作为估计，2012年的债务数据来自审计署（2013），2013—2020年的债务是估算的。官方公布的地方政府债务数据来自财政部（2022）。其余资料来自财政部各年预算执行及预算报告。

注：①2013年6月份的官方公布的地方政府债务是178 908.7（=108 859.2+26 655.8+43 393.7）亿元。2012年6月到2013年6月债务的半年度增长率是12.62% [=(178 908.7−158 858.4)/158 858.4]。假设2013下半年的债务增长率不变，2013年的债务为201 489.6（=178 908.7×1.126）亿元（因四舍五入而存在误差）。2013年6月，地方政府负有偿还责任的债务、负有担保责任的债务以及负有救助责任的债务分别为108 859.2亿元、26 655.8亿元和43 393.7亿元。负有偿还责任的债务份额为0.608 462 [=108 859.2/（108 859.2+26 655.8+43 393.7）]。因此，地方政府总债务=负有偿还责任的债务/0.608 462。2014年以后的地方政府债务总额就是这样估算出来的。

②由于非政府债务形式债务的举债主体分布在融资平台公司、国有企业和国有企事业单位，债务资金的举借和使用并未经总预算会计核算，在完成地方政府债务置换前，官方公布的地方政府债务余额数为地方统计数。

③2015年地方政府债务余额比2016年预算草案中列示的余额有所减少，主要是一些地区处理存量政府债务时，根据实际情况核减了一部分债务。

259

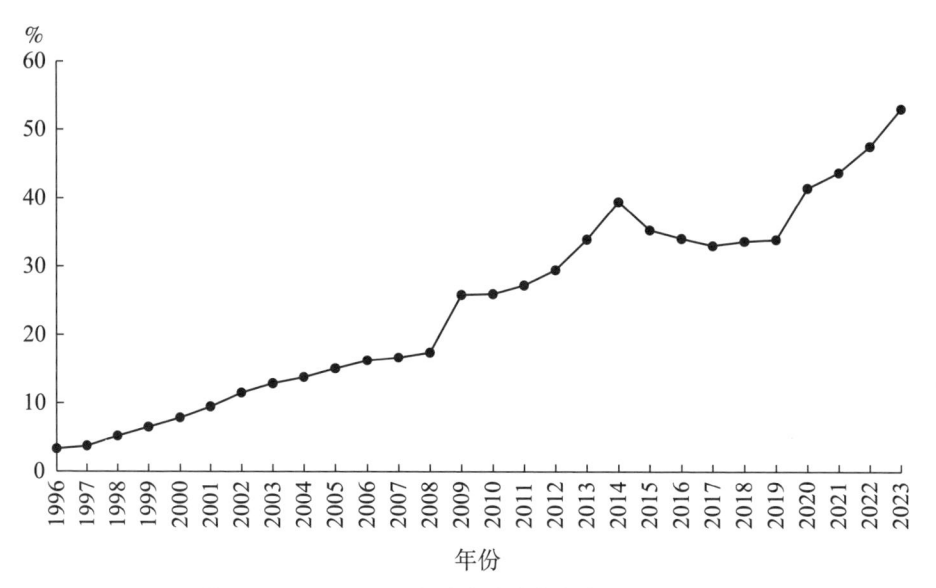

图 10.1　1996—2023 年地方政府债务占 GDP 的比重

数据来源：表 10.1。

如第 8 章所述，大多数地方政府也有社会保障债务。中国的社会保障由地方政府管理。社会保障体系中有两个账户，即社保统筹账户和个人账户。许多地方政府从个人账户挪用资金来弥补统筹账户的赤字，从而导致了社会保障的债务累积。据 Li and Lin（2019）估计，2015 年社会保障债务占 GDP 的 1.59%。随着人口老龄化，未来的社会保障债务可能会高得多。

近年来出现了一种新型的地方政府债务，即 PPP 项目债务。为了减少地方政府在基础设施融资方面的债务，从 2014 年第四季度开始，中央政府积极鼓励地方政府启动 PPP 项目。① 在很短的时间内，地方政府举办了许多培训课程，讲授如何让民营企业参与基础设施建设，同时也建立了许多 PPP 研究中心。当地政府官员也在积极寻求与民营企业在基础设施建设方面的合作。政府官员启动的 PPP 项目越多，他们的政绩就越高。然而，如第 7 章讨论的，有利可图的基础设施项目并不多，民营企业也缺乏参与基础设施建设的积极性。为了吸引民营企业投资基础设施，一些地方政府开始为民营企业提供银行贷款担保。于是，PPP 项目投资在 2015 年后迅速增加。截至 2016 年 1 月底，PPP 项目投资额为 81 100 亿元，在 2017 年年底甚至达到了 182 000 亿元，占 2017 年 GDP 的 22%！② 如果民营企业没有从基础设施项目上获得足够的回报来偿还贷款，当地政府将不得不帮助民

---

① 财政部（2014b）。
② 包兴安（2018）。

营企业偿还贷款。因此，担保的贷款可能变成地方政府债务。中央政府在意识到地方政府在通过 PPP 项目扩大债务后，迅速要求地方政府停止 PPP 项目的扩张。虽然政府从未公布过 PPP 项目造成了多少地方政府债务，但这笔数额显然很大。

截至 2019 年年底，国有铁路公司债务为 54 859 亿元，占 GDP 的 5.5%，高于 2013 年的规模。一般公共预算中的中央政府债务占 GDP 的比重 2019 年为 17%，2023 年为 23.82%。把中央政府债务、地方政府债务、社会保障债务、PPP 项目债务加起来，中国政府总债务远高于 GDP 的 60%，即欧盟为成员国所设的债务上限。

需要指出的是，中国政府有一个特别账户，也就是全国社会保障基金。截至 2019 年年底，账户累计余额已达 24 225.6 亿元，占 GDP 的 2.44%。这些积累的资金可以用来抵消政府债务。

中国政府债务的规模目前高于许多发展中国家，但低于大多数发达国家。截至 2022 年年底，政府债务占 GDP 的比重，爱沙尼亚为 17.16%，卢森堡为 24.31%，捷克为 37.81%，泰国为 53.77%，韩国为 54.33%，印度尼西亚为 39.93%，挪威为 39.60%，丹麦为 29.66%，希腊为 177.43%，意大利为 144.41%，葡萄牙为 116.05%，美国为 121.38%（IMF，2024c）。

## 10.2.2 地方政府债务的构成

中国的省、市、县和乡镇四级地方政府都有债务。表 10.2 显示了各级地方政府的债务规模。截至 2013 年 6 月底，省级政府债务（负有偿还责任的债务）占地方政府债务总额的 16.33%，地级（市）政府债务占 44.49%，县级政府债务占 36.35%，乡镇级政府债务占 2.82%。

表 10.2 截至 2013 年 6 月底各级地方政府债务

| 政府级别 | 负有偿还责任的债务 | | 或有债务 | | | |
|---|---|---|---|---|---|---|
| | | | 负有担保责任的债务 | | 负有救助责任的债务 | |
| | 数量（亿元） | 占比（%） | 数量（亿元） | 占比（%） | 数量（亿元） | 占比（%） |
| 省 | 17 780.84 | 16.33 | 15 627.58 | 58.63 | 18 531.33 | 42.71 |
| 市 | 48 434.61 | 44.49 | 7 424.13 | 27.85 | 17 043.70 | 39.28 |
| 县 | 39 573.60 | 36.35 | 3 488.04 | 13.09 | 7 357.54 | 16.96 |
| 乡镇 | 3 070.12 | 2.82 | 116.02 | 0.44 | 461.15 | 1.06 |
| 总计 | 108 859.17 | 100.00 | 26 655.77 | 100.00 | 43 393.72 | 100.00 |

数据来源：审计署（2013）。

地方政府债务的来源多种多样，包括地方政府融资平台、政府部门和机构、政府运营单位、国有独资或控股企业、公用事业单位（或公司）等。表 10.3 显示了地方政府债务的来源。截至 2013 年 6 月底，地方政府融资平台公司债务占 37.44%，政府部门和机构债务占 28.40%，经费补助事业单位债务占 16.32%，国有独资或控股企业债务占 10.62%，自收自支事业单位债务占 3.18%。需要注意的是，国有企业和国有控股企业的债务是地方政府通过国有独资或控股企业借入的债务，不是这些企业的总债务。

地方政府债务形式多种多样，包括银行贷款、债券、应付未付账款、信托融资、个人和单位借款、向中央政府和外国借款等。表 10.4 显示了地方政府债务的来源。截至 2013 年 6 月底，政府负有偿还责任的债务中，银行贷款占 50.76%，建设和转让项目占 11.16%，债券占 10.71%，应付未付账款占 7.15%，信托融资占 7%，其他企业和个人的借款占 6.14%，垫资施工、延期付款占 3%。显然，银行贷款是地方政府债务的最大部分。在政府或有债务中，银行贷款的份额甚至更大。在政府负有担保责任的债务中，银行贷款占 71.6%；在政府可能负有一定救助责任的债务中，银行贷款占 61.87%。

## 10.2.3　各地区政府债务

各地区的政府债务规模大不相同。表 10.5 显示了 2012 年、2013 年 6 月底、2014 年、2020 年和 2022 年各地区的政府债务。可以看出，截至 2013 年 6 月底，地方政府债务总额（即负有偿还责任、担保责任和救助责任的债务）占 GDP 的比重，贵州为 84.63%，重庆为 61.51%，云南为 53.79%，青海为 52.68%，甘肃为 49.44%，海南为 46.77%。2014—2022 年的总债务数据不可得，仅能得到地方政府负有偿还责任的债务。2022 年，地方政府负有偿还责任的债务占 GDP 的比重，青海为 84.32%，贵州为 61.68%，甘肃为 54.34%，天津为 53.01%，海南为 51.14%，新疆为 50.73%。

图 10.2 显示了 2014 年和 2022 年各地区显性政府债务占 GDP 的比重。在大多数省份，政府债务从 2014 年到 2022 年不断增加。但在北京和上海，政府债务有所下降。北京、天津和上海以及广东、浙江和江苏的预算收入超过了预算支出，即它们向中央政府和其他省份进行了净转移。东部地区政府债务比率小于中部地区，西部地区政府债务比率最高。地方政府的或有债务数额巨大，例如，截至 2013 年 6 月底，甘肃的或有债务占债务总额的 58.8%，陕西为 55.1%，湖南为 55%，重庆为 52%。若将或有债务计入，包括贵州在内的一些省份的债务占 GDP 的比重将超过 100%。

表 10.3 截至 2013 年 6 月底地方政府债务的债权人

| 债权人的类型 | 负有偿还责任的债务 数量（亿元） | 占比（%） | 或有债务 负有担保责任的债务 数量（亿元） | 占比（%） | 负有救助责任的债务 数量（亿元） | 占比（%） |
|---|---|---|---|---|---|---|
| 融资平台公司（即政府投资公司） | 40 755.5 | 37.44 | 8 832.5 | 33.14 | 20 116.4 | 46.36 |
| 政府部门和机构 | 30 913.4 | 28.40 | 9 684.2 | 36.33 | 0 | 0 |
| 经费补助事业单位 | 17 761.9 | 16.32 | 1 031.7 | 3.87 | 5 157.1 | 11.88 |
| 国有独资或控股企业 | 11 562.5 | 10.62 | 5 754.1 | 21.59 | 14 039.3 | 32.35 |
| 自收自支事业单位 | 3 462.9 | 3.18 | 377.9 | 1.42 | 2 184.6 | 5.03 |
| 其他单位 | 3 162.6 | 2.91 | 831.4 | 3.12 | 0 | 0 |
| 公用事业单位 | 1 240.3 | 1.14 | 143.9 | 0.54 | 1 896.4 | 4.37 |
| 总计 | 108 859.2 | 100.00 | 26 655.8 | 100.00 | 43 393.7 | 100.00 |

数据来源：审计署（2013）。

表 10.4 截至 2013 年 6 月底地方政府债务来源

| 债务类型 | 负有偿还责任的债务 数量（亿元） | 占比（%） | 负有担保责任的债务 数量（亿元） | 占比（%） | 可能负有一定救助责任的债务 数量（亿元） | 占比（%） |
|---|---|---|---|---|---|---|
| 银行贷款 | 55 252.5 | 50.76 | 19 085.2 | 71.60 | 26 849.8 | 61.87 |
| 建设和转让项目 | 12 146.3 | 11.16 | 465.1 | 1.74 | 2 152.2 | 4.96 |
| 债券 | 11 658.7 | 10.71 | 1 673.6 | 6.28 | 5 124.7 | 11.81 |
| 其中：地方政府债券 | 6 146.3 | 5.65 | 489.7 | 1.84 | 0 | 0 |
| 企业债券 | 4 590.1 | 4.22 | 808.6 | 3.03 | 3 428.7 | 7.90 |
| 中期票据 | 575.4 | 0.53 | 344.8 | 1.29 | 1 019.9 | 2.35 |
| 短期融资债券 | 123.5 | 0.11 | 9.1 | 0.03 | 222.6 | 0.51 |
| 应付未付账款 | 7781.9 | 7.15 | 91.0 | 0.34 | 701.9 | 1.62 |
| 信托融资 | 7 620.3 | 7.00 | 2 527.3 | 9.48 | 4 104.7 | 9.46 |
| 其他企业和个人的借款 | 6 679.4 | 6.14 | 552.8 | 2.07 | 1 159.4 | 2.67 |
| 垫资施工、延期付款 | 3 269.2 | 3.00 | 12.7 | 0.05 | 476.7 | 1.10 |
| 证券、保险业及其他金融机构的融资 | 2 000.3 | 1.84 | 309.9 | 1.16 | 1 055.9 | 2.43 |
| 国债、外债等财政转贷 | 1 326.2 | 1.22 | 1 707.5 | 6.41 | 0 | 0 |
| 融资租赁 | 751.2 | 0.69 | 193.1 | 0.72 | 1 374.7 | 3.17 |
| 集资 | 373.2 | 0.34 | 37.7 | 0.14 | 393.9 | 0.91 |
| 总计 | 108 859.2 | 100.00 | 26 655.8 | 100.00 | 43 393.7 | 100.00 |

数据来源：审计署（2013）。

表10.5 各地区地方政府债务占GDP的比重

(单位:%)

| 地区 | 2012年 负有偿还责任的债务 | 2012年 负有担保责任的债务 | 2012年 负有救助责任的债务 | 2012年 总债务 | 2013年6月底 负有偿还责任的债务 | 2013年6月底 负有担保责任的债务 | 2013年6月底 负有救助责任的债务 | 2013年6月底 总债务 | 2014年 负有偿还责任的债务 | 2020年 负有偿还责任的债务 | 2022年 负有偿还责任的债务 |
|---|---|---|---|---|---|---|---|---|---|---|---|
| 北京 | 33.40 | 0.89 | 4.69 | 38.99 | 34.53 | 0.75 | 4.95 | 40.23 | 29.90 | 16.80 | 25.39 |
| 天津 | 16.84 | | | | 16.56 | 10.83 | 7.97 | 35.37 | 15.89 | 45.22 | 53.01 |
| 河北 | 13.76 | 3.51 | 8.43 | 25.70 | 14.40 | 3.45 | 9.46 | 27.32 | 18.62 | 30.43 | 37.17 |
| 山西 | 10.96 | 15.87 | 2.43 | 29.26 | 12.28 | 18.84 | 2.61 | 33.73 | 15.29 | 26.13 | 24.51 |
| 内蒙古 | 19.33 | 4.79 | 1.55 | 25.68 | 20.68 | 5.29 | 1.72 | 27.7 | 30.81 | 47.63 | 40.33 |
| 辽宁 | 20.72 | 4.88 | 2.37 | 27.97 | 21.76 | 4.68 | 1.17 | 27.60 | 23.56 | 36.87 | 37.88 |
| 吉林 | 21.55 | 7.67 | 4.52 | 33.75 | 20.66 | 7.79 | 5.56 | 34.01 | 19.54 | 42.41 | 54.84 |
| 黑龙江 | 13.40 | 7.07 | 3.37 | 23.84 | 14.51 | | | 25.81* | 18.63 | 41.50 | 45.85 |
| 上海 | 25.69 | 2.67 | 12.59 | 40.95 | 24.73 | 2.54 | 13.00 | 40.27 | 24.66 | 17.81 | 19.12 |
| 江苏 | 12.07 | 1.78 | 9.95 | 23.80 | 13.42 | 1.72 | 9.06 | 24.20 | 16.35 | 16.77 | 16.84 |
| 浙江 | 12.47 | 0.85 | 3.74 | 17.06 | 19.13 | 0.87 | 4.93 | 24.94 | 17.05 | 22.66 | 25.95 |
| 安徽 | 14.87 | 3.28 | 7.92 | 26.07 | 16.89 | 3.30 | 8.88 | 29.07 | 22.66 | 24.82 | 29.53 |
| 福建 | 9.72 | 1.00 | 7.41 | 18.14 | 11.81 | 1.17 | 8.10 | 21.08 | 17.29 | 18.99 | 22.41 |
| 江西 | 17.20 | 6.21 | 4.02 | 27.43 | 17.74 | 6.09 | 4.92 | 28.75 | 23.43 | 27.83 | 33.85 |
| 山东 | 7.94 | 2.42 | 2.43 | 12.79 | 8.55 | 2.32 | 2.64 | 13.51 | 15.57 | 22.69 | 26.98 |
| 河南 | 10.11 | 0.92 | 5.02 | 16.06 | 11.42 | 0.89 | 5.63 | 17.94 | 15.28 | 17.86 | 24.66 |
| 湖北 | 19.16 | 3.31 | 6.85 | 29.31 | 21.90 | 3.30 | 7.45 | 32.66 | 16.21 | 23.20 | 25.87 |
| 湖南 | 14.25 | 3.12 | 14.11 | 31.48 | 14.87 | 3.14 | 15.08 | 33.08 | 23.18 | 28.28 | 31.66 |

265

(续表)

（单位：%）

| 地区 | 2012年 负有偿还责任的债务 | 2012年 负有担保责任的债务 | 2012年 负有救助责任的债务 | 2012年 总债务 | 2013年6月底 负有偿还责任的债务 | 2013年6月底 负有担保责任的债务 | 2013年6月底 负有救助责任的债务 | 2013年6月底 总债务 | 2014年 负有偿还责任的债务 | 2020年 负有偿还责任的债务 | 2022年 负有偿还责任的债务 |
|---|---|---|---|---|---|---|---|---|---|---|---|
| 广东 | 11.49 | 1.77 | 3.48 | 16.74 | 11.60 | | 7.48 | 16.9* | 12.99 | 13.83 | 19.42 |
| 广西 | 14.93 | 8.63 | 6.53 | 30.09 | 15.07 | 8.96 | 7.48 | 31.50 | 27.35 | 34.37 | 36.96 |
| 海南 | 32.11 | 7.93 | 3.06 | 43.11 | 34.81 | 7.47 | 4.49 | 46.77 | 37.76 | 47.41 | 51.14 |
| 重庆 | 28.87 | 18.37 | 11.43 | 58.68 | 29.55 | 19.22 | 12.74 | 61.51 | 22.79 | 27.19 | 34.57 |
| 四川 | 23.18 | 6.64 | 3.70 | 33.52 | 25.99 | 6.57 | 4.17 | 36.72 | 26.23 | 26.22 | 31.20 |
| 贵州 | | | | | 61.89 | 13.04 | 9.71 | 84.63 | 94.69 | 61.66 | 61.86 |
| 云南 | 33.97 | 3.97 | 13.8 | 51.75 | 34.54 | 3.97 | 15.28 | 53.79 | 46.89 | 39.12 | 41.89 |
| 西藏 | | | | | | | | | 9.43 | 19.71 | 26.63 |
| 陕西 | 16.63 | 6.37 | 14.79 | 37.79 | 17.83 | 6.18 | 15.74 | 39.75 | 27.39 | 28.39 | 29.86 |
| 甘肃 | 16.69 | 7.26 | 19.63 | 43.58 | 20.38 | 7.06 | 21.99 | 49.44 | 22.68 | 43.62 | 54.34 |
| 青海 | 36.85 | 6.44 | 6.40 | 49.69 | 37.10 | 7.99 | 7.59 | 52.68 | 51.22 | 81.64 | 84.32 |
| 宁夏 | 19.14 | 7.21 | 4.54 | 30.89 | 20.42 | 7.51 | 5.30 | 33.23 | 35.55 | 47.39 | 39.39 |
| 新疆 | 19.13 | 9.16 | 3.34 | 31.63 | 20.59 | 10.13 | 3.71 | 34.44 | 28.67 | 44.72 | 50.73 |

数据来源：省份GDP数据来自国家统计局（2012—2015）；2014年债务数据来自万得（2019）；2020和2022年的债务和GDP数据来自ifind数据库。

注：黑龙江和广东的总地方政府债务是基于2012年政府负有偿还责任的债务占GDP的比率计算的。

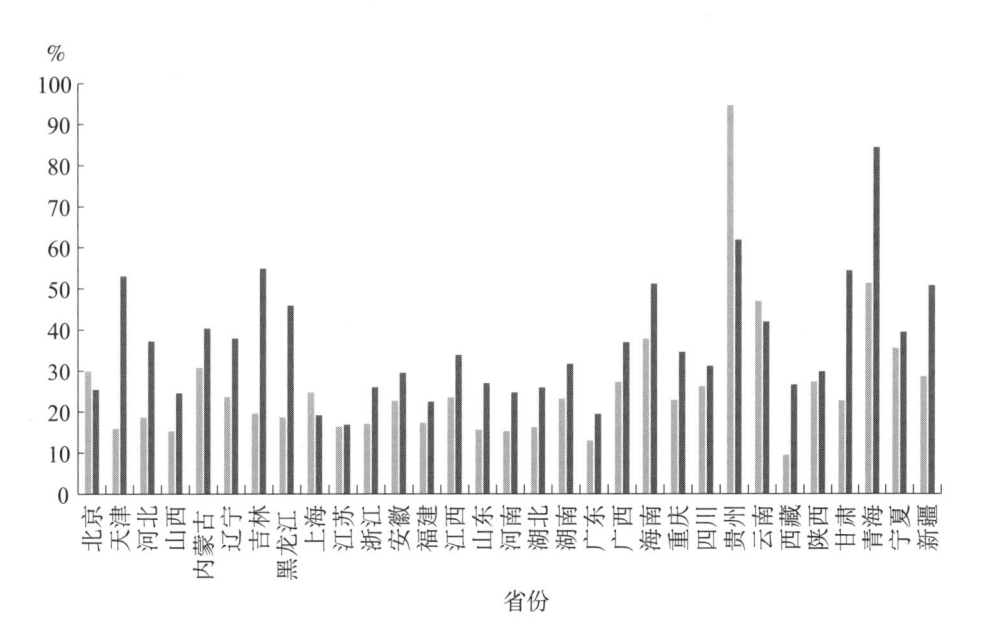

图 10.2　2014 年和 2022 年各地区显性政府债务占 GDP 的比重

数据来源：表 10.5。

还有一种衡量政府债务风险的指标是债务与政府财政收入的比率，这可以帮助我们了解需要多少政府财政收入来偿还债务。表 10.6 显示了 2012—2022 年各地区地方政府债务占地方政府财政收入的比重，即财政债务率。2022 年，青海、吉林、甘肃、贵州、云南的地方财政债务率分别为 924.95%、842.27%、670.63%、661.25%、622.17%。贵州、青海、甘肃、云南等政府债务高的地区都属于欠发达地区。吉林是中国国有企业较多的老工业基地之一。加上或有债务，即负有担保责任的债务和负有救助责任的债务，地方政府债务率将大大提高。显然，这些地区偿还债务是非常困难的。

图 10.3 显示，城投债增加很快。全国城投公司债务余额 2010 年为 76 020.89 亿元，占 GDP 的 18.33%；2015 年为 224 955.1 亿元，占 GDP 的 32.43%；2020 年为 531 283.71 亿元，占 GDP 的 52.61%；2022 年为 677 190.88 亿元，占 GDP 的 56.27%；2023 年为 721 564.63 亿元，占 GDP 的 57.68%。

表 10.6 2012—2022 年各地区地方政府债务占地方政府财政收入的比重

| 地区 | 2012 年 负有偿还责任的债务 | 2012 年 政府担保责任的债务 | 2012 年 负有救助责任的债务 | 2012 年 总计 | 2013 年 6 月 负有偿还责任的债务 | 2013 年 6 月 政府担保责任的债务 | 2013 年 6 月 负有救助责任的债务 | 2013 年 6 月 总计 | 2014 年 负有偿还责任的债务 | 2020 年 负有偿还责任的债务 | 2022 年 负有偿还责任的债务 |
|---|---|---|---|---|---|---|---|---|---|---|---|
| 北京 | 180.16 | 4.80 | 25.32 | 210.29 | 186.53 | 4.36 | 25.69 | 216.57 | 158.38 | 110.60 | 184.89 |
| 天津 | 123.37 | | 107.47 | 327.72 | 117.93 | 77.13 | 56.75 | 251.82 | 104.52 | 331.16 | 468.22 |
| 河北 | 175.46 | 44.79 | 19.42 | 233.71 | 180.93 | 43.35 | 118.86 | 343.15 | 223.94 | 287.94 | 388.26 |
| 山西 | 87.54 | 126.75 | 15.87 | 262.61 | 94.53 | 145.04 | 20.12 | 259.70 | 107.20 | 200.84 | 181.96 |
| 内蒙古 | 197.73 | 49.01 | 18.95 | 223.78 | 207.22 | 52.98 | 17.28 | 277.49 | 296.92 | 403.11 | 330.69 |
| 辽宁 | 165.80 | 39.03 | 51.86 | 387.02 | 175.63 | 39.01 | 20.76 | 235.41 | 211.24 | 348.67 | 434.67 |
| 吉林 | 247.15 | 88.00 | 39.71 | 280.62 | 234.82 | 88.52 | 63.19 | 386.53 | 224.11 | 481.21 | 842.27 |
| 黑龙江 | 157.73 | 83.18 | 67.86 | 220.74 | 167.35 | 86.04 | 40.66 | 294.04 | 215.32 | 493.26 | 564.87 |
| 上海 | 138.50 | 14.38 | 91.78 | 219.54 | 132.28 | 13.56 | 69.50 | 215.35 | 126.76 | 97.82 | 112.22 |
| 江苏 | 111.31 | 16.45 | 37.71 | 171.90 | 122.87 | 15.72 | 99.06 | 237.65 | 147.15 | 190.15 | 223.49 |
| 浙江 | 125.63 | 8.56 | 76.02 | 250.34 | 140.60 | 9.04 | 41.81 | 191.44 | 166.18 | 202.00 | 250.84 |
| 安徽 | 142.79 | 31.53 | 82.21 | 201.20 | 159.12 | 31.09 | 83.71 | 273.92 | 212.97 | 298.52 | 370.61 |
| 福建 | 107.87 | 11.12 | 37.94 | 258.88 | 125.97 | 12.51 | 86.48 | 224.96 | 176.11 | 270.78 | 356.43 |
| 江西 | 162.34 | 58.60 | 29.90 | 157.56 | 162.13 | 55.63 | 45.00 | 262.76 | 195.62 | 285.14 | 368.25 |
| 山东 | 97.81 | 29.85 | 72.84 | 232.97 | 104.40 | 28.28 | 32.25 | 164.93 | 184.07 | 252.94 | 332.06 |
| 河南 | 146.71 | 13.41 | 83.56 | 357.74 | 158.37 | 12.28 | 78.10 | 248.75 | 194.94 | 235.62 | 355.92 |
| 湖北 | 233.81 | 40.38 | | | 256.63 | 38.71 | 87.34 | 382.68 | 172.87 | 401.30 | 423.67 |

(续表)

| 地区 | 2012 年 |||| 2013 年 6 月 |||| 2014 年 | 2020 年 | 2022 年 |
|---|---|---|---|---|---|---|---|---|---|---|---|
| | 负有偿还责任的债务 | 或有债务 || 总计 | 负有偿还责任的债务 | 或有债务 || 总计 | 负有偿还责任的债务 |||
| | | 负有担保责任的债务 | 负有救助责任的债务 | | | 负有担保责任的债务 | 负有救助责任的债务 | | | | |
| 湖南 | 177.16 | 38.82 | 175.38 | 391.36 | 182.42 | 38.47 | 184.94 | 405.83 | 276.97 | 392.73 | 496.78 |
| 广东 | 105.22 | 16.19 | 31.91 | 153.33 | 104.15 | 15.34 | 33.25 | 152.74 | 109.22 | 118.53 | 189.09 |
| 广西 | 166.92 | 96.49 | 72.94 | 336.35 | 166.75 | 99.12 | 82.75 | 348.62 | 301.40 | 443.54 | 575.97 |
| 海南 | 223.95 | 55.32 | 21.36 | 300.63 | 235.87 | 50.59 | 30.41 | 316.88 | 238.01 | 321.41 | 418.87 |
| 重庆 | 193.39 | 123.03 | 76.57 | 393.00 | 180.17 | 136.91 | 90.72 | 407.80 | 169.11 | 324.52 | 478.74 |
| 四川 | 228.54 | 65.46 | 36.51 | 330.52 | 250.93 | 63.43 | 40.26 | 354.62 | 244.52 | 299.06 | 362.79 |
| 贵州 | | | | | 416.36 | 87.70 | 65.33 | 569.39 | 642.02 | 615.17 | 661.25 |
| 云南 | 261.74 | 30.60 | 106.34 | 398.67 | 259.30 | 29.80 | 114.70 | 403.79 | 353.87 | 453.21 | 622.17 |
| 西藏 | | | | | | | | | 69.87 | 169.71 | 316.16 |
| 陕西 | 150.17 | 57.51 | 133.56 | 341.24 | 163.19 | 56.60 | 144.12 | 363.91 | 256.29 | 329.29 | 295.51 |
| 甘肃 | 181.19 | 78.84 | 213.16 | 473.18 | 216.57 | 74.99 | 233.68 | 525.24 | 230.50 | 449.73 | 670.63 |
| 青海 | 374.28 | 65.36 | 65.04 | 504.68 | 363.08 | 78.25 | 74.25 | 515.58 | 468.79 | 823.54 | 924.95 |
| 宁夏 | 169.80 | 63.96 | 40.24 | 274.00 | 195.46 | 64.55 | 45.57 | 305.58 | 287.91 | 442.96 | 433.97 |
| 新疆 | 157.96 | 75.65 | 27.57 | 261.17 | 161.22 | 79.29 | 29.06 | 269.57 | 207.33 | 417.70 | 476.26 |

数据来源：各地区的政府收入数据来自财政部（2013—2023）；2014 年债务数据来自万得（2019）；2020 年和 2022 年的债务和 GDP 数据来自 ifind 数据库。

注：(1) 负有偿还责任的债务不包括或有债务；(2) 政府收入为地方政府一般公共预算收入，不包括中央政府转移支付。

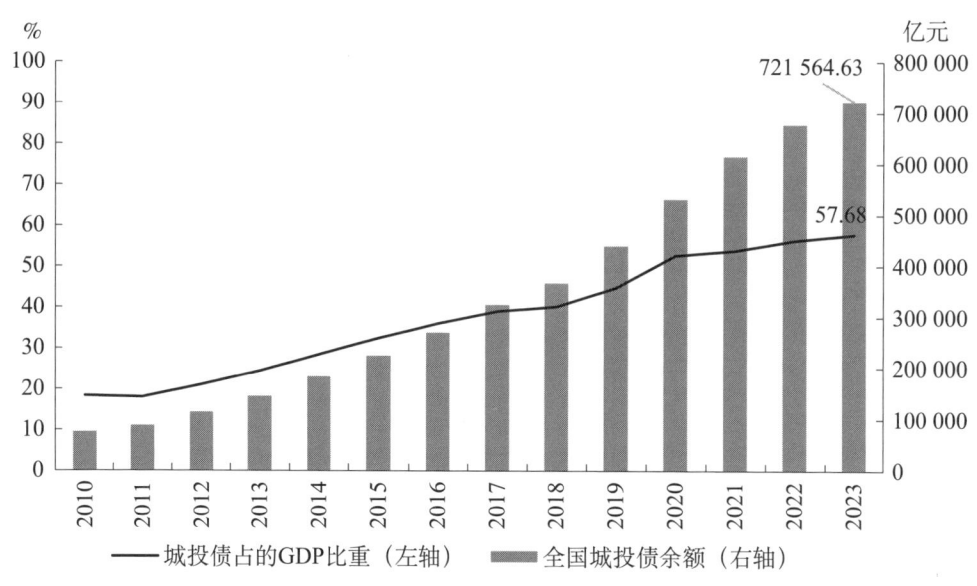

图 10.3　2010—2023 年全国地方政府城投债规模及占 GDP 的比重

资料来源：Choice 数据库。

## 10.3　地方政府债务快速积累的原因

地方政府债务占 GDP 的比重从 1996 年的 3.34% 提高到 2014 年的 39.49%、2015 年的 35.35%，再到 2021 年的 43.78%，可以看出中国的地方政府债务在过去二十多年中迅速增长。那么，究竟是什么导致地方政府债务迅速增加？人们通常误以为地方政府债务是由地方政府一般公共预算收入与支出差距过大导致的。在 2023 年，地方财政收入占总预算收入的 54.07%，却承担总预算支出的 86.08%；而中央政府收入占预算总收入的 45.93%，仅承担总预算支出的 13.92%。[①] 从 2012 年到 2023 年，中央政府支出占总财政支出的比重一直低于 15%。事实上，在 1994 年税制改革后，每个省份的本级财政每年都存在着预算赤字。然而，根据 1994 年的《预算法》，地方政府预算必须收支平衡，因此中央政府需要向地方政府进行大量的转移支付来填补地方政府收支间的巨大缺口。在 2015 年之前，地方政府依靠中央政府转移支付来填补每年一般公共预算收入和支出之间的差额，从而实现了一般公共预算每年的平衡。所以，地方政府债务发

---

① 国家统计局（2024）。

生在地方政府一般公共预算之外，本级预算收入和支出的巨大差额不是地方政府债务积累的直接原因，地方政府债务累积的主要原因如下。

## 10.3.1　对地方基础设施的需求增加

中国正处于工业化和城市化的阶段，每年有数百万人迁往城市。多年来，中央政府花费了大量资金建设高速公路、铁路、港口、水坝、机场，充分利用了一般公共预算收入。但在很多地方，包括高速公路、地铁、桥梁、道路、街道、供水和下水道系统、天然气和电力系统、学校和医院、公园等在内的基础设施仍然存在质量差和数量短缺的问题，因此地方政府需要在基础设施建设中发挥重要作用。

基础设施发展需要大量投资。大多数基础设施都是纯公共品或准公共品，需要大量投资。因此，民营企业没有能力也不愿意投资这些项目，地方政府必须承担责任。在美国历史上，地方政府长期以来在基础设施建设方面发挥了重要作用，并发行了大量地方债。Wallis（2000）的研究表明，在美国联邦政府、州政府和地方政府中，从1790年到1842年，州政府为基础设施融资的借款最多；此后，在大多数年份中，地方政府借款最多；直到1933年以后，联邦政府才成为主要的借款方。目前，中国正处于美国和其他工业化国家多年前经历的发展阶段，需要地方政府大量的基础设施投资。

## 10.3.2　对可支配资金的需求高

中央财政转移支付分为税收返还、一般性转移支付、固定补贴、预算补贴和专项转移支付。其中很大一部分转移支付是专项转移支付，地方政府不能自由处置。此外，有一部分转移支付地方政府必须提供配套资金才能获得，地方政府特别是欠发达地区的政府往往难以筹集配套资金。2000年，专项转移支付占中央财政转移支付总额的35.32%，一般性转移支付占19.14%，税收返还占47.31%。2015年，专项转移支付占中央财政转移支付总额的39.25%，一般性转移支付占51.64%，税收返还占9.11%。近年来，一般性转移支付的占比逐步增大。2023年，专项转移支付占中央财政转移支付总额的比重降至7.82%，中央政府还将税收返还纳入一般性转移支付，一般性转移支付占中央对地方转移支付总额的比重为82.69%（见第11章表11.4）。虽然近年来一般性转移支付在名义上有所增加，但从官方统计数据中可以看出，许多一般性转移支付的用途是由中央规定的，所以实际上还是专项转移支付。由于中央政府规定了大部分转移支付的用途，地方政府需要资金建设它们认为重要的项目。

而地方政府通过借款获得的资金可以由地方政府自由处置。实际上，地方政府在经济建设上使用大量的一般公共预算支出。例如，2022 年，中国政府经济事务支出占政府一般公共预算支出的 28.6%，居世界前列（见第 6 章表 6.3）。然而，地方政府要推动地方经济发展，想要启动更多的建设项目。因此，它们积极寻求一般公共预算收入以外的资金。

### 10.3.3　地方政府投资的盲目扩大

地方政府债务并非来自地方政府一般公共预算账户，而是来自预算以外。非预算决策不透明且管理不善是债务膨胀的一个原因。许多年来，地方政府官员有很强的投资动机。中央政府在很大程度上根据地方官员在促进经济增长方面的表现来确定提拔人选，因此地方政府官员有强烈的动机投资当地基础设施以刺激经济增长。许多研究表明，近几十年来，中国地方官员的晋升与辖区的经济增长密切相关，这令地方官员的个人利益和区域经济增长之间产生了很强的联系（Chen，Li and Zhou，2005；Choi，2012；Yao and Zhang，2015；Jia，Kudamatsu and Seim，2015）。地方政府举债越多，该地区的 GDP 增长率很可能就越高。但这也意味着对地方政府官员缺乏牵制。如果官员晋升到更高级别并调动到另一个地方，其任期内产生的债务将留给继任者。因此，地方政府官员通常只考虑借款而不负责偿还债务，导致地方政府债务不断扩大。在我国，只有中央政府可以监管地方政府，然而，由于债务管理不透明，中央政府很难控制地方政府的债务。

### 10.3.4　中央政府的扩张性财政政策

根据 1994 年的《预算法》，中国的地方政府不得出现预算赤字和发行债券。面对当地基础设施和城市公共服务需求的增长，许多地方政府设立了地方政府融资平台，如城投公司等，以实现从商业银行和政策性银行借款的目的。中国的银行也一直积极地向地方政府提供贷款。即使没有足够的抵押品，地方政府也一直被银行视为优质客户。

全球金融危机加速了地方政府的债务积累。在全球金融危机爆发之后，中国政府制定了全面的经济刺激计划。2008 年 11 月，政府宣布到 2010 年年底投资将增加 4 万亿元人民币。中央政府将直接投资 1.18 万亿元人民币，地方政府的投资必须与中央政府投资相匹配；其余部分应来自民营企业和国有企业。但是，如前所述，地方政府既没有制定税法的权力，也没有发行债券的权力。于是，为了筹集超过 1.18 万亿元人民币的投资,地方政府不得不从政策性银行和商业银行大量借款。因此,地方政府的债务在很大程度上与中央的政策有关,中央政府对地方政府债务的增长负有一定责任。2009 年 3 月,中国人民银行还发文,支持有条件的地方政府组建投融资平台。

## 10.4 地方政府债务的短期影响及潜在问题

关于政府债务对经济影响的讨论可以追溯到亚当·斯密和李嘉图,他们从不同角度出发,探讨了政府债务所产生的影响。从资源有效配置的角度来看,斯密指出,支付给外国人的债务利息是国家的负担,而滥用债务发行的收入,如为造成生命财产损失的战争筹资或帮助游手好闲之人,则会导致资源从私人用途转向公共用途,导致税收增加和私人资本积累的减少(Smith, 1776)。李嘉图则比较了税收融资和债务融资,认为债务融资和税收融资对消费、储蓄、利率和资本积累没有实际影响(Ricardo, 1821)。例如,政府发债同时减税,因为公众出于对未来增税的预期,会把减税带来的收入储备起来,这就会抵消所有减税带来的影响。考虑到债务负担的代际转移,许多经济学家认为,从长远来看,政府债务将会减少资本积累和放缓经济增长。关于政府债务影响的争论在 20 世纪下半叶愈演愈烈。Diamond(1965)认为,因为债务负担可以从当代转移到后代,所以政府债务的增加会降低储蓄,提高实际利率,减少资本积累,降低实际工资率和人均产出,并降低稳态下的个人福利。Barro(1974)认为,如果人们关心他们的后代,那么债务负担将不会转移给后代,政府债务对经济没有实际影响。Abel(1985)和 Bernheim(1988)认为,债务对经济有负面影响,因为无法保证 Barro 的假设成立。Lin(2000b)通过引入内生增长对 Diamond 模型进行了扩展,表明在稳态下,政府债务可能对经济增长产生负面影响。

Tanzi(1985)根据美国 1960—1984 年的数据,发现财政赤字与利率正相关。Easterly and Rebelo(1993)利用横截面数据和历史数据发现,政府预算盈余与经济增长正相关。Fischer(1993)认为预算赤字是宏观经济不稳定的表现,这对经济增长是不利的。Reinhart and Rogoff(2010)认为,发达经济体和类似的新兴经济体的经济表现较差与其高于 90% 的公共债务占 GDP 比例相关。Checherita-Westphal and Rother(2012)基于 12 个欧元区国家自 1970 年以来 40 多年的数据,发现当政府债务占 GDP 比例达到 70%~80% 时,就开始对长期经济增长产生负面影响。

中国的地方政府债务完全是国内债务,因此向国外支付的利息不多。因此,根据 Smith（1776）的观点，这些债务不会因向国外支付利息而损害经济。中国的地方政府主要把借来的钱用于基础设施建设。这样，地方政府在基础设施上的支出有效性对于确定地方政府债务的影响至关重要。因此，有必要考虑地方政府债务的短期影响和包括债务违约风险在内的长期潜在问题。

### 10.4.1 债务扩张的短期影响

关于政府债务对中国经济增长影响的实证研究还很有限。然而，有很多关于基础设施和经济增长的研究。由于地方政府大量举债，中国建成了许多基础设施。第 7 章对中国基础设施建设和融资进行了详细探讨。在过去的 20 年里，中国的基础设施发展迅速。根据第 7 章表 7.1 可知，公路里程在 1980—2000 年的年均增长率为 2.29%，在 2000—2020 年的年均增长率为 6.55%；铁路复线里程在 1980—2000 年的年均增长率为 4.83%，在 2000—2020 年的年平均增长率为 7.24%；石油和天然气管道在 1980—2000 年平均每年增长 5.7%，在 2000—2020 年平均每年增长 8.2%！在过去的 20 年里，中国修建了许多新的高速公路，修建了世界上最长的高速铁路。

许多研究显示基础设施建设的发展有利于经济发展（Canning，Fay and Perotti，1994；Easterly and Rebelo，1993）。Lin and Song（2002）利用 1991—1998 年中国 189 个大中城市的数据，发现公路铺设和政府科技支出与人均 GDP 增长正相关。Wu（2010）发现基础设施投资与经济发展之间存在着很强的正相关性，一个城市在基础设施发展上的融资能力对该城市的经济增长有显著影响。

随着基础设施的快速发展，中国经济一直在快速增长。按 1978 年商品零售价格指数调整计算，1998 年至 2012 年，GDP 年均增长 9.47%；2012 年至 2021 年，GDP 年均增长 6.38%。[①] 具体来说，据官方统计，1998 年 GDP 增长 7.8%，2000 年增长 8.5%，2005 年增长 11.4%，2007 年增长 14.2%，2010 年增长 10.6%，2015 年增长 6.9%，2019 年增长 6.1%，2020 年为 2.2%，2021 年为 8.1%，2022 年为 3.0%，2023 年为 5.2%（见第 12 章图 12.3）。显然，地方政府借款刺激了基础设施投资，基础设施发展在短期内推动了地方的经济增长。

### 10.4.2 高额地方政府债务带来的问题

高额的地方政府债务虽然在短期内刺激了经济增长，但也导致了许多问题，

---

① 国家统计局（2024）。

包括资源浪费、腐败、债务风险增加、长期经济增长放缓以及财政不可持续等。

第一，存在借款的浪费现象，政府在借款的有效使用上存在一定问题。一是基础设施发展缺乏良好的规划。城市发展计划通常由城市的政府官员制定，当政府官员改变时，城市发展计划也随之改变。很多城市总是处在建设、拆除和重建过程中，造成了巨大的资源浪费。二是政府部门建造了许多豪华办公楼，占用了大量土地和资源，甚至连贫困地区的乡镇政府大楼也不例外。三是一些基础设施的设计不合理。许多地方政府官员热衷于形象工程的建设，如修建极宽阔的街道和大型广场，这些也同样造成了土地和其他资源的浪费。基础设施投资的效率是关键。如果借款资金得到有效利用，那么借款就有利于经济增长；反之则不然。另外，根据投资回报递减规律，当投资过大时，投资的边际回报率会下降。

第二，在基础设施建设中腐败现象广泛存在。基础设施投资是腐败的重灾区，许多落马的腐败官员都曾接受基础设施承包商数额巨大的贿赂。在行贿后，开发商经常偷工减料以牟取更多利润。结果，在很多地方，包括道路、桥梁、建筑物、下水道系统和管道等在内的一些基础设施质量往往很差。

第三，银行给地方政府的贷款可能成为不良贷款，会危及金融稳定。地方基础设施贷款的风险取决于当地基础设施项目的回报。如果这些项目无法产生足够的收入来偿还债务的本金和利息，贷款的银行将陷入困境。负债重的地方政府和欠发达地区的地方政府无力偿还债务，只能一再用新债偿还到期债务。如今，许多银行担心地方政府能否偿还债务和利息，而地方政府则担心银行是否会继续借钱给它们。目前，一些地方政府甚至已经到了只能支付债务利息，但无法偿还本金的地步。中央政府已经认识到这个问题并提出了"债转股"计划，要求银行持有基础设施建设公司的股份。

第四，不断增长的地方政府债务削弱了中国的财政可持续性。中国未来的财政压力是巨大的。中国政府在经济快速增长时期积累了大量债务，而美国和日本等其他一些国家则是在经济衰退时才积累了大量政府债务。并且，中国出现人口迅速老龄化的趋势，这意味着社会保障账户可能会有越来越多的债务，医疗保险账户未来可能也会有债务。此外，为了改善环境，预计未来政府的环境支出将大幅增加。与此同时，随着经济增长放缓，政府收入增长速度可能比以前慢得多。因此，中国确实面临着政府债务占GDP比重不断扩大的未来财政不可持续的风险。

第五，高额的地方政府债务可能阻碍中国经济的长期增长。债务必须通过公共基础设施的收费、税收或削减政府开支来偿还，但增加税收或减少政府基础设施支出会减缓经济增长。目前，一些负债重的地区很难获得新的信贷，留下了许多未完成的公共工程，而且大规模政府借贷的发展战略也已经结束。Bai，Hsieh and Song（2016）评估了 2008 年中国四万亿元财政刺激计划的影响，认为地方政府利用财政资源为优势企业提供便利，这可能会降低资本配置的整体效率。他们还认为，从长远来看，地方政府的预算外支出可能会导致全要素生产率和 GDP 增长率的永久性下降。Gómez-Puig and Sosvilla-Rivero（2015）采用 1960 年至 2012 年欧洲货币联盟（EMU）的中心和外围国家的数据，研究发现，公共债务水平对欧洲货币联盟国家的长期绩效产生了负面影响，尽管在某些特定情况下，它的短期效果可能是积极的。

中国经济已经呈现出增长放缓的趋势。2010 年 GDP 增长率为 10.6%，2011 年为 9.5%，2012 年为 7.7%，2015 年为 6.9%，2020 年为 2.3%，2022 年为 3%，2023 年为 5.2%。[①] 这种放缓现象出现的一个主要原因就是地方政府债务居高不下，地方政府债务融资受到限制，基础设施投资增速下降。

### 10.4.3　中国地方政府会破产吗？

许多国内外投资者担心中国地方政府会破产。在一个联邦制国家或者一个地方政府在财政上独立于中央政府的国家，高地方政府债务确实有可能导致地方政府破产。但在中国，地方政府由中央政府管辖，它们拥有国有企业的大量资产，并可以从基础设施项目中获得收入。因此，地方政府在可预见的未来不太可能出现破产。破产往往发生在不能清偿到期债务，并且资产不足以清偿全部债务的时候。

第一，中央政府对地方政府债务负有部分责任，且其有能力帮助地方政府。在中国，地方政府官员由中央政府任命，地方政府的借贷和支出决策往往由地方政府做出。因此，中央政府应该对地方政府举债负责。另外，正如 10.3 节所述，中央政府的扩张性财政政策对地方政府债务的快速增长起到了一定作用。这就是为什么中央政府如此关注地方政府债务，为什么一直在对地方政府债务进行审计，以及为什么要对地方政府借贷施加各种限制。

中央政府也有能力帮助地方政府偿还债务。中央政府债务规模始终不大。表 10.7 显示了 1978—2023 年的中央政府债务。中国在 1981 年至 1997 年有适度的政府债务。1997 年亚洲金融危机之后，中国立即采取扩张性财政政策，中央政府国内债务占 GDP 的比重开始上升，1998 年为 9.2%，2000 年为 12.98%，2005 年为 17.00%，2010 年为 16.25%，2015 年为 15.37%，2019 年为 16.76%，2020 年为 20.35%，2023 年为 23.56%。中央政府的外债不高。外债占 GDP 的比

---

① 国家统计局（2024）。

表 10.7　1978—2023 年中央政府债务

| 年份 | 一般公共预算收入（亿元） | 一般公共预算支出（亿元） | 财政赤字（亿元） | 国内和国外债务（亿元） | 国内债务（亿元） | 国外债务（亿元） | GDP（亿元） | 财政赤字/GDP（%） | 国内债务/GDP（%） | 国外债务/GDP（%） | 国内外债务/GDP（%） |
|---|---|---|---|---|---|---|---|---|---|---|---|
| 1978 | 1 132.3 | 1 122.1 | -10.2 | | | | 3 678.7 | -0.28 | | | |
| 1979 | 1 146.4 | 1 281.8 | 135.4 | | | | 4 100.5 | 3.30 | | | |
| 1980 | 1 159.9 | 1 228.8 | 68.9 | | | | 4 587.6 | 1.50 | | | |
| 1985 | 2 004.8 | 2 004.3 | -0.6 | | 238.0 | | 9 098.9 | -0.01 | 2.62 | | |
| 1990 | 2 937.1 | 3 083.6 | 146.5 | | 890.3 | | 18 872.9 | 0.78 | 4.72 | | |
| 1995 | 6 242.2 | 6 823.7 | 581.5 | | 3 300.3 | | 61 339.9 | 0.95 | 5.38 | | |
| 2000 | 13 395.2 | 15 886.5 | 2 491.3 | | 13 020.0 | | 100 280.1 | 2.48 | 12.98 | | |
| 2001 | 16 386.0 | 18 902.6 | 2 516.5 | | 15 618.0 | | 110 863.1 | 2.27 | 14.09 | | |
| 2002 | 18 903.6 | 22 053.2 | 3 149.5 | | 19 336.1 | | 121 717.4 | 2.59 | 15.89 | | |
| 2003 | 21 715.3 | 24 650.0 | 2 934.7 | | 22 603.6 | | 137 422.0 | 2.14 | 16.45 | | |
| 2004 | 26 396.5 | 28 486.9 | 2 090.4 | | 25 777.6 | | 161 840.2 | 1.29 | 15.93 | | |
| 2005 | 31 649.3 | 33 930.3 | 2 281.0 | 32 614.2 | 31 848.6 | 765.52 | 187 318.9 | 1.22 | 17.00 | 0.41 | 17.41 |
| 2006 | 38 760.2 | 40 422.7 | 1 662.5 | 35 015.3 | 34 380.2 | 635.02 | 219 438.5 | 0.76 | 15.67 | 0.29 | 15.96 |
| 2007 | 51 321.8 | 49 781.4 | -1 540.4 | 52 074.7 | 51 467.4 | 607.26 | 270 092.3 | -0.57 | 19.05 | 0.22 | 19.28 |
| 2008 | 61 330.4 | 62 592.7 | 1 262.3 | 53 271.5 | 52 799.3 | 472.22 | 319 244.6 | 0.40 | 16.54 | 0.15 | 16.69 |
| 2009 | 68 518.3 | 76 299.9 | 7 781.6 | 60 237.7 | 59 737.0 | 500.73 | 348 517.7 | 2.23 | 17.14 | 0.14 | 17.28 |
| 2010 | 83 101.5 | 89 874.2 | 6 772.7 | 67 548.1 | 66 988.0 | 560.14 | 412 119.3 | 1.64 | 16.25 | 0.14 | 16.39 |
| 2011 | 103 874.4 | 109 247.8 | 5 373.4 | 72 044.5 | 71 410.8 | 633.71 | 487 940.2 | 1.10 | 14.59 | 0.13 | 14.77 |
| 2012 | 117 253.5 | 125 953.0 | 8 699.5 | 77 565.7 | 76 747.9 | 817.79 | 538 580.0 | 1.61 | 14.25 | 0.15 | 14.40 |

277

(续表)

| 年份 | 一般公共预算收入（亿元） | 一般公共预算支出（亿元） | 财政赤字（亿元） | 国内和国外债务（亿元） | 国内债务（亿元） | 国外债务（亿元） | GDP（亿元） | 财政赤字/GDP（%） | 国内债务/GDP（%） | 国外债务/GDP（%） | 国内外债务/GDP（%） |
|---|---|---|---|---|---|---|---|---|---|---|---|
| 2013 | 129 209.6 | 140 212.1 | 11 002.5 | 86 746.9 | 85 836.1 | 910.86 | 592 963.2 | 1.85 | 14.78 | 0.15 | 14.63 |
| 2014 | 140 370.0 | 151 785.6 | 11 415.5 | 95 655.5 | 94 676.3 | 979.14 | 641 280.6 | 1.77 | 14.76 | 0.15 | 14.92 |
| 2015 | 152 269.2 | 175 877.8 | 23 608.5 | 106 599.6 | 105 467.5 | 1 132.11 | 685 992.9 | 3.43 | 15.37 | 0.16 | 15.54 |
| 2016 | 159 605.0 | 187 755.2 | 28 150.2 | 120 066.8 | 118 811.2 | 1 255.51 | 740 060.8 | 3.78 | 16.05 | 0.17 | 16.22 |
| 2017 | 172 592.8 | 203 085.5 | 30 492.7 | 134 770.2 | 133 447.4 | 1 322.72 | 820 754.3 | 3.72 | 16.26 | 0.16 | 16.42 |
| 2018 | 183 359.8 | 220 904.1 | 27 544.3 | 149 607.4 | 148 208.6 | 1 398.79 | 900 309.5 | 3.06 | 16.45 | 0.16 | 16.62 |
| 2019 | 190 382.2 | 238 874.0 | 48 491.8 | 168 038.0 | 166 032.1 | 2 005.91 | 990 865.1 | 4.89 | 16.76 | 0.20 | 16.96 |
| 2020 | 182 913.9 | 245 679.0 | 62 765.2 | 208 905.9 | 206 290.3 | 2 615.56 | 1 013 567.0 | 6.19 | 20.35 | 0.26 | 20.61 |
| 2021 | 202 554.6 | 245 673.0 | 43 118.4 | 232 697.3 | 229 643.7 | 3 053.58 | 1 149 237.0 | 3.75 | 19.98 | 0.27 | 20.25 |
| 2022 | 203 649.3 | 260 552.1 | 56 902.8 | 258 692.8 | 255 591.6 | 3 101.21 | 1 204 724.0 | 4.72 | 21.22 | 0.26 | 21.48 |
| 2023 | 216 795.4 | 274 622.9 | 57 827.5 | 300 325.5 | 296 979.2 | 3 346.28 | 1 260 582.1 | 4.59 | 23.56 | 0.27 | 23.82 |

数据来源：1981—1999 年的国内债务数据来自贾康和赵全厚（2001）；2000—2004 年国内债务数据来自中国人民银行（2005）；剩余数据来自国家统计局（2023，2024）及财政部（2022）。

重 2005 年为 0.41%，2010 年为 0.14%，2015 年为 0.16%，2019 年为 0.20%，2020 年为 0.26%，2023 年为 0.27%。如 10.2 节所述，中央政府还有其他债务，包括中央机关债务、中央直属机构债务、国有铁路公司债务。例如，中国铁路总公司的债务 2013 年 6 月底约占 GDP 的 4%，2019 年占 5.5%。包括这些债务在内，中央政府债务占 GDP 的比重约为 25%，仍低于地方政府债务，也低于许多国家的中央政府债务。因此，中央政府完全有能力帮助地方政府偿还债务。

第二，地方政府拥有大量资产，其中一部分可用于偿还债务。中国曾长期处于中央计划经济体制之下，政府拥有大量资产。1978 年以前，所有企业都是国有企业或集体企业，国有企业归中央和地方政府所有，集体企业归基层政府行政单位（即乡镇政府或城市居委会）所有。经济改革后，中国将许多不盈利的国有企业和集体企业私有化，但仍拥有大量的大型国有企业。2018 年，国有企业和国有控股工业企业实现营业收入 28.5 万亿元，占工业利润总额的 28%。[①] 表 10.8 显示了 1997 年至 2022 年中央和地方国有企业的总资产和净资产（总资产减去总负债）。可以计算出，国有企业净资产 1997 年为 46 164.6 亿元，占 GDP 的 57.91%；2000 年为 57 975.6 亿元，占 GDP 的 57.81%；2010 年为 234 171.1 亿元，占 GDP 的 56.82%；2018 年为 753 284.8 亿元，占 GDP 的 83.99%；2020 年为 970 194.2 亿元，占 GDP 的 95.70%；2022 年为 1 208 034.6 亿元，占 GDP 的 100.27%。地方国有企业净资产占 GDP 的比重 1997 年为 30.02%，2000 年为 28.46%，2006 年为 19.60%，2010 年为 27.11%，2022 年为 70.63%。

表 10.9 显示了各省、自治区、直辖市的国有企业国有资产（即国家对企业各种形式的出资所形成的权益）占 GDP 的比重，从中可以观察到两个事实。首先，各地区国有企业国有资产占 GDP 的比重差异很大。2019 年，国有企业国有资产占 GDP 的比重，上海为 64.61%，重庆为 92.10%，贵州为 160.25%，天津为 90.77%，吉林为 61.71%，河北为 25.12%，河南为 16.59%，山东为 29.03%。其次，政府债务高的地区似乎拥有更多国有企业国有资产。例如，2019 年贵州的政府负有偿还责任的债务占 GDP 的比重为 57.68%，同时其国有企业国有资产占 GDP 的比重为 160.25%；青海政府债务占 GDP 的比重为 70.87%，位列全国第一，其国有企业国有资产占 GDP 的比重为 79.02%，位居全国第四。这就意味着，地方政府基本上是用借来的资金进行投资和资产积累。

第三，地方政府债务主要用于基础设施发展而非社会福利，政府从投资中会获得一些回报。地方政府将借入的大部分资金用于有利可图的项目，如收费公路和公用事业。表 10.10 显示了地方政府债务资金的使用情况。截至 2013 年 6 月

---

① 国家统计局（2019）。

表 10.8　1997—2022 年中央和地方国有企业的资产情况

| 年份 | 国有企业总资产（亿元） | 中央国有企业资产（亿元） | 地方国有企业资产（亿元） | 国有企业总债务（亿元） | GDP（亿元） | 中央国有企业债务（亿元） | 地方国有企业债务（亿元） | 国有企业总资产占 GDP 比重（%） | 国有企业净资产占 GDP 比重（%） | 地方国有企业净资产占 GDP 比重（%） |
|---|---|---|---|---|---|---|---|---|---|---|
| 1997 | 124 975.2 | 48 624.4 | 76 350.8 | 78 810.6 | 79 715.0 | 26 391.9 | 52 418.7 | 156.777 5 | 57.91 | 30.02 |
| 1998 | 134 779.9 | 51 669.3 | 83 110.6 | 84 409.3 | 85 195.5 | 27 894.9 | 56 514.4 | 158.200 7 | 59.12 | 31.22 |
| 1999 | 145 288.1 | 57 352.0 | 87 936.1 | 91 474.9 | 90 564.4 | 31 242.6 | 60 232.3 | 160.425 2 | 59.42 | 30.59 |
| 2000 | 160 068.0 | 67 458.2 | 92 609.8 | 102 092.4 | 100 280.1 | 38 025.9 | 64 066.5 | 159.620 9 | 57.81 | 28.46 |
| 2001 | 179 244.9 | 77 752.5 | 101 492.4 | 109 791.8 | 110 863.1 | 40 753.6 | 64 038.2 | 161.681 3 | 62.65 | 33.78 |
| 2002 | 180 218.9 | 88 991.7 | 104 965.7 | 113 675.8 | 121 717.4 | 46 767.9 | 70 474.1 | 148.063 4 | 54.67 | 28.34 |
| 2003 | 199 709.8 | 98 388.6 | 116 300.9 | 128 718.9 | 137 422.0 | 52 492.2 | 79 251.1 | 145.325 9 | 51.66 | 26.96 |
| 2004 | 215 602.3 | 108 646.9 | 119 721.1 | 138 839.1 | 161 840.2 | 66 001.7 | 85 603.1 | 133.219 2 | 47.43 | 21.08 |
| 2005 | 242 560.1 | 123 016.4 | 132 670.8 | 155 173.2 | 187 318.9 | 73 997.6 | 94 302.7 | 129.490 5 | 46.65 | 20.48 |
| 2006 | 277 308.1 | 143 295.7 | 147 982.5 | 179 293.7 | 219 438.5 | 88 297.7 | 104 966.1 | 126.371 7 | 44.71 | 19.60 |
| 2007 | 347 068.1 | 188 149.7 | 173 908.4 | 202 472.5 | 270 092.3 | 105 410.1 | 112 052.4 | 128.499 8 | 53.54 | 22.90 |
| 2008 | 416 219.2 | 229 604.0 | 203 509.8 | 250 008.4 | 319 244.6 | 137 580.2 | 129 322.9 | 130.376 3 | 52.06 | 23.24 |
| 2009 | 514 137.2 | 279 100.9 | 255 143 | 315 416.9 | 348 517.7 | 172 149.5 | 163 374.1 | 147.521 1 | 57.02 | 26.33 |
| 2010 | 640 214.3 | 330 314.9 | 309 899.3 | 406 043.2 | 412 119.3 | 207 850.0 | 198 193.2 | 155.346 8 | 56.82 | 27.11 |
| 2011 | 759 081.8 | 384 075.3 | 375 006.5 | 486 090.8 | 487 940.2 | 247 078.7 | 239 012.1 | 155.568 6 | 55.95 | 27.31 |
| 2012 | 894 890.1 | 434 119.2 | 460 770.8 | 575 135.4 | 538 580.0 | 282 809.7 | 292 325.7 | 166.157 3 | 59.37 | 31.28 |
| 2013 | 1 040 947.3 | 485 948.9 | 554 998.5 | 670 974.6 | 592 963.2 | 319 851.1 | 351 123.5 | 175.550 1 | 62.4 | 34.38 |
| 2014 | 1 184 715.0 | 539 776.0 | 644 939.0 | 765 955.9 | 641 280.6 | 354 725.8 | 411 230.1 | 184.742 1 | 65.3 | 36.44 |

280

（续表）

| 年份 | 国有企业总资产（亿元） | 中央国有企业资产（亿元） | 地方国有企业资产（亿元） | 国有企业总债务（亿元） | GDP（亿元） | 中央国有企业债务（亿元） | 地方国有企业债务（亿元） | 国有企业总资产占GDP比重（%） | 国有企业净资产占GDP比重（%） | 地方国有企业净资产占GDP比重（%） |
|---|---|---|---|---|---|---|---|---|---|---|
| 2015 | 1 406 831.5 | 647 694.5 | 759 137 | 924 417.2 | 685 992.9 | 440 887.5 | 483 529.6 | 205.079 6 | 70.32 | 40.18 |
| 2016 | 1 549 141.5 | 705 913.7 | 843 227.8 | 1 015 214.9 | 740 060.8 | 482 871.4 | 532 343.5 | 209.326 2 | 72.15 | 42.01 |
| 2017 | 1 835 207.2 | 761 873.6 | 1 073 333.6 | 1 184 611.0 | 820 754.3 | 518 645.0 | 665 966.0 | 223.600 1 | 79.27 | 49.63 |
| 2018 | 2 103 650.9 | 807 930.4 | 1 295 720.5 | 1 350 366.1 | 896 915.6 | 547 264.3 | 803 101.7 | 234.542 8 | 83.99 | 54.92 |
| 2019 | 2 338 667.2 | 869 585.8 | 1 469 081.5 | 1 497 512.6 | 986 515.2 | 584 107.2 | 913 405.5 | 237.063 5 | 85.25 | 56.26 |
| 2020 | 2 685 037.0 | 940 271.9 | 1 744 765.1 | 1 714 842.8 | 1 013 567 | 625 237.9 | 1 089 604.9 | 264.909 7 | 95.70 | 64.62 |
| 2021 | 3 082 509.7 | 1 020 507.5 | 2 062 002.3 | 1 979 015.0 | 1 149 237.0 | 683 321.9 | 1 295 693.1 | 268.222 3 | 96.02 | 66.98 |
| 2022 | 3 394 506.9 | 1 093 646.8 | 2 300 860.0 | 2 186 472.3 | 1 204 724.0 | 736 537.3 | 1 449 935.0 | 281.766 4 | 100.27 | 70.63 |

数据来源：财政部（2022，2023）。

表 10.9　各地区国有企业国有资产占 GDP 的比重　　　　　　（单位：%）

| 年份 | 2000 | 2005 | 2010 | 2015 | 2016 | 2017 | 2018 | 2019 |
| --- | --- | --- | --- | --- | --- | --- | --- | --- |
| 北京 | 49.83 | 35.57 | 35.94 | 44.99 | 47.61 | 53.20 | 54.52 | 49.21 |
| 天津 | 50.23 | 33.12 | 60.44 | 65.7 | 61.49 | 62.84 | 65.09 | 90.77 |
| 河北 | 23.22 | 8.86 | 11.72 | 12.22 | 12.62 | 23.00 | 23.51 | 25.12 |
| 山西 | 38.66 | 25.76 | 29.25 | 35.49 | 30.85 | 37.23 | 64.20 | 50.69 |
| 内蒙古 | 28.07 | 7.01 | 11.05 | 21.18 | 35.82 | 60.76 | 58.68 | 58.32 |
| 辽宁 | 27.10 | 5.42 | 12.25 | 15.04 | 27.46 | 55.00 | 49.87 | 52.13 |
| 吉林 | 20.91 | 7.64 | 7.03 | 6.22 | 6.17 | 43.12 | 44.84 | 61.71 |
| 黑龙江 | 17.37 | 8.63 | 6.70 | 28.38 | 30.41 | 31.95 | 32.12 | 47.43 |
| 上海 | 62.04 | 50.9 | 62.18 | 101.11 | 74.93 | 73.63 | 71.56 | 64.61 |
| 江苏 | 17.63 | 11.93 | 20.60 | 32.49 | 32.36 | 33.11 | 46.81 | 49.06 |
| 浙江 | 24.14 | 14.57 | 23.28 | 34.10 | 35.43 | 36.22 | 44.12 | 55.96 |
| 安徽 | 25.83 | 16.62 | 23.58 | 40.29 | 40.42 | 74.32 | 72.19 | 62.17 |
| 福建 | 23.48 | 17.59 | 19.48 | 28.74 | 30.04 | 32.06 | 33.21 | 32.58 |
| 江西 | 23.19 | 11.36 | 13.4 | 27.94 | 31.02 | 43.06 | 47.45 | 56.25 |
| 山东 | 20.02 | 8.02 | 10.42 | 14.09 | 16.03 | 18.31 | 21.92 | 29.03 |
| 河南 | 18.05 | 13.81 | 8.75 | 12.34 | 13.09 | 12.93 | 17.31 | 16.59 |
| 湖北 | 19.48 | 7.12 | 10.80 | 18.87 | 18.02 | 19.91 | 24.20 | 23.74 |
| 湖南 | 18.35 | 8.25 | 10.52 | 17.88 | 18.40 | 23.78 | 34.55 | 48.48 |
| 广东 | 34.41 | 14.86 | 15.52 | 23.98 | 24.94 | 30.57 | 32.29 | 32.75 |
| 广西 | 56.40 | 15.32 | 23.76 | 33.27 | 41.40 | 44.93 | 52.02 | 57.68 |
| 海南 | 24.10 | 20.87 | 27.9 | 32.81 | 40.15 | 27.32 | 37.85 | 41.13 |
| 重庆 | 22.98 | 36.95 | 64.92 | 90.03 | 90.27 | 99.32 | 100.41 | 92.10 |
| 四川 | 21.51 | 11.27 | 23.56 | 38.65 | 40.24 | 59.02 | 63.30 | 59.04 |
| 贵州 | 27.23 | 27.68 | 32.86 | 68.64 | 86.51 | 89.04 | 170.68 | 160.25 |
| 云南 | 23.87 | 20.14 | 45.30 | 51.59 | 57.46 | 75.88 | 75.83 | 65.31 |
| 西藏 | 65.53 | 39.43 | 18.19 | 46.28 | 49.38 | 59.70 | 54.12 | 69.06 |
| 陕西 | 25.30 | 16.20 | 27.16 | 35.44 | 34.94 | 39.93 | 46.35 | 50.25 |
| 甘肃 | 34.98 | 26.69 | 25.53 | 56.76 | 60.41 | 76.12 | 71.40 | 83.68 |
| 青海 | 21.62 | 13.99 | 28.08 | 89.18 | 63.62 | 99.77 | 88.56 | 79.02 |
| 宁夏 | 41.25 | 38.57 | 13.51 | 25.93 | 25.03 | 51.33 | 47.61 | 52.97 |
| 新疆 | 15.53 | 10.30 | 12.36 | 26.79 | 34.25 | 38.54 | 51.32 | 53.93 |

资料来源：财政部（2020）；国家统计局（2022）。

底，用于市政建设的政府债务占总额的37.49%，土地购置占16.69%，交通基础设施建设占13.78%，保障性住房占6.77%，教育、科学、文化和卫生占4.82%，农业、林业和水利建设占4.04%，生态建设与环境保护占3.18%，工业和能源占1.21%。一些政府项目，如道路、地铁和公用事业的回报是可观的。例如，地方政府对高速公路收取很高的通行费。2015年，高速公路收费收入为3 724.8亿元，占地方政府预算收入的4.49%。①

表10.10 截至2013年6月底地方政府债务资金使用情况

| 借款用途 | 负有偿还责任的债务 ||  或有债务 ||||
|---|---|---|---|---|---|---|
|  |  |  | 负有担保责任的债务 || 负有救助责任的债务 ||
|  | 数量（亿元） | 比例（%） | 数量（亿元） | 比例（%） | 数量（亿元） | 比例（%） |
| 市政建设 | 37 935.1 | 37.49 | 5 265.3 | 20.54 | 14 830.3 | 36.45 |
| 土地购置 | 16 892.7 | 16.69 | 1 078.1 | 4.21 | 821.3 | 2.02 |
| 交通基础设施建设 | 13 943.1 | 13.78 | 13 189 | 51.45 | 13 795.3 | 33.91 |
| 保障性住房 | 6 851.7 | 6.77 | 1 420.4 | 5.54 | 2 675.7 | 6.58 |
| 教育、科学、文化和卫生 | 4 878.8 | 4.82 | 752.6 | 2.94 | 4 094.3 | 10.06 |
| 农业、林业和水利建设 | 4 086 | 4.04 | 580.2 | 2.26 | 768.3 | 1.89 |
| 生态建设与环境保护 | 3 218.9 | 3.18 | 434.6 | 1.7 | 886.4 | 2.18 |
| 工业和能源 | 1 227.1 | 1.21 | 805.1 | 3.14 | 260.5 | 0.64 |
| 其他 | 12 155.6 | 12.01 | 2 110.3 | 8.23 | 2 552.3 | 6.27 |
| 总计 | 101 188.8 | 100 | 25 635.4 | 100 | 40 684.3 | 100 |

数据来源：审计署（2013）。

虽然发生完全债务违约的可能性不大，但地方政府的债权人仍可能因延迟支付本金和利息、压低贷款利率以及非自愿的"债转股"而蒙受损失。当然，如果基础设施项目的收入低，地方国有企业资不抵债，再加上中央政府不提供帮助，那么一些负债累累的地方政府有可能出现债务违约。然而，出现这种状况的可能性较小。

---

① 交通运输部（2019）。

## 10.5 走向可持续的地方政府财政

希腊和其他国家的债务危机使世界对高额政府债务风险提高了警惕。中国政府也越来越关注地方政府债务。2011年，国家审计署公布了《全国地方政府性债务审计结果》，标志着中央政府开始致力于管控地方政府债务。在过去几年中，中央政府对地方政府施加了很大的压力来控制其债务，但中国还需要更多的财政改革来解决地方政府债务过高的问题。

### 10.5.1 已采取的减少地方政府债务的措施

2013年新一届政府上任，宣布将把预算赤字和政府债务维持在可控水平。与此同时，中央政府也在密切地关注地方政府债务。

从2009年到2011年，全国一般性公共预算的预算赤字有所下降，之后又开始上升。中央政府赤字率在2008年为0.4%，2009年为2.23%，2011年为1.1%，2015年为3.43%，2019年为4.89%，2020年为6.19%，2021年为3.75%，2022年为4.72%，2023年为4.59%。如果将地方预算以外的财政赤字率包括在内，2009年、2015年和2019年的财政赤字率分别为11.26%、1.45%和8.22%（见第12章表12.1）。经济增长放缓和减税导致的政府收入不足，迫使政府增加了赤字。

中央政府近十年来一直着力化解地方政府债务。2014年中国通过新的《预算法》，赋予地方政府发行有限数量债券的权力。在此之前，根据1994年的《预算法》，中国的地方政府被明令禁止有预算赤字和直接发行债券。而在2014年《预算法》出台后，地方政府虽有权发行债券，但其数量依然需要得到中央政府的批准。2016年1月11日，财政部宣布取消地方政府融资平台，以防止地方政府债务增加。

同时，中央政府也启动了"债转股"改革，即将较高利率的银行贷款换成低息债券。[①] 2017年地方政府发行了8 300亿元的地方政府债券，2018年地方政府发行了13 130亿元的地方专项债券和债务置换债券。当地银行购买这些债券减轻了当地政府的债务，而银行也可以将债券作为抵押品抵押到中央银行，从而提高其贷款能力。这项改革不仅降低了地方政府的利息支出，而且使银行有机会

---

① 财政部（2019）。

将债务转嫁给中央银行，从而缓解其资产负债表的压力。

政府还决定追究相关个人的借贷责任。中央政府对地方政府施加了越来越大的压力，要求它们控制债务发行。2014 年，国务院宣布对过度借款、非法借款、挪用资金、非法担保债务和恶意逃债等行为追究有关人员责任。[①] 2015 年，国务院对地方政府债务发行进行了限制，财政部为地方政府债务管理提供了详细的指导方针，规定了债务发行限额，并对非法贷款或非法贷款担保的责任人进行调查和追究法律责任。[②] 2017 年年初，财政部要求内蒙古、河南、重庆、四川等地方政府以及商务部和原中国银行业监督管理委员会调查和追究部分县市的法律责任及相关问题（万静，2017）。这是中央政府第一次惩罚地方政府的非法借款。由此看来，中央政府控制地方政府债务的态度是积极且坚定的。如前所述，地方政府债务最终可能成为中央政府债务。因此，中央政府近年来密切关注地方政府债务。

## 10.5.2 进一步的财政改革

除近些年中央政府采取的措施外，中国还需要进一步的财政改革，以防止未来地方政府债务的过度积累，并建立可持续的地方公共财政体系。

第一，为地方政府设定债务上限。如前所述，贵州、青海和云南等许多省份的政府债务占 GDP 的比重都非常高，而且偿还债务的能力非常低。许多欠发达地区的政府建造了许多豪华的办公楼和大厅，这进一步加剧了政府债务问题。中央政府和地方人民代表大会应限制重债省份继续增加债务，并将地方政府债务的上限设定在当地 GDP 的 35%。对于债务占 GDP 比重远高于上限的省份，应严格限制其债务发行，而对于债务占 GDP 比重低于上限的省份，应允许其为基础设施建设发行债券。目前，中央政府对地方政府发债规模的限制，由原来的累计限额改为每年发债规模限额，这一限制每年都在变化。中央政府没有提到地方政府的债务占 GDP 的比例。

第二，增加地方政府财政收入。一种可行的方法是增加地方政府的税收份额。中国政府财政收入现在严重依赖增值税，这是一种由中央政府和地方政府共享的税。如第 3 章所述，从 2016 年 5 月 1 日起，政府将营业税改为增值税。营业税以前是地方税，现在中国没有营业税。2015 年增值税、营业税的总和占地方财政总收入的 58%。2016 年，中央政府宣布，地方财政收入中增值税占 50%。

---

① 国务院（2014b）。

② 国务院（2015d）；财政部（2015a）。

可见，营改增降低了地方政府的税收份额。因此，提高地方政府的增值税份额是必要的。另一个方法是建立个人财产税。在中国，目前只对商业财产征税。上海和重庆于 2011 年开始试点征收个人房产税。但是，由于税率低、税基小，个人房产税的收入微不足道。例如，上海的个人房产税收入仅占总税收的 1.95%。[①]许多学者和政策制定者一直主张开征房产税，以为地方基础设施建设融资并实现收入再分配。[②] 当然，在中国征收房产税并不容易，税法的执行也具有挑战性。但是，无论如何都应尽快在全国范围内开征个人财产税。

第三，进一步提高地方政府支出的使用效率。我国的地方政府已经为基础设施建设和经济发展举借了大量资金，因此，有效利用资金至关重要。如果资金得到有效利用并且收益大于借款成本，那么政府借款的效率就高；否则就低。如前所述，道路、桥梁、建筑物和管道等基础设施的质量是一个重要问题。偷工减料和腐败是基础设施质量低的主要原因。在建设基础设施时，我国通常不会将维护资金计入预算，但缺乏维护会缩短基础设施的使用寿命。地方政府应该为城市发展制定长期规划，重视基础设施的质量，并将更多的注意力放在基础设施的维护上。

第四，加强地方政府预算管理。地方政府必须在财政上独立，并且必须偿还所借债务。如果地方政府无法偿还债务，应允许其破产。同时，中央政府应该减少对地方财政的干预，使地方政府真正对其债务负责。

第五，提高地方政府债务的透明度。地方政府应公开其所借债务，包括其负有偿还责任的债务、负有担保责任的债务和负有救助责任的债务。目前，地方政府债务总额不够透明。由于地方政府为当地民众服务，所以其应当在当地人民的监督下，将地方财政预算向民众公开。当地民众应在制定预算决策和检察预算执行方面发挥积极作用。

### 10.5.3 依靠增长摆脱债务

政府债务负担通常以债务占 GDP 的比重来衡量。显然，只要 GDP 增长率等于或高于债务增长率，债务占 GDP 的比重就不会上升，债务是可持续的；如果 GDP 增长率低于债务增长率，债务占 GDP 的比重将会上升，债务则是不可持续的。因此，经济增长至关重要。

总的来说，经济增长依赖于资本投入、劳动力增长和技术进步。从资本方面

---

[①] 上海市财政局（2019）。
[②] 许多国家都征收财产税（包括房产、汽车等）。在美国，财产税在 20 世纪初占政府税收总额的 40% 左右（Wallis, 2000）；2010 年，它仍占国家和地方政府总收入的 20%。发达国家的财产税收入较高，发展中国家较低。OECD（2010）发现，对财产征税对经济增长的危害最小。

来说，中国储蓄率极高，2019年中国的总储蓄率（总储蓄与GDP的比率）为44%，印度的这一比率为29%，英国为13%，美国为19%（World Bank，2021b），而储蓄可以变成投资。从劳动力方面考虑，目前中国的人口老龄化问题不像其他国家那么严重。根据联合国的测算，2015年中国65岁及以上人口占总人口的比重为10.02%，2020年为12.6%，而美国2015年为14.33%，2020年为16.22%。[1] 另外，中国劳动力的素质在提高。大学入学率从1978年的2.7%提高到2015年的40%、2017年的45.7%、2019年的51.6%，劳动力受教育水平大幅提高。还有，中国在技术开发上投入了大量的资源。与此同时，中国仍处于工业化和城市化的进程中，对商品和服务的需求很大。因此，中国经济仍有很大的增长潜力。

政府除了继续改善城市基础设施，如建设更多的学校、医院、公共图书馆、公园、公共体育设施、地铁、桥梁和道路，改善城市供水系统、天然气系统和污水处理系统等，还应注重鼓励民营企业的发展。政府应强调产权保护，并应考虑减税，特别是企业所得税，如第5章所述，以增加企业投资激励。如果GDP增长率高于债务增长率，债务占GDP的比重将下降。因此中国应该继续以经济增长为中心，努力摆脱债务。

## 10.6 总　　结

本章考察了中国地方政府债务的规模，分析了债务快速积累的原因，讨论了地方政府债务的短期影响和潜在问题，评估了地方政府债务的风险，讨论了政府采取的措施，并探讨了维持地方公共财政可持续所需的财政改革。

多年的扩张性财政政策导致了高额的地方政府债务，地方政府债务在2023年约占GDP的53.1%。在各级政府中，县级政府的债务累积最为沉重，其次是市级政府。地方政府债务主要来自商业银行和政策性银行借款，其次是地方政府债券发行，以及拖欠建筑公司的付款。地方政府债务分布不均，一些地区债台高筑，而其他地区只有轻微负债。

地方政府债务增加的原因主要如下：在工业化和城市化趋势下地方对基础设施发展的需求增加、地方政府对可支配财政收入的需求增大、财政管理有漏洞而导致地方官员仅考虑借债不考虑还债，以及地方政府必须执行中央政府的扩张性财政政策。

---

[1] United Nations（2022）。

这些地方政府的高债务推动了基础设施建设，并在短期内刺激了经济增长。然而，高地方政府债务会导致资源浪费，加重腐败问题并增加金融领域的风险。此外，高额的债务可能阻碍中国长期的经济增长，并可能削弱中国财政的可持续性。

尽管如此，中国的地方政府破产的可能性很小。首先，由地方政府债务融资的基础设施未来会产生回报，而这些回报可以用来偿还债务。其次，地方国有企业的净资产超过了地方政府的债务，在紧急情况下地方政府可以出售资产以偿还债务。最后，中央政府曾要求地方政府采取扩张性财政政策，会对地方政府债务承担部分责任，因此在必要时中央政府会出手帮助地方政府。此外，由于中央政府目前的债务水平不高，完全有能力帮助地方政府。

中央政府早已意识到地方政府债务过重的风险，并严格限制了地方政府的借款，密切监督地方政府债务，取缔地方政府融资平台，惩治违法借款，实施"债转股"改革以化解地方政府债务风险。

为了确保地方财政可持续，我国需要减少债务过高省份的债务，开征新的地方税，提高地方政府税收在税收总额中的份额，减少政府支出浪费，提高当地基础设施的质量，以及加强地方政府预算管理。此外，我国应继续注重经济增长。我国经济增长潜力巨大，储蓄率接近50%，人力资本积累多，技术投资多。如果政府采取有利于经济发展的财政政策，更多地依赖民营企业投资，我国将摆脱地方政府债务的困扰，维持财政体系的健康稳定。

# 第 11 章
# 中央与地方的财政关系

## 11.1 引　　言

　　在秦朝之前的两千多年里,中国实行的是分权式的政治制度和财政制度,可称之为古代的联邦制。在天子的统治下,存在着许多由皇室成员和有功之士统治的诸侯国;每个诸侯国不仅有自己独立的财政制度,而且有自己的军事力量。中央集权制自建立以来,已经延续了两千余年。在这种制度下,地方事务由中央政府任命的官员管理。财政制度在很大程度上也是中央集权的。地方政府向百姓收税,向中央政府上交一部分,另外保留一部分,用以支付地方官员的俸禄和其他地方政府开支。

　　中华人民共和国成立后,中国的政治制度和财政制度变得高度集中统一。地方政府的政治权力和财政权由中央政府赋予。1978 年开始的四十多年的经济改革在维持政治制度上的高度集权的前提下,对财政制度进行了大刀阔斧的改革。改革后,中央政府赋予了地方政府更多的财政自由。20 世纪 80 年代,地方政府有了自行创收、自行支配创收所得的权力。1994 年,中国进行了重大的财政体制改革。这项改革扩大了税基,建立了新税种,并将更大比例的税收收入分配给中央政府。自那以后,中央财政支出占政府总支出的比重大幅下降,而中央财政收入占政府总收入的比重则有所上升。这导致了相当严重的央地财政不平衡,使得地方政府严重依赖中央政府的转移支付。同时,中央政府允许地方政府筹集政府性基金以及通过政府融资平台向银行大量举债。

　　一直以来,中央政府面临着是否给予地方政府更多财政自主权的两难抉择。这种矛盾的央地财政关系可被简要地描述为"一抓就死,一放就乱"。当中央政府给予地方政府更多的自主权时，地方经济就会扩张，各种问题也会随之而来，比如过度投资、重复建设、过度借贷和腐败。当中央政府限制地方的自主权时，地方经济增长就会立即放缓。中央政府很难找到其与地方政府的最优财权分配方案，央地财政关系也很难走出这种"一抓就死，一放就乱"的循环。

关于哪一级政府应承担哪种财政责任的研究已经很多。这个问题通常涉及政府职能划分和各级政府间的财政关系。Tiebout（1956）认为，缺乏竞争导致公共品的供给效率低下。但在城镇地区，人们可以"用脚投票"，这就为地方公共品的提供施加了竞争压力，从而使效率的提高成为可能。他的理论基于以下假设：人口的流动是完全自由的；关于公共品的成本和收益的信息是完全的；有多个提供公共品的地点供人们选择；当地的公共品对其他地区没有外部性。Musgrave（1959）认为，地方政府应根据当地居民的偏好配置当地资源，中央政府则应主要着眼于稳定宏观经济和收入再分配，并赋予地方政府制定当地税法的权力。Oates（1972）则认为，在单位公共品成本相同的情况下，由地方政府提供公共品的效率更高，因其更接近居民，能够更有效地提供公共品。这些开创性的研究为此后针对中央和地方政府关系的探索打下了基础。半个多世纪以来，关于中央与地方政府财政关系的主流观点是财政分权。

许多研究表明，财政分权促进了中国的经济增长（Gabriella, Qian and Weingast, 1995; Lin and Liu, 2000; Jin, Qian and Weingast, 2005; Jalil, Feridun and Sawhney, 2014）。然而，一些研究对财政分权和中国经济成功之间的正向关系提出了质疑，甚至得出了相反的结论（Zhang and Zou, 1998; Cai and Treisman, 2006; Tsui and Wang, 2004; Ding, McQuoid and Karayalcin, 2019）。分权与集权的测度非常重要。许多研究将1994年税制改革视为财政集权的新开端，却忽视了地方政府在预算外以及土地出售和银行借款上所享有的巨大财政自由。因此，中国的财政体制在过去的30年间是集权还是分权有待商榷。

还有研究考察了转移支付制度在缩小地区财政差距和减贫方面的有效性，发现早期中央政府转移支付的效率并不高（Lin, 2011; Lü, 2015）。此外，一些研究分析了中央和地方政府在支出责任和税收收入上的巨大不平衡，并建议中国政府平衡各级政府的支出责任和税收收入（Tanzi, 1995; Lou, 2008; Dollar and Hofman, 2008; Asian Development Bank, 2014）。以往的大多数研究主要集中在中央和地方政府的一般公共预算收入和支出上。但是，在中国还有其他的政府预算收入和支出。

本章分析了中央与地方的财政关系，既考虑了一般公共预算，又考虑了预算外的收支、政府性基金预算、国有资本经营预算，以及由地方政府融资平台借入资金构成的隐性预算。本章讨论了中国的预算制度、中央和地方的税收收入和支出责任、中央和地方的财政差距、区域间财政差距、中央政府对地方政府的转移支付、政府性基金以及地方政府从银行获得的贷款。同时本章还探讨了当前中央与地方财政关系中存在的问题，提出了改善中央与地方财政关系的建议。

第 11.2 节分析了中国的预算制度以及中央和地方政府的财政收支情况。第 11.3 节考察了中央和地方之间的财政不平衡和地区之间的财政不平衡。第 11.4 节论述了中央政府向地方政府转移支付的规模、构成及存在的问题。第 11.5 节研究地方政府的预算外收入。第 11.6 节探讨如何建立平衡的中央与地方财政关系。第 11.7 节则是对整章的总结。

## 11.2　预算制度以及中央和地方政府的财政收支

一般来说，一个理想的财政制度应该能提高经济效率、促进分配公平。在中国，财政还有一个重要作用，那就是实现政治的连续性和社会的稳定性。中央政府希望给予地方政府一定程度的自由，以提高地方政府的效率，同时中央政府也在努力防止地方政府乱作为。

### 11.2.1　预算制度

中国政府由中央政府和省级（省、自治区、直辖市、特别行政区）、地级、县级、乡级四级地方政府组成。全国人民代表大会是中国的最高立法机构。国务院具有行政权，执行全国人民代表大会及其常委会通过的法律，并制定行政法规。国务院下设许多部委和部级机构，而各级地方政府都有与中央政府类似的分支机构。

如前所述，中国的财政预算由四部分组成：一般公共预算、政府性基金预算、国有资本经营预算、社会保险基金预算。一般公共预算是中国最大的预算，分为中央财政预算和地方财政预算，在全国范围内是统一的，由中央政府对其进行密切监控。一般公共预算收入 2023 年在 GDP 中的比重为 17.20%。政府性基金预算收入 2023 年占 GDP 的比重为 5.61%。这一预算主要为地方预算，2023 年，地方政府控制该项预算收入的绝大部分。社会保险基金预算由地方政府管理，包括社会保障、医疗保险、失业保险、生育保险、工伤保险和住房公积金。社会保险基金预算一直在增长，2023 年该预算的总收入占 GDP 的比重约为 8.98%。国有资本经营预算规模很小，2023 年，其总收入仅占 GDP 的 0.53%。目前，中央和地方政府的预算收入大体上是平分的。此外，地方政府还有通过地方政府融资平台借入的资金，其规模在过去二十年里相当大。

下级政府的预算必须报上级政府和本级人民代表大会批准。每年，省级政府预算经省人大批准后，报国务院批准；国务院提出修改意见后，省级政府修改预算，重新报国务院；审核通过后，国务院将批准此预算报告。这一过程被称为"两上两下"（马骏、牛美丽，2007）。国务院随后将财政部编制的国家预算提交全国人民代表大会批准。中国的财政年度从每年的1月1日开始，但每年的全国人民代表大会却通常在3月召开。因此，在这几个月里，政府要在没有正式预算的情况下运行。在一些国家，财政年度和日历年度是不同的。例如，在美国，2023财年从2012年10月1日开始，到2023年9月30日结束。

中国的预算制度具有以下特点。一是实行单一的预算制。中央政府确定中央和地方政府的财政收支目标以及中央和地方政府的债券发行数量。地方政府没有重大的决策权，也无权制定税收法律、法规，但有权根据中央政府制定的法律、法规有限度地调整税率。例如，西藏、内蒙古、新疆、宁夏等少数民族自治区，经中央批准，有权调整企业所得税税率。各省还可以在中央规定的最低标准以上制定城乡居民个人养老账户的缴费标准，在中央规定的最低标准以上为老年居民提供福利。从2015年开始，地方政府有权发行债券，并将筹措的资金用于公路、桥梁、医院建筑和设备等公共资本支出，但不能用于工资薪金支出等经常性支出。如前所述，债券的发行数量由中央政府确定。

二是社会保险基金预算和政府性基金预算由地方政府管理，国有资本经营预算由中央和地方共同管理。中央政府每年为这些预算制定收支目标。社会保险基金收入专款专用，地方政府没有太大回旋余地。然而，地方政府在筹集和使用政府性基金（主要是土地出让金）方面有很大的自由度。国有资本经营预算的规模非常小，在2023年，该项预算的收入仅占GDP的0.53%。

三是最终财政收支与预算相差很大，这说明中国的预算约束是软的。比如，2023年一般公共预算收入216 784亿元，但决算收入为216 795.43亿元；一般公共预算支出为274 574亿元，但决算支出为274 622.94亿元。[①] 省级预算收入与决算收入的差异、预算支出与决算支出的差异都很大。收入和支出目标在一年内不断修订，被称为"一年预算，预算一年"。

中国的财政体制是集权的还是分权的？通常，集权或分权的程度是以中央政府收入占政府总收入的比重或中央政府支出占政府总支出的比重来衡量的。在许多国家，这两个比率相当接近，在衡量分权程度时可以互相替代使用。然而，在中国，这两个比率是完全不同的，进而根据这两个比率得出的结论也完全不同。

---

① 国家统计局（2024）。

具体来说，根据中央财政收入占政府总收入的比率，可以得出中国财政体制为集权体制的结论；而根据中央财政支出占政府总支出的比率，可以得出中国财政体制高度分权的结论。

虽然地方政府的财政收入占政府总收入的比重很高，但如果得出中国财政体制为分权的结论，也可能是一种误导。例如，1978 年以前，中国实行计划经济体制；1978 年，地方政府的收入份额为 84.5%，中央政府的收入份额仅为 15.5%（见表 11.1）。中国的财政体制是分权的吗？答案是否定的。虽然地方政府获得了更多的收入，但它们必须将所有收入上交给中央政府，中央政府决定各地方政府可以花多少钱、花在哪里。财政自主权是决定财政分权程度的关键。因此，在使用现有国际通行的概念和术语时，应该谨慎。

## 11.2.2 中央和地方政府的财政收入

如第 2 章所述，1994 年税制改革后，税收分为中央税、地方税和中央地方共享税。最大的中央税是 1994 年开始征收的消费税。最大的地方税是营业税，该税种已于 2016 年停征。增值税是中国最大的税种，其税收由中央政府和地方政府共享。1994 年至 2016 年，中央政府分得增值税的 75%，地方政府分得 25%，但中央会向地方再返还一部分，2016 年以来，中央政府和地方政府各分得增值税的 50%。[①] 所得税也是共享税。根据 2001 年 12 月 31 日发布的《国务院关于印发所得税收入分享改革方案的通知》（国发〔2001〕37 号），除铁路运输、国家邮政、中国工商银行、中国农业银行、中国银行、中国建设银行、国家开发银行、中国农业发展银行、中国进出口银行以及海洋石油天然气企业缴纳的所得税继续作为中央收入外，其他企业所得税和个人所得税收入由中央和地方按比例分享。目前，中央分享 60%，地方分享 40%。个人所得税由中央和地方政府按相同比例分享。

1997 年以前，证券交易印花税由中央政府和地方政府共享，各分得 50%。中央政府曾多次削减地方政府的份额。2017 年 1 月 1 日后，证券交易印花税全部归中央政府所有（国务院，2015f）。但是，其他活动产生的印花税归地方政府所有。资源税也是共享税。海洋石油企业的资源税归中央政府所有，其他企业的资源税则属于地方政府。中央政府只得到了资源税收入的很小一部分。2023 年，中央政府得到的资源税收入仅为 92.67 亿元，占当年资源税总收入的 3.0%。[②]

---

① 国务院（2016b）。

② 国家统计局（2020）。

铁路公司、银行总部、保险公司总部的城市维护建设税归中央政府所有，其他企业的这类税收则属于地方政府。

省级政府还与下级政府分享税收。地方政府之间的税收分配没有统一的规定。第一，省级政府根据收入的来源来分配税收。例如，几乎所有的省、自治区、直辖市都是这样分配企业所得税的：如果收入是在一个县产生的，那么该县政府得到税收收入。第二，基于行业分配。例如，几乎所有的省、自治区、直辖市都将金融业的营业税分配给省级政府，将建筑、交通、餐饮服务业的营业税（2016年5月后的增值税）分配给地级和县级政府。第三，省级政府与下级政府分享部分税收。例如，许多省级政府与地级、县级政府共享城镇土地使用税、耕地占用税和资源税。一些省级政府与下级政府共享增值税，而另一些则将其完全交给下级政府。例如，山东省政府近年宣布，对于经营活动跨越多个地市的企业，省级政府保留全部地方增值税收入；对于其他企业，省级政府获得15%的地方政府增值税，地级、县级政府获得85%的地方增值税收入。[①]

图11.1显示了1992年至2023年中央政府的主要税种占其税收总额的比重。中央政府主要依靠增值税、企业所得税和消费税。1994年至2023年，增值税占中央政府财政总收入的比重有所下降；企业所得税和消费税所占的比重有所提高。1994年，增值税占中央政府税收总额的61.06%，2015年占33.72%，2019年占38.46%，2021年占35.70%，2023年为36.09%。1994年，企业所得税占中央政府税收总额的14.73%，2015年占28.33%，2019年占29.36%，2021年占29.91%，2023年占27.56%。1994年，消费税占中央政府税收总额的17.22%，2015年占16.93%，2019年占15.51%，2023年占16.82%。1994年中央政府没有个人所得税收入，但2000年个人所得税占中央政府税收总额的2.17%，2015年占8.30%，2019年占7.69%，2021年占9.44%，2023年占9.25%。1994年，关税占中央政府税收总额的9.63%，2015年占4.11%，2019年占3.57%，2021年占3.15%，2023年占2.70%。

地方政府主要依靠营业税、增值税和企业所得税。图11.2显示了1991年至2023年地方政府主要税种在税收总额中所占的份额。2015年前增值税所占份额呈下降趋势，但2016年营业税改增值税后，增值税所占份额大幅上升。营业税在被增值税取代之前，其份额一直呈上升趋势。营业税是一种地方税，地方政府多年来一直在努力使其有效地创造收入。但现在该税种已经停征。因此，地方政府会把创收重心放在哪个税种上将十分耐人寻味。企业所得税占地方政府税收总额的比率在21世纪初急剧波动，但此后一直保持稳定。土地增值税所占份额虽

---

① 山东省政府（2016）。

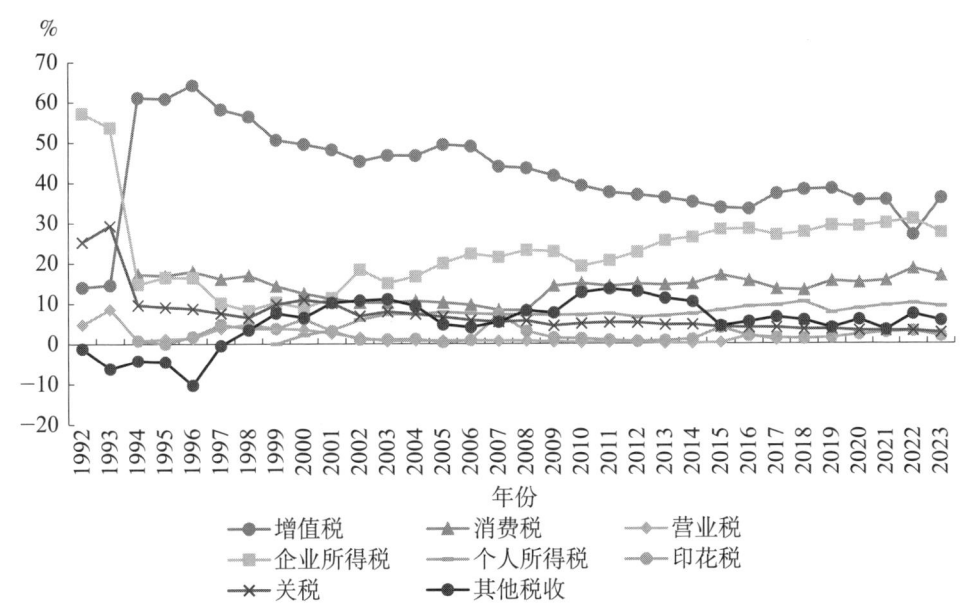

**图 11.1　1992—2023 年中央政府主要税种占其税收总额的比重**

数据来源：财政部（2022，2023），国家统计局（2024）。
注：其他税收包含出口退税等。

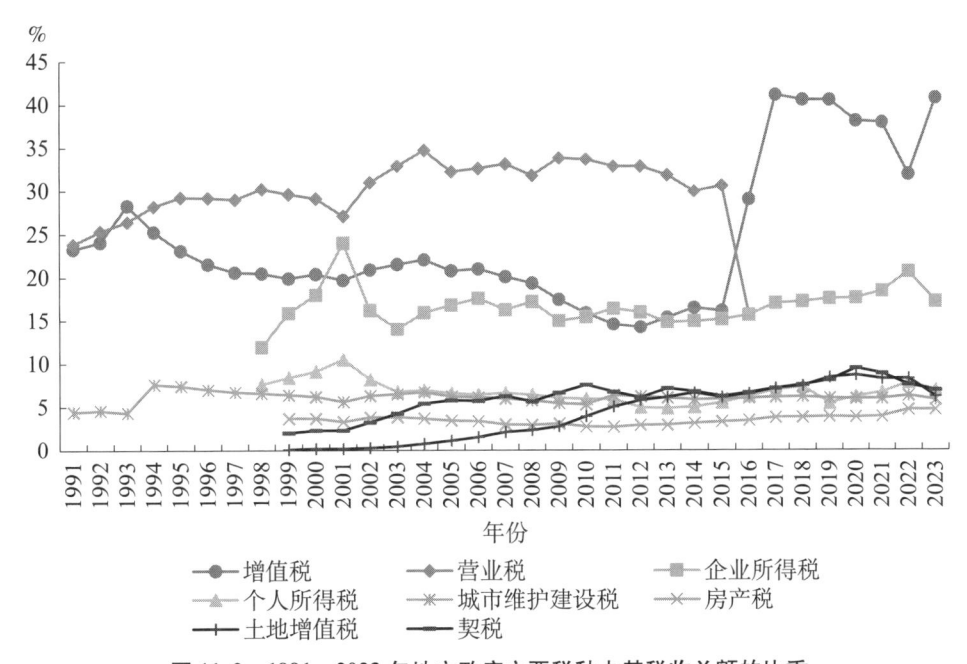

**图 11.2　1991—2023 年地方政府主要税种占其税收总额的比重**

数据来源：国家统计局（1992—2024）。

然不大，但一直在增加。2023 年，增值税占地方政府税收总额的 40.73%，企业所得税占 17.22%，土地增值税占 6.21%，契税占 6.93%，城市维护建设税占 5.83%，个人所得税占 6.93%，房产税（非自住房屋）占 4.68%。

### 11.2.3 中央和地方政府的财政支出

图 11.3 显示了 2007 年至 2023 年中央政府的主要一般公共预算支出的占比。中央政府最大的支出项目是国防，其次是科学技术、公共安全、教育、一般公共服务和交通。2021 年，国防支出占中央财政一般公共预算支出的 40.65%，科技支出占 8.82%，一般公共服务支出占 3.97%，教育支出占 4.11%，公共安全支出占 5.88%，交通支出占 2.02%。

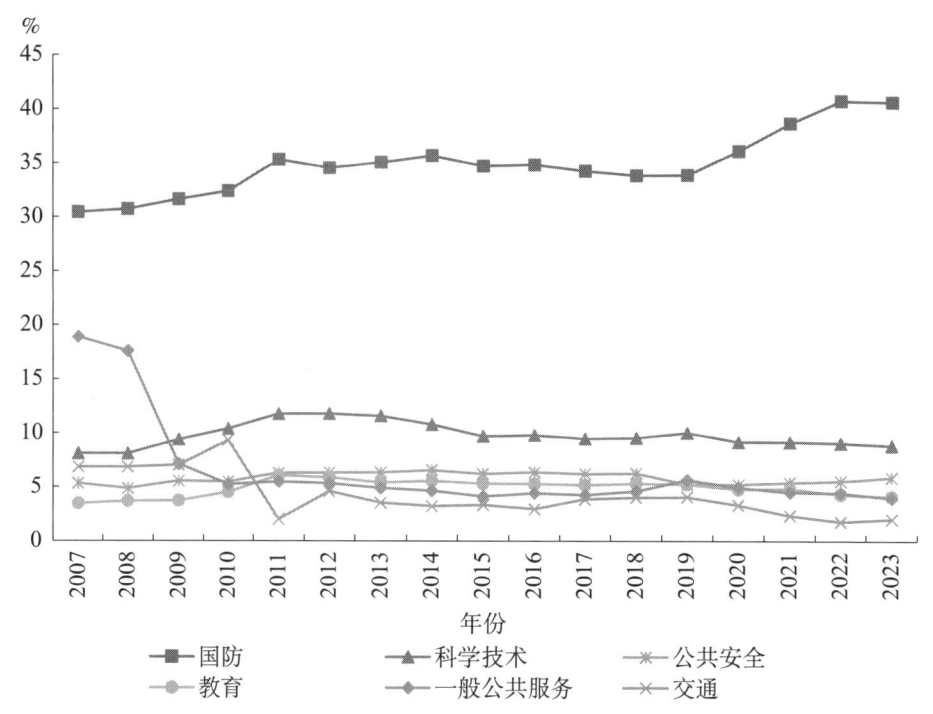

**图 11.3　2007—2023 年中央政府主要一般公共预算支出占总支出的比重**
数据来源：国家统计局（2008—2024）。

图 11.4 显示了 2007 年至 2023 年地方政府的主要一般公共预算支出的占比。教育一直是地方政府支出的首要项目，其次是社会保障和就业、城乡社区事务、农林水利。从 2007 年到 2023 年，一般公共服务支出所占比重有所下降。地方政府的医疗卫生支出在主要支出中排名靠后，但呈增长趋势。具体来看，2023 年教育支出占地方政府一般公共预算支出总额的 16.78%，社会保障和就业占

16.42%，城乡社区事务占 8.69%，农林水利占 10.04%，一般公共服务占 8.34%，医疗卫生占 9.35%。值得一提的是，这里的社会保障支出和医疗卫生支出不包括地方政府管理的社会保险项目的支出。

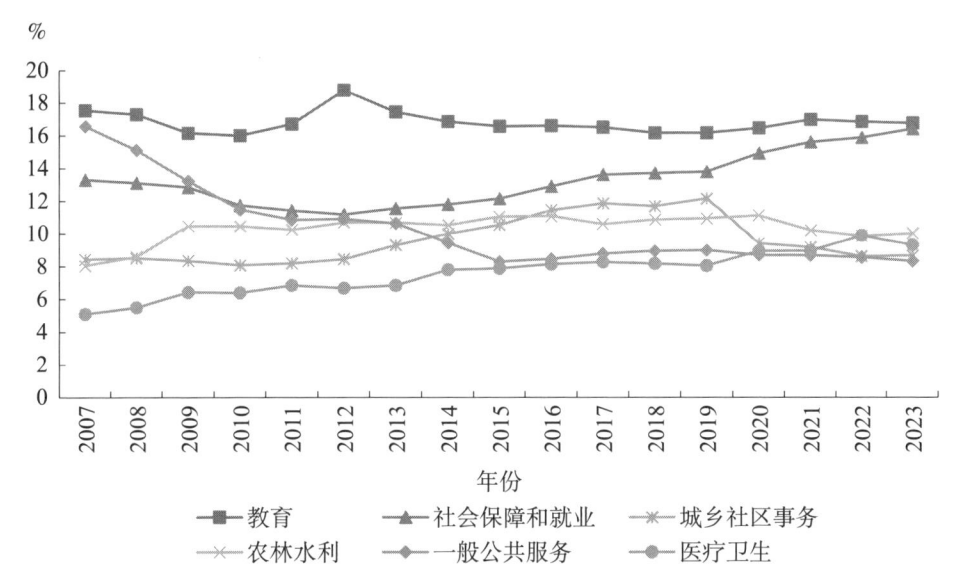

**图 11.4　2007—2023 年地方政府主要一般公共预算支出占总支出的比重**

数据来源：国家统计局（2008—2024）。

## 11.3　中央和地方间的财政不平衡与区域间财政不平衡

中央与地方间的财政不平衡主要表现为中央与地方财政收支不平衡。中央财政收入占全国财政收入的比重很大，但其支出占全国财政支出的比重很小。区域间财政不平衡主要表现为区域间（即省、自治区、直辖市之间）人均财政收入的差异以及区域间人均财政支出的差异。此外，有些地区的税收比其他地区高得多，有些地区的支出比其他地区高得多。

### 11.3.1　中央与地方间的财政不平衡

表 11.1 显示了 1978 年至 2023 年中央和地方政府的一般公共预算收支。1978 年，中央财政收入占一般公共预算总收入的比重为 15.52%，中央财政支出占一般公共预算总支出的比重为 47.24%；1990 年，中央财政收入占一般公共预算总收入的比重为 33.79%，中央财政支出占一般公共预算总支出的比重为

表 11.1 中央和地方政府一般公共预算收入和支出

| 年份 | 一般公共预算收入（亿元） ||||  一般公共预算支出（亿元） ||||  地方政府自给率（%） |
|---|---|---|---|---|---|---|---|---|---|
|  | 全国总额 | 中央政府 | 地方政府 | 中央占比（%） | 全国总额 | 中央政府 | 地方政府 | 中央占比（%） |  |
| 1978 | 1 132.3 | 175.8 | 956.5 | 15.52 | 1 122.1 | 532.1 | 590.0 | 47.42 | 162.13 |
| 1980 | 1 159.9 | 284.5 | 875.5 | 24.52 | 1 228.8 | 666.8 | 562.0 | 54.26 | 155.77 |
| 1985 | 2 004.8 | 769.6 | 1 235.2 | 38.39 | 2 004.3 | 795.3 | 1 209.0 | 39.68 | 102.17 |
| 1990 | 2 937.1 | 992.4 | 1 944.7 | 33.79 | 3 083.6 | 1 004.5 | 2 079.1 | 32.57 | 93.53 |
| 1995 | 6 242.2 | 3 256.6 | 2 985.6 | 52.17 | 6 823.7 | 1 995.4 | 4 828.3 | 29.24 | 61.83 |
| 2000 | 13 395.2 | 6 989.2 | 6 406.1 | 52.18 | 15 886.5 | 5 519.9 | 10 366.7 | 34.75 | 61.79 |
| 2001 | 16 386.0 | 8 582.7 | 7 803.3 | 52.38 | 18 902.6 | 5 768.0 | 13 134.6 | 30.51 | 59.41 |
| 2002 | 18 903.6 | 10 388.6 | 8 515.0 | 54.96 | 22 053.2 | 6 771.7 | 15 281.5 | 30.71 | 55.72 |
| 2003 | 21 715.3 | 11 865.3 | 9 850.0 | 54.64 | 24 650.0 | 7 420.1 | 17 229.9 | 30.10 | 57.17 |
| 2004 | 26 396.5 | 14 503.1 | 11 893.4 | 54.94 | 28 486.9 | 7 894.1 | 20 592.8 | 27.71 | 57.75 |
| 2005 | 31 649.3 | 16 548.5 | 15 100.8 | 52.29 | 33 930.3 | 8 776.0 | 25 154.3 | 25.86 | 60.03 |
| 2006 | 38 760.2 | 20 456.6 | 18 303.6 | 52.78 | 40 422.7 | 9 991.4 | 30 431.3 | 24.72 | 60.15 |
| 2007 | 51 321.8 | 27 749.2 | 23 572.6 | 54.07 | 49 781.4 | 11 442.1 | 38 339.3 | 22.98 | 61.48 |
| 2008 | 61 330.4 | 32 680.6 | 28 649.8 | 53.29 | 62 592.7 | 13 344.2 | 49 248.5 | 21.32 | 58.17 |
| 2009 | 68 518.3 | 35 915.7 | 32 602.6 | 52.42 | 76 299.9 | 15 255.8 | 61 044.1 | 19.99 | 53.41 |
| 2010 | 83 101.5 | 42 488.5 | 40 613.0 | 51.13 | 89 874.2 | 15 989.7 | 73 884.4 | 17.79 | 54.97 |
| 2011 | 103 874.4 | 51 327.3 | 52 547.1 | 49.41 | 109 247.8 | 16 514.1 | 92 733.7 | 15.12 | 56.66 |
| 2012 | 117 253.5 | 56 175.2 | 61 078.3 | 47.91 | 125 953.0 | 18 764.6 | 107 188.3 | 14.90 | 56.98 |

（续表）

| 年份 | 一般公共预算收入（亿元） ||||  一般公共预算支出（亿元） |||| 地方政府自给率（%） |
|---|---|---|---|---|---|---|---|---|---|
|  | 全国总额 | 中央政府 | 地方政府 | 中央占比（%） | 全国总额 | 中央政府 | 地方政府 | 中央占比（%） |  |
| 2013 | 129 209.6 | 60 198.5 | 69 011.2 | 46.59 | 140 212.1 | 20 471.8 | 119 740.3 | 14.60 | 57.63 |
| 2014 | 140 370.0 | 64 493.5 | 75 876.6 | 45.95 | 151 785.6 | 22 570.1 | 129 215.5 | 14.87 | 58.72 |
| 2015 | 152 269.2 | 69 267.2 | 83 002.0 | 45.49 | 175 877.8 | 25 542.2 | 150 335.6 | 14.52 | 55.21 |
| 2016 | 159 605.0 | 72 365.6 | 87 239.4 | 45.34 | 187 755.2 | 27 403.9 | 160 351.4 | 14.60 | 54.41 |
| 2017 | 172 592.8 | 81 123.4 | 91 469.4 | 47.00 | 203 085.5 | 29 857.2 | 173 228.3 | 14.70 | 52.80 |
| 2018 | 183 359.8 | 85 456.5 | 97 903.4 | 46.61 | 220 904.1 | 32 707.8 | 188 196.3 | 14.81 | 52.02 |
| 2019 | 190 390.1 | 89 309.5 | 101 080.6 | 46.91 | 238 858.4 | 35 115.2 | 203 743.2 | 14.70 | 49.61 |
| 2020 | 182 913.9 | 82 770.7 | 100 143.2 | 45.25 | 245 679.0 | 35 095.6 | 210 583.5 | 14.29 | 47.56 |
| 2021 | 202 554.6 | 91 470.4 | 111 084.2 | 45.16 | 245 673.0 | 35 050.0 | 210 623.0 | 14.27 | 52.74 |
| 2022 | 203 649.29 | 94 887.14 | 108 762.15 | 46.59 | 260 552.12 | 35 570.83 | 224 981.29 | 13.65 | 48.34 |
| 2023 | 216 795.43 | 99 565.82 | 117 218.55 | 45.93 | 274 622.94 | 38 219.39 | 236 354.42 | 13.92 | 49.59 |

数据来源：国家统计局（1978—2023）。

32.57%。1994年税制改革后，中央财政收入占一般公共预算总收入的比重于1995年提高到52.17%，2000年提高到52.18%，2005年提高到52.29%，但2023年下降至45.93%。与此同时，中央政府一般公共预算支出占比于1995年下降到29.24%，2000年为34.75%，2010年下降到17.79%，2023年下降到13.92%。因此，2023年，地方政府一般公共预算支出占一般公共预算总支出的比重为86.08%，而地方政府一般公共预算收入所占的比重为54.07%。

如果将政府性基金预算、国有资本经营预算、社会保险基金预算等三项预算包括在内，地方政府的支出占比将更高，而其原因是显而易见的。政府性基金收入几乎完全属于地方政府；社会保险基金收入由地方政府管理；国有资本经营收入则在中央政府和地方政府之间分配，但该项预算的总规模极小。第6章的表6.1列出了政府一般公共预算支出总额、社会保险基金支出、政府性基金支出、国有资本经营预算支出以及政府支出总额。据原财政部部长刘昆（2020）的报告，2019年中央财政一般公共预算支出35 115.15亿元，政府性基金支出3 113.39亿元，社会保险基金支出663.31亿元，国有资本经营预算支出986.55亿元。将四项预算支出相加，再结合第6章表6.1所显示的政府总支出数据，可得2019年地方政府支出占政府总支出的比重为90.23%，这一比率非常高。也就是说，中央财政支出占政府总支出的比重不足10%。与其他一些大国相比，中国的中央政府支出在政府总支出中所占份额太小。例如，2018年中央政府支出占政府总支出的比重，智利为92.6%，法国为85.5%，俄罗斯为83.74%，德国为64.2%，美国为63.5%，加拿大为44.4%。[①]

中央财政支出责任小，地方财政支出责任大，这是中央本级财政预算盈余多、地方本级财政赤字大的主要原因。图11.5显示了1978年至2023年中央政府本级预算盈余和地方政府本级预算赤字。1978年至1993年，地方政府预算每年基本平衡。自1994年税制改革以来，每个省级政府的财政总预算都出现了赤字，而中央政府每年都有盈余。2023年，中央财政预算盈余61 347.22亿元，地方财政赤字119 174.73亿元。

地方政府在很大程度上依赖中央政府的转移支付来平衡预算。地方政府的自给率，即它们自己获得的总收入占其总支出的比重，在1990年为93.53%，2000年为61.79%，2010年为54.97%，2019年为49.61%，2023年为49.59%（见表11.1）。这意味着，它们约一半的支出必须依靠中央政府转移支付来实现。

---

① IMF（2020a）。

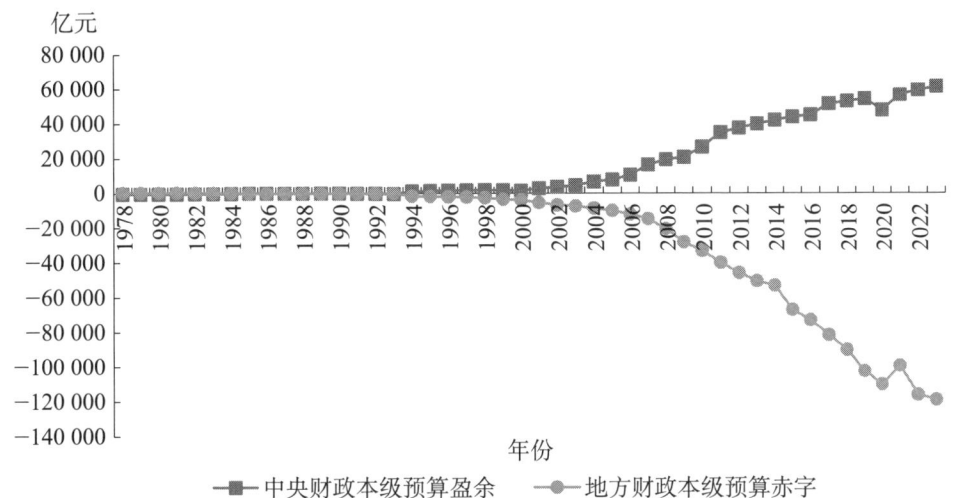

图 11.5　1978—2023 年中央本级财政盈余和地方本级财政赤字

数据来源：国家统计局（1978—2024）；财政部（2021，2022）。

## 11.3.2　区域间财政不平衡

中国各地区的财力很不平衡。中国东部沿海省份的经济增长快于其他地区，为政府带来了更多收入。图 11.6 显示了 2023 年中国 31 个省份（包括省、自治区、直辖市，不含港澳台地区）地方政府的人均财政收入和人均财政支出。地方政府人均财政收入较高的地区包括北京、上海、天津、浙江、江苏和广东，而地方政府人均财政收入较低的地区包括甘肃、广西、黑龙江、河南、河北、湖南、云南和安徽。

如图 11.6 所示，地区间人均财政支出的差距很大。因为有中央政府向地方政府的转移支付，所以，即使一个地区的人均财政收入较低，其人均财政支出也不一定低。西藏人均财政支出最高，其次是上海、青海、北京、新疆、内蒙古和宁夏。2023 年，北京市人均财政支出为 36 416.8 元，河南为 11 193.5 元。北京市的人均财政支出是河南省的 3.25 倍。

一般而言，少数民族地区的人均财政支出较高。这些地区经济欠发达，人口密度低，因此中央政府加大对少数民族地区的公共品和服务的供给，以刺激经济发展，减少区域间收入不平等，防止分裂活动，加强民族团结。2023 年，西藏人均财政支出为 76 751.4 元，青海为 36 846.5 元，内蒙古为 28 406.3 元，宁夏为 24 157.9 元，新疆为 29 050.9 元。广西壮族自治区是个例外，人均财政支出只有 12 115.5 元，是人均财政支出最低的省份之一。与满族、蒙古族、回族、藏

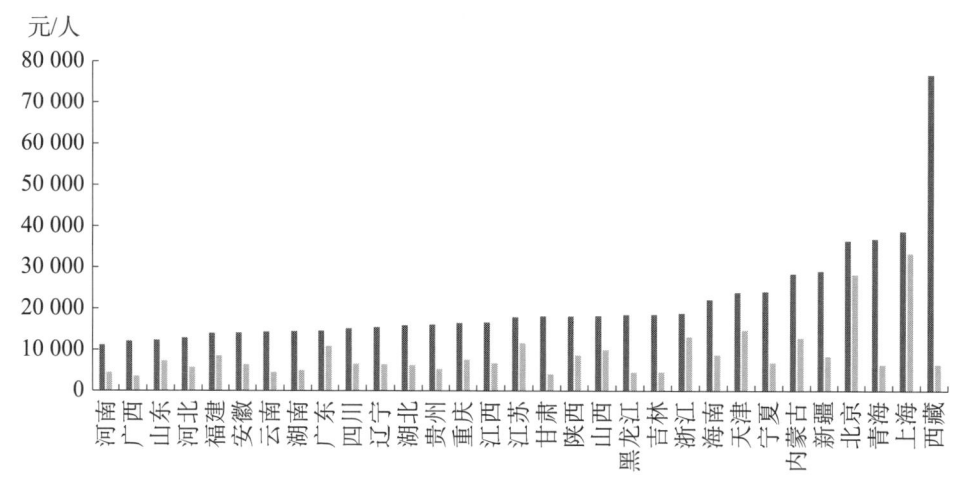

图 11.6　2023 年各地区人均财政收支

数据来源：国家统计局（2024）。

族相比，壮族是一个较小的少数民族，中央政府虽给其大量补助，但也不能改变该地区的人均财政支出。

人均财政支出紧随少数民族地区和北京、上海、天津三个直辖市之后的，是海南、浙江、吉林。2023 年，海南省人均财政支出 22 130.7 元，浙江省人均财政支出 18 888.5 元，吉林省人均财政支出 18.555.2 元。非少数民族地区且经济欠发达的中部省份人均财政支出较少。这些地区包括河南、河北、安徽、四川和山西。

从图 11.6 可以明显看出，各地区的本级财政收入均小于财政支出。如前所述，各地区还向中央政府纳税。据统计，全国只有 6 个地区，包括三个直辖市（北京、上海和天津）和三个东部沿海省份（浙江、广东和江苏）在新冠疫情流行之前的 2019 年向中央与地方政府纳税的总额高于其财政支出额，其他 25 个省、自治区、直辖市的支出均高于纳税额。[①]

表 11.2 显示了地方政府在教育、医疗卫生和社会保障及就业方面的人均支出。北京、上海、天津三个直辖市，少数民族地区（西藏、青海、新疆）以及发达地区（江苏、浙江）的人均财政支出较高。2023 年北京人均教育财政支出为 5 617.1 元，上海为 4 849.8 元，天津为 3 605.5 元，西藏为 9 186.8 元，青海为 3 940.2 元，新疆为 4 519.4 元，宁夏为 3 068.4 元，江苏为 3 178.5 元，浙江为 3 569.0 元，而辽宁只有 1 763.5 元，黑龙江为 1 987.9 元，河南为 2 030.9

---

① 国家统计局（2020）。

元，湖南为2 404.7元。2023年北京人均医疗卫生财政支出为3 224.4元，上海为3 545.4元，天津为1 550.4元，西藏为5 169.3元，青海为3 328.6元，宁夏为2 009.1元，江苏为1 623.3元，浙江为1 732.3元，而辽宁只有1 018.6元，黑龙江为1 444.4元，湖南为1 323.2元。2023年北京人均社会保障和就业财政支出为5 241.6元，上海为4 775.4元，天津为4 892.2元，西藏为6 415.9元，新疆为4 268.9元，安徽为2 456.5元，河北为2 287.5元，河南为1 968.6元。显然，各地区在教育、医疗卫生、社会保障和就业方面的人均财政支出差异很大。

表 11.2　2007 年和 2023 年地方政府在教育、医疗卫生、
社会保障和就业方面的人均财政支出　　（单位：元/人）

|  | 人均教育财政支出 |  | 人均医疗卫生财政支出 |  | 人均社会保障和就业支出 |  |
|---|---|---|---|---|---|---|
|  | 2007 | 2023 | 2007 | 2023 | 2007 | 2023 |
| 北京 | 1 569.2 | 5 617.1 | 709.7 | 3 224.4 | 1 069.7 | 5 241.6 |
| 天津 | 986.7 | 3 605.5 | 296.9 | 1 550.4 | 713.6 | 4 892.2 |
| 河北 | 408.2 | 2 444.9 | 112.5 | 1 257.7 | 317.1 | 2 287.5 |
| 山西 | 534.1 | 2 627.1 | 153.6 | 1 490.4 | 538.8 | 3 183.6 |
| 内蒙古 | 632.2 | 3 233.0 | 180.6 | 1 975.2 | 625.9 | 4 724.1 |
| 辽宁 | 586.6 | 1 763.5 | 155.0 | 1 018.6 | 937.3 | 4 712.1 |
| 吉林 | 529.0 | 2 287.9 | 155.0 | 1 547.2 | 565.5 | 4 199.3 |
| 黑龙江 | 522.4 | 1 987.9 | 150.5 | 1 444.4 | 567.6 | 4 914.1 |
| 上海 | 1 372.7 | 4 849.8 | 430.4 | 3 545.4 | 1 328.6 | 4 775.4 |
| 江苏 | 638.2 | 3 178.5 | 149.3 | 1 623.3 | 275.2 | 2 402.5 |
| 浙江 | 744.7 | 3 569.0 | 217.8 | 1 732.3 | 209.5 | 2 260.0 |
| 安徽 | 348.1 | 2 477.8 | 106.9 | 1 329.7 | 337.4 | 2 456.5 |
| 福建 | 508.5 | 3 006.6 | 143.9 | 1 483.1 | 250.8 | 1 833.9 |
| 江西 | 397.9 | 3 048.1 | 132.9 | 1 591.4 | 288.8 | 2 447.2 |
| 山东 | 484.0 | 2 680.8 | 106.4 | 1 238.7 | 268.5 | 2 155.2 |
| 河南 | 391.2 | 2 030.9 | 105.5 | 1 162.4 | 300.5 | 1 968.6 |
| 湖北 | 381.1 | 2 325.8 | 116.0 | 1 417.0 | 370.6 | 2 970.4 |
| 湖南 | 359.6 | 2 404.7 | 93.2 | 1 323.2 | 347.7 | 2 369.4 |
| 广东 | 596.2 | 3 151.6 | 145.7 | 1 591.1 | 293.5 | 1 783.1 |
| 广西 | 397.2 | 2 361.5 | 106.4 | 1 422.3 | 232.1 | 2 141.5 |
| 海南 | 477.3 | 3 470.4 | 147.5 | 2 377.0 | 424.6 | 3 377.1 |

（单位：元/人）（续表）

|  | 人均教育财政支出 |  | 人均医疗卫生财政支出 |  | 人均社会保障和就业支出 |  |
| --- | --- | --- | --- | --- | --- | --- |
|  | 2007 | 2023 | 2007 | 2023 | 2007 | 2023 |
| 重庆 | 431.6 | 2 682.5 | 120.6 | 1 546.3 | 493.5 | 3 427.7 |
| 四川 | 360.4 | 2 329.3 | 121.7 | 1 472.2 | 334.8 | 2 915.9 |
| 贵州 | 457.8 | 3 112.0 | 134.3 | 1 635.9 | 194.9 | 2 133.2 |
| 云南 | 422.1 | 2 512.2 | 170.8 | 1 653.0 | 377.7 | 2 512.8 |
| 西藏 | 1 161.6 | 9 186.8 | 593.8 | 5 169.3 | 598.6 | 6 415.9 |
| 陕西 | 497.6 | 2 756.7 | 134.6 | 1 718.2 | 428.8 | 3 000.9 |
| 甘肃 | 486.5 | 2 902.9 | 161.0 | 1 798.3 | 419.4 | 2 939.2 |
| 青海 | 631.3 | 3 940.2 | 353.3 | 3 328.6 | 927.2 | 5 797.1 |
| 宁夏 | 775.6 | 3 068.4 | 187.2 | 2 009.1 | 418.0 | 4 012.1 |
| 新疆 | 681.5 | 4 519.4 | 218.7 | 2 330.9 | 434.0 | 4 268.9 |

数据来源：国家统计局（2008，2020，2022，2024）。

## 11.4　中央对地方的转移支付

### 11.4.1　巨额的转移支付

巨大的中央政府预算盈余和地方政府预算赤字，以及区域间巨大的财政收入差距，使中央政府向地方政府的转移支付处于关键地位。中央政府有两种转移支付方式：一是财政转移支付，二是增值税和消费税的税收返还。财政转移支付包括：专项转移支付，要求地方政府专款专用，有时还需地方政府配套资金；一般性转移支付，对地方政府使用的限制则较少；原体制定额补助及上解，该项转移支付于1994年以前确定，1994年税制改革以后有所调整；决算补助，被用于在每年年底平衡地方政府的财政预算收支。税收返还则还需要遵循一些特定的规则。

图11.7显示了中央政府对地方政府的转移支付总额分别占中央财政总支出和地方财政总收入的比重。1994年，转移支付占中央财政支出总额的57.7%，2000年占45.8%，2023年增加到74.07%。1994年转移支付占地方财政总收入的50.82%，2000年占42.14%，2019年占42.38%，2023年占47.20%。显然，中央政府的转移支付总额非常大。

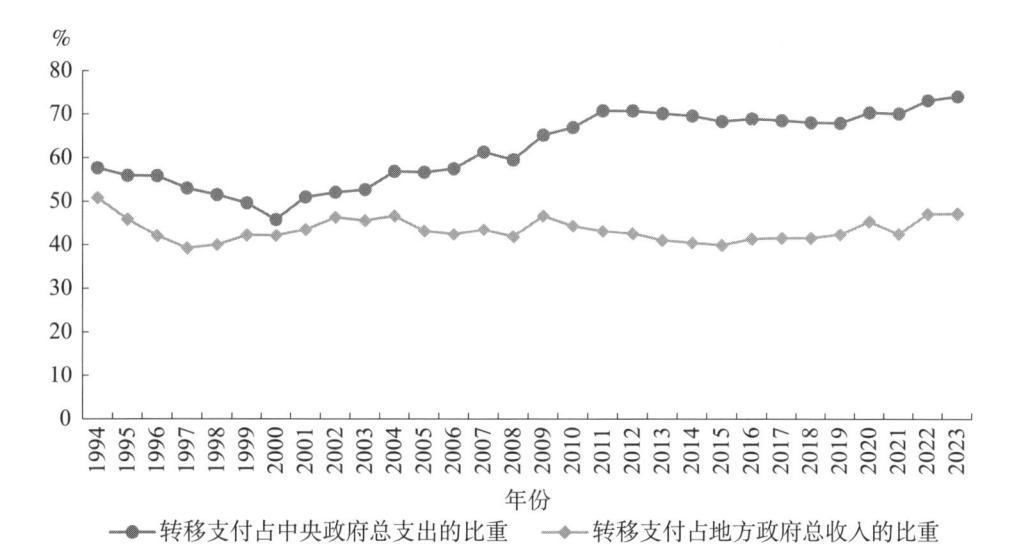

图 11.7　1994—2023 年中央对地方的转移支付占中央财政总支出以及占地方财政总收入的比重

数据来源：财政部（1995—2024）。

注：（1）中央财政总支出包括中央一般公共预算支出和中央对地方的转移支付；（2）转移支付包括税收返还和一般公共预算中的转移支付。

## 11.4.2　转移支付的区域分配

随着时间的推移，中央政府向各省（自治区、直辖市）的转移支付的情况也发生了变化。表 11.3 显示了 1995—2023 年中央对地方的人均转移支付额。1995 年，中央财政转移支付多的地区包括三个直辖市（北京、上海、天津），税收贡献较多的浙江、江苏、广东，以及西藏、青海、宁夏等少数民族地区。多年来，转移支付的模式已经发生了变化。2023 年，财政转移支付主要投向欠发达地区，对西藏的人均转移支付 69 242 元，青海为 28 685 元，新疆为 16 300 元，宁夏为 17 626 元，内蒙古为 15 016 元。转移支付的模式发生变化有两个原因。第一，政府更加重视欠发达地区，并打算通过更多的转移支付来刺激地方经济发展、提高当地生活水平。第二，税收返还在中央财政转移支付中的权重相对下降。本章后面会讲到，税收返还与经济发展水平正相关；虽然在 1994 年税制改革之初，税收返还在中央财政转移支付中占了很大比重，但现在其在转移支付中所占比重很小。20 世纪 90 年代末和 21 世纪前十年，发达地区获得中央政府的转移支付更多的原因在于它们获得了较多的税收返还。

表 11.3  1995—2023 年中央对地方的人均转移支付额（以实际价格计）

（单位：元/人）

|  | 1995 | 2000 | 2005 | 2010 | 2015 | 2017 | 2021 | 2022 | 2023 |
|---|---|---|---|---|---|---|---|---|---|
| 北京 | 746 | 837 | 1 286 | 2 475 | 2 116 | 3 805 | 4 912 | 7 049 | 6 946 |
| 天津 | 699 | 846 | 1 514 | 2 628 | 2 759 | 3 532 | 4 133 | 4 780 | 5 988 |
| 河北 | 146 | 272 | 701 | 1 958 | 3 255 | 3 859 | 5 237 | 5 973 | 6 820 |
| 山西 | 165 | 350 | 957 | 2 594 | 4 011 | 4 498 | 6 411 | 7 317 | 7 330 |
| 内蒙古 | 276 | 678 | 1 718 | 4 674 | 8 392 | 10 235 | 12 024 | 13 621 | 15 016 |
| 辽宁 | 380 | 665 | 1 244 | 2 842 | 4 184 | 5 154 | 6 814 | 7 929 | 8 350 |
| 吉林 | 250 | 607 | 1 534 | 3 910 | 6 228 | 7 604 | 10 511 | 12 382 | 13 805 |
| 黑龙江 | 257 | 564 | 1 351 | 3 701 | 6 440 | 7 910 | 11 910 | 13 577 | 15 513 |
| 上海 | 1 385 | 1 512 | 1 858 | 2 425 | 1 813 | 2 411 | 3 345 | 4 766 | 4 884 |
| 江苏 | 231 | 298 | 526 | 1 261 | 1 523 | 1 947 | 2 193 | 2 949 | 2 985 |
| 浙江 | 266 | 346 | 616 | 1 347 | 1 649 | 1 727 | 1 460 | 2 446 | 1 966 |
| 安徽 | 104 | 265 | 655 | 2 355 | 3 960 | 4 612 | 5 873 | 6 695 | 6 909 |
| 福建 | 212 | 269 | 517 | 1 638 | 2 721 | 3 137 | 3 664 | 4 162 | 4 748 |
| 江西 | 124 | 285 | 780 | 2 515 | 4 204 | 5 009 | 6 431 | 7 315 | 8 158 |
| 山东 | 150 | 212 | 497 | 1 382 | 2 151 | 2 543 | 3 036 | 3 649 | 3 712 |
| 河南 | 113 | 217 | 638 | 2 087 | 3 590 | 4 153 | 5 242 | 5 707 | 6 016 |
| 湖北 | 156 | 322 | 814 | 2 611 | 4 453 | 4 968 | 6 532 | 7 554 | 8 311 |
| 湖南 | 138 | 290 | 796 | 2 449 | 4 223 | 4 755 | 6 070 | 7 108 | 7 621 |
| 广东 | 281 | 265 | 531 | 1 078 | 1 232 | 1 338 | 1 259 | 2 063 | 2 174 |
| 广西 | 145 | 263 | 766 | 2 527 | 4 511 | 5 376 | 6 775 | 7 729 | 8 164 |
| 海南 | 184 | 364 | 1 051 | 3 668 | 5 795 | 7 538 | 9 901 | 10 564 | 12 008 |
| 重庆 | 117 | 421 | 951 | 2 841 | 4 375 | 5 571 | 6 353 | 7 159 | 7 841 |
| 四川 | 117 | 276 | 745 | 3 232 | 4 511 | 5 235 | 6 573 | 7 748 | 8 093 |
| 贵州 | 142 | 330 | 893 | 3 039 | 6 567 | 7 704 | 8 271 | 9 469 | 10 141 |
| 云南 | 348 | 547 | 980 | 2 803 | 5 294 | 6 315 | 8 101 | 9 408 | 9 356 |
| 西藏 | 1 328 | 2 465 | 6 841 | 17 700 | 40 771 | 43 976 | 61 367 | 68 139 | 69 242 |
| 陕西 | 147 | 464 | 1 048 | 3 050 | 5 443 | 5 875 | 7 300 | 8 202 | 8 454 |
| 甘肃 | 192 | 504 | 1 220 | 4 032 | 7 433 | 8 309 | 11 970 | 12 809 | 13 782 |
| 青海 | 396 | 1 067 | 2 805 | 10 580 | 16 269 | 18 763 | 25 304 | 26 886 | 28 685 |
| 宁夏 | 316 | 877 | 2 067 | 5 694 | 10 174 | 11 965 | 14 057 | 16 318 | 17 626 |
| 新疆 | 315 | 645 | 1 709 | 5 151 | 10 291 | 10 793 | 13 252 | 15 229 | 16 300 |

数据来源：转移支付数据来自财政部（1996，2001，2006，2011，2016，2018，2020，2022，2023，2024）；人口数据来自国家统计局（1996，2001，2006，2011，2016，2018，2020，2022，2023，2024）。

## 11.4.3 转移支付的构成：税收返还、一般性转移支付、专项转移支付

近年来，税收返还占中央财政转移支付的比重在下降，一般性转移支付和专项转移支付所占比重在上升。表 11.4 显示了 1995 年至 2023 年的税收返还、一般性转移支付和专项转移支付的情况。税收返还占中央财政转移支付总额的比重，1995 年 73.68%，2010 年下降到 15.44%，2018 年下降到 11.53%，2019 年后并入一般性转移支付。一般性转移支付占中央财政转移支付总额的比重，1995 年为 11.48%，2010 年增长到 40.93%，2018 年为 55.57%，2020 年为 83.47%，2023 年为 82.69%。专项转移支付占中央财政转移支付总额的比重，1995 年为 14.80%，2010 年增长到 43.64%，2018 年为 32.90%，2020 年为 9.33%，2023 年下降到 7.82%。多年来，中央政府受到来自地方政府的压力，要求中央增加地方政府可以自由支配的一般性转移支付。2019 年，中央将税收返还并入一般性转移支付，一般性转移支付大幅增加。林双林（2007）基于增值税税收返还的公式，发现增值税税收返还呈下降趋势，事实上正是如此。

为减少 1994 年税制改革的阻力，维护地方既得利益，中央政府将 1993 年中央政府征收的全部税收返还给地方政府。中央政府起初征收了 100% 的消费税和 75% 的增值税。1993 年税收返还 = 消费税（100%）+ 增值税（75%）- 中央财政下划收入。

1993 年的税收返还成为此后几年税收返还的基础。设 1993 年为第 0 年，第 $t$ 年的税收返还为 $R_t$，则税收返还公式如下（刘颖，2003）：

$R_t$ = 1993 年税收返还 × (1 + 30% × 第 1 年增值税和消费税的增长率)

× (1 + 30% × 第 2 年增值税和消费税的增长率)

× …

× (1 + 30% × 第 $t$ - 1 年增值税和消费税的增长率)

× (1 + 30% × 第 $t$ 年增值税和消费税的增长率)

林双林（2007）的研究表明，给定增值税和消费税增长率和人口增长率，初始税收返还越多，该省以后的人均税收返还就越多；给定初始人均税收返还和人口增长率，产出增长率越快，人均税收返还就越多。这项研究还表明，根据上述公式，随着时间的推移，中央对地方的税收返还会越来越少，趋近于零。实际的数据也的确支持理论分析的结果。

一般性转移支付和专项转移支付中所包含的内容十分有趣。表 11.5 显示了 2010—2023 年中央对地方的一般性转移支付。2017 年，一般性转移支付为

表 11.4 1995—2023 年中央对地方的税收返还和转移支付

| 年份 | 中央对地方的转移支付总额（亿元） | 税收返还 分项加总（亿元） | 税收返还 所占比例（%） | 一般性转移支付 分项加总（亿元） | 一般性转移支付 所占比例（%） | 专项转移支付 分项加总（亿元） | 专项转移支付 所占比例（%） |
|---|---|---|---|---|---|---|---|
| 1995 | 2 534.06 | 1 867.00 | 73.68 | 291.00 | 11.48 | 375.00 | 14.80 |
| 1996 | 2 722.52 | 1 949.00 | 71.59 | 235.00 | 8.63 | 489.00 | 17.96 |
| 1997 | 2 856.67 | 2 012.00 | 70.43 | 273.00 | 9.56 | 516.00 | 18.06 |
| 1998 | 3 321.54 | 2 083.00 | 62.71 | 313.00 | 9.42 | 889.00 | 26.76 |
| 1999 | 4 086.61 | 2 121.00 | 51.90 | 511.00 | 12.50 | 1 360.00 | 33.28 |
| 2000 | 4 665.31 | 2 207.00 | 47.31 | 893.00 | 19.14 | 1 648.00 | 35.32 |
| 2001 | 6 001.95 | 2 309.00 | 38.47 | 1 605.00 | 26.74 | 2 204.00 | 36.72 |
| 2002 | 7 351.77 | 3 007.00 | 40.90 | 1 944.00 | 26.44 | 2 402.00 | 32.67 |
| 2003 | 8 261.41 | 3 425.00 | 41.46 | 2 241.00 | 27.13 | 2 392.00 | 28.95 |
| 2004 | 10 407.96 | 3 609.00 | 34.68 | 2 934.00 | 28.19 | 3 238.00 | 31.11 |
| 2005 | 11 473.68 | 4 143.70 | 36.11 | 3 812.70 | 33.23 | 3 517.30 | 30.66 |
| 2006 | 13 501.45 | 4 357.90 | 32.28 | 4 732.00 | 35.05 | 4 411.60 | 32.68 |
| 2007 | 18 112.45 | 4 121.60 | 22.76 | 7 092.90 | 39.16 | 6 898.00 | 38.08 |
| 2008 | 22 990.76 | 4 282.20 | 18.63 | 8 746.20 | 38.04 | 9 962.40 | 43.33 |
| 2009 | 28 563.79 | 4 886.70 | 17.11 | 11 317.20 | 39.62 | 12 359.90 | 43.27 |
| 2010 | 32 341.09 | 4 993.40 | 15.44 | 13 235.70 | 40.93 | 14 112.10 | 43.64 |
| 2011 | 39 921.21 | 5 039.90 | 12.62 | 18 311.30 | 45.87 | 16 570.00 | 41.51 |
| 2012 | 45 361.68 | 5 128.00 | 11.30 | 21 429.50 | 47.24 | 18 804.10 | 41.45 |

（续表）

| 年份 | 中央对地方的转移支付总额（亿元） | 税收返还 分项加总（亿元） | 税收返还 所占比例（%） | 一般性转移支付 分项加总（亿元） | 一般性转移支付 所占比例（%） | 专项转移支付 分项加总（亿元） | 专项转移支付 所占比例（%） |
|---|---|---|---|---|---|---|---|
| 2013 | 48 019.92 | 5 046.70 | 10.51 | 24 362.70 | 50.73 | 18 610.50 | 38.76 |
| 2014 | 51 591.04 | 5 081.60 | 9.85 | 27 568.40 | 53.44 | 18 941.10 | 36.71 |
| 2015 | 55 097.51 | 5 018.90 | 9.11 | 28 455.00 | 51.64 | 21 623.60 | 39.25 |
| 2016 | 59 400.70 | 6 826.80 | 11.49 | 31 864.90 | 53.64 | 20 708.90 | 34.86 |
| 2017 | 57 028.95 | 8 022.80 | 14.10 | 35 145.60 | 61.63 | 21 883.40 | 38.37 |
| 2018 | 69 680.66 | 8 031.50 | 11.53 | 38 722.10 | 55.57 | 22 927.09 | 32.90 |
| 2019 | 74 359.86 | | | 66 798.20 | 89.83 | 7 561.70 | 10.17 |
| 2020 | 83 217.93 | | | 69 459.86 | 83.47 | 7 765.92 | 9.33 |
| 2021 | 82 152.34 | | | 74 799.29 | 91.05 | 7 353.05 | 8.95 |
| 2022 | 96 941.82 | | | 80 811.30 | 83.36 | 7 597.03 | 7.84 |
| 2023 | 102 836.32 | | | 85 036.91 | 82.69 | 8 040.67 | 7.82 |

数据来源：财政部（1996—2024）。

表 11.5 中央对地方的一般性转移支付

(单位：亿元)

| 项目 | 2010 | 2015 | 2017 | 2018 | 2019 | 2020 | 2021 | 2022 | 2023 |
|---|---|---|---|---|---|---|---|---|---|
| 中央对地方的转移支付总额 | 27 347.72 | 50 078.65 | 57 028.95 | 61 649.15 | 74 359.86 | 83 217.93 | 82 152.34 | 96 941.82 | 102 836.32 |
| 一般性转移支付 | 13 235.66 | 28 455.02 | 35 145.59 | 38 722.06 | 66 798.16 | 69 459.86 | 74 799.29 | 80 811.30 | 85 036.91 |
| 占转移支付总额的比重（%） | 48.40 | 56.82 | 61.63 | 62.81 | 89.83 | 83.47 | 91.05 | 83.36 | 82.69 |
| 均衡性转移支付 | 4 759.79 | 18 471.96 | 22 381.59 | 14 095.00 | 15 632.00 | 17 192.00 | 18 929.00 | 21 179.00 | 23 649.00 |
| 重点生态功能区转移支付 |  | 509.00 | 627.00 | 721.00 | 811.00 | 794.50 | 881.90 | 992.04 | 1 091.0 |
| 产粮大县奖励资金 |  | 370.73 | 416.15 | 426.40 | 447.86 | 464.81 | 479.95 | 506.14 | 556.14 |
| 县级基本财力保障机制奖补资金 | 682.53# | 1 778.00 | 2 238.90 | 2 462.79 | 2 709.00 | 2 979.00 | 3 372.95 | 3 779.00 | 4 170.0 |
| 革命老区、民族和边境地区转移支付 | 330.00 | 1 256.95 | 1 842.90 | 2 132.83 | 2 488.40 |  |  | 3 288.20 | 3 519.64 |
| 调整工资转移支付 | 2 375.68 |  |  |  |  |  |  |  |  |
| 农村税费改革转移支付 | 769.46 | 323.20 |  |  |  |  |  |  |  |
| 资源枯竭城市转移支付 | 75.00 | 178.00 | 192.90 | 192.90 | 212.90 | 222.90 | 222.90 | 232.90 | 232.90 |
| 成品油税费改革转移支付 | 350.00 | 770.00 | 693.04 | 693.04 | 693.04 | 693.04 | 693.04 | 693.04 | 693.04 |
| 定额补助（原体制补助） | 140.14 |  |  |  |  |  |  |  |  |
| 企事业单位划转补助 | 350.23 |  |  |  |  |  |  |  |  |
| 结算财力补助 | 435.35 |  |  |  |  |  |  |  |  |
| 工商部门停征两费等转移支付 | 80.00 |  |  |  |  |  |  |  |  |
| 基层公检法司转移支付 |  | 434.05 |  |  |  |  |  |  |  |
| 一般公共服务转移支付 | 24.47 | 197.32 |  |  |  |  |  |  |  |

（续表）

（单位：亿元）

| 项目 | 2010 | 2015 | 2017 | 2018 | 2019 | 2020 | 2021 | 2022 | 2023 |
|---|---|---|---|---|---|---|---|---|---|
| 公共安全转移支付 | 362.52 | 207.45 | | | | | | | |
| 义务教育等转移支付 | 947.59* | 1 232.82 | 1 426.26 | 1 462.46 | 1 565.30 | 1 695.90 | 1 769.6 | 1 881.7 | 1 918.34 |
| 社会保障和就业转移支付 | 1 429.22 | 2 567.12 | | | | | | | |
| 医疗卫生转移支付 | 16.28 | 1 206.91 | | | | | | | |
| 农林水转移支付 | 107.40 | | | | | | | | |
| 基本养老金和低保等转移支付 | | 4 405.18 | 5 858.80 | 6 664.41 | 7 303.79 | 7 885.06 | 8 889.22 | 9 277.63 | 10 092.52 |
| 新型农村合作医疗等转移支付 | | 2 123.24 | 2 512.57 | 2 724.69 | 3 327.38 | 3 436.58 | 3 587.65 | 3 704.76 | 3 839.88 |

数据来源：财政部（2011，2016，2018，2019a，2022，2023，2024）。

注：#对少数民族地区的转移支付。

*对教育的转移支付。

35 145.6亿元，占转移支付总额的61.63%。如前所述，从2018年开始，中央政府将税收返还并入一般性转移支付。2019年，一般性转移支付为66 798.16亿元，占转移支付总额的89.83%。在一般性转移支付总额中，均衡性转移支付占23.40%，基本养老金和低保等转移支付占10.93%，新农合等转移支付占4.98%，义务教育等转移支付占2.34%。有趣的是，许多转移支付虽然被归于一般性转移支付的类别，但仍被指定用于特定项目。导致这一现象的原因很有趣。由于财政部面临着地方政府和媒体要求增加一般性转移支付的压力，于是就把一些专项转移支付纳入一般性转移支付的范畴。因此，近年来专项转移支付在减少。

中央对地方政府的专项转移支付包括交通、住房保障、保障性安居工程、医疗、公共卫生、社会保障和就业、农林水事务等方面的转移支付。2018年，专项转移支付的分类发生了重大变化。从2019年的数据来看，基础设施建设转移支付占专项转移支付的65.36%，农村综合改革占3.38%，大气污染防治占3.22%，城市管道和污水处理占1.63%，严重传染病防治占2.26%，水污染防治占2.54%（财政部，2020e）。

### 11.4.4　转移支付存在的问题

原则上来说，中央对地方转移支付的主要目的应该是纠正外部性，实现资源在区域间的再分配。一个地区的生产或消费活动可能会影响到其他地区，这就需要中央政府通过税收或转移支付来解决外部性问题。例如，如果内蒙古种植更多的树木，北京的沙尘暴将会减少；如果河北减少烧煤，北京的空气污染就会少一些。因为北京未向内蒙古和河北支付补偿性费用，于是就产生了外部性问题。为了解决外部性问题，中央政府需要对北京征税，并对内蒙古和河北进行专项转移支付，以鼓励他们多种树，少烧煤。此外，各地区的收入水平有很大差异，中央政府需要向富裕地区征税，并向贫困地区转移支付。因此，转移支付是为了提高效率和增进公平。

在中国，中央对地方的转移支付对社会和政治稳定发挥着重要作用。每个地方政府，包括最富裕的省份，都依赖中央转移支付来支撑其财政支出。中央政府把转移支付作为管理地方政府的手段。

然而，作为政府干预的一种形式，巨额转移支付可能会导致效率损失。第一，中央对地方的转移支付过高。转移支付占中央政府一般公共预算支出总额的比重在2019年为68%，2023年为74%；占地方政府一般公共预算收入的比重在2019年为42%，2023年为47%（见图11.7）。转移支付涉及运行成本，其中包括税收获取成本和税收返还成本。转移支付规模越大，运行成本越高。由于信息不足等问题，对各个地区进行最优的转移支付是很困难的。在许多国家，中央也向地方进行转移支付，但规模要小得多。2023年，美国联邦政府对地方政府的转移支付约占联邦政府支出的17.7%。[1] 这个比重已经很大了，过去相当长的时间里，美国联邦政府对地方政府的转移支付占地方财政收入的20%以上。

第二，转移支付为地方政府发展地方经济提供了负向激励。贫困地区从中央政府获得了更多的转移支付，这就使得它们希望保持贫困以继续获得更多的转移支付。1986年，中国选择了258个贫困县作为国家级贫困县，由中央政府额外拨款支持。以陕西省为例，全省曾有50个贫困县，占全省县总数的一半。中国共有2 844个县（市、区）。到2020年11月，在中央额外的转移支付的帮助下，832个贫困县全部实现脱贫摘帽。[2] 中央对欠发达地区的转移支付仍将存在，许多地区也仍将互相竞争以获得这些转移支付。因此，大额转移支付仍将继续为地方经济发展提供负向激励。

第三，转移支付系统设计不合理。每个地区都希望中央政府提供更多的转移支付。每个省政府、部分市政府，甚至一些县政府在北京都曾设有办事处，以便游说中央给它们增加转移支付。Lin（2011）利用1995—2004年中国31个省份的数据，分析了决定中央政府转移支付的因素，发现收入水平较高的省份从中央政府获得的人均转移支付比收入水平较低的省份多；增长率较高的省份获得的人均转移支付比增长率较低的省份多。因此，在早期的转移支付制度中，税收返还占主导地位，且其在缩小地区财政差距方面效果不佳。近年来，中国税收返还变得越来越少，贫困地区也比富裕地区得到了更多的转移支付额。

第四，过多的生产性补助和较少的生活方面的补助。政府很少直接向贫困家庭进行转移支付，而是集中精力补贴生产。然而，有些对生产的补贴并不合适。例如，政府不是根据农民生产的作物给予补贴，而是根据农民拥有的土地给予补贴；有些农民什么都不种就能得到补贴。有些补贴引起了农业生产的波动。例如，当猪肉价格高企时，政府通常会立即通过各种渠道对养猪场进行补贴；于是农民开始养猪，增加猪肉产量，导致猪肉供给过剩，猪肉价格下降；这使得农民减产，猪肉再次短缺，政府再次补贴猪肉生产。政府的干预加剧了生产的波动。而且，这些年来，中央政府向自然条件恶劣的贫困地区，如缺水地区、盐碱地等，进行了大量转移支付，以求就地解决贫困问题，但是，许多投资项目的效率低下。

---

[1] Office of Management and Budget（2024b）。
[2] 参见：《全国832个国家级贫困县全部脱贫摘帽》，新华社，2020，http://www.xinhuanet.com/2020-11/23/c_1126776790.htm，访问日期：2024年8月20日。

第五，转移支付制度不利于级别低的政府。中央政府向省级政府进行转移支付。然后，市、县、乡三级政府向上级政府申请转移支付。下一级政府必须利用稀缺资源，游说上一级政府给予更多的转移支付。级别越低的政府越难得到转移支付。由于下级政府无法从上级政府获得足够的转移支付，它们必须削减预算开支。如果下级政府想在基础设施建设上投入更多资金，就必须高价出售土地或从银行贷款。

目前中国的转移支付体系改革没有缩小转移支付的规模，而且正朝着值得商榷的方向前进。如前所述，为了在资金使用上获得更大的自由，许多地方政府要求中央政府增加一般性转移支付，减少专项转移支付，因为专项转移支付规定了资金的具体用途，并要求地方政府专款专用。近年来，一般性转移支付已大大增加，而专项转移支付则大大减少。在美国，没有从联邦政府到州政府的一般性转移支付，所有的联邦转移支付都是有指定用途的专项转移支付。也就是说，这些项目本该由联邦政府支付，为提高效率，联邦政府将资金转交给地方政府，让其替联邦政府支付。

## 11.5 地方政府的预算外收入

除一般公共预算外，地方政府还严重依赖一般公共预算以外的收入。20世纪80年代和90年代，地方政府获得了大量预算外收入，近二十年来，地方政府通过出让土地筹集了大量政府资金，并主要通过国有投资公司向银行大量借贷。出让土地和从银行贷款筹集的资金可以由地方政府自由支配。因此，中国地方政府拥有很大的财政自主权。

### 11.5.1 预算外收入

如第2章所述，地方政府拥有曾被称为预算外收入的大量资金。20世纪八九十年代和21世纪初，中央政府允许地方政府获取预算外收入。预算外收入主要包括各项收费。20世纪90年代初，预算外收入甚至高于一般公共预算收入。1994年税制改革后，虽然中央政府拿走了财政总收入的很大一部分，地方政府仍通过一般公共预算之外的方式获得了大量收入。20世纪90年代末，"费改税"开始实施，导致预算外收入占财政收入的比重急剧下降。2011年预算外收入被取消。

## 11.5.2　地方政府贷款

1998年，中央政府采取扩张性财政政策，中央财政赤字和债务开始增加，预算外的地方政府债务也开始增加。2008年，中央政府出台了一项4万亿元的经济刺激计划，其中包括地方政府必须配套的资金，地方政府顺势从银行大量贷款用于基础设施投资，导致地方政府债务猛增。地方政府债务总额占GDP的比重2014年接近39.49%，2020年为41.51%，2023年为53.11%（见第10章表10.1），部分省份地方政府负有偿还责任的债务占GDP的比重超过80%（见第10章表10.5）。加上或有债务，总债务已经非常高。地方政府通过借贷筹集了大量资金，这些资金可以在没有中央政府干预的情况下使用。这个问题在第10章中已经详细讨论过了。

## 11.5.3　政府性基金

20世纪90年代末，房地产市场变得活跃起来。地方政府找到了获取收入的方法，即垄断土地出售，以高价将土地出售给开发商。在中国，土地不是私有的。城市土地由国家所有，农村土地由农民集体拥有。地方政府通过出售城市土地获得大量收入；它们还以低价购买农村土地，然后高价出售以获取利润。极高的地价导致了中国惊人的房价。通过高价出售土地获得收入，其实就是向购房者征收隐性税收，受影响的大部分是年轻人。第2章表2.3显示了政府性基金收入构成，其中土地出让金收入最大。2019年，政府性基金收入84 517.7亿元，占一般公共预算收入的44.39%。其中，国有土地出让收入占政府性基金收入的83.63%。2022年，政府性基金收入为77 896.4亿元，占一般公共预算收入的38.25%。国有土地出让收入占政府性基金收入的83.86%。地方政府有支配政府性基金收入的自由。

地方政府目前面临着严重的财政收入短缺的问题。第一，地方政府向银行贷款受到限制。由于地方政府债务过高，中央对地方政府举债进行了严格限制。因此，地方政府从银行获得信贷已不再容易。第二，土地出售变得困难。很多城市的国有土地和邻近城区的农田已经被出售殆尽，远离城市的农田则价值较低。随着经济增速的放缓，税收收入增长也变得缓慢，地方政府的收入不足以支撑不断增长的支出。

## 11.6　建立平衡的中央和地方财政关系

如前所述，公共财政领域有一个共识，即地方政府决定地方税税种和税率并且提供地方公共品的效率更高（Tiebout，1956；Oates，1972），中央政府应从事跨区域的资源再分配，以纠正外部性，并在全国范围内进行收入再分配，以及实行宏观调控（Musgrave，1959）。当然，政府不仅要考虑效率和公平，还要考虑社会稳定。然而，中央和地方政府的财政收支过于失衡也是不可行的，因此改革不可避免。中央和地方政府需要建立一个更加平衡的财政关系，各级政府收支应该匹配，而政府间转移必须大幅度减少。以下改革有助于实现这一目标：将更多的财政收入分配给地方政府；为地方政府设立新的税种；增加中央政府的财政支出责任；给予地方政府更多的财政自由。

### 11.6.1　增加地方财政收入

2016 年，中国将作为地方主要税收来源的营业税改为增值税。增值税是中央和地方共享的税种，且现在的税收收入严重依赖增值税。如何在中央政府和地方政府之间分配增值税收入是一个重要问题。中央政府宣布，地方政府将分得增值税收入的 50%，而这远远低于地方政府以前得到的增值税和营业税。

表 11.6 显示了从 2000 年到 2023 年地方政府在营业税和增值税分配中所占的份额。可以看出，营改增前的 2015 年，地方政府获得的营业税和增值税收入占营业税和增值税总收入的比重为 58.06%。显然，营改增之后，地方政府至少也应获得增值税总收入的 58%。改革导致地方政府分得的税收份额下降。2019 年，地方政府分得的增值税占增值税总收入的比重为 50.02%，2023 年为 50.11%。因此，提高地方政府收入份额的措施势在必行。

### 11.6.2　设立个人财产税

地方政府最重要的税种之一是财产税。中国的财产税可以追溯到几千年前。例如，在周朝，征收"廛布"。"廛"指的是普通人的住房，"布"指的是钱。其他朝代，如唐朝和清朝，也征收房产税。民国时期，房产税是以"房捐"的形式征收的。1951 年 8 月 8 日，政务院公布了《中华人民共和国城市房地产税暂行条例》。根据规定，房产税的税率为应税房产价值的 1%，地产税的税率为应

第11章 中央与地方的财政关系

表11.6 中央与地方之间增值税与营业税税的分配

(单位：亿元)

| 年份 | 中央政府增值税额 | 地方政府增值税额 | 中央政府营业税额 | 地方政府营业税额 | 地方政府增值税占比（%） | 地方政府营业税占比（%） | 地方政府增值税和营业税总额 | 地方政府增值税和营业税占比（%） |
|---|---|---|---|---|---|---|---|---|
| 2000 | 3 413.2 | 1 139.97 | 243.11 | 1 625.67 | 25.04 | 86.99 | 2 765.64 | 43.07 |
| 2001 | 4 015.47 | 1 341.66 | 214.99 | 1 849.10 | 25.04 | 89.58 | 3 190.76 | 43.00 |
| 2002 | 4 631.01 | 1 547.38 | 155.3 | 2 295.03 | 25.05 | 93.66 | 3 842.41 | 44.53 |
| 2003 | 5 425.55 | 1 810.99 | 76.89 | 2 767.56 | 25.03 | 97.30 | 4 578.55 | 45.42 |
| 2004 | 6 613.51 | 2 404.43 | 110.99 | 3 470.98 | 26.66 | 96.90 | 5 875.41 | 46.63 |
| 2005 | 7 931.35 | 2 860.76 | 129.64 | 4 102.82 | 26.51 | 96.94 | 6 963.58 | 46.35 |
| 2006 | 9 588.43 | 3 196.38 | 160.54 | 4 968.17 | 25.00 | 96.87 | 8 164.55 | 45.58 |
| 2007 | 11 602.61 | 3 867.62 | 202.66 | 6 379.51 | 25.00 | 96.92 | 10 247.13 | 46.47 |
| 2008 | 13 497.76 | 4 499.18 | 232.1 | 7 394.29 | 25.00 | 96.96 | 11 893.47 | 46.42 |
| 2009 | 13 915.96 | 4 565.26 | 167.1 | 8 846.88 | 24.70 | 98.15 | 13 412.14 | 48.78 |
| 2010 | 15 897.21 | 5 196.27 | 153.34 | 11 004.57 | 24.63 | 98.63 | 16 200.84 | 50.23 |
| 2011 | 18 277.38 | 5 989.25 | 174.56 | 13 504.44 | 24.68 | 98.72 | 19 493.69 | 51.37 |
| 2012 | 19 678.35 | 6 737.16 | 204.73 | 15 542.91 | 25.50 | 98.70 | 22 280.07 | 52.84 |
| 2013 | 20 533.81 | 8 276.32 | 78.44 | 17 154.58 | 28.73 | 99.54 | 25 430.90 | 55.23 |
| 2014 | 21 103.03 | 9 752.33 | 68.94 | 17 712.79 | 31.61 | 99.61 | 27 465.12 | 56.47 |
| 2015 | 20 996.82 | 10 112.18 | 150.73 | 19 162.27 | 32.51 | 99.22 | 29 274.45 | 58.06 |
| 2016 | 21 949.47 | 18 762.61 | 1 333.08 | 10 168.80 | 46.09 | 88.41 | 28 931.41 | 55.41 |
| 2017 | 28 166.02 | 28 122.16 | | | 50.04 | | 28 122.16 | 50.04 |
| 2018 | 30 753.32 | 30 777.45 | | | 50.02 | | 30 777.45 | 50.02 |
| 2019 | 31 160.46 | 31 186.90 | | | 50.02 | | 31 160.46 | 50.02 |
| 2020 | 28 353.14 | 28 438.1 | | | 50.07 | | 28 438.1 | 50.07 |
| 2021 | 31 753.04 | 31 766.55 | | | 50.01 | | 31 766.55 | 50.01 |
| 2022 | 24 255.81 | 24 461.90 | | | 50.21 | | 24 461.90 | 50.21 |
| 2023 | 34 588.05 | 34 746.23 | | | 50.11 | | 34 746.23 | 50.11 |

数据来源：国家统计局（2001—2024）。

317

税土地价值的 1.5%，每年缴纳一次。1973 年，政府将城镇企业房地产税并入工商税，只对拥有城市住房房产的个人和有房产的外国人征收房地产税。

1984 年 10 月，在"利改税"改革中，政府决定恢复对企业征收房地产税，并将房地产税分为房产税和城镇土地使用税。1986 年 9 月，国务院发布了《中华人民共和国房产税暂行条例》。根据规定，地方政府可以在城市、县城、建制镇以及工矿区征收房产税。税率的范围由中央政府规定，具体的税率由地方政府决定。国有住房的使用者缴纳房产税。税基是房产的初始价值减去房产原值的 10%~30%，税率是 1.2%。对于出租房产，由房东缴纳所租房屋的房产税，税基是房产租金收入，税率为 12%。2001 年起，租赁用途为个人居住的房屋税率降至 4%。政府机构、学校、部队、宗教团体等使用的住房不征税。

面对不断增加的地方政府债务，中央政府计划开征个人住房房产税。2011 年，上海和重庆开始了个人住房房产税试点。由于严格的户籍制度，户口分为农业户口与城市户口。从农业户口转为城市户口十分困难，从小城市转到大城市更困难。因此本地的居民享有更优惠的住房房产税待遇。

上海市个人房产税具有以下特点：应税的住房为非上海户籍居民的新购住房与上海户籍居民购买的第二套及以上住房。上海户籍居民每个家庭成员享有 60 平方米的免税权利。对于那些房价是上一年市场平均房价两倍以上的房产，税率为 0.6%，其他房产的税率为 0.4%。税基为应税房屋市场交易价格的 70%。[①]

重庆房产税试点具有以下特点：应税的房产包含独栋商品住宅、新购高档住房，以及无业、无挂靠公司的非重庆户籍居民的第二套及以上的房屋。重庆户籍居民享有一定免税的权利：纳税人在暂行办法实施前拥有的独栋商品住宅，免税面积为 180 平方米；新购的独栋商品住宅、高档住房，免税面积为 100 平方米。独栋商品住宅和高档住宅建筑面积交易单价在上两年主城九区新建商品住房成交建筑面积均价 3 倍以下的住房，税率为 0.5%；3 倍（含 3 倍）至 4 倍的，税率为 1%；4 倍（含 4 倍）以上的，税率为 1.2%。根据 2017 年对 2011 年发布的条例的修改，在重庆市同时无户籍、无企业、无工作的个人新购首套及以上的普通住房，税率为 0.5%。[②]

在中国征收房产税并不容易。第一，税基的确定是很困难的。目前地方政府还没有关于个人房产的统计信息。政府并不了解每个家庭在本市以及全国有多少房产。第二，税法的实施存在一定的困难。一些大城市的房地产市场泡沫导致房价飙升，一些居民可能交不起房产税。第三，逃税和避税可能是一个严重的问

---

[①] 上海市人民政府（2011）。
[②] 重庆市人民政府（2011）。

题。房屋（公寓）通常登记在每个家庭成员名下。如果第一套房子免税，那么税基将非常小。第四，在包括政府官员、企业家、知识分子在内的许多人的反对下，政府很难开征房产税。在中国，由于银行存款利率一直很低，股市波动极大，富裕阶层拥有大量房产，因此，他们强烈反对征收个人房产税。尽管如此，这些障碍都不应妨碍中国开征个人房产税。中国应尽早开征这一税种，并像世界上许多国家一样，将该税收收入归于地方政府。

### 11.6.3 增加中央财政支出责任

目前，中央政府承担的一般公共预算支出不到一般公共预算总支出的15%。如前所述，如果把其他三项预算也算进去，2019年中央政府财政支出占财政总支出的比重不到10%。未来，中央政府的财政支出所占比重需逐步提升。中央政府应该像世界上许多国家的中央政府一样直接管理社会保障和医疗保险。2019年社会保险（包括医疗保险和基本养老保险）基金支出占GDP的7.6%（见第6章图6.3）。中国的劳动力流动性很大。建立全国性的医疗和社会保障体系，有利于劳动力在全国范围内的流动，并且有利于解决东北等劳动力外迁较多地区的社会保险债务问题。如果中央政府接管社会保障和医疗保险，其支出在财政总支出中的比重将大大上升。例如，2023年政府总支出为478 549亿元（见第6章表6.1），中央政府一般公共预算支出38 219.39亿元（见表11.1），社会保险基金支出99 301.8亿元，如果社会保险由中央政府接管，中央政府财政支出在财政总支出中的份额将达到25%以上，远高于目前的10%。由于未来社会保障和医疗保险方面的支出注定会上升，中央政府如果接管社会保险，则其支出在财政总支出中的比重也会进一步上升。

此外，中央政府增加社会福利支出，开展直接扶贫。在全国范围内，贫困是所有人都关注的。地方政府可能没有足够的财政收入来扶贫。因此，中央政府应该承担起更多的扶贫责任。目前，政府扶贫支出仍然不足。但根据发达国家的经验，随着经济的发展，这部分政府支出必然会增加。总体而言，通过增加社会保障、医疗保险、社会福利等方面的支出，中央财政支出占财政总支出的比重将大幅提高，中央和地方财政体系将更加平衡。

### 11.6.4 给予地方政府更多的财政自由

正如本章引言中所讨论的，地方政府比中央政府具有信息优势。它们知道如何获取收入，以及将收入花在哪里。经过多年的经济改革，中央政府给予了地方政府一定的财政自由。近年来,地方政府财政自由度有所降低。它们不能获取预算外收入,也不能随意向银行借款。此外,随着经济增长的放缓,出售土地也变得更加困难。地方政府有权发行债券,但发行的数量有限,且由中央政府决定。为了发展地方经济,提高当地人民生活水平,中央政府应赋予地方政府设立地方税种、确定地方发行的政府债券的数量、处置地方财政收入等方面更多的自由。

然而目前最值得顾虑的事情之一是,如果没有中央政府的严格控制,地方政府可能会滥用财政权力,造成财政混乱。在当前的体制下,中央政府承担着对地方政府进行监督的主要责任。对于中国这样一个大国来说,有必要在地方层面通过民众监督或者设置更多制衡机制的方式对地方政府进行监督。因此,必须探索监督地方政府的更多方式。

在目前的中央集中式管理体制下,地方政府官员由上级政府任命。几十年来,地方政府的权力越来越集中在地方党委书记。地方人民代表大会是政府的立法机关,负责对政府行政部门进行制约和监督。然而,在许多省份,地方党委书记也是地方人民代表大会的负责人。

这种权力集中增加了经济决策失误的风险,也增加了地方官员产生不当行为的风险。中国需要对地方政府官员的权力进行一些制约,以确保没有人能绝对控制决策。在1949年以前的战争年代,在各级共产党军队中,有两位主要领导人,一位是政委,一位是军事指挥官。两位领导人的角色不同,但地位相同,因此一方制衡另一方,从而达成了一种平衡。这种权力结构降低了在军事行动中犯错误和出现不当行为(如腐败)的风险。这种监督也许是共产党军队克敌制胜的原因之一。地方政府也可以有类似的制衡制度。这可以防止地方政府在中央给予地方更多财政自由的情况下,过度征税、不当投资或过度投资。当然,地方政府也可以直接接受当地民众的监督。

## 11.7 总　　结

本章分析了我国的预算制度、中央与地方的财政收支、中央与地方财政收支的不平衡和区域间财政收支的不平衡、中央对地方的转移支付、地方政府预算外收支等问题,并探讨了改善中央与地方财政关系的途径。

中国实行单一的预算制。每年中央政府制定中央和地方的财政收支目标。社会保险基金预算和政府性基金预算由地方政府管理,国有资本经营预算由中央和地方共同管理。中央政府每年为这些预算制定收支目标。最终财政收支与预算相差很大,这说明中国的预算约束是软的。收入和支出目标在一年内不断修订。

中国的税收分为中央税、地方税和中央地方共享税。主要的共享税是增值税。2016年营改增后，中央和地方都主要依靠增值税，中央和地方分得的增值税份额均为50%。企业所得税也是一项由中央政府和地方政府共有的重要税收。铁路公司、六大银行、海洋石油天然气企业等一些大型企业的企业所得税全部由中央政府征收，其余企业的所得税由中央政府和地方政府分别享有60%和40%。个人所得税由中央和地方政府按相同比例分享。而消费税也是属于中央政府的一项主要税种。

国防支出在中央一般公共预算支出中占比最高，2023年为40.65%；其次是科学技术、公共安全、教育、一般公共服务、交通。教育支出一直是地方政府公共预算支出的第一位，2023年占地方政府一般公共预算支出总额的16.78%，其次是社会保障和就业、城乡社区事务、农林水利、一般公共服务、医疗卫生。地方政府一般公共预算支出不包括社会保障、医疗保险、失业保障等社会保险支出。

中央和地方的财政收支不平衡在过去25年里不断加剧。1995年，中央财政收入占财政总收入的52.17%，却只承担财政总支出的29.24%。2023年，中央财政收入占财政总收入的45.93%，但其支出仅占财政总支出的13.92%。地方政府则严重依赖中央政府的转移支付来平衡预算。

中央财政转移支付占中央财政总收入的近70%，占地方财政总收入的40%以上。各省都依赖中央财政转移支付。中央财政转移支付包括税收返还、一般性转移支付、专项转移支付和其他转移支付。1995年，税收返还占中央财政转移支付总额的73.68%，是中央财政转移支付中所占比例最大的部分。随着时间的推移，这一比例有所下降，2018年，税收返还仅占中央财政转移支付的11.53%，并于2019年并入一般性转移支付。转移支付存在严重的问题：转移支付规模过大、转移支付制度设计不合理，导致道德风险问题和腐败，扭曲了生产和资源配置，且不利于最基层的政府。

长期以来，地方政府在政府预算之外还有其他收入，比如预算外收入、政策性银行和商业银行的借款，以及主要通过出售土地获得的政府性基金收入等。因此，虽然中央政府控制着一般公共预算，但中国的地方政府在一般公共预算之外享有很大的财政自由。然而，近年来，它们的财政自由度正在下降。地方政府被限制使用融资平台获得借款。随着经济增速的放缓，土地财政也变得更加困难。地方政府虽然有权发行债券，但是其发行数量则是由中央政府决定，可发行的数量也十分有限。随着中央政府加强了对地方的限制，地方政府获得收入的方式越发有限。

改善中央与地方的财政关系是中国财政改革的一个关键方面。改革措施包括：让地方政府分享更多的税收收入；建立新的地方税（如个人房产税）；增加中央政府财政支出责任，如使其负责社会保障、医疗保险、扶贫等领域的支出；赋予地方政府更多的财政自主权。为避免地方政府滥用财政权导致的财政混乱，可以在地方政府内建立一些制衡机制，并加强当地民众对地方政府的监督。

# 第 12 章
# 以财政改革促进公平和可持续增长

## 12.1 引　　言

　　1978 年开始的经济改革极大地加快了我国经济发展。官方公布的数据显示，按 1978 年不变价格计算，中国人均 GDP 从 1978 年的 385 元增长到 2023 年的 12 291 元，增加了 30.92 倍，年均增长率为 8.0%。中国已经从最贫穷的国家转变为中上等收入国家。财政改革在中国经济增长中发挥了不可或缺的作用。

　　许多研究表明，财政政策影响资本积累和经济增长。第一，税收规模和结构与经济增长相关。Rebelo（1991）发现，高所得税税率国家的经济增长率通常较低。Fullerton, Shoven and Whalley（1983）、Seidman（1984）与 Hall and Rabushka（1996）研究发现，消费税的增加以及所得税的同时减少会降低利率和增加资本积累。OECD（2010）研究了如何设计税收结构以支持人均 GDP 增长，结果发现，对不动产征收的财产税是对经济增长危害最小的税种，其他对经济增长危害从小到大的税种是消费税、个人所得税和企业所得税。

　　第二，政府支出结构对经济增长具有重要意义。Barro（1991）发现，政府消费支出对经济增长产生负面影响，政府投资支出对经济增长的影响不显著。许多研究发现，基础设施对经济增长至关重要（Ashauer, 1989；Easterly and Rebelo, 1993；Canning, Fay and Perotti, 1994；Lin and Song, 2002）。政府道路支出和政府科技支出与人均 GDP 增长有正向关系，但根据 1991—1998 年中国 189 个大中城市的数据，人均 GDP 增长与总投资占 GDP 的比重相关性不显著。

　　第三，地方政府在经济增长中起着至关重要的作用。正如第 11 章所述，如果单位成本相同，地方政府提供当地公共品的效率更高，因为地方政府更接近居民（Oates，1972），在竞争市场下，提供当地公共品是最佳的（Tiebout，1956）。根据 Lin and Liu（2000），Jin, Qian and Weingast（2005），Jalil, Feridun and Sawhney（2014）的研究，财政放权导致中国经济增长加快。

第四，政府预算赤字和政府债务可能会影响经济增长。Fischer（1993）发现，预算赤字减少了资本积累和经济增长。Reinhart and Rogoff（2010）发现，债务占 GDP 比重高于 90% 的国家，平均增长率低于其他国家。Checherita-Westphal and Rother（2012）发现，当债务占 GDP 比重高于 70%~80% 时，政府债务就开始对经济增长产生负面影响。Gómez-Puig and Sosvilla-Rivero（2015）发现，公共债务水平总是对欧洲货币联盟国家的长期经济表现产生负面影响，而其短期影响在某些特定情况下可能是积极的。政府赤字和债务的影响取决于政府支出的生产率。如果政府支出的边际生产率较低，那么赤字和债务会降低经济增长率。

经济快速增长的成果应由社会所有成员分享，或者说增长必须具有包容性。随着经济的增长，不平等可能加剧，贫困可能持续。研究表明，近几十年来，中国的收入不平等程度显著上升，并一直处于高位（Gustafsson and Li，2001；Dollar，2007；Jain-Chandra et al.，2018）。研究发现，不平等部分是由各种资本（包括金融资本和房地产）的回报不等、资本所有权不平等造成的（Zhou and Song，2016）。

此外，经济增长必须是可持续的，即稳定的经济增长应该维持到子孙后代。基于高额公共债务、大量消耗资源和不顾污染的增长可能会带来短期的快速增长，但可能会造成不可逆转的环境破坏和不可再生资源的耗竭，影响子孙后代的利益。Liu and Diamond（2005）列举了中国的环境问题，认为这些问题正在引起严重的经济损失、社会冲突和医疗费用的增加。Zhao et al.（2019）指出，中国经济的快速发展导致了原材料的大量消费和对环境的破坏。Wang, Wang and Wang（2014）将环境可持续性纳入质量增长问题，并建议中国提高经济增长的质量。

本章首先分析财政体制和财政政策如何刺激中国经济增长，包括促进增长的税收制度、促进增长的政府支出结构、扩张性财政政策和地方政府在一般公共预算之外的财政扩张；接着讨论中国经济的快速增长并展望经济增长的前景；然后揭示中国经济目前面临的挑战，如收入不平等、环境污染、自然资源枯竭、经济增长率下降以及人口老龄化等；最后探讨维持可持续和公平的经济增长所需要的财政改革。

## 12.2　中国促进增长的财政政策

1978年经济改革开始后，中国开始把经济发展放在首位。改革后的头十五年里，财政政策的重点是权力下放和减轻企业的税收负担。20世纪90年代，财政政策发生了很大变化，政府开始在经济发展中发挥更加重要的作用。过去三十年来，包括税收政策、支出政策和债务政策在内的财政政策都促进了经济增长。决策者们认为，发展是硬道理，经济快速增长是解决一切问题的基础。

### 12.2.1　促进增长的税收制度

中国严重依赖消费税，税收制度缺乏累进性。第2章图2.1显示了中国税收收入的构成。2019年，国内增值税占税收总额的39.46%，国内消费税占7.95%。加上其他消费型税收，例如2019年占税收总额3.02%的城市维护建设税（见第3章表3.6），中国的消费型税收占到税收总额的约50%。而2019年个人所得税仅占税收总额的6.57%，企业所得税占税收总额的23.61%。2023年，国内增值税占税收总额的38.28%，国内消费税占8.90%。加上占税收总额2.88%的城市维护建设税，消费型税收占到税收总额的51.36%。2023年个人所得税占税收总额的8.16%，企业所得税占税收总额的22.69%。中国没有个人财产税、遗产税或赠与税。在美国，2019年个人应缴纳的税款占税收总额的53.8%（不包括社会贡献和其他收入），企业应缴纳的税款占7%，财产税占15.2%，商品和服务税占22.3%。[①] 显然，美国政府主要依靠所得税。

如前所述，研究表明，与所得税相比，消费型税收对储蓄和经济增长的危害较小，大多数研究都支持用消费税取代所得税。直观上，收入等于消费加储蓄。对收入征税相当于对消费和储蓄征税。以消费税代替所得税将使储蓄免于纳税，从而增加储蓄、投资和资本积累。从某种意义上说，中国的税收制度是当今世界一些主流经济学家的理想税制。中国的税收制度总体上是以增长为导向的。然而，如第5章所述，我国企业所得税在税收总额中所占比重相当高，不利于经济增长。

---

① IMF（2021）。

## 12.2.2 促进增长的政府支出结构

20世纪80年代，由于税收收入增长缓慢和财权的下放，中国政府支出增长非常缓慢，但自90年代中期以来，随着政府收入的增加，政府支出增长迅速。如第6章图6.3所示，一般公共预算支出占GDP的比重在1982年为22.89%，1985年为22.03%，1990年为16.34%，1995年为11.12%，2000年为15.84%，2005年为18.11%，2010年为21.81%，2015年为25.53%，2020年为24.24%。政府总支出占GDP的比重2014年达到45.06%，2020年为43.89%，2023年为37.96%，相当高。

与税收结构一样，中国政府的支出结构也有利于经济增长。在过去的几十年里，中国政府在经济建设上投入了大量资金，但在教育、医疗和社会福利方面投入了相对较少的资金。第6章图6.4显示，政府用于经济建设的支出占财政总支出的比重1978年为64.08%，1985年为56.26%，1990年为44.36%，1995年为41.85%，2000年为36.18%，2005年为27.46%，2006年为26.56%。从2007年开始，中国政府对支出进行重新分类，因此经济建设支出不再是一个独立的条目。然而，IMF记录了中国政府在经济事务上的支出，这些支出比经济建设支出更为广泛。① 2010年中国政府经济事务支出占政府总支出的32.1%，2015年占27.7%，2017年占23.1%，2022年占28.6%（见第6章表6.3）。中国政府在经济事务上的支出比许多其他国家都多。根据IMF整理的数据（见第6章表6.7），2020年，政府经济事务支出在总支出中所占比重，美国为14.36%，法国为11.03%，德国为9.11%，新加坡为16.28%，日本为18.61%，波兰为18.69%，捷克为15.33%。与此同时，中国政府在卫生、娱乐文化和宗教方面的支出较少。例如，2020年，政府卫生支出占政府总支出的比重，美国为22.03%，法国为14.58%，德国为16.76%，新加坡为11.90%，日本为18.44%，波兰为11.08%，捷克为19.51%，中国为8.43%。

2020年，中国政府性基金支出占GDP的11.64%，2023年占8.03%（见第6章图6.3）。政府性基金包括民航发展基金、铁路建设基金、三峡大坝建设基金，还包括土地出让基金。第2章表2.3显示了政府性基金的详细统计。该基金主要用于基础设施建设。大量的政府经济建设支出是中国经济快速增长的原因之一。

---

① 经济事务支出包括一般经济、商务和劳工事务，农业、林业和渔业，燃料和能源，矿业、制造业和建筑业，交通，与经济事务有关的研究与开发，以及其他产业等领域的支出。

## 12.2.3 扩张性财政政策

长期以来，中国政府奉行谨慎的预算理念，即"预算平衡，略有节余"。1949年之后的很多年里，政府财政都有预算赤字。从1949年到1957年，政府通过国内外借贷为赤字提供资金。1965年，中国还清了所有外债。从1968年年底到1978年，中国既无外债也无内债，在必要时发行货币填补财政赤字。从1979年到1993年，中国政府开始向国内外市场发债借款，但规模较小。1994年以后，政府国内借贷开始增加，而外国借贷增速开始放缓。

1997年，亚洲金融危机爆发，中国于1998年实施扩张性财政政策以应对危机。直到2007年，政府预算一直处于赤字状态。2007年年初，政府仍然计划了预算赤字。然而2008年，由于经济过热，税收增长率达到30%左右，财政账户出现了盈余。正如第10章所述，2008年全球金融危机爆发，中国政府再次采取扩张性财政政策，出台了4万亿元投资计划。为了支持该投资，中央政府在两年半的时间内通过发行债券筹集了1.18万亿元，地方政府也筹集了同样的资金，其余部分则由企业主要是国有企业筹集。此外，当时地方政府没有制定税法和发行债券的权力，因此，它们通过自己运营的投资公司向银行借款。国有企业同样依靠向银行借款来筹集资金。第10章表10.7显示了1978年至2023年一般公共预算账户的收入、支出、赤字和积累的债务。1995年，政府国内债务占GDP的5.38%，2023年达到GDP的23.56%。

图12.1显示了1952年至2023年政府一般公共预算赤字与GDP的比率。从1958年至1960年，中国开展了"大跃进"运动，以加速经济增长。财政赤字占GDP的比重1960年为4.86%，1978年为-0.28%（盈余），1980年为1.50%，1985年为-0.01%（盈余），1990年为0.78%，1995年为0.95%，2000年为2.48%，2006年为0.76%，2007年为-0.57%（盈余），2010年为1.64%，2015年为3.44%，2019年为4.89%，2020年为6.19%，2023年为4.59%。显然，在经济快速增长时期政府仍然有很大的财政赤字。这还不包括地方政府通过融资平台的借款，即地方政府隐性财政赤字。

除中央政府债务外，我国地方政府还积累了大量债务。到2010年年底，地方政府（省、市、县）负有偿还责任的债务达到107.17亿元，占GDP的26%。如第10章表10.1所示，中国地方政府债务总额占GDP的比重2019年达到33.95%，2020年为41.51%，2021年为43.78%，2023年为53.11%。与此同时，国有铁路公司2019年累计债务约占GDP的5.5%（见第7章）。

如果仅看中央政府的预算赤字，人们可能会低估中国财政政策的扩张性。然

**图 12.1　1952—2023 年政府一般公共预算赤字与 GDP 的比率**

数据来源：国家统计局（2000—2024）。

注：赤字是通过从一般公共预算收入中减去一般公共预算支出来计算的。支出是决算支出，收入是决算收入。在中国，一般公共预算赤字和最终的赤字往往差别很大。

而，如果我们把中央政府和地方政府的赤字加起来，赤字总额就高得惊人。表 12.1 显示了 1996—2023 年中央和地方政府的财政赤字以及政府总的财政赤字与 GDP 的比率。赤字总额与 GDP 的比率 1997 年为 1.17%，2000 年为 4.11%，2005 年为 3.69%，2009 年为 11.26%！众所周知，欧盟要求其成员国的政府预算赤字不得超过 GDP 的 3%，政府债务不得超过 GDP 的 60%。多年里，中国政府的财政赤字一直高于 GDP 的 3%。与其他一些国家不断增加医疗和社会福利支出不同，中国政府发行债券或向银行借款的收入几乎全部用于经济建设。

**表 12.1　1996—2023 年中央和地方政府财政赤字与 GDP 的比率**　（单位：%）

| 年份 | 中央政府赤字/GDP | 地方政府赤字/GDP | 赤字总额/GDP |
| --- | --- | --- | --- |
| 1996 | 0.74 | | |
| 1997 | 0.73 | 0.44 | 1.17 |
| 1998 | 1.08 | 1.39 | 2.47 |
| 1999 | 1.93 | 1.32 | 3.25 |
| 2000 | 2.48 | 1.62 | 4.11 |
| 2001 | 2.27 | 1.95 | 4.22 |
| 2002 | 2.59 | 2.37 | 4.96 |
| 2003 | 2.14 | 2.14 | 4.28 |
| 2004 | 1.29 | 2.30 | 3.59 |

(单位：%)（续表）

| 年份 | 中央政府赤字/GDP | 地方政府赤字/GDP | 赤字总额/GDP |
| --- | --- | --- | --- |
| 2005 | 1.22 | 2.48 | 3.69 |
| 2006 | 0.76 | 2.67 | 3.43 |
| 2007 | -0.57 | 2.67 | 2.10 |
| 2008 | 0.40 | 2.26 | 2.65 |
| 2009 | 2.23 | 9.03 | 11.26 |
| 2010 | 1.64 | 2.96 | 4.60 |
| 2011 | 1.10 | 2.19 | 3.29 |
| 2012 | 1.61 | 4.92 | 6.53 |
| 2013 | 1.85 | 1.77 | 3.62 |
| 2014 | 1.77 | 8.03 | 9.69 |
| 2015 | 3.43 | -1.55 | 1.45 |
| 2016 | 3.78 | 2.55 | 3.87 |
| 2017 | 3.72 | 3.85 | 7.57 |
| 2018 | 3.06 | 3.56 | 6.62 |
| 2019 | 4.89 | 3.33 | 8.22 |
| 2020 | 6.19 | | |
| 2021 | 3.75 | | |
| 2022 | 4.72 | | |
| 2023 | 4.59 | | |

数据来源：中央政府赤字数据来自第10章表10.7，地方政府赤字数据是根据第10章表10.1中提供的数据计算的。GDP数据来自国家统计局（2024）。

注：地方政府赤字/GDP =（某一年度的地方政府债务 - 上一年度的地方政府债务 - 债务利息支付）/GDP。利息支付用银行平均贷款利率计算。

中国从20世纪80年代中期开始向外国借款。2005年外债为765.5亿元；2010年外债为560.1亿元，占GDP的0.14%；2021年外债为3 053.58亿元，占GDP的0.27%；2023年外债为3 346.28亿元，占GDP的0.27%（见第10章表10.7）。与国内债务一样，中国的对外借款也主要用于经济建设，用于促进经济增长。

## 12.2.4 地方政府预算外的财政自主权

经济的快速增长也得益于中央政府对地方政府的财政权力下放。除了一般公共预算，地方政府还有大量额外收入，特别是政府性基金和银行大量借款。在经济改革后的头二十年里，即20世纪80年代和90年代，地方政府被允许寻求预算外收入。90年代初期，预算外收入总额高于预算内收入总额。1994年税制改革后，虽然中央政府在一般公共预算收入中占有很大比重，但地方政府在一般公共预算之外仍可获得大量收入。

20世纪90年代，房地产市场开始活跃起来。地方政府找到了一种新的收入途径，即垄断土地销售，以高价向开发商出售土地。在中国，城市土地由国家所有，农村土地由集体所有。地方政府通过出售城镇土地获得了大量收入，还以低价购买农村土地，并以高价出售获得巨额收入。应该指出，在中国，土地不能由私人开发商和个人永久拥有：开发商和房主只有40年到70年的土地使用权利。第2章表2.4显示，2021年，仅国有土地出让金收入就达8.4978万亿元，政府性基金收入总额为9.8024万亿元，占GDP的8.57%。政府性基金收入主要用于经济建设。

## 12.3 储蓄、投资和经济增长

以消费型税收为主的税收体制、以经济建设为主的支出体制、长期的扩张性财政政策，以及政府正式预算以外的地方政府财政扩张，使得中国的投资和公共基础设施建设迅速增加，促使中国经济以极高的速度增长。

### 12.3.1 储蓄和投资

以消费型税收为主的税收制度鼓励储蓄和投资，同时抑制消费。近几十年来，中国的储蓄率一直很高。20世纪八九十年代，中国的储蓄率在35%~40%。储蓄率在2000年以后开始上升，2008年达到53.2%（Yang，2012）。中国的总消费（包括家庭和政府的消费）在GDP中的占比呈下降趋势。图12.2显示了1978年至2023年消费、投资（或资本形成）和净出口在GDP中的占比。消费支出占GDP的比重1978年为61.4%，1990年为62.9%，2000年为63.3%，2005年为53.6%，2010年为48.5%，2020年为54.7%，2023年为55.7%。与此同时，总投资（私人和公共）占GDP的比重呈上升趋势，1978年为38.9%，1990年为34.4%，1995年为39.6%，2000年为34.3%，2005年为41.0%，2010年为47.9%，2020年为42.9%，2023年为42.1%。净出口占GDP的比重从1978年到2007年呈上升趋势，近15年来呈现下降趋势，1978年为-0.3%，1990年为2.7%，1995年为1.6%，2000年为2.4%，2007年为8.6%，2010年为3.7%，2020年为2.5%，2023年为2.2%。

许多关于经济增长的研究表明，从长远来看，储蓄和投资会促进经济增长

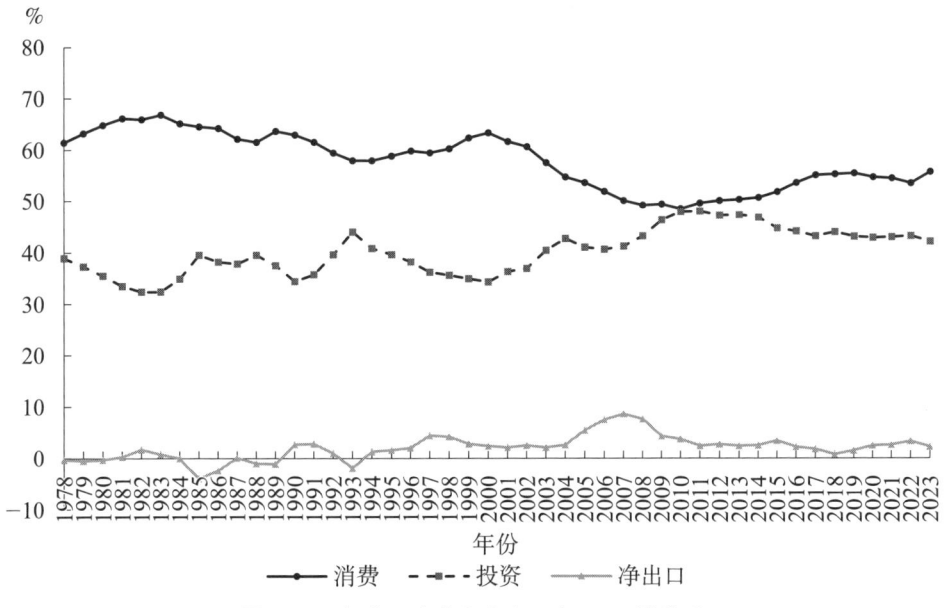

图 12.2 投资、消费和净出口占 GDP 的比重

资料来源：国家统计局（2020—2024）。

（Harrod，1939；Domar，1946）。经验研究也表明，投资和经济增长是正向相关的（Barro，1991；Levine and Renelt，1992）。

## 12.3.2 基础设施建设

由于长期的扩张性财政政策和大量的政府经济建设支出，中国建成了许多大型基础设施项目。第 7 章详细论述了中国的基础设施建设和融资问题。在过去的二十多年里，许多新的高速公路、高速铁路、桥梁、机场、港口和地铁已经建成。全国铁路里程 1980 年为 5.3 万公里，1990 年为 5.8 万公里，2000 年为 6.9 万公里，2020 年为 14.6 万公里，2023 年为 15.9 万公里（见第 7 章表 7.1）。铁路里程的年均增长率在 1980 年至 2000 年为 1.32%，2000 年至 2020 年为 3.75%。同时，道路质量显著改善。中国还修建了许多高速铁路，如从北京到上海的高速铁路，大大缩短了旅行时间。

全国公路里程 1980 年为 88.8 万公里，1990 年为 102.8 万公里，2000 年为 140.3 万公里，2010 年为 400.8 万公里，2020 年为 519.8 万公里，2021 年为 528.1 万公里，2023 年为 543.7 万公里（见第 7 章表 7.1）。公路里程年均增长率在 1980 年至 2000 年为 2.29%，2000 年至 2020 年为 6.55%。

最惊人的成就是中国高速公路的发展。高速公路的建设始于 20 世纪 80 年代末。高速公路里程 1990 年为 0.1 万公里，2000 年为 1.6 万公里，2005 年为 4.1 万公里，2015 年为 12.4 万公里，2020 年为 16.1 万公里，2021 年为 16.9 万公里，2023 年为 18.4 万公里（见第 7 章表 7.1）。1990 年至 2023 年，高速公路里程年均增长率为 19.61%。大规模的基础设施建设无疑刺激了中国的经济增长。

其他基础设施也大幅增长，如民航航线、电力供给、天然气供应和天然气管道等。例如，城市供气管道在 1990 年为 2.4 万公里，2000 年增加到 8.9 万公里，2010 年增加到 25.6 万公里，2023 年增加到 104.7 万公里，1990 年至 2023 年的年均增长率为 12.12%；城市天然气供应量在 1990 年为 64 亿立方米，2000 年为 82 亿立方米，2023 年为 1 837 亿立方米（见第 7 章表 7.1），33 年来年均增长率为 10.71%。许多研究表明，基础设施发展促进了经济增长（Aschauer，1989；Easterly and Rebelo，1993；D'emurger，2001；Lin and Song，2002）。

### 12.3.3 经济增长

中国经济快速增长。图 12.3 显示了按 1978 年商品零售价格指数（RPI）进行调整后，人均 GDP 和 GDP 的增长情况。中国 GDP 快速增长，1980 年官方公布的增长率为 7.8%，1990 年为 3.9%，2000 年为 8.5%，2010 年为 10.6%，2019 年为 6.1%，2020 年为 2.2%，2023 年为 5.2%。按 1978 年商品零售价格指数计算，1978 年人均 GDP 为 384.7 元，1990 年为 913.78 元，2000 年为 2 214.81 元，2010 年为 5 713.64 元，2020 年为 10 457.07 元，2023 年为 12 291.37 元。

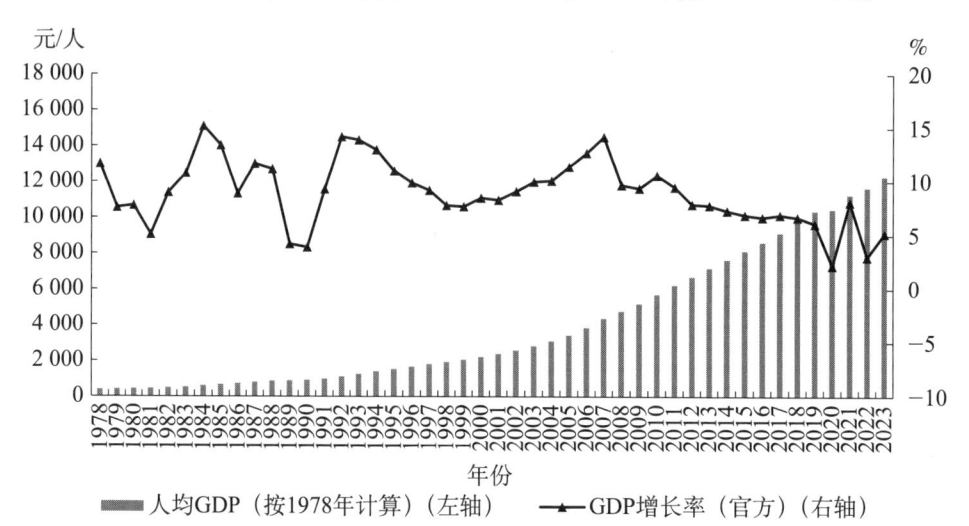

**图 12.3 按商品零售价格指数调整的人均 GDP 以及官方的 GDP 增长率**

资料来源：国家统计局（2020，2021，2024）。

以美元计算，1990 年中国人均 GDP 为 317.9 美元，2023 年为 12 614.06 美元。虽然中国在经济增长方面取得了很大进展，但人均 GDP 仍远远低于许多其他国家。2023 年，澳大利亚的人均 GDP 为 64 711.77 美元，美国为 81 695.19 美元，英国为 48 866.6 美元，德国为 52 745.76 美元，法国为 44 460.82 美元，日本为 33 834.39 美元，新加坡为 84 734.26 美元，阿根廷为 13 730.63 美元，墨西哥为 13 926.11 美元，俄罗斯为 13 817.05 美元（World Bank，2024c，2024d）。显然，中国的人均 GDP 仍然远远低于许多国家。因此，经济增长仍应是中国的首要目标。

中国何时能成为世界上最大的经济体？按官方汇率计算，中国 2023 年 GDP 总量为 177 947.82 亿美元，美国为 273 609.35 亿美元。设 $t$ 为中国 GDP 总量赶上美国所需的时间，$\gamma$ 为中国经济增长率，$\varphi$ 为美国的经济增长率，中国赶上美国所需时间 $t$ 由以下方程确定：

$$177\,947.82 e^{t\gamma} = 273\,609.35 e^{t\varphi}$$
$$t = (\ln 273\,609.35 - \ln 177\,947.82)/(\gamma - \varphi) \tag{1}$$

如果美国的增长率是 2%，中国的增长率是 6%，那么 $t=10.8$，即到 2034 年，中国的 GDP 总量将与美国相同。如果美国的增长率是 2%，中国的增长率是 5%，那么 $t=14.3$，即到 2037 年，中国的 GDP 总量将赶上美国。

应该说，根据 Maddison（2001）的数据，中国的 GDP 在 1820 年是英国的 6.3 倍，在 1913 年是英国的 1.1 倍。然而，中国人均 GDP 在 1820 年仅为英国的 35.1%，在 1913 年仅为英国的 11.2%。众所周知，英国当时比中国发达得多。因此，人均 GDP 是衡量一个国家经济发展阶段的关键指标。

类似地，我们还可以计算中国人均 GDP 达到美国人均 GDP 水平所需的年数。按官方汇率计算，2023 年中国人均 GDP 为 12 614.06 美元，美国为 81 695.19 美元。设 $\gamma$ 为中国人均 GDP 增长率，$\varphi$ 为美国人均 GDP 增长率，中国赶上美国所需年数 $t$ 由以下方程确定：

$$12\,614.06 e^{t\gamma} = 81\,695.19 e^{t\varphi}$$
$$t = (\ln 81\,695.19 - \ln 12\,614.06)/(\gamma - \varphi) \tag{2}$$

如果美国的人均 GDP 增长率 $\varphi$ 为 2%，而中国的人均 GDP 增长率 $\gamma$ 为 6%，那么 $t=47$，即到 2070 年，中国人均 GDP 将赶上美国。如果美国的人均 GDP 增长率 $\varphi$ 为 2%，而中国的人均 GDP 增长率 $\gamma$ 为 5%，那么 $t=62$，即到 2085 年，中国人均 GDP 将赶上美国。因此，即使中国经济在未来几十年保持比美国高得多的增长速度，中国人均 GDP 要赶上美国，也还需要很长时间。

## 12.4 中国公共财政面临的挑战

中国公共财政体系有利于经济增长，但不利于收入再分配和环境保护，也不利于资源节约。中国现在面临着一些亟待解决的问题，包括收入不平等加剧、环境恶化、资源紧张、经济增长放缓和人口老龄化等。公共财政需要在处理这些问题方面发挥重要作用。

### 12.4.1 收入不平等

收入不平等正在加剧。中国的基尼系数这些年在提高。图 12.4 显示了 1981 年至 2022 年中国的基尼系数。1982 年，基尼系数只有 28.53%。2003 年为 47.9%，2008 年为 49.1%，2010 年为 48.1%，2020 年为 46.8%，2022 年为 46.7%。表 12.2 显示了 2022 年部分国家的基尼系数，日本为 32.9%，德国为 31.7%，法国为 30.7%，英国为 32.6%，美国为 39.8%，印度为 34.2%。中国的基尼系数高于所有发达国家和其他许多发展中国家，如印度。Li and Sicular (2014) 认为，尽管政府出台了多项收入再分配政策，但从 20 世纪中期到 2008 年，中国的收入不平等现象明显加剧，并认为，持续存在的城乡收入差距以及私人资产和财富收入的快速增长，促成了这些趋势。然而，Gao，Yang and Zhai

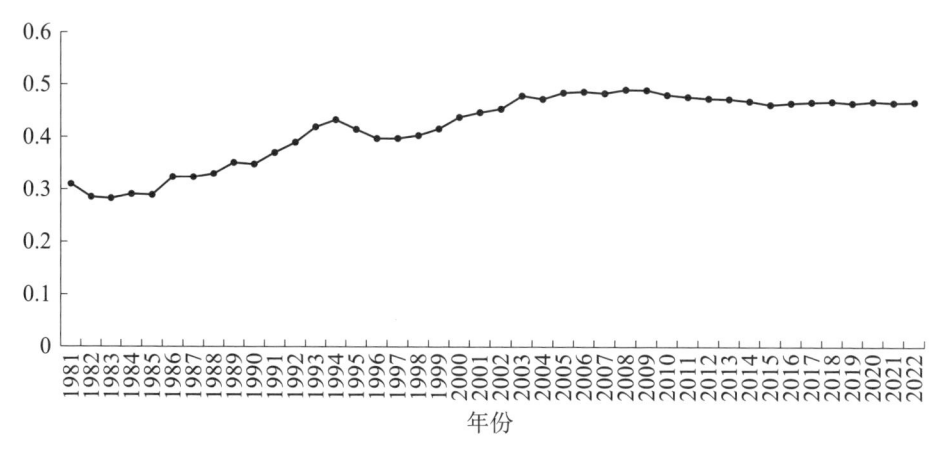

**图 12.4　1981—2022 年的中国基尼系数**

数据来源：1981—2001 年的基尼系数由 Ravallion and Chen（2007）根据国家统计局关于城市和农村住户的调查数据计算得出；2002 年的基尼系数来自 Gustafsson et al.（2008）；2003—2015 年的基尼系数来自国家统计局住户调查办公室（2018）；2016—2022 年的数据来自国家统计局（2024）。

(2019) 发现，2002 年到 2012 年的社会政策变化确实导致了城乡社会福利制度的某种趋同，并有助于减少收入不平等。

自 2008 年以来，中国的基尼系数有所下降，但仍很高。许多农村居民收入仍然很低。如第 8 章所述，2018 年，许多农村老人每月只从政府领取 88 元，每个区域可能有不同的标准。例如，2020 年四川省农民基本养老金为 105 元，内蒙古为 133 元。① 中国的财富不平等程度远高于收入不平等程度。此外，在医疗、社会保障、教育以及公共品和服务方面也存在不平等。如果收入不平等和其他不平等继续加剧，可能会影响社会稳定。因此，减少不平等应该是政府的新目标之一。

表 12.2　2022 年部分国家的基尼系数　　　　（单位：%）

| 国家 | 基尼系数 | 国家 | 基尼系数 | 国家 | 基尼系数 |
| --- | --- | --- | --- | --- | --- |
| 挪威 | 27.7 | 比利时 | 26.0 | 亚美尼亚 | 27.9 |
| 澳大利亚 | 34.3 | 芬兰 | 27.1 | 斯里兰卡 | 37.7 |
| 瑞士 | 33.1 | 奥地利 | 29.8 | 墨西哥 | 45.4 |
| 德国 | 31.7 | 意大利 | 35.2 | 巴西 | 52.9 |
| 荷兰 | 26.0 | 波兰 | 28.8 | 泰国 | 35.1 |
| 爱尔兰 | 29.2 | 智利 | 44.9 | 塞尔维亚 | 35.0 |
| 冰岛 | 26.1 | 葡萄牙 | 34.7 | 蒙古国 | 32.7 |
| 加拿大 | 31.7 | 匈牙利 | 29.7 | 印度尼西亚 | 37.9 |
| 美国 | 39.8 | 阿根廷 | 42.0 | 越南 | 36.8 |
| 瑞典 | 28.9 | 俄罗斯 | 36.0 | 菲律宾 | 40.7 |
| 英国 | 32.6 | 罗马尼亚 | 34.6 | 南非 | 63.0 |
| 日本 | 32.9 | 哈萨克斯坦 | 27.8 | 印度 | 34.2 |
| 韩国 | 31.4 | 马来西亚 | 41.2 | 孟加拉国 | 31.8 |
| 以色列 | 38.6 | 伊朗 | 40.9 | 阿联酋 | 26.0 |
| 法国 | 30.7 | 土耳其 | 41.9 | 巴基斯坦 | 29.6 |

数据来源：United Nations Development Programme（2024）。

## 12.4.2　污染

环境恶化是一个严重的问题。Liu and Diamond（2005）详细揭示了中国的环境问题，涉及面从空气污染、生物多样性减少、耕地损失、渔业紧张、荒漠化、

---

① 四川省人力资源和社会保障厅、财政厅（2020），内蒙古自治区人力资源和社会保障厅（2021）。

湿地缩减、草原退化，以及人类诱发的自然灾害的频率和规模增加，到入侵物种、过度放牧、河道中断、盐碱化、水土流失、垃圾堆积、水污染和水资源短缺。根据耶鲁大学编制的环境绩效指数，2020年中国在180个国家和地区中排名第120位，丹麦排名第1位，英国排名第4位，美国排名第24位。[①]

根据世界卫生组织的数据（World Health Organization，2018），空气污染是危害健康的主要环境风险。中国的空气污染曾经很严重。PM 2.5浓度是空气质量的衡量标准，它描述了直径小于等于2.5微米的细可吸入颗粒物的浓度。PM 2.5浓度在中国曾很高。在一些地区，PM 2.5浓度曾偶尔达到1 000微克/立方米以上。世界卫生组织设定的PM 2.5浓度标准是年均值不高于10微克/立方米。美国政府设定了一个标准，即PM 2.5浓度不应在一天内高于35微克/立方米，年均值不应高于12微克/立方米。[②] 2023年，我国339个地级及以上城市中，空气达标者占59.9%，不达标者（包括沙尘暴）占40.1%。[③] 空气污染可引起呼吸道疾病，例如哮喘和呼吸道感染，还可能导致心脏病发作、中风、糖尿病。

中国的水污染曾经很严重。地下水污染严重。一些企业将污染的水注入地下。地表水污染更严重。许多河流和湖泊被污染。例如，在过去，每年有大量污水被倾倒到河流中，一些河流中的水污染严重，甚至不符合农业使用标准。水污染会导致癌症、腹泻病、神经系统疾病和心血管疾病等，造成医疗成本上升。污染还会造成严重的经济损失和社会冲突。

最近几年，中国在淡水环境治理方面取得显著进展。2023年全国地表水Ⅰ类水质断面比例为9.0%，Ⅱ类为50.1%，Ⅲ类为30.3%，Ⅳ类为8.4%，Ⅴ类为1.5%，劣Ⅴ类为0.7%。889个地级及以上城市在用集中式生活饮用水水源监测断面（点位）中，858个全年均达标，占96.5%。2021年，长江、松花江、淮河、海河等流域和西北诸河的水质都在改善。虽然在环境改善方面取得很大成就，然而，减少污染仍然任重道远。

## 12.4.3　资源消耗

中国人均耕地正在减少，从1985年的1.71亩（0.114公顷）降至2015年的1.35亩（0.090公顷）和2020年的1.2亩（0.080公顷）。2020年，世界人均耕地为2.7亩（0.18公顷）。2020年，美国人均耕地为7.2亩（0.480公顷），印

---

① Yale University（2020）。
② United States Environmental Protection Agency（2020）。
③ 生态环境部（2024）。

度为 1.65 亩（0.110 公顷），德国为 2.1 亩（0.140 公顷），法国为 4.05 亩（0.270 公顷），巴西为 3.9 亩（0.260 公顷），俄罗斯为 12.6 亩（0.840 公顷）（World Bank，2022a）。中国城市扩张占用了大量优质农田。

淡水供应不足。世界银行的统计数据显示，2020 年，美国人均可再生内陆淡水资源为 8 500 立方米，英国为 2 162 立方米，日本为 3 406 立方米，印度为 1 036 立方米，德国为 1 287 立方米，法国为 2 960 立方米，巴西为 26 553 立方米，俄罗斯为 29 688 立方米。中国人均可再生内陆淡水资源正在减少。1972 年人均可再生内陆淡水资源量为 3 263 立方米，1982 年为 2 789 立方米，1992 年为 2 415 立方米，2002 年为 2 197 立方米，2012 年为 2 083 立方米，2020 年为 1 993 立方米（World Bank，2022b）。许多河流水量已经大大减少。中国的母亲河黄河偶尔会断流，这在过去是难以想象的。庆幸的是，过去二十多年黄河没有断流。由于地表水短缺，中国北方和西部的许多地方都转向了使用地下水。深井在这些地方随处可见。在山东省沿海地区，水井太深，海水已经渗入井下。

中国人均探明石油储量较低。2022 年，中国已探明石油储量为 270.03 亿桶，美国为 552.51 亿桶，巴西为 132.42 亿桶，俄罗斯为 800 亿桶。[①] 中国是世界上人口第二多的国家，人均石油储量比许多国家要少得多。

土地、水和石油对生产生活至关重要，应采取措施保护这些资源。

## 12.4.4　经济增长放缓

近年来，中国的经济增长有所放缓。2010 年 GDP 增长率为 10.6%，2019 年为 6.1%（见图 12.3）。由于新冠疫情的暴发，2020 年的 GDP 增长率下降到 2.2%，2021 年经济恢复，增长率为 8.1%。2022 年疫情防控加强，全年经济增长率为 3%，2023 年为 5.2%。

经济增长放缓的原因有很多。首先，中央政府开始控制地方政府债务，地方政府基础设施投资放缓。中央政府于 2011 年开始审计地方政府债务，减少了地方政府的借贷。2013 年，中央政府再次对地方政府债务进行了审计，对地方政府借款设置了严格限制。例如，地方政府官员必须终身对他们借来的债务负责。由于政府借款减少，地方基础设施投资放缓，引起经济增长放缓。

其次，近年来私人投资增长缓慢。民营企业固定资产投资增速 2008 年为 8.3%，2010 年为 7.7%，2012 年为 5.7%，2013 年为 5.2%，2015 年为 2.3%，

---

[①] 数据来源：World Population Review，2024，Oil Reserve by Country，https://worldpopulationreview.com/country-rankings/oil-reserves-by-country，访问时间：2024 年 8 月 20 日。

2016 年为 3.2%，2017 年为 6.0%，2018 年为 8.7%，2019 年为 4.7%，2020 年为 1%，2021 年为 7%，2022 年为 0.9%，2023 年为 -0.4%。[1] 此外，中国吸引的境外直接投资增长缓慢。来自美国、日本和中国台湾地区的直接投资占比急剧下降（见第 5 章表 5.7）。

最后，伴随着工资水平不断提高，农村廉价劳动力越来越少。2011 年，24 个省份将最低工资标准平均提高了 22%。2012 年，25 个省份将最低工资标准平均提高了 20.2%。2013 年，27 个省份将最低工资标准平均提高了 17%。2014 年，19 个省份将最低工资标准平均提高了 14.1%。2017 年，20 个省份将最低工资标准平均提高了 11%。[2] 2020 年，10 个省份最低工资标准平均提高了 10.18%。[3] 企业劳动力成本迅速上升，对企业投资积极性产生负面影响。

### 12.4.5 人口老龄化

正如第 8 章所述，中国人口正在迅速老龄化，由于 20 世纪 80 年代初开始实行的独生子女政策，中国的人口老龄化问题比其他国家更为严重。随着年轻人的减少，劳动力增长将放缓，对经济增长产生负面影响。此外，随着老年人口的增加，政府必须增加社会保障和医疗支出，从而增加税收，减少政府用于经济建设的支出，这也将减缓经济增长。最近几年，中国政府放弃了独生子女政策，允许一个家庭生育多个孩子。然而，由于抚养子女的费用很高，政府在儿童保育和教育方面的补贴有限，许多家庭不愿意生育更多的孩子。2022 年和 2023 年中国人口连续两年出现负增长。日本人口增长率的下降和经济增长的放缓给中国敲响了警钟。

## 12.5 促进可持续增长的财政改革

中国政府有必要改革税收体制和支出体制，实现公平、可持续的经济增长。财政改革应包括增加向低收入群体倾斜的福利支出，增加政府教育和医疗支出，加强环境保护税法及资源税法执法力度，促进民营企业发展，减少政府债务，特别是地方政府债务。

---

[1] 国家统计局（2022）。

[2] 参见：《2017 年共 20 个地区上调了最低工资》，新华网，2018，http：//www.xinhuanet.com/local/2018-01/26/c_1122320135.htm，访问日期：2024 年 8 月 20 日。

[3] 参见：人力资源和社会保障部，https：//www.mohrss.gov.cn/SYrlzyhshbzb/laodongguanxi_/fwyd/index_1.html，访问时间：2025 年 1 月 10 日。

## 12.5.1 增加向低收入群体倾斜的福利支出

如前所述,中国的税收制度有利于经济增长,但不利于收入再分配。为了弥补税收制度在收入再分配方面的不足,政府应该增加向低收入群体倾斜的福利支出。由于低收入群体从公共产品中获益更多,政府应该提供更多的公共品,如公园、公共博物馆、公共图书馆、公共体育设施和中小学校车。

政府应该增加扶贫支出。2013 年年底,中央政府开始采取有针对性的扶贫措施。2014 年,全国共有 8 962 万贫困人口,几乎全部在农村地区。2015 年,贫困线为每年 2 800 元,按官方汇率计算,相当于每年约 420 美元,每天 1.15 美元,低于世界银行设定的贫困线。2020 年,世界银行建议的国际贫困线为每天 1.9 美元,中低收入和中高收入国家分别为 3.2 美元和 5.5 美元。中国政府宣布,在 2020 年年底达到了以现行的贫困线为基础的消除绝对贫困的目标。美国等国家每年都向上调整贫困线。中国还应定期上调贫困线,以应对不断上涨的商品和服务价格。

## 12.5.2 增加政府教育和医疗支出

政府应增加教育和医疗方面的开支。教育可以提升劳动力素质,这对经济增长很重要。在中国,政府教育支出所占的比率一直很低。20 世纪 90 年代初,政府设定了将财政性教育支出占 GDP 的比重提高到 4% 的目标。2022 年,该比重为 4.01%,目前,我国尚未实现九年以上的免费教育(林双林,2024b)。政府免除了小学和初中的学费,但高中依然收取学费。中国家庭在教育上花费大量资金,这对低收入家庭来说是一个沉重的负担。因此,有必要增加政府教育支出。中国政府应该像其他许多国家一样,提供幼儿园以及小学和中学的十二年免费教育。

正如第 9 章所讨论的,政府的医疗开支较低,个人自付医疗开支庞大。低收入群体很难负担医疗费用,许多人在患上严重疾病后陷入贫困。政府应该实行医疗补助,为低收入群体提供保障程度更高的医疗保险。政府也应该在公共卫生方面投入更多,例如,通过提供免费疫苗来增加对流行性疾病控制的投入。总体而言,中国政府需要在医疗上投入更多,以预防疾病,提高人民生活质量。

## 12.5.3 加强环境保护

中国以前收取过排污费。中国第一部环境保护税法《中华人民共和国环境保护税法》于 2016 年 12 月 25 日通过，2018 年 1 月 1 日生效。① 从收取排污费转向环境保护税法的目的之一是加强执法。这部新法律的目的是保护和改善环境、减少污染物排放、建设生态文明。应税污染物包括大气污染物、水污染物、固体废物和噪声。环境保护税按月计算申报、按季度缴纳。Wong and Karplus（2017）认为，环境保护税法需要地方政府执行，这项工作很具体且成本很高，中央的激励措施不够具体，没有解决地方政府贯彻环保政策的积极性问题，执法不力将是一个问题。为了增加投资、就业、经济增长和税收，地方政府可能会放松环境保护税法的执行。为了解决这个问题，中央政府需要改变官员的提拔标准，从强调 GDP 增长转向强调 GDP 增长和环境保护。此外，由于当地人民受污染危害最严重，他们应该在监督地方政府执行税法方面发挥积极作用。同时，政府不仅要对违反环境保护法的企业进行罚款，还要对违法企业负责人进行处罚，以有效减少污染。Kostka and Nahm（2017）认为，在环境治理中，中国的中央政府和地方政府有着重要的利益重叠和类似的行为，包括积极的（执行法规）和消极的（回避法规）两方面。因此，中央政府必须有贯彻执行环境保护法的强烈意愿。

### 12.5.4　制定资源税法

《中华人民共和国资源税暂行条例》于 1993 年制定，2011 年修订。该条例将原油、天然气、煤炭、其他非金属矿原矿、黑色金属矿原矿、有色金属矿原矿和盐列为七类应税自然资源。大多数资源税是按税率乘以销售数量计算的。税率因应税自然资源的稀缺性、质量和位置而异。以数量为基础的税收无法应对资源价格的波动。例如，多年来，资源价格急剧上涨，但同样数量的资源税收保持不变。此外，对水、林、牧等重要资源不征收资源税。

2016 年 5 月 9 日，财政部、国家税务总局宣布，从 2016 年 7 月 1 日起，全面启动资源税制度改革，促进资源节约和高效利用；② 同时出台了资源税改革的目的、原则、内容和指导意见两个规定。③ 主要内容如下：①将税基从资源数量转换为资源价值（数量乘以价格）；②经财政部、国家税务总局最终批准，授权省级政府确定适用地方的税率；③取消资源税附加两个地方附加费，即矿产资源补偿费和价格调节基金，以及其他部分地方附加费；④河北省启动水资源税试点，允许对地表水和地下水的使用征收资源税，并实行累进税率，以惩罚过度

---

① 全国人民代表大会常务委员会（2016）。
② 财政部、国家税务总局（2016b）。
③ 财政部、国家税务总局（2016b，2016c）。

用水。

在中国，许多资源的价格都很低。许多资源的价格是由政府设定的，包括电力、水和天然气，政府用低价格补贴穷人。这会导致资源的过度使用。此外，低价格使得富人也享受政府补贴。政府应该减少对资源的补贴，增加对低收入人群的其他补贴。地方政府官员通常不是当地人，很多政府官员关心的是快速获得晋升，有时会忽略地方的长期利益。因此，他们缺乏节约资源的动力。

中国于2020年9月1日正式实施《中华人民共和国资源税法》（以下简称《资源税法》），该税法取代了此前施行的《中华人民共和国资源税暂行条例》。与资源税暂行条例不同，《资源税法》对税目进行了统一规范，规定了税率确定权限，规范了减免资源税的政策。《资源税法》颁布后，各省、自治区、直辖市按照税率确定权限也陆续通过了本地区应税资源的具体税率、计征方式和资源税减免具体办法。

### 12.5.5 促进民营企业发展

民营企业的发展对中国经济增长至关重要。中国的民营企业尚待继续发展壮大。国有企业仍然主导着中国许多重要产业，如金融业、自然资源产业、交通运输业和一些制造业。它们享有许多民营企业没有的权利，如进入某些市场的权利、从国有银行获得信贷的权利以及政府偶尔的补贴。Lin（2000c）研究发现，根据中国30个省份的数据，民营企业投资在总投资中的占比与经济增长率呈正相关，而国有企业投资的占比与人均GDP增长率呈负相关。由于国有企业投资在投资总额中占很大比重，总投资占GDP的比重与中国人均GDP的增长速度无显著相关关系。中国民营企业在发展壮大的道路上面临市场准入限制、信贷约束等诸多障碍。在某些方面，国内民营企业并没有得到像外商投资企业那样的优惠待遇。政府应坚定地保护私有财产，坚决地支持民营企业发展。此外，政府应降低企业所得税，以鼓励民营企业投资。我国的储蓄率很高。民营企业的发展可以将这些储蓄转化为投资，并维持我国的经济增长。

### 12.5.6 削减政府债务

债务将由未来的纳税人偿还。随着人口老龄化，子孙后代的养老负担将增加。第一，后代必须为退休人员的社会保障支付更多的费用，因为将来老年人会更多，年轻人会相对减少。与社会保障基金有节余的美国不同，中国已经积累了一定的社会保障债务。如果目前的社会保障制度保持不变，社会保障债务将会上升。第二，人口老龄化将导致政府医疗卫生支出增加，年轻人必须付出更多。医疗卫生支出是许多国家政府预算中最大的支出之一。预计中国政府将不得不在医疗卫生方面投入更多。医疗保险账户目前没有债务，但预计未来会有赤字和债务。第三，政府债务已经很高，并可能进一步增加。2023 年，地方政府显性债务占 GDP 的 32.32%，中央政府债务占 GDP 的 23.82%，地方融资平台债务占 GDP 的 57.68%（林双林，2024c），2019 年，政府所有的铁路公司的债务占 GDP 的 5.5%。可见，中国的政府债务已经相当高。随着城市化进程的推进，更多的人将迁往城市。因此，政府必须增加在城市基础设施建设上的支出，如道路、地铁、公用设施、学校和医院等。而基础设施的发展可能导致更多的政府债务。

中央政府应该继续管控地方政府的债务，防止出现危机。地方政府应该找到其他方法来为基础设施建设融资。正如第 10 章所讨论的，中央政府应该允许地方政府设立新的税收，如财产税。同时，政府需要通过降低养老金支出的增长速度，减少养老账户收支的不平等，延长退休年龄，逐步消除各地的社会保障债务，并积累更多的社会保障基金，以应对人口老龄化的挑战。

## 12.6　总　　结

财政政策在中国经济增长中发挥了重要作用。1994 年税制改革后，消费型税收在中国税制中占据了主导地位。该类型的税收有利于投资和经济增长，但不利于再分配。在政府支出方面，中国政府在经济建设方面的支出占总支出的比重很高，但在公共品和服务方面的支出比重相对较低，这也有利于经济增长。亚洲金融危机后，中国政府通过发行国债实施扩张性财政政策，极大地刺激了基础设施建设，从而促进了经济增长。与此同时，地方政府通过融资平台举借了大量资金投资于地方基础设施建设，使 GDP 保持了高速增长。显然，中国近期的经济增长在很大程度上是由中央和地方促进经济增长的财政政策推动的。

如果中国未来的 GDP 增长率比美国高 4 个百分点，那么预计到 2034 年，中国的 GDP 总量将赶上美国；如果中国未来的 GDP 增长率比美国高 3 个百分点，那么预计到 2037 年，中国的 GDP 总量将赶上美国。因此，在不发生意外的情况下，中国将在数年后成为世界上最大的经济体。当然，如果中国的经济增长率像 2022 年那样只有 3%，那么超过美国就需要更长的时间。应该指出，中国的人均 GDP 仍然远远低于美国、英国、日本等发达国家。2023 年，美国的人均 GDP 为 81 695.19 美元，而根据官方汇率计算，中国的人均 GDP 为 12 614.06 美元。在不发生意外的情况下，中国的人均 GDP 大约需要半个世纪才能赶上美国。

中国财政面临着许多挑战。第一，收入不平等现象严重。中国的基尼系数高于美国和其他许多发展中国家。第二，环境保护任务艰巨。许多河流和地下水受到污染。另外，空气污染一度很严重。在垃圾处理方面也存在一些问题。第三，资源开采速度过快。过度开采资源造成了大量不可再生资源的浪费。第四，经济增长放缓，增长率下降趋势在继续。第五，随着人口老龄化，子孙后代的债务负担在增加。

我国需要继续改革财政制度，以实现公平和可持续的增长。第一，缩小贫富差距。由于税收制度在收入再分配方面作用不显著，政府可以通过增加对低收入群体的支出来弥补这一不足，例如提供幼儿园和中小学十二年义务教育，为低收入群体提供保障程度更高的医疗保险。此外，政府还可以增加对低收入家庭的现金或实物转移支付。第二，加强环境税法和资源税法的执行力度，减少对资源利用的补贴，保护环境，保护资源。第三，控制政府债务，减轻子孙后代的债务负担。第四，通过降低企业所得税，加大对民营企业的政策支持，促进民营企业发展。第五，增加政府教育和医疗支出，以积累更多的人力资本，提高国民的健康水平。

四十多年的高速经济增长极大地改变了中国的经济面貌。中国人民的生活水平从来没有像今天这样高。中国在经济上的成功是包括财政改革在内的经济改革和对外开放的结果。这些成功也伴随着环境破坏和资源过度开采以及劳动者休闲时间的减少。中国拥有极高的储蓄率，拥有众多受过良好教育、勤劳的劳动者，以及不断进步的技术，只要坚持以经济建设为中心，深化改革开放，不断完善公共财政体制，中国经济就会持续较快增长，收入分配就会日趋公平，人民生活水平就会日益提高。

# 参考文献

[1] Abel, Andrew, 1985, Precautionary saving and accidental bequests, *American Economic Review*, 75: 779–791.

[2] Agha, Ali, and Jonathan Haughton, 1996, Designing VAT systems: Some efficiency considerations, *Review of Economics and Statistics*, 78 (2): 303–308.

[3] Altig, David, Alan J. Auerbach, Laurence J. Kotlikoff, Kent A. Smetters, and Jan Walliser, 2001, Simulating fundamental tax reform in the United States, *American Economic Review*, 91 (3): 574–595.

[4] Ansar, Atif, Bent Flyvbjerg, Alexander Budzier, and Daniel Lunn, 2016, Does infrastructure investment lead to economic growth or economic fragility? Evidence from China, *Oxford Review of Economic Policy*, 32 (3): 360–390.

[5] Arrow, Kenneth Joseph, Partha Dasgupta, Lawrence H. Goulder, Kevin J. Mumford, and Kirsten Oleson, 2010, Sustainability and the measurement of wealth, NBER Working Paper No. 16599, December.

[6] Ashauer, David, 1989, Is public expenditure productive, *Journal of Monetary Economics*, 23: 177–200.

[7] Asian Development Bank, 2014, *Local Public Finance Management in the People's Republic of China: Challenges and Opportunities*, Mandaluyong City: Asian Development Bank.

[8] Asian Infrastructure Investment Bank, 2024, 2023 Annual Report, https://www.aiib.org/en/news-events/annual-report/2023/_common/pdf/2023-AIIB-Annual-Report-final.pdf, Accessed on December 25, 2024.

[9] Atella, Vincenzo, Agar Brugiavini, and Noemi Pace, 2015, The health care system reform in china: Effects on out-of-pocket expenses and savings, *China*

*Economic Review*, 34: 182 – 195.

[10] Auerbach, Alan J., and Laurence J. Kotlikoff, 1987. *Dynamic Fiscal Policy*, Cambridge: Cambridge University Press.

[11] Bahl, Roy, and Christine Wallich, 1992, Intergovernmental fiscal relations in China, Policy Research Working Paper, WPS 863. Washington D. C.: World Bank.

[12] Bai, Chong-En, and Yingyi Qian, 2010, Infrastructure development in China: The cases of electricity, highways, and railways, *Journal of Comparative Economics*, 38: 34 – 51.

[13] Bai, Chong-En, Chang-Tai Hsieh, and Michael Zheng Song, 2016, The long shadow of China's fiscal expansion, *Brookings Papers on Economic Activity*, (Fall): 129 – 181.

[14] Bairoliya, Neha, David Canning, Ray Miller, and Saxena Akshar, 2017, The macroeconomic and welfare implications of rural health insurance and pension reforms in China, *The Journal of the Economics of Ageing*, https://www.ncbi.nlm.nih.gov/pmc/articles/PMC6110538/, Accessed on January 8, 2020.

[15] Barro, Robert, 1974, Are government bonds net wealth, *Journal of Political Economy*, 87: 1095 – 1117.

[16] Barro, Robert, 1991, Economic growth in a cross section of countries, *Quarterly Journal of Economics*, 106 (2): 407 – 443.

[17] Barro, Robert J, 1990, Government spending in a simple model of endogenous growth, *Journal of Political Economy*, 98 (5): S103 – S125.

[18] Bernheim, Douglas, 1988, Is everything neutral, *Journal of Political Economy*, 96: 308 – 338.

[19] Bovenberg, Ary L., 1989, Capital income taxation in growing open economies, *Journal of Public Economics*, 31 (3): 347 – 376.

[20] Brean, Donald, 1998, Financial perspectives on fiscal reform, *China's Tax Reform Options*, Trish Fulton, Jinyan Li, and Dianqing Xu, ed., Singapore/New Jersey: World Scientific, 47 – 56.

[21] BRICS New Development Bank, 2019, Official Website, https://www.ndb.int/about-us/organisation/members/, Accessed on November 20, 2019.

[22] BRICS New Development Bank, 2024, Official Website, https://www.ndb.int/, Accessed on December 25, 2024.

[23] British Government Website, 2019, Corporation Tax Rates and Reliefs,

www. gov. uk/corporation-tax-rates, Accessed on November 20, 2020.

[24] Burgess, Robin, and Nicholas Stern, 1993, Taxation and development, *Journal of Economic Literature*, 31 (2): 762 – 830.

[25] Cai, Hongbin, and Daniel Treisman, 2006, Did government decentralization cause China's economic miracle, *World Politics*, 58 (4): 505 – 535.

[26] Canning, David, Marianne Fay, and Roberto Perotti, 1994, Infrastructure and growth, *International Differences in Growth Rates: Market Globalization and Economic Areas*, Mario Baldassarri, Luigi Paganetto, and Edmund Phelps, ed. , New York: MacMillan Publishing Company.

[27] Chamley, Christophe, 1986, Optimal taxation of capital income in general equilibrium with infinite lives, *Econometrica*, 54 (3): 607 – 622.

[28] Chamley, Christophe, 1981, Welfare cost of capital taxation in a growing economy, *Journal of Political Economy*, 89 (4): 469 – 496.

[29] Chandra, Piyush, and Cheryl Long, 2013, VAT rebates and export performance in China: Firm-level evidence, *Journal of Public Economics*, 102: 13 – 22.

[30] Checherita-Westphal, Cristina, and Philipp Rother, 2012, The impact of high government debt on economic growth and its channels: An empirical investigation for the euro area, *European Economic Review*, 56 (7): 1392 – 1405.

[31] Cheng, Lingguo, Hong Liu, Ye Zhang, and Zhong Zhao, 2016, The health implications of social pensions: Evidence from China's new rural pension scheme, *Journal of Comparative Economics*, 46 (1): 53 – 77.

[32] Chen, Jia, 2015, Pakistan project is Silk road's Debut, http://www. chinadaily. com. cn/china/2015-04/21/content_ 20495474. htm, Accessed on November 20, 2020.

[33] Chen, Y. , H. Li, and L. A. Zhou, 2005, Relative performance evaluation and the turnover of provincial leaders in China. *Economics Letters*, 88 (3): 421 – 425.

[34] Chen, Zhao, Zhikuo Liu, Juan C. S. Serrato, and Daniel Y. Xu, 2018, Notching R&D investment with corporate income tax cuts in China, National Bureau of Economic Research Working Paper, No. 24749.

[35] China Daily, 2012, Water shortage in Beijing is severe, www. chinadaily. com. cn/beijing/2012-01/05/content_ 15627052. htm, Accessed on 20 November, 2020.

[36] Choi, Eun Kyong, 2012, Patronage and performance: factors in the political

mobility of provincial leaders in post-Deng China. *The China Quarterly*, 212 (December): 965 – 981.

［37］Chow, Gregory C., 2006, An economic analysis of health care in China, Princeton University, CEPS Working Paper No. 132, August.

［38］Conesa, Juan C., Sagiri Kitao, and Dirk Krueger, 2009, Taxing capital? Not a bad idea after all! *American Economic Review*, 99 (1): 25 – 48.

［39］D'emurger, Sylvie, 2001, Infrastructure development and economic growth: An explanation for regional disparities in China, *Journal of Comparative Economics*, 29: 95 – 117.

［40］De Long, J. Bradford, and Lawrence H. Summers, 1991, Equipment investment and economic growth, *The Quarterly Journal of Economics*, 106 (2), 445 – 502.

［41］Diamond, Peter A., and Nicholas Barr, 2006, Social security reform in China: Issues and options, *Comparative Studies*, 24: 33 – 66; 25: 99 – 103.

［42］Diamond, Peter A., 1965, National debt in a neoclassical growth model, *American Economic Review*, 55: 1125 – 1150.

［43］Diamond, Peter A., 1970, Incidence of an interest income tax, *Journal of Economic Theory*, 2 (3): 211 – 224.

［44］Diamond, Peter A., 1998, Optimal income taxation: an example with a U-shaped pattern of optimal marginal tax rates, *American Economic Review*, 88 (1): 83 – 95.

［45］Ding, Yi, Alexander McQuoid, and Cem Karayalcin, 2019, Fiscal decentralization, fiscal reform, and economic growth in china, *China Economic Review*, 53: 152 – 167.

［46］Dollar, David, and Bert Hofman, 2008, Intergovernmental fiscal reforms, expenditure assignment, and governance, in *Public Finance in China: Reform and Growth for a Harmonious Society*, Jiwei Lou Shuilin Wang, ed., Washington, D. C.: The World Bank, 39 – 51.

［47］Dollar, David, 2007. Poverty, inequality, and social disparities during China's economic reform, *Policy Research Working Paper Series* 4253, Washington, D. C.: The World Bank.

［48］Domar, Evsey D, 1946, Capital expansion, rate of growth, and employment, *Econometrica*, 14: 137 – 147.

［49］Dorfman, Mark C., and Yvonne Sin, 2000, *China: Social Security*

*Reform*, *Technical Analysis of Strategic Options*, Washington D. C. : World Bank, Human Development Network.

[50] Easterly, William, and Sergio Rebelo, 1993, Fiscal policy and economic growth: An empirical investigation, *Journal of Monetary Economics*, 32 (3): 417 – 158.

[51] Ebrill, Liam, Michael Keen, Jean-Paul Bodin, and Victoria Summers, 2002, The allure of the value-added tax, *Finance and Development*, 39: 44 – 47.

[52] Eisner, Robert, 1991, Infrastructure and regional economic performance: comment, *New England Economic Review*, 31: 47 – 58.

[53] Eurostat, 2000, Statistics Explained, https://ec.europa.eu/eurostat/statisticsexplained, Accessed on March 25, 2020.

[54] Fan, Shenggen, and Xiaobo Zhang, 2004, Infrastructure and regional economic development in rural China, *China Economic Review*, 15: 203 – 214.

[55] Feenstra, Robert C., Robert Inklaar, and Marcel P. Timmer, 2015, The next generation of the Penn world table, *American Economic Review*, 105: 3150 – 3182.

[56] Feldstein, Martin, and Andrew Samwick, 1996, The transition path in privatizing social security, National Bureau of Economic Research Working Paper No. 5761.

[57] Feldstein, Martin, 1974, Social security, induced retirement and aggregate capital accumulation, *Journal of Political Economy*, 82: 905 – 926.

[58] Feldstein, Martin, 1996, Social security and saving: New time series evidence, *National Tax Journal*, 49: 151 – 164.

[59] Feldstein, Martin, 1999, Social security pension reform in China, *China Economic Review*, 10: 99 – 107.

[60] Fischer, Stanley, 1993, The role of macroeconomic factors in growth, *Journal of Monetary Economics*, 32 (3): 485 – 512.

[61] Frenkel, Jacob Aharon, Assaf Razin, and Efraim Sadka, 1991, *International Taxation in an Integrated World*, Cambridge, Mass: MIT Press.

[62] Fullerton, Don, John B. Shoven, and John Whalley, 1983, Replacing the U. S. income tax with a progressive consumption tax: A sequenced general equilibrium approach, *Journal of Public Economics*, 20 (1): 3 – 23.

[63] Gabriella, Montinola, Yingyi Qian, and Barry Weingast, 1995, Federalism, Chinese style: The political basis for economic success in China, *World Politics*,

48 (1): 50 – 81.

[64] Gao, Qin, Sui Yang, and Fuhua Zhai, 2019, Social policy and income inequality during the Hu-Wen Era: A progressive legacy? *The China Quarterly*, 237 (March): 82 – 107.

[65] Gómez-Puig, Marta, and Simón Sosvilla-Rivero, 2015, Short-run and long-run effects of public debt on economic performance: Evidence from EMU countries, Research Institute of Applied Economics Working Paper, No. 201522.

[66] Gordon, Roger, and Arij L. Bovenberg, 1996, Why is capital so immobile internationally? Possible explanations and implications for capital income taxation, *American Economic Review*, 86 (5): 1057 – 1075.

[67] Gordon, Roger H., 1990, Can capital income taxes survive in open economies?, National Bureau of Economic Research Working Paper, No. 3416.

[68] Gruber, Jonathan, and David Wise, 1997, Social security programs and retirement around the world, NBER Working Paper Series No. 6134.

[69] Gu, Cheng, and Lu Sun, 2017, Informal economy taxation: Theoretical analysis and its implication, *Public Finance Research*, 103 – 112.

[70] Gustafsson, Bjorn, Shi Li, Terry Sicular, and Ximing Yue, 2008, Income inequality and spatial differences in China, 1988, 1995, and 2002, *Inequality and Public Policy in China*, Björn A. Gustafsson, Shi Li, and Terry Sicular, ed., 35 – 60.

[71] Gustafsson, Björn, and Shi Li, 2001, The anatomy of rising earnings inequality in urban China, *Journal of Comparative Economics*, 29 (1), 118 – 135.

[72] Haas, Birgit, and Daniel Tost, 2016, Paul Krugman: "What's going on in China right now scares me", *Business Insider Singapore*, 25 February.

[73] Hall, Robert E., and Alvin Rabushka, 1985, *The Flat Tax*, Stanford: Hoover Institute Press.

[74] Hall, Robert E., and Alvin Rabushka, 1996, The flat tax: A simple progressive consumption tax, *Frontiers of Tax Reform*, Michael Boskin, ed., Stanford, CA: Hoover Institution Press.

[75] Harberger, Arnold C, 1962, The incidence of the corporation income tax, *Journal of Political Economy*, 70 (3): 215 – 240.

[76] Harrod, Roy F, 1939, An essay in dynamic theory, *The Economic Journal*, 49: 14 – 33.

[77] HM Revenue & Customs of the UK Government, 2020, Income tax rates

and allowances for current and past years, https://www.gov.uk/government/publications/rates-and-allowances-income-tax/income-tax-rates-and-allowances-current-and-past, Accessed on August 20, 2024.

[78] IMF, 2001, 2002, 2007, 2008, 2011, 2013, 2015, 2016, 2017, 2018, 2019, 2020, 2021, Government Finance Statistics Yearbook.

[79] IMF, 2020a, Government Expenditure, https://www.imf.org/external/datamapper/exp@FPP/USA/FRA/JPN/GBR/SWE/ESP/ITA/ZAF/IND/TUR/IRQ/IDN, Accessed on August 20, 2024.

[80] IMF, 2020b, Detailed Expense Breakdown, https://data.imf.org/regular.aspx?key=60991457, Accessed on August 20, 2024.

[81] IMF, 2022a, Functional Expenditures (COFOG), https://data.imf.org/regular.aspx?key=61037799, downloaded: November 20, 2022.

[82] IMF, 2024a, Government revenue, percent of GDP, https://www.imf.org/external/datamapper/rev@FPP/USA/FRA/JPN/GBR/SWE/ESP/ITA/ZAF/IND/RUS, Accessed on December 20, 2024.

[83] IMF, 2024b, Government expenditure, percent of GDP, https://www.imf.org/external/datamapper/exp@FPP/USA/FRA/JPN/GBR/SWE/ESP/ITA/ZAF/IND, Accessed on December 20, 2024.

[84] IMF, 2024c, Data, https://www.imf.org/external/datamapper/GG_DEBT_GDP@GDD/CA/DEU/FRA/ITA/JPN/GBR/USA, Accessed on December 20, 2024.

[85] IMF, 2024d, People's Republic of China, Staff Report for the 2023 Article IV Consultation, February.

[86] Inland Revenue Authority of Singapore, 2021, Income tax rates, https://www.iras.gov.sg/irashome/Individuals/Locals/Working-Out-Your-Taxes/Income-Tax-Rates/, Accessed on August 20, 2024.

[87] Jain-Chandra, Sonali, Niny Khor, Rui Mano, Johanna Schauer, Philippe Wingender, and Juzhong Zhuang, 2018, Inequality in China-trends, drivers and policy remedies prepared, IMF Working Paper WP/18/127, June.

[88] Jalil, Abdul, Mete Feridun, and Bansi Sawhney, 2014, Growth effects of fiscal decentralization: Empirical evidence from China's provinces, *Emerging Marckets Finance and Trade*, 50 (4): 176-195.

[89] Jia, Kang, and Quanhou Zhao, 2001, The size of china's national debt, *World Economy & China*, 9: 24-29.

[90] Jia, Ruixue, Masayuki Kudamatsu, and David Seim, 2015, Political selection in China: The complementary roles of connections and performance. *Journal of the European Economic Association*, 13 (4): 631 – 668.

[91] Jin, Hehui, Yingyi Qian, and Barry Weingast, 2005, Regional decentralization and fiscal incentives: Federalism, Chinese style, *Journal of Public Economics*, 89 (9 – 10): 1719 – 1742.

[92] Judd, Kenneth Lewis, 1985, Redistributive taxation in a simple perfect foresight model, *Journal of Public Economics*, 8 (1): 59 – 83.

[93] Kennedy, Scott, and David A. Parker, 2015, Building China's "One Belt, One Road", Center for Strategic & International Studies, https://www.csis.org/analysis/building-china%E2%80%99s-%E2%80%9Cone-belt-one-road%E2%80%9D, Accessed on August 20, 2024.

[94] Kostka, Genia, and Jonas Nahm, 2017, Central-local relations: Recentralization and environmental governance in China, *The China Quarterly*, 231 (September): 567 – 582.

[95] Kotlikoff, Laurence J., 1979, Testing the theory of social security and life cycle accumulation, *American Economic Review*, 69: 396 – 410.

[96] Kotlikoff, Laurence J., 1996, Privatizing social security at home and abroad, *American Economic Review*, 86: 368 – 372.

[97] Kotlikoff, Laurence J., Shuanglin Lin and Wing Thye Woo, 2010, One way of reforming the pension system, *China Daily*, 5 January.

[98] Landau, Daniel, 1983, Government expenditure and economic growth cross-country study, *Southern Economic Journal*, 49 (3): 783 – 792.

[99] Landau, Daniel, 1986, Government and economic growth in the less developed countries: An empirical study for 1960—1980, *Economic Development and Cultural Change*, 35: 34 – 75.

[100] Larmer, Brook, 2017, What the world's emptiest international airport says about China's influence, *The New York Times Magazine*, www.nytimes.com/2017/09/13/magazine/what-the-worlds-emptiest-international-airport-says-about-chinas-influence.html, Accessed on August 20, 2024.

[101] Lau, Laurence, 2003, A basic design of China's social security system, *Comparisons*, No. 6, Beijing: Zhongxin Press.

[102] Levine Ross, and David Renelt, 1992, A sensitivity analysis of cross-country growth regressions, *American Economic Review*, 82: 942 – 963.

［103］Li, Chengjian, and Shuanglin Lin, 2019, China's explicit social security debt: How large? *China Economic Review*, 53: 128 – 139.

［104］Li, Chengjian, Jinlu Li, and Shuanglin Lin, 2015, Optimal income tax for China, *Pacific Economic Review*, 20 (2): 243 – 267.

［105］Li, Chunding, and John Whalley, 2012, Rebalancing and the Chinese VAT: Some numerical simulation results, *China Economic Review*, 23: 316 – 324.

［106］Li, Hongbin, and Li-An Zhou, 2005, Political turnover and economic performance: The incentive role of personnel control in China, *Journal of Public Economics*, 89 (9 – 10): 1743 – 1762.

［107］Li, Jinlu, Shuanglin Lin, and Congjun Zhang, 2013, Skill distribution and the optimal marginal income tax rate, *Economics Letters*, 118 (3): 515 – 518.

［108］Li, Jinyan, 1991, *Taxation in the People's Republic of China*, New York: Praeger.

［109］Li, Shi, and Terry Sicular, 2014, The distribution of household income in China: Inequality, poverty and policies, *The China Quarterly*, 217 (March): 1 – 41.

［110］Li, Shiyu, and Shuanglin Lin, 2016, Population aging and China's social security reforms, *Journal of Policy Modeling*, 38 (1): 65 – 95.

［111］Li, Shiyu, and Shuanglin Lin, 2024, Social security reforms, capital accumulation, and welfare: A notional defined contribution system vs a modified PAYG system, *Journal of Population Economics*, 37 (1), 1 – 34, March.

［112］Li, Zhigang, Mingqin Wu, and Bin Chen, 2017, Is road infrastructure investment in China excessive? Evidence from productivity of firms, *Regional Science and Urban Cconomics*, 65 (July): 116 – 126.

［113］Lin, Justin, and Zhiqiang Liu, 2000, Fiscal decentralization and economic growth in China, *Economic Development and Cultural Change*, 49 (1): 1 – 21.

［114］Lin, Shuanglin, 1998, Labor income taxation and human capital accumulation, *Journal of Public Economics*, 68 (2): 291 – 302.

［115］Lin, Shuanglin, 2000a, The decline of China's budgetary revenue: Reasons and consequences, *Contemporary Economic Policy*, 18 (4): 477 – 490.

［116］Lin, Shuanglin, 2000b, Government debt and economic growth in an overlapping generations Model, *Southern Economic Journal*, 66 (3): 754 – 763.

［117］Lin, Shuanglin, 2000c, Resource allocation and economic growth in

China, *Economic Inquiry*, 38 (3): 515 – 526.

[118] Lin, Shuanglin, 2001a, Taxation and endogenous economic growth, *Japanese Economic Review*, 52: 185 – 197.

[119] Lin, Shuanglin, 2001b, Public infrastructure development in China, *Comparative Economic Studies*, 38: 83 – 109.

[120] Lin, Shuanglin, 2003, China's government debt: How serious?, *China: An International Journal*, 1 (1): 73 – 98.

[121] Lin, Shuanglin, 2004, China's capital tax reforms in an open economy, *Journal of Comparative Economics*, 32 (1): 128 – 147.

[122] Lin, Shuanglin, 2005, The excessive government fee collections in China: Reasons, consequences, and strategies, *Contemporary Economic Policy*, 23 (1): 91 – 106.

[123] Lin, Shuanglin, 2008, China's value-added tax reform, capital accumulation, and welfare implications, *China Economic Review*, 19: 197 – 214.

[124] Lin, Shuanglin, 2011, Central government transfers: For equity or for growth?, *China's Local Public Finance in Transition*, Joyce Man and Yu-Hung Hong and Danbury, ed., CT: Westchester Book Services, 203 – 227.

[125] Lin, Shuanglin, 2016a, Urban infrastructure financing in China, *Discussion Paper First High-Level Follow-up Dialogue on Financing for Development in Asia and the Pacific Incheon*, Macroeconomic Policy and Financing for Development Division (MPFD), Economic and Social Commission for Asia and the Pacific, United Nations.

[126] Lin, Shuanglin, 2016b, China to curtail local government debt, EAI Background Brief, No. 1165, National University of Singapore, 25 August.

[127] Lin, Shuanglin, 2024, Belt and Road countries' external debt and China's new strategies, *China Economic Journal*, 17 (2): 140 – 165.

[128] Lin, Shuanglin, and Shunfeng Song, 2002, Urban economic growth in China: Theory and evidence, *Urban Studies*, 39 (12): 2251 – 2266.

[129] Liu, Gordon G., Lin Li, Xiaohui Hou, Judy Xu, and Daniel Hyslop, 2009, The role of for-profit hospitals in medical expenditures: Evidence from aggregate data in China, *China Economic Review*, 20: 625 – 633.

[130] Liu, Jianguo, and Jared Diamond, 2005, China's environment in a globalizing world, *Nature*, 435 (7046): 1179 – 1186.

[131] Liu, Lulu, and Yuting Zhang, 2018, Does non-employment based health insurance promote entrepreneurship? Evidence from a policy experiment in

China, *Journal of Comparative Economics*, 46 (1): 270 – 283.

[132] Liu, Yongzheng, Martinez-Vazquez Jorge, and Alfred M. Wu, 2017, Fiscal decentralization, equalization, and intra-provincial inequality in China, *International Tax and Public Finance*, 24 (2): 248 – 281.

[133] Loguidice, Bill, 2021, How do US physician salaries compare with those abroad?, *Physicians Weekly*, September 27. https://www.physiciansweekly.com/how-do-us-physician-salaries-compare-with-those-abroad, Accessed on December 28, 2022.

[134] Lou, Jiwei, 2008, The reform of intergovernmental fiscal relations in China: Lessons learned, in *Public Finance in China: Reform and Growth for a Harmonious Society*, Jiwei Lou and Shuilin Wang, ed., Washington D.C.: The World Bank, 155 – 169.

[135] Lucas, Robert E., 1988, On the mechanics of economic development, *Journal of Monetary Economics*, 22 (1988): 3 – 42.

[136] Lucas, Robert E., 1990, Supply-side economics: An analytical review, *Oxford Economic Papers*, 42 (2): 293 – 316.

[137] Lü, Xiaobo, 2015, Intergovernmental transfers and local education provision: Evaluating China's 8 – 7 national plan for poverty reduction, *China Economic Review*, 33: 200 – 211.

[138] Maddison, Angus, 2001, The world economy: A millennial perspective, *Journal of Economic History*, 62: 921 – 922.

[139] Metcalf, Gilbert E., 1996, The role of a value-added tax in fundamental tax reform, *Frontiers of Tax Reform*, 91 – 109.

[140] Mintz, Jack M., 1992, Is there a future for capital income taxation?, Working Paper 108, Paris: Organization for Economic Co-operation and Development.

[141] Mirrlees, James Alexander, 1971, An exploration in the theory of optimum income taxation, *Review of Economic Studies*, 38 (2): 175 – 208.

[142] Munnell, Alicia H, with the assistance of Leah M. Cook, 1990, How does public infrastructure affect regional economic performance, *New England Economic Review*, September/October: 11 – 33.

[143] Musgrave, Richard A., and Peggy B. Musgrave, 1989, *Public Finance in Theory and Practice*, Fifth Edition, New York: McGraw-Hill.

[144] Musgrave, Richard A., 1959, *The Theory of Public Finance*, New York: McGraw-Hill.

[145] Musgrave, Richard A., 1972, Problems of the value-added tax, *National Tax Journal*, 25: 425 – 430.

[146] Myles, Gareth, 2000, On the optimal marginal rate of income tax, *Economic Letters*, 66: 113 – 119.

[147] Oates, Wallace E., 1972, *Fiscal Federalism*, New York: Harcourt Brace Jovanovich.

[148] OECD, 2006, China in the global economy challenges for China's public spending: Toward greater effectiveness and equity, https://www.oecd.org/content/dam/oecd/en/publications/reports/2006/02/challenges-for-china-s-public-spending_g1gh67b4/9789264013728-en.pdf, Accessed on January 20, 2025.

[149] OECD, 2010, Tax policy reform and economic growth, OECD Tax Policy Studies No. 20, OECD Publishing, http://dx.doi.org/10.1787/9789264091085-en, Accessed on August 20, 2024.

[150] OECD, 2020, Taxing wages 2020, https://doi.org/10.1787/047072cd-en, Accessed on August 20, 2024.

[151] OECD, 2023, Data, tax on goods and services, https://data.oecd.org/tax/tax-on-goods-and-services.htm, Accessed on April 25, 2025.

[152] OECD, 2024a, Taxation, https://www.oecd.org/en/data.html, Accessed on December 21, 2024.

[153] OECD, 2024b, OECD statistics, statutory corporate income tax rate, https://data-explorer.oecd.org/, Accessed on December 21, 2024.

[154] OECD, 2024c, Health at a glance 2023: OECD indicators, Paris: OECD Publishing, https://doi.org/10.1787/7a7afb35-en, Accessed on December 24, 2024.

[155] OECD, 2024d, Data, https://data-explorer.oecd.org/, Accessed on December 25, 2024.

[156] Office of Management and Budget, 2024a, United States Government, Historical Tables, Table 2.3, Receipts by Source as Percentages of GDP: 1934—2028, https://www.govinfo.gov/app/collection/budget/2024/BUDGET-2024-TAB, Accessed on July 8, 2024.

[157] Office of Management and Budget, 2024b, United States Government, Historical Tables, Table 12, Budget of the United States Fiscal Year 2025, March 2024, https://www.govinfo.gov/app/details/BUDGET-2025-TAB, Accessed on December 24, 2024.

［158］Park, Albert, and Sangui Wang, 2010, Community-based development and poverty alleviation: An evaluation of China's poor village investment program, *Journal of Public Economics*, 94: 790 – 799.

［159］Piketty, Thomas, and Gabriel Zucman, 2014, Capital is back: Wealth-income ratios in rich countries 1700—2010, *Quarterly Journal of Economics*, 129 (3): 1255 – 1310.

［160］Piketty, Thomas, and Nancy Qian, 2009, Income inequality and progressive taxation in China and India 1986—2015, *American Economic Review: Applied Economics*, 1 (2): 53 – 63.

［161］Ravallion, Martin, and Shaohua Chen, 2007, China's (uneven) progress against poverty, *Journal of Development Economics*, 82: 1 – 42.

［162］Rebelo, Sergio, 1991, Long-run policy analysis and long-run growth, *Journal of Political Economy*, 99 (3): 500 – 521.

［163］Reinhart, Carmen M., and Kenneth S Rogoff, 2010, Growth in a time of debt, *American Economic Review*, 100 (2): 573 – 578.

［164］Ricardo, David, 1821, *On the Principles of Political Economy and Taxation*, Third Edition, London: John Murray.

［165］Sadka, Efraim, 1976. On income distribution, incentive effects and optimal income taxation, *Review of Economic Studies*, 43 (2): 261 – 267.

［166］Samuelson, Paul A., 1958, An exact consumption-loan model of interest with or without the social contrivance of money, *Journal of Political Economy*, 66 (6): 467 – 482.

［167］Santander, 2021, France: Tax system, https://santandertrade.com/en/portal/establish-overseas/france/tax-system, Accessed on February 15, 2021.

［168］Seade, Jesus K., 1977, On the shape of optimal tax schedules, *Journal of Public Economics*, 7 (2): 203 – 235.

［169］Seidman, Laurence S., 1984, Conversion to a consumption tax: The transition in a life cycle growth model, *Journal of Political Economy*, 92 (2): 247 – 267.

［170］Seidman, Laurence S., 1989, Boost saving with a personal consumption tax, *Challenge*, 32: 44 – 50.

［171］Sheshinski, Eytan, 1976. Income taxation and capital accumulation, *The Quarterly Journal of Economics*, 90 (1): 138 – 149.

［172］Smith, Adam, 1776, *An Inquiry into the Nature and Causes of the Wealth* of Nations (Vol. 2), London: J. M. Dent, 1910, p. 198.

[173] Smith, Dan T., 1970, Value-added tax: The case for, *Harvard Business Review*, 48: 77 – 85.

[174] S&P Global, 2019, Credit trends: Demystifying China's domestic debt market, S&P Global Ratings, February 19, www.spglobal.com/en/research-insights/articles/credit-trends-demystifying-china-s-domestic-debt-market, Accessed on August 20, 2024.

[175] S. R., 2015, China's local government debt: Defusing a bomb, free exchange (blog), *Economist*, 11 March, www.economist.com/blogs/freeexchange/2015/03/china-s-local-government-debt, Accessed on August 20, 2024.

[176] Stiglitz, Joseph, 1998, China's reform strategies in the second stage, A speech at Peking University, *People's Daily*, 13 November.

[177] Summers, Lawrence Henry, 1981, Capital taxation and accumulation in a life cycle growth model, *American Economic Review*, 71 (4): 533 – 544.

[178] Surrey, Stanley S., 1970, Value-added tax: The case against, *Harvard Business Review*, 48: 86 – 94.

[179] Tait, Alan, 1972, *Value Added Tax*, New York: McGraw-Hill.

[180] Tanzi, Vito, 1995, Basic issues of decentralization and tax assignment, *Reforming China's Public Finances*, Ehtisham Ahmad, Qiang Gao and Vito Tanzi, ed., Washington D. C.: International Monetary Fund.

[181] Tanzi, Vito, 1985, Fiscal deficits and interest rates in the United States: An empirical analysis, 1960—1984, International Monetary Fund Staff Papers, 32 (4): 551 – 576.

[182] The United States Social Security Administration, 2021, Social security income, cost, and asset reserves, https://www.ssa.gov/oact/progdata/assets.html, Accessed on August 20, 2024.

[183] The United States Social Security Administration, 2020, Social security programs throughout the world, https://www.ssa.gov/policy/docs/progdesc/ssptw/index.html, Accessed on August 20, 2024.

[184] Tiebout, Charles, 1956, A pure theory of local expenditures, *Journal of Political Economy*, 64 (5): 416 – 424.

[185] Tsui, Kai-yuen, and Youqiang Wang, 2004, Between separate stoves and a single menu: fiscal decentralization in China, *The China Quarterly*, 177: 71 – 90.

［186］United Nations，2022，Population Division，*World Population Prospects*：*The* 2022 *Revision*.

［187］United Nations Development Programme，2024，https：//hdr. undp. org/system/files/documents/global-report-document/hdr2023-24reporten. pdf，Accessed on December 24，2024.

［188］United States Census Bureau，1975，Bicentennial edition：Historical statistics of the United States，Colonial Times to 1970，Part 2，Chapter Y，https：//www. census. gov/library/publications/1975/compendia/hist_stats_colonial-1970. html，Accessed on August 20，2024.

［189］USCIB（United States Council for International Business），2020，Value Added Tax Rates（VAT）By Country，www. uscib. org/value-added-tax-rates-vat-by-country/，Accessed on August 20，2024.

［190］United States Environmental Protection Agency，2020，National Ambient Air Quality Standards（NAAQS）for PM，https：//www. epa. gov/pm-pollution/national-ambient-air-quality-standards-naaqs-pm，Accessed on August 20，2024.

［191］U. S. Centers for Medicare & Medicaid Services，2018，Fiscal Year（FY）2019 Inpatient Prospective Payment System（IPPS）and Long-Term Care Hospital（LTCH）PPS Changes，https：//www. cms. gov/Outreach-and-Education/Medicare-Learning-Network-MLN/MLNMattersArticles/downloads/MM10869. pdf，Accessed on August 20，2024.

［192］U. S. Centers for Medicare & Medicaid Services，2020，National Health Expenditures 2019 Highlights，https：//www. cms. gov/files/document/highlights. pdf，Accessed on August 20，2024.

［193］Wallis，John J. ，2000，American government finance in the long run：1790—1990，*Journal of Economic Perspective*，14（1）：61–82.

［194］Wang，Xiaolin，Limin Wang，and Yan Wang. 2014. *The Quality of Growth and Poverty Reduction in China*，Berlin：Springer.

［195］Wang，Yan，Dianqing Xu，Zhi Wang，and Fan Zhai，2004，Options and impact of China's pension reform：A computable general equilibrium analysis，*Journal of Comparative Economics*，32（1）：105–127.

［196］Whalley，John，and Li Wang，2007，The unified enterprise tax and SOEs in China，National Bureau of Economic Research Working Paper No. 12899.

［197］Wong，Christine，and Valerie J. Karplus，2017，China's war on air pollution：Can existing governance structures support new ambitions？，*The China Quarterly*，

231（September）：662 – 684.

［198］Wong, Ho Lun, Renfu Luo, Linxiu Zhang, and Scott Rozelle, 2013, Providing quality infrastructure in rural villages: the case of rural roads in China, *Journal of Development Economics*, 103: 262 – 274.

［199］Wong, Ho Lun, Yu Wang, Renfu Luo, Linxiu Zhang, and Scott Rozelle, 2017, Local governance and the quality of local infrastructure: Evidence from village road projects in rural China, *Journal of Public Economics*, 152: 119 – 132.

［200］World Bank, 1997, *China 2020: Old Age Security: Pension Reform in China*, Washington D. C. : The World Bank.

［201］World Bank, 2006, Facts and figures, Beijing: The World Bank Office, July.

［202］World Bank, 2011, *Toward a Healthy and Harmonious Life in China: Stemming the Rising Tide of Non-Communicable Diseases*, Washington D. C. : The World Bank.

［203］World Bank, 2016, *Deepening Health Reform in China: Building High-Quality and Value-Based Service Delivery*, Washington D. C. : The World Bank.

［204］World Bank, 2019, Life expectancy at birth, http://data.worldbank.org/indicator/SP. DYN. LE00. IN, Accessed on August 20, 2024.

［205］World Bank, 2021a, Metadata glossary, https://databank.worldbank.org/metadataglossary/africa-development-indicators/series/GC. REV. SOCL. CN, Accessed on January 20, 2021.

［206］World Bank, 2021b, Gross savings (% of GDP), https://data.worldbank.org/indicator/NY. GNS. ICTR. ZS, Accessed on January 8, 2021.

［207］World Bank, 2022a, Arable land per person, https://data.worldbank.org/indicator/AG. LND. ARBL. HA. PC, Accessed on August 20, 2024.

［208］World Bank, 2022b, Renewable internal fresh water per capita, https://data.worldbank.org/indicator/ER. H2O. INTR. PC, Accessed on August 20, 2024.

［209］World Bank, 2024a, World development indicators, customs and other import duties (% of tax revenue), https://databank.worldbank.org/source/world-development-indicators/Series/GC. TAX. IMPT. ZS, Accessed on December 13, 2024.

［210］World Bank, 2024b, World development indicators, https://databank.worldbank.org/source/world-development-indicators/Series/DT. DOD. DECT. GN. ZS#, Accessed on December 24, 2024.

[211] World Bank, 2024c, Per capita GDP (current US dollar), https://genderdata. worldbank. org/en/indicator/ny-gdp-pcap-cd, Accessed on December 24, 2024.

[212] World Bank, 2024d, Total GDP, https://datacatalogfiles. worldbank. org/ddh-published/0038130/DR0046441/GDP. pdf? versionId = 2024-07-01T12:42:23. 8710032Z, Accessed on December 24, 2024.

[213] World Health Organization, 2008, *World Health Report* 2008, Switzerland: World Health Organization.

[214] World Health Organization, 2018, World health statistics, https://www. who. int/news-room/fact-sheets/detail/ambient-(outdoor)-air-quality-and-health, Accessed on August 20, 2024.

[215] Wu, Alfred M., and Mi Lin, 2012, Determinants of government size: evidence from China, *Public Choice*, 151 (1 −2): 255 −270.

[216] Wu, Jianhua, 2012, Public sector employees enjoy special treatment in healthcare and the reform costs five billion yuan, *Investors' Daily*, No. 5, 12, 7 February, www. dooland. com/magazine/32495, Accessed on November 20, 2019.

[217] Wu, Weiping, 2010, Urban infrastructure financing and economic performance, *Urban Geography*, 31 (5): 648 −667.

[218] Yale University, 2020, Environmental performance index, https://epi. envirocenter. yale. edu/epitopline? country = &order = fieldepiranknew&sort = asc, Accessed on August 20, 2024.

[219] Yang, Dennis Tao, 2012, Aggregate savings and external imbalances in China, *Journal of Economic Perspectives*, 26 (4): 125 −146.

[220] Yao, Yang, and Muyang Zhang, 2015, Subnational leaders and economic growth: Evidence from Chinese cities, *Journal of Economic Growth*, 20 (4): 405 −436.

[221] Yip, Winnie, and William Hsiao, 2009, China's health care reform: A tentative assessment, *China Economic Review*, 20 (4): 613 −619.

[222] Zee, Howell, and Farhan Hameed, 2006, Reforming China's personal income tax, *Chinese Economy*, 39: 40 −56.

[223] Zhang, Tao, and Heng-Fu Zou, 1998, Fiscal decentralization, public spending, and economic growth in China, *Journal of Public Economics*, 67 (2): 221 −240.

[224] Zhao, Shen, He-Ming Wang, Wei-Qiang Chen, Dong Yang, Jing-Ru

Liu, and Feng Shi, 2019, Environmental impacts of domestic resource extraction in China, *Ecosystem Health and Sustainability*, 5（1）：67－78.

［225］Zhou, Yixiao, and Ligang Song, 2016, Income inequality in China：causes and policy responses, *China Economic Journal*, 9（2），186－208.

［226］包兴安，2018，《逾1.4万个项目投资18.2万亿元》，http：//news.hexun.com/2018-01-30/192343578.html，访问日期：2024年8月20日。

［227］北京大学中国公共财政研究中心课题组，2014，《深化中国医疗保险制度改革》，未出版。

［228］北京市人民政府，2017，《医药分开综合改革实施方案》，3月2日，http：//www.beijing.gov.cn/zhengce/zhengcefagui/201905/t20190522_60088.html，访问日期：2024年8月20日。

［229］财政部，1992—2023，《中国财政年鉴》，北京：中国财政杂志社。

［230］财政部，1969a，《关于国有企业改革的意见》，2月。

［231］财政部，1969b，《关于1969年决算、财政和军事预算文件（第22号）编制和审议的通知》，11月18日。

［232］财政部，2014a，《关于完善政府预算体系有关问题的通知》，财预〔2014〕368号，11月21日。

［233］财政部，2014b，《财政部关于推广运用政府和社会资本合作模式有关问题的通知》，财金〔2014〕76号，9月25日。

［234］财政部，2015a，《财政部关于对地方政府债务实行限额管理的实施意见》，财预〔2015〕225号，12月21日。

［235］财政部，2016a，《中央国有资本经营预算管理暂行办法》，财预〔2016〕6号，1月15日。

［236］财政部，2016b，《中央企业国有资本收益收取管理办法》，财资〔2016〕32号，7月15日。

［237］财政部，2019a，2018年全国财政决算，http：//yss.mof.gov.cn/2018czjs/index.htm，访问日期：2024年8月20日。

［238］财政部，2020a，2019年地方政府性基金收入决算表，http：//yss.mof.gov.cn/2019qgczjs/202007/t20200731_3559744.htm，访问日期：2024年8月20日。

［239］财政部，2020b，地方政府的一般公共预算支出，http：//www.mof.gov.cn/gkml/caizhengshuju/，访问日期：2021年1月6日。

［240］财政部，2020c，中央政府向地方政府的公共预算转移支付，http：//yss.mof.gov.cn/2019qgczjs/202007/t20200706_3544608.htm，访问日期：2024年

8月20日。

［241］财政部，2020d，中央对地方税收返还的转移支付，http：//yss.mof.gov.cn/，访问日期：2024年8月20日。

［242］财政部，2020e，从中央政府到地方政府的财政转移预算，http：//yss.mof.gov.cn/2020zyys/202006/t20200615_3532228.htm，访问日期：2024年8月20日。

［243］财政部，2022a，统计数据，http：//gks.mof.gov.cn/tongjishuju/202201/t20220128_3785692.htm，访问日期：2022年11月15日。

［244］财政部，2024，2023年中央对地方转移支付决算表，https：//yss.mof.gov.cn/2023zyjs/202407/t20240716_3939612.htm，访问日期：2025年1月19日。

［245］财政部，国家税务总局，2006，《财政部、国家税务总局关于调整和完善消费税政策的通知》，财税〔2006〕33号，3月20日。

［246］财政部，国家税务总局，2008a，《财政部、国家税务总局关于储蓄存款利息所得有关个人所得税政策的通知》，财税〔2008〕132号，10月9日。

［247］财政部，国家税务总局，2008b，《财政部、国家税务总局关于调整乘用车消费税政策的通知》，财税〔2008〕105号，8月1日。

［248］财政部，国家税务总局，2009，《财政部、国家税务总局关于调整烟产品消费税政策的通知》，财税〔2009〕84号，5月26日。

［249］财政部，国家税务总局，2016a，《关于全面推开营业税改征增值税试点的通知》，财税〔2016〕36号文件，3月23日。

［250］财政部，国家税务总局，2016b，《关于全面推进资源税改革的通知》，财税〔2016〕53号文件，5月9日。

［251］财政部，国家税务总局，2016c，《关于资源税改革具体政策问题的通知》，财税〔2016〕54号文件，5月9日。

［252］财政部，国家税务总局，2017，《关于简并增值税税率有关政策的通知》，财税〔2017〕37号文件，4月28日。

［253］财政部，国家税务总局，2018，《关于调整增值税税率的通知》，财税〔2018〕32号，4月4日。

［254］财政部，国家税务总局，海关总署，2019，《关于深化增值税改革有关政策的公告》，财税〔2019〕39号文件，3月20日。

［255］财政部，国务院国有资产监督管理委员会，2007，《中央企业国有资本收益收取管理暂行办法》，财企〔2007〕309号，12月11日。

［256］财政部，劳动和社会保障部，1999，《社会保险基金财务制度》，财

社〔1999〕60号,6月15日。

[257] 财政部,人力资源和社会保障部,2018,《关于2018年提高全国城乡居民基本养老保险基础养老金最低标准的通知》,人社部〔2018〕3号,5月10日。

[258] 财政部政府与社会资本合作中心,2020,国家PPP综合信息平台项目管理库,https://www.cpppc.org:8082/inforpublic/homepage.html#/projectPublic,访问日期:2024年8月20日。

[259] 柴培培,李岩,翟铁民,等,2024,《2022年中国卫生总费用核算结果与分析》,卫生经济研究,41(01):14-19。

[260] 重庆市人民政府,2011,《重庆市关于开展对部分个人住房征收房产税改革试点的暂行办法》,第247号文件,1月28日。

[261] 大连市人民政府办公厅,2017,《关于调整新型农村合作医疗筹资标准的通知》,大政办发〔2017〕111号,8月29日。

[262] 戴圣,2008,《礼记》,王学典译,哈尔滨:哈尔滨出版社。

[263] 邓小平,1992,《在武昌、深圳、珠海、上海等地的谈话要点(一九九二年一月十八日——二月二十一日)》,《邓小平文选》第三卷,1993,北京:人民出版社,373页。

[264] 狄煌,2009,《重新估算我国职工工资和劳动报酬占GDP比重》,《经济参考报》,9月9日,http://jjckb.xinhuanet.com/gnyw/2009-09/09/content_179786.htm,访问日期:2024年8月20日。

[265] 高德公司,2015,《2015年度中国主要城市交通分析报告》,http://tech.163.com/16/0119/16/BDN2PL7G000915BF.html,访问日期:2024年8月20日。

[266] 高德公司,2020,《2019年度中国主要城市交通分析报告》,https://report.amap.com/m/dist/#/report/8b04ff737067a78601707b2ba0542d72,访问日期:2024年8月20日。

[267] 高培勇,2004,《中国税费改革问题研究》,北京:经济科学出版社。

[268] 工业和信息化部,2019,《2018年通信业统计公报》,http://www.miit.gov.cn/newweb/n1146312/n1146904/n1648372/c6619958/content.html,访问日期:2024年8月20日。

[269] 广东省人力资源和社会保障厅,2020,《广东省人力资源和社会保障厅、国家税务总局广东省税务局关于调整城乡居民基本养老保险缴费档次的公告》(2020)第1号,1月23日。

[270] 广东省社会保险基金管理局,2015,《关于做好2015年度全省养老保险个人账户计息工作的通知》,粤社保函〔2015〕346号,12月28日。

[271] 郭卫元觉,1936,《所得税暂行条例释义》,上海:上海法学编译社。

［272］国家财政经济委员会，1953，《关于1953年国有企业工资增长计划及其计算办法的规定》，1月13日。

［273］国家发展和改革委员会，卫生部，财政部，人力资源社会保障部，民政部，中国保险监督管理委员会，2012，《关于开展城乡居民大病保险工作的指导意见》，发改社会（2012）2605号，8月31日。

［274］国家开发银行，2013—2019，《年度报告》，http：//www.cdb.com.cn/gykh/ndbg_jx/2018_jx/，访问日期：2024年8月20日。

［275］国家税务总局，1995—2019，《中国税务年鉴》［M］，北京：中国税务出版社。

［276］国家税务总局，2012，税收科学研究，《外国税制概览（第四版）》北京：中国税务出版社。

［277］国家税务总局，2018a，《中华人民共和国消费税法（征求意见稿）》，12月3日。

［278］国家税务总局，2019a，《中华人民共和国资源税法》，第1版，北京：中国法制出版社。

［279］国家税务总局，2019b，增值税税率表（更新），3月31日，http：//www.chinatax.gov.cn/n810341/n2340339/c4180655/content.html，访问日期：2024年8月20日。

［280］国家税务总局，2019c，《新闻观察｜个人所得税收入同比下降30.9% 我国超9000万纳税人成"零税一族"》，http：//www.chinatax.gov.cn/n810351/c4368945/content.html，访问日期：2024年8月20日。

［281］国家统计局，2020a，数据库，http：//www.stats.gov.cn/，访问日期：2020年11月10日。

［282］国家统计局，2020b，《中华人民共和国2019年国民经济和社会发展统计公报》，https：//www.gov.cn/xinwen/2020-02/28/content_5484361.htm，访问日期：2024年8月20日。

［283］国家统计局人口和就业统计司、人力资源和社会保障部规划财务司，2019，2020，2023，《中国劳动统计年鉴》，北京：中国统计出版社。

［284］国家统计局，1978—2024，《中国统计年鉴》，北京：中国统计出版社。

［285］国家统计局住户调查办公室，2018，《中国住户调查年鉴》，北京：中国统计出版社。

［286］国家卫生和计划生育委员会，2016，2017，《中国卫生与计划生育统计年鉴》，北京：中国协和医科大学出版社。

［287］国家卫生健康委员会，2018，2019，2022，2023，2024，《中国卫生健康统计年鉴》，北京：中国协和医科大学出版社。

［288］国家医疗保障局，2020，《2019年全国医疗保障事业发展统计公报》，https：//www.nhsa.gov.cn/art/2020/6/24/art_7_3268.html，访问日期：2025年1月10日。

［289］国家医疗保障局，2024，《2023年全国医疗保障事业发展统计公报》，https：//www.nhsa.gov.cn/art/2024/7/25/art_7_13340.html，访问日期：2025年1月10日。

［290］国家医疗保障局，人力资源和社会保障部，2020，《关于印发〈国家基本医疗保险、工伤保险和生育保险药品目录（2020年）〉的通知》，医保发〔2020〕53号，12月25日。

［291］国家医疗保障局，财政部，国家税务总局，2020，《关于做好2020年城乡居民基本医疗保障工作的通知》，医保发〔2020〕24号，6月10日。

［292］国家医疗保障局，财政部，国家税务总局，2024，《关于做好2024年城乡居民基本医疗保障工作的通知》，医保发〔2024〕19号，8月19日。

［293］国家医疗保障局，财政部，2019，《关于做好2019年城乡居民基本医疗保障工作的通知》，医保发〔2019〕30号，4月26日。

［294］国务院，1950，《中国税政实施要则》，1月30日，https：//baike.baidu.com/item/中国税政实施要则/12010571?fr=aladdin，访问日期：2024年8月20日。

［295］国务院，1957，《关于印发财政部、劳工部、全国总工会关于调整现行工资附加办法的报告的通知》，3月23日。

［296］国务院，1978，《国务院关于工人退休、退职的暂行办法》，国发〔1978〕104号，5月24日。

［297］国务院，1984，《关于发布产品税等六个税收条例（草案）和调节税征收办法的通知》，国发〔1984〕125号，9月18日。

［298］国务院，1985a，《中华人民共和国城市维护建设税暂行条例》，国发〔1985〕19号，2月8日。

［299］国务院，1985b，《国务院关于对若干商品开征进口调节税的通知》，国发〔1985〕80号，6月26日。

［300］国务院，1985c，《中华人民共和国集体企业所有税暂行条例》，国发〔1985〕56号，4月11日。

［301］国务院，1986，《关于征收教育费附加的暂行规定》，国发〔1986〕50号，4月28日。

［302］国务院，1993a，《关于实行分税制财政管理体制的决定》，国发〔1993〕85号，12月15日。

［303］国务院，1993b，《中华人民共和国增值税暂行条例》，国发〔1993〕134号文件，12月13日。

［304］国务院，1993c，《中华人民共和国营业税暂行条例》，国发〔1993〕136号文件，12月13日。

［305］国务院，1998，《国务院关于建立城镇职工基本医疗保险制度的决定》，国发〔1998〕44号，12月14日。

［306］国务院，2000，《中华人民共和国车辆购置税暂行条例》，国发〔2000〕294号文件，10月22日。

［307］国务院，2001a，《国务院关于印发所得税收入分享改革方案的通知》，国发〔2001〕37号，12月31日。

［308］国务院，2003，《国务院关于明确中央与地方所得税收入分享比例的通知》，国发〔2003〕26号，11月13日。

［309］国务院关税税则委员会，2006，《国务院关税税则委员会关于调整汽车等商品关税税率及实施有关协定税率特惠税率的通知》，国发〔2006〕13号，6月15日。

［310］国务院，2008a，《中华人民共和国增值税暂行条例（2008修订）》，国务院令〔2008〕538号，11月5日。

［311］国务院，2008b，《国务院关于实施成品油价格和税费改革的通知》，国发〔2008〕37号，12月18日。

［312］国务院，2009，《国务院关于开展新型农村社会养老保险试点的指导意见》，国发〔2009〕32号，9月1日。

［313］国务院办公厅，2011，《关于印发医药卫生体制五项重点改革2011年度主要工作安排的通知》，国发〔2011〕8号，1月13日。

［314］国务院，2011，《国务院关于开展城镇居民社会养老保险试点的指导意见》，国发〔2011〕18号，6月7日。

［315］国务院办公厅，2012，《关于印发深化医药卫生体制改革2012年主要工作安排的通知》，国办发〔2012〕20号，4月14日。

［316］国务院，2013，《国务院关于促进健康服务业发展的若干意见》，国发〔2013〕40号，9月28日。

［317］国务院，2014a，《事业单位人事管理条例》，国务院令第652号，5月15日。

［318］国务院，2014b，《国务院关于加强地方政府性债务管理的意见》，国

发〔2014〕43号，9月21日。

［319］国务院，2015a，《国务院关于调整证券交易印花税中央与地方分享比例的通知》，国发〔2015〕3号，12月31日。

［320］国务院，2015b，《关于机关事业单位工作人员养老保险制度改革的决定》，国发〔2015〕2号，1月3日。

［321］国务院，2015c，《关于促进社会办医加快发展若干政策措施的通知》，国发〔2015〕45号，6月11日。

［322］国务院，2015d，《2015年地方政府债务限额建议》，2015年8月29日由全国人民代表大会通过。

［323］国务院，2015f，《关于调整中央和地方证券交易所印花税份额的通知，国发〔2015〕3号，12月31日。

［324］国务院，2016a，《关于整合城乡居民基本医疗保险制度的意见》，国发〔2016〕3号，1月3日。

［325］国务院，2016b，《国务院关于印发全面推开营改增试点后调整中央与地方增值税收入划分过渡方案的通知》，国发〔2016〕26号，4月29日。

［326］国务院关税税则委员会，2018，《国务院关税税则委员会关于降低汽车整车及零部件进口关税的公告》，国发〔2018〕3号文件，5月22日。

［327］国务院，2019，《降低社会保障缴费率综合计划》，国发〔2019〕13号，4月1日。

［328］海关总署，1992，《关于取消进口调节税的通知》，署税〔1992〕252号，3月19日。

［329］河北省卫生和计划生育委员会，河北省财政厅，2015，《关于印发河北省2015年新型农村合作医疗统筹补偿方案基本框架的通知》，冀卫基层函2号，2月6日。

［330］桓宽，2015，《盐铁论》，陈桐生译注，北京：中华书局。

［331］济南市人力资源和社会保障局、济南市财政局、国家税务总局济南市税务局，2022，《济南市人力资源和社会保障局、济南市财政局、国家税务总局济南市税务局关于完善居民基本养老保险政策有关问题的通知》，济人社发（2022）16号，12月15日。

［332］贾康，赵全厚，2001，《中国国际债务》，《世界经济与中国》，9：24-29。

［333］交通运输部，2019，《〈2015年全国收费公路统计公报〉解读》，http://www.mot.gov.cn/zhengcejiedu/2015qgsfgltjgb/，访问日期：2024年8月20日。

［334］孔子，2016，《〈论语〉移译》，王金安译著，沈阳：东北大学出版社。

［335］劳动部，1996，《劳动部办公厅关于认真贯彻执行医疗保险制度改革实行属地管理原则的通知》，劳办发〔1996〕246 号，11 月 15 日。

［336］李婧，田兴春，2011，《王建凡：个税免征额调整后 纳税人数减少 6000 万人》，6 月 3 日，http：//legal. people. com. cn/GB/15043354. html，访问日期：2020 年 2 月 12 日，访问日期：2024 年 8 月 20 日。

［337］辽宁省卫生和计划生育委员会，辽宁省财政厅，2017，《辽宁关于进一步加强新型农村合作医疗制度建设的通知》，辽卫发 24 号，3 月 27 日。

［338］林双林，2006，《中国公共财政面临的挑战与对策》，北京大学学报（哲学社会科学版），43（06）：102 - 110。

［339］林双林，2007，《增值税返还体系存在的问题》，内部讨论稿 1，北京大学中国公共财政研究中心，11 月 10 日。

［340］林双林，2017，《降低企业所得税，减轻企业负担》，人民论坛，07：84 - 85。

［341］林双林，2024a，《改进补贴方式，激励农民为个人账户缴费》，北京大学汇丰商学院汇丰智库，专题系列报告，3 月。

［342］林双林，2024b，《我国有财力实行幼儿园到高中免费教育吗？》，北京大学汇丰商学院汇丰智库，专题系列报告，11 月。

［343］林双林，2024c，《转让国有企业资产减轻地方政府债务》，北京大学汇丰商学院汇丰智库，专题系列报告，5 月。

［344］林毅夫，刘志强，2000，《中国的财政分权与经济增长》，北京大学学报哲学社会科学版，（04）：5 - 17。

［345］刘东皇，王志华，唐炳南，2017，《中国劳动收入占比上升的收入分配效应研究：1978—2015》，《地方财政研究》，3：45 - 52。

［346］刘昆，2020，《国务院关于 2019 年中央决算的报告》，第十三届全国人民代表大会常务委员会第十九次会议，6 月 18 日。

［347］刘心一，1998，《中国财税改革的理论思考》，《湖北财税》，（4）：6 - 9.

［348］刘颖，2003，《中国财政转移支付制度的问题》，中外财政转移支付专家、预算委员会研究室、全国人大常委会编，北京：中国财经出版社。

［349］马骏，牛美丽，2007，《中国改革以来形成的预算过程》，8 月 21 日，http：//www. chinareform. org. cn/gov/service/Forward/201008/t20100824_40974. htm，访问日期：2024 年 8 月 20 日。

［350］孟子，2017，《孟子》，牧语译注，南昌：江西人民出版社。

［351］民政部，2022，《2022 年 1 季度低保标准》，https：//www. mca. gov. cn/mzsj/tjjb/2022/202201dbbz. html，访问日期：2024 年 7 月 8 日。

［352］内蒙古自治区人力资源和社会保障厅，2021，《关于提高全区城乡居民养老保险基础养老金最低标准的通知》，内人社发〔2021〕15号，9月8日。

［353］潘林编注，2014，《张居正奏疏集》，上海：华东师范大学出版社。

［354］全国人民代表大会，1981，《外国企业所得税法》，12月13日。

［355］全国人民代表大会，1983，《关于修改〈中华人民共和国中外合资经营企业所得税法〉的决定》，9月2日。

［356］全国人民代表大会，1991，《中华人民共和国外商投资企业和外国企业所得税法》，4月9日。

［357］全国人民代表大会，1993，《中华人民共和国个人所得税法》（1993年修订），10月31日。

［358］全国人民代表大会，2011，《中华人民共和国个人所得税法》（2011年修订），6月30日。

［359］全国人民代表大会常务委员会，2016，《中华人民共和国环境保护税法》，12月25日。

［360］全国人民代表大会，2018，《中华人民共和国个人所得税法》，8月31日。

［361］全国社会保障基金理事会，2020，《社保基金年度报告（2019年）》。

［362］人力资源和社会保障部，财政部，2016，《关于降低短期内的社会保险缴费税率的通知》，人社财部发〔2016〕36号，4月14日。

［363］山东省政府，2016，《山东省人民政府关于印发全面推开营改增试点后调整省以下增值税收入划分过渡方案的通知》，8月8日。

［364］上海市财政局，2019，《上海市2018年一般公共预算收入决算情况表》，https：//www.czj.sh.gov.cn/zys_8908/czsj_9054/zfyjs/jsb/201908/P020190801608964797411.pdf，访问日期：2024年8月20日。

［365］上海市人民政府，2011，《上海市开展对部分个人住房征收房产税试点的暂行办法》，沪府发〔2011〕3号，1月27日。

［366］审计署，2011，《全国地方政府性债务审计结果》（2011年第35号），6月27日，https：//www.gov.cn/zwgk/2011-06/27/content_1893782.htm，访问时间：2024年8月20日。

［367］审计署，2013，《全国政府性债务审计结果》（2013年第32号），12月30日，https：//www.audit.gov.cn/n5/n25/c63642/content.html，访问时间：2024年8月20日。

［368］生态环境部，2024，《2023年中国生态环境状况公报》，北京，6月5日。

［369］石家庄市医疗保障局，石家庄市财政局（2020），《关于调整石家庄

市城乡居民基本医疗保险住院医疗费支付比例的通知》，2020 年 11 月 30 日。

［370］丝路基金，2019，概述，http：//www. silkroadfund. com. cn/enweb/23775/23767/index. html，访问日期：2024 年 8 月 20 日

［371］四川省人力资源和社会保障厅，财政厅，2020，关于2020 年提高城乡居民基本养老保险 基础养老金标准的通知，川人社发〔2020〕29 号，12 月 15 日。

［372］万得，2019，政府债务，https：//www. wind. com. cn/NewSite/edb. html，访问日期：2024 年 8 月 20 日。

［373］万静，2017，《财政部首次问责地方政府违规举债问题》，http：//finance. people. com. cn/n1/2017/0220/c1004-29094542. html，访问日期：2024 年 8 月 20 日。

［374］王敏，2014，《速算扣除在个人所得税计算中的应用》，《税务研究》，66－69。

［375］卫生部，1991，2007，2008，《中国卫生统计年鉴》，北京：中国协和医科大学出版社。

［376］吴建华，2012，《公务员医改成本 50 亿，仍享超国民待遇》，《投资者报》，2012 年第 5 期，2 月 7 日，http：//www. dooland. com/magazine/32495，访问日期：2024 年 8 月 20 日。

［377］香港特别行政区，2020，个人所得税税率，https：//www. gov. hk/en/residents/taxes/taxfiling/taxrates/salariesrates. htm，访问日期：2024 年 8 月 20 日。

［378］玄龄注：《管子》，刘绩补注，刘晓艺校点，上海：上海古籍出版社，2015。

［379］杨宜勇，1997，《当前社会保险改革几个值得注意的问题》，《调研世界》，1997（2）：31－33。

［380］药智网，2021，数据库，https：//www. yaozh. com/，访问日期：2024 年 8 月 20 日。

［381］叶适，1977，《习学记言序目》，北京：中华书局。

［382］尹蔚民，2015，《人社部将向社会公开延迟退休改革方案》，10 月 16 日，http：//news. sohu. com/20151016/n423380789. shtml，访问日期：2020 年 11 月 27 日。

［383］於鼎丞，1997，《经济主活税收主控——谈谈振兴财政的一个重要方面》，《税收经济研究》，1997（1）：5－10。

［384］云南省人力资源和社会保障厅，云南省财政厅，2019，《关于建立城乡居民基本养老保险待遇确定和基础养老金正常调整机制的指导意见》，云人社发〔2019〕5 号，2 月 12 日。

[385] 曾亦译注，2016，《春秋公羊传》，北京：中华书局。

[386] 翟铁民，张毓辉，万泉，柴培培，郭锋，李岩，王荣荣，陈春梅，李涛，高润国，2020，《2018年中国卫生总费用核算结果与分析》，《中国卫生经济》，6：5-8。

[387] 张倩，2016，《企业偷漏税手段及其防范案例分析》，《中国市场》，(42)：120-121。

[388] 赵仁平，2010，《近现代个人所得税功能的历史变迁》，《现代财经》，30（10）：86-92。

[389] 政务院，1951，《中华人民共和国劳动保险条例》，2月23日政务院第七十三次会议通过。

[390] 政务院，1952，《中央人民政府政务院关于全国各级人民政府、党派、团体及所属的事业单位的国家工作人员实行公费医疗的预防指示》，6月27日。

[391] 政务院，1953，《关于国营企业1953年计划中附加工资内容和计算方法的规定》，1月13日。

[392] 中共中央，国务院，1993，《中国教育改革和发展纲要》，中发〔1993〕3号，2月13日。

[393] 中国国家铁路集团有限公司，2020，《2020年度财务报告》，https://t.cj.sina.com.cn/articles/view/1002429827/3bbfdd8301900qurn?from=tech，访问日期：2020年11月27日。

[394] 中国互联网信息中心，2020，数据库，https://www.cnnic.net.cn/，访问日期：2020年11月27日。

[395] 中国经济网，2016，《进出口银行支持"一带一路"建设》，http://finance.ce.cn/rolling/201601/14/t20160114_8285553.shtml，访问日期：2020年11月27日。

[396] 中国人民银行，2005，《中国证券期货统计年鉴》，北京：中国金融出版社。

[397] 周素雅，杨迪，2014，《养老金并轨进展：事业编人员或7月开始缴社保》，中国新闻网，6月30日，http://finance.people.com.cn/n/2014/0630/c1004-25215749.html，访问日期：2020年11月27日。

[398] 周小川，王林等，1994，《社会保障：经济分析与体制建议（上）》，《改革》，1994（5）：17-28。

[399] 庄一强，方敏，2014，《中国民营医院发展报告（2013）》，王培州、庄一强主编，北京：社会科学文献出版社。